JN423109

다변량 기초와 자료분석

김호일 지음

불법복사는 지적재산을 훔치는 범죄행위입니다.

저작권법 제136조(권리의 침해죄)에 따라 위반자는 5년 이하의 징역
또는 5천만원 이하의 벌금에 처하거나 이를 병과할 수 있습니다.

KM 경문사

머리말

요즈음을 정보의 시대라고 한다. 정보의 시대를 넘어 홍수의 시대라 한다. 즉 너무 많은 정보로 인해 오히려 더 혼란스러울 수도 있다는 말이다. 세상은 갈수록 복잡해지고 발전한다. 사회가 복잡하고 발전함에 따라 통계학도 발달하였다. 이는 많은 정보 중에서 필요한 자료를 추출하여 그 자료를 분석하고 사용해야 하는 통계적 방법이 발달하였다는 말이다.

많은 자료가 사용되지만 가장 접하기 쉬운 자료가 사회과학 자료일 것이다. 특히 요즈음 시대에 모든 신문지상이나 미디어 매체를 통해 많은 자료들이 발표되고 있다. 그러나 변수 하나를 사용하는, 즉 일변량 자료를 사용하는 곳은 없다. 모든 자료는 변수가 하나가 아닌 여러 개를 분석하는 다변량 자료를 다루는 방법상의 문제를 다루었다. 이 때문에 변수간에 공분산을 생각하지 않을 수 없다. 그러므로 다변량 분석이라는 것은 벡터와 행렬이 기본이 되므로 컴퓨터에 의한 계산이 필수적이다.

본 책은 대학 2-3학년의 수준에 맞추어 쓰여졌으며 주로 사회과학 자료를 중심으로 한 다변량 분석으로 일반량에서 분석할 수 없는 많은 자료들을 다루고 있다. 특히 통계학 전공이 아닌 학생들도 공부할 수 있도록 쉬운 벡터부터 정리하였다. 본 책은 모두 12장으로 나뉘는데 1장부터 2장까지는 다변량의 기초가 되는 벡터와 행렬에 대해 다루었고, 3장부터 5장까지는 일변량의 확장으로 다변량 기초, 평균벡터의 추론과 다변량 분산분석을 다루었다. 6장부터는 순수 다변량 영역으로, 6장은 다변량의 시작이 될 수 있는 주성분 분석, 7장은 다변량 분석 중 가장 많이 사용하는 인자분석, 8장은 최근에 많이 사용하는 정준상관분석, 9장은 여론조사와 같은 사회과학 자료에 많이 적용되고 있는 판별 및 분류분석, 10장은 많은 논문과 보고서에 쓰이는 군집분석, 11장과 12장은 다변량의 최신기법으로 이제 막 사용되기 시작하는 다차원척도, 대응분석을 다루었다.

여기서는 이 모든 이론을 분석하기 위해 통계패키지로 SAS를 사용하였다. 특히 모든 분석마다 자세한 SAS 해설서를 달아 SAS의 결과를 이해하기 쉽게 하였다. 물론 국내 통계패키지도 나와 있지만 가장 보편화된 SAS를 사용하였다. 그 이외에 통계패키지에는 SPSS, 미니탭, STATISTICA 등이 있다.

이 책은 완성된 책이 아니다. 앞으로 더 보완을 해야 하고 다루어야 할 부분이 많다. 그런데도 본 저서를 출간하게 노력해준 경문사 여러분께 감사의 말씀을 드린다.

2006년 3월
저자 씀

차 례

제1장

벡 터

1.1 벡터의 기초

일반적으로 연구대상이 되는 목적물들은 여러 가지 특성을 갖고 있다. 특히 연구자가 특별한 관심을 가지는 속성들이 있는데 이런 속성을 변수(variable)라 한다. 또한 이런 변수에 대하여 연속 또는 반복으로 측정한 기록을 자료(data)라 한다. 이러한 한 변수의 자료의 연속을 나타낼 때 벡터를 사용한다. 즉, 100명의 키에 관한 값, 10개 도시의 오늘의 최고 온도 등을 말한다.

$$\mathbf{x} = \begin{bmatrix} 171 \\ 182 \\ \vdots \\ 162 \end{bmatrix} \qquad \mathbf{x} = \begin{bmatrix} 31 \\ 22 \\ \vdots \\ 28 \end{bmatrix}$$

이를 일반화하면 다음과 같이 쓸 수 있다.

$$\mathbf{x} = \begin{bmatrix} \mathrm{x}_1 \\ \mathrm{x}_2 \\ \vdots \\ \mathrm{x}_n \end{bmatrix}$$

또는

$$\mathbf{x}' = [x_1,\ x_{2,} \ldots, x_n]$$

여기서 $\mathbf{x}$ 는 열벡터라 하고 $\mathbf{x}$ 의 전치(transpose)는$\mathbf{x}'$는 행벡터라 한다.

다음은 벡터를 기하학적으로 나타내었다. 벡터의 원소는 각각의 좌표로 정의할 수 있다.

$$\mathbf{x} = \begin{bmatrix} 1 \\ 2 \\ 3 \end{bmatrix}, \quad \mathbf{x}' = [1,\ 2,\ 3]$$

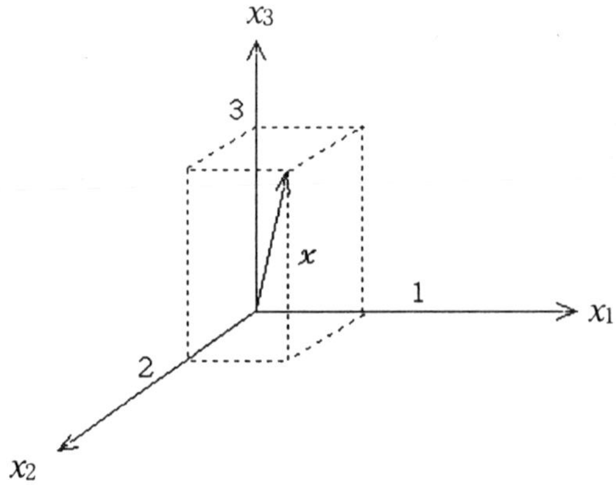

[그림 1] $x' = [1,\ 2,\ 3]$의 좌표 공간

벡터 $\mathbf{x}$의 원소의 개수를 **차원**(dimension)이라 하며 두 개의 벡터 $\mathbf{x}$와 $\mathbf{y}$가 같은 n차원이라면 다음과 같이 정의할 수 있다.

$$\mathbf{x} = \begin{bmatrix} x_1 \\ x_2 \\ \vdots \\ x_n \end{bmatrix} \qquad \mathbf{y} = \begin{bmatrix} y_1 \\ y_2 \\ \vdots \\ y_n \end{bmatrix}$$

따라서 벡터 $\mathbf{x}$와 벡터 $\mathbf{y}$의 덧셈은 다음과 같이 된다.

$$\mathbf{x} + \mathbf{y} = \begin{bmatrix} x_1 \\ x_2 \\ \vdots \\ x_n \end{bmatrix} + \begin{bmatrix} y_1 \\ y_2 \\ \vdots \\ y_n \end{bmatrix} = \begin{bmatrix} x_1 + y_1 \\ x_2 + y_2 \\ \vdots \\ x_n + y_n \end{bmatrix}$$

똑같이 벡터 $\mathbf{x}$와 벡터 $\mathbf{y}$의 뺄셈은 다음과 같다.

$$\mathbf{x} - \mathbf{y} = \begin{bmatrix} x_1 \\ x_2 \\ \vdots \\ x_n \end{bmatrix} - \begin{bmatrix} y_1 \\ y_2 \\ \vdots \\ y_n \end{bmatrix} = \begin{bmatrix} x_1 - y_1 \\ x_2 - y_2 \\ \vdots \\ x_n - y_n \end{bmatrix}$$

【 예제 1.1】 $\mathbf{x}' = [2,4]$, $\mathbf{y}' = [4,2]$일 때 $\mathbf{x}'+\mathbf{y}'$와 $\mathbf{x}'-\mathbf{y}'$을 구하라.

풀이

$\mathbf{x}'+\mathbf{y}' = [2+4, 4+2] = [6,6]$ 이다.

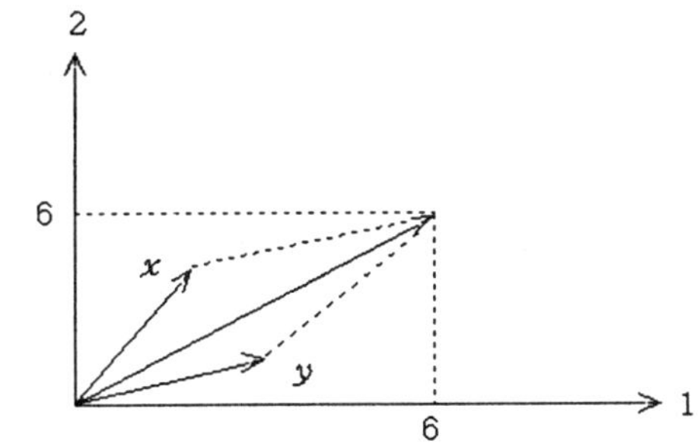

[그림 2] $\mathbf{x}+\mathbf{y}$의 좌표 공간

또 $\mathbf{x}'-\mathbf{y}' = [2-4, 4-2] = [-2,2]$ 이다.

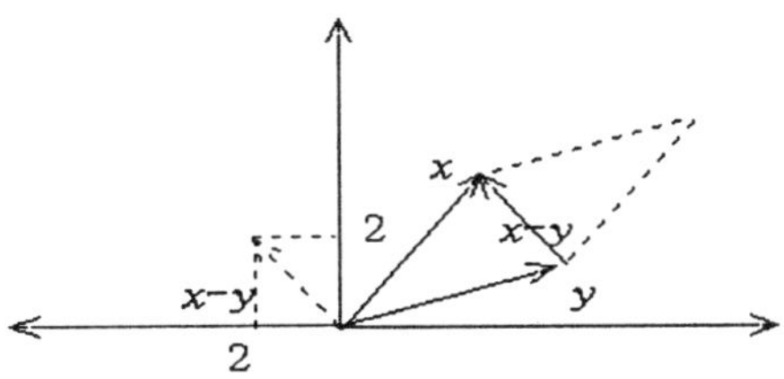

[그림 3] $\mathbf{x}-\mathbf{y}$의 좌표 공간

c 가 상수일 경우 벡터의 곱은 다음과 같이 된다.

$$c\mathbf{x} = \begin{bmatrix} cx_1 \\ cx_2 \\ \vdots \\ cx_n \end{bmatrix}$$

$$\mathbf{x} = \begin{bmatrix} x_1 \\ x_2 \end{bmatrix} \quad 2\mathbf{x} = \begin{bmatrix} 2x_1 \\ 2x_2 \end{bmatrix} \quad -\mathbf{x} = \begin{bmatrix} -x_1 \\ -x_2 \end{bmatrix}$$

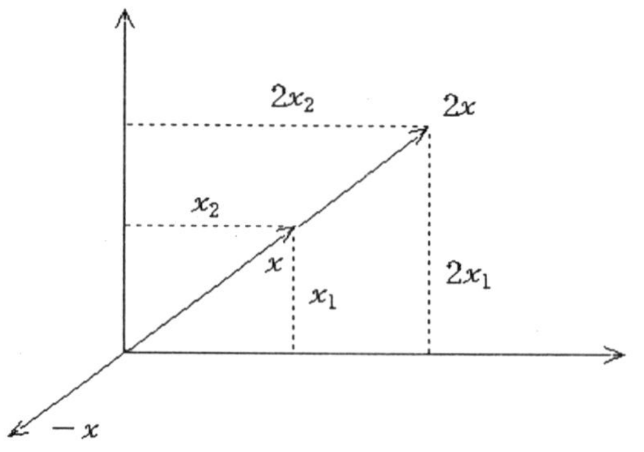

[그림 4] $\mathbf{x}, 2\mathbf{x}, -\mathbf{x}$의 좌표 공간

이제부터 벡터를 차원상의 한 점으로 보았을 때 원점에서와 벡터까지의 거리를 알아보도록 하자. 먼저 간단히 차원이 2인 경우 즉, $n=2$인 경우 다음과 같이 거리를 구할 수 있다.

2차원인 경우 벡터는 다음과 같이 쓸 수 있다.

$$\mathbf{x} = \begin{bmatrix} x_1 \\ x_2 \end{bmatrix} \text{ 또는 } \mathbf{x}' = [x_1, x_2]$$

따라서 $\mathbf{x}$의 길이를 $\mathbf{L}_{\mathbf{x}}$로 정의하고 거리$\mathbf{L}_{\mathbf{x}}$는 다음과 같이 구할 수 있다.

$$\mathbf{L}_{\mathbf{x}} = \sqrt{x_1^2 + x_2^2}$$

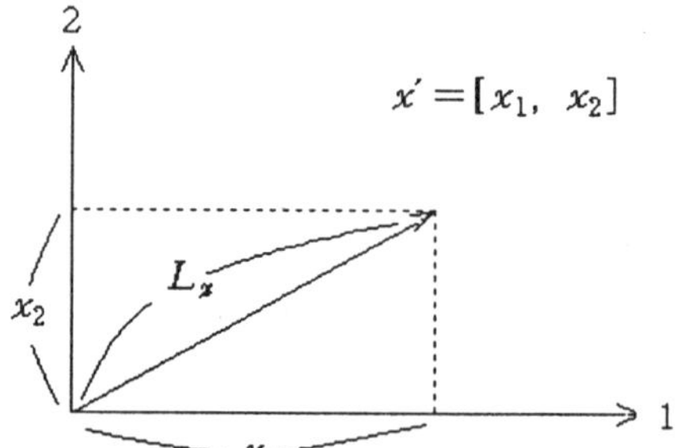

[그림 5] $\mathbf{x}_1$, $\mathbf{x}_2$의 길이 : $\mathbf{L}_{\mathbf{x}}$

이를 n차원으로 확장해보면 n차원 공간상의 벡터는 다음과 같이 쓸 수 있다.

$$\mathbf{x}' = [x_1, x_2, \ldots, x_n]$$

이 n차원인 벡터 $\mathbf{x}'$의 길이는 2차원인 경우를 확장하여 다음과 같이 쓸 수 있다.

$$\mathbf{L}_{\mathbf{x}} = \sqrt{x_1^2 + x_2^2 + \cdots + x_n^2}$$

벡터 $\mathbf{x}$에 스칼라 c의 상수배를 하면 길이는 다음과 같이 달라진다.

$$c\mathbf{x}' = [cx_1, cx_2, \ldots, cx_n]$$

$$\begin{aligned}\mathbf{L}_{cx} &= \sqrt{\mathrm{c}^2\mathrm{x}_1^2 + \mathrm{c}^2\mathrm{x}_2^2 + \cdots + \mathrm{c}^2\mathrm{x}_n^{\ 2}} \\ &= |c|\sqrt{\mathrm{x}_1^{\ 2} + \mathrm{x}_2^{\ 2} + \cdots + \mathrm{x}_n^{\ 2}} \\ &= |c|\mathbf{L}_{\mathbf{x}}\end{aligned}$$

따라서 $|c| > 1$ 이면 벡터$\mathbf{x}$는 길이가 확장이 되고 $0 < |c| < 1$이면 길이가 축소가 된다.

1.2 벡터와 각도

다음은 두 벡터 사이의 각의 개념에 대해서 언급해 보자. 먼저 그림에서 각 θ_1과θ_2의 $\sin(\theta)$, $\cos(\theta)$와 $\cos(\theta) = \cos(\theta_2 - \theta_1)$을 먼저 구해야 하는데 그 결과는 다음과 같이 얻어진다.

$$\cos(\theta_1) = \frac{x_1}{\mathbf{L}_{\mathbf{x}}} \quad \cos(\theta_2) = \frac{y_1}{\mathbf{L}_{\mathbf{y}}}$$

$$\sin(\theta_1) = \frac{x_2}{\mathbf{L}_{\mathbf{x}}} \quad \sin(\theta_2) = \frac{y_2}{\mathbf{L}_{\mathbf{y}}}$$

$$\begin{aligned}\cos(\theta) = \cos(\theta_2 - \theta_1) &= \cos(\theta_2)\cos(\theta_1) + \sin(\theta_2)\sin(\theta_1) \\ &= \left(\frac{y_1}{\mathbf{L}_{\mathbf{y}}}\right)\left(\frac{x_1}{\mathbf{L}_{\mathbf{x}}}\right) + \left(\frac{y_2}{\mathbf{L}_{\mathbf{y}}}\right)\left(\frac{x_2}{\mathbf{L}_{\mathbf{x}}}\right) \\ &= \frac{x_1 y_1 + x_2 y_2}{\mathbf{L}_{\mathbf{x}}\mathbf{L}_{\mathbf{y}}}\end{aligned}$$

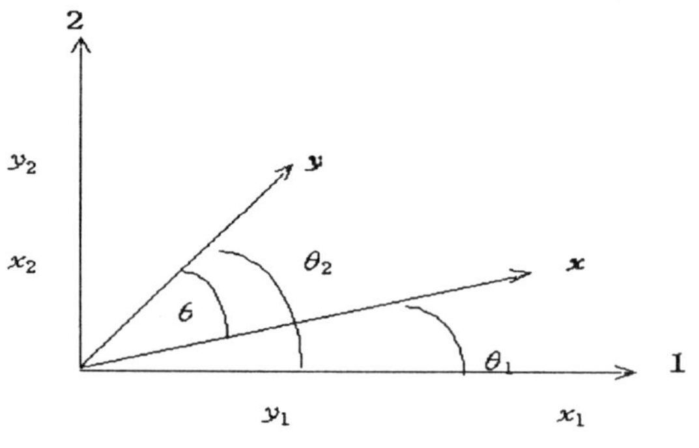

[그림 6] $\boldsymbol{x}$와 $\boldsymbol{y}$의 각도

이번에는 같은 차원의 두 벡터의 원소와 원소를 곱하는 **내적** 또는 **스칼라곱**에 대해 알아보자. 먼저 $n=2$ 일 때의 내적 또는 스칼라곱은 다음과 같이 정의한다.

$$\mathbf{x}'\mathbf{y} = [\mathrm{x}_1, \mathrm{x}_2]\begin{bmatrix}\mathrm{y}_1 \\ \mathrm{y}_2\end{bmatrix} = \mathrm{x}_1\mathrm{y}_1 + \mathrm{x}_2\mathrm{y}_2$$

또, 두 벡터 $\boldsymbol{x}$와 $\boldsymbol{y}$의 길이는 다음과 같다.

$$\mathrm{L}_\mathrm{x} = \sqrt{x_1^{\ 2} + x_2^{\ 2}} = \sqrt{\mathbf{x}'\mathbf{x}}$$

$$\mathrm{L}_\mathrm{y} = \sqrt{y_1^{\ 2} + y_2^{\ 2}} = \sqrt{\mathbf{y}'\mathbf{y}}$$

따라서, $\cos(\theta)$를 벡터로 표현다면 다음과 같이 쓸 수 있다.

$$\cos(\theta) = \frac{\mathbf{x}'\mathbf{y}}{\mathrm{L}_\mathrm{x}\mathrm{L}_\mathrm{y}} = \frac{\mathbf{x}'\mathbf{y}}{\sqrt{\mathbf{x}'\mathbf{x}}\sqrt{\mathbf{y}'\mathbf{y}}}$$

여기서 만일 $\mathbf{x}'\mathbf{y} = 0$ 이면 $\cos(\theta) = 0$ 이 된다. 따라서 $\mathbf{x}'\mathbf{y} = 0$이란 $\cos(90^\circ) = \cos(270^\circ)$인 경우이므로 두 벡터$\mathbf{x}$와 $\mathbf{y}$는 서로 수직인 경우가 된다.

이를 n차원의 경우로 확장하면 내적은 다음과 같다.

$$\mathbf{x}'\mathbf{y} = x_1 y_1 + x_2 y_2 + \cdots + x_n y_n$$

또 두 벡터 $\boldsymbol{x}$, $\boldsymbol{y}$의 길이는 다음과 같다.

$$\mathbf{x}\text{의 길이} = \mathrm{L_x} = \sqrt{\mathbf{x'x}} = \sqrt{x_1^2 + x_2^2 + \cdots x_n^2}$$

$$\mathbf{y}\text{의 길이} = \mathrm{L_y} = \sqrt{\mathbf{y'y}} = \sqrt{y_1^2 + y_2^2 + \cdots y_n^2}$$

$\cos(\theta)$는

$$\cos(\theta) = \frac{\mathbf{x'y}}{\mathrm{L_x L_y}} = \frac{\mathbf{x'y}}{\sqrt{\mathbf{x'x}}\sqrt{\mathbf{y'y}}}$$

이다.

$\mathbf{x'y} = 0$일 경우를 두 벡터 $\mathbf{x}$와 $\mathbf{y}$가 서로 **직교**(orthogonal)한다고 한다.

【예제 1.2】 $\mathbf{x}' = (1,\ 3, 2)$,$\mathbf{y}' = (-2, 1, -1)$ 일 때, $3\mathbf{x}$와 $\mathbf{x}+\mathbf{y}$ 를 구하고 $\mathbf{x}$와 $\mathbf{y}$간의 사이 각을 구하라. 또 $3\mathbf{x}$의 길이가 $\mathbf{x}$의 3배가 되는지를 체크하여라.

풀이

$$3\mathbf{x} = 3\begin{bmatrix}1\\3\\2\end{bmatrix} = \begin{bmatrix}3\\9\\6\end{bmatrix},$$

$$\mathbf{x}+\mathbf{y} = \begin{bmatrix}1\\3\\2\end{bmatrix} + \begin{bmatrix}-2\\1\\-1\end{bmatrix} = \begin{bmatrix}1-2\\3+1\\2-1\end{bmatrix} = \begin{bmatrix}-1\\4\\1\end{bmatrix}$$

$\mathbf{x}'$와$\mathbf{x}$, $\mathbf{y}'$와$\mathbf{y}$, $\mathbf{x}'$와 $\mathbf{y}$의 각 내적은 다음과 같다.

$$\mathbf{x'x} = 1^2 + 3^2 + 2^2 = 14 \, \mathbf{y'y} = (-2)^2 + 1^2 + (-1)^2 = 6$$

$$\mathbf{x'y} = 1(-2) + 3(1) + 2(-1) = -1$$

그러므로 $\mathbf{x}$와 $\mathbf{y}$의 길이 L_x, L_y는 다음과 같다.

$$\mathrm{L_x} = \sqrt{\mathbf{x'x}} = \sqrt{14} = 3.742$$

$$\mathrm{L_y} = \sqrt{\mathbf{y'y}} = \sqrt{6} = 2.449$$

또한 $\cos(\theta)$는 다음과 같고

$$\cos(\theta) = \frac{\mathbf{x'y}}{\mathrm{L_x L_y}} = \frac{-1}{3.742 \times 2.449} = -0.109$$

$\theta = 96.3^\circ$ 가 된다.

$3\mathbf{x}$의 길이는 정의에 의해 다음과 같고

$$\mathrm{L_{3x}} = \sqrt{3^2 + 9^2 + 6^2} = \sqrt{126}$$

$\mathbf{x}$의 길이의 3배는 역시 다음과 같다.

$$3L_x = 3\sqrt{14} = \sqrt{126}$$

따라서 $L_{3x} = 3L_x$이므로 $3\mathbf{x}$의 길이와 $\mathbf{x}$의 길이의 3배는 같다.

1.3 선형독립과 선형종속

동일한 차원의 벡터 $\mathbf{x}_1, \mathbf{x}_2, \mathbf{x}_3$에 대하여 선형결합 $c_1\mathbf{x}_1 + c_2\mathbf{x}_2 + c_1\mathbf{x}_3 = 0$을 만족시키는 상수 c_1, c_2, c_3가 적어도 하나가 0이 아니라면 세 벡터는 **선형종속**(linear dependent)이고 모든 상수가 0이면 세 벡터는 **선형독립**(linear independent)이라 한다.

【예제 1.3】 다음 세 벡터들이 선형독립인가 보여라.

풀이

$$\mathbf{x}_1 = \begin{bmatrix} 1 \\ 2 \\ 1 \end{bmatrix} \quad \mathbf{x}_2 = \begin{bmatrix} 1 \\ 0 \\ -1 \end{bmatrix} \quad \mathbf{x}_3 = \begin{bmatrix} 1 \\ -2 \\ 1 \end{bmatrix}$$

$c_1\mathbf{x}_1 + c_2\mathbf{x}_2 + c_3\mathbf{x}_3 = 0$는 다음 식과 같이 된다.

$$\begin{aligned} c_1 + c_2 + c_3 &= 0 \\ 2c_1 - 2c_3 &= 0 \\ c_1 - c_2 + c_3 &= 0 \end{aligned}$$

앞의 계수들을 모아 행렬로 만들어 가우스-요르단(Gauss-Jordan) 소거법을 통해 단위행렬로 만들어 보면 다음과 같은 과정이 된다.

$$\begin{bmatrix} 1 & 1 & 1 \\ 2 & 0 & -2 \\ 1 & -1 & 1 \end{bmatrix} \Rightarrow \begin{bmatrix} 1 & 1 & 1 \\ 0 & -2 & -4 \\ 0 & -2 & 0 \end{bmatrix} \Rightarrow \begin{bmatrix} 1 & 0 & 0 \\ 0 & -2 & 0 \\ 0 & -2 & -4 \end{bmatrix} \Rightarrow \begin{bmatrix} 1 & 0 & 0 \\ 0 & 1 & 0 \\ 0 & -2 & -4 \end{bmatrix} \Rightarrow \begin{bmatrix} 1 & 0 & 0 \\ 0 & 1 & 0 \\ 0 & 0 & -4 \end{bmatrix} \Rightarrow \begin{bmatrix} 1 & 0 & 0 \\ 0 & 1 & 0 \\ 0 & 0 & 1 \end{bmatrix}$$

이는 다음과 같은 표현이 된다.

$$\begin{aligned} c_1 + 0c_2 + 0c_3 &= 0 \\ 0c_1 + c_2 + 0c_3 &= 0 \\ 0c_1 + 0c_2 + c_3 &= 0 \end{aligned}$$

따라서 위의 식들을 만족시키는 유일한 해는 $c_1 = c_2 = c_3 = 0$이므로 세 벡터 $\mathbf{x}_1$, $\mathbf{x}_2, \mathbf{x}_3$는 선형독립이라 한다.

참 고

가우스-요르단 소거법

① 한행이 모두 0으로 되어 있지 않으면 처음으로 0이 아닌 수는 1이다.
② 선두 1을 포함한 각행의 다른 모든 상수는 0이다.
③ 모두 0이 아닌 임의의 두 연속행에 있어서 아래행의 선두의 1은 위의 행의 선두보다 오른쪽으로 존재한다.
④ 모두가 0이 된 행렬이 존재하면 이들은 행렬의 가장 아래쪽에 모은다.

【 예제 1.4 】 다음 벡터들이 $\mathbf{x}_1 = \begin{bmatrix} 0 \\ 2 \\ 4 \end{bmatrix}$　$\mathbf{x}_2 = \begin{bmatrix} 1 \\ 3 \\ 5 \end{bmatrix}$　$\mathbf{x}_3 = \begin{bmatrix} -3 \\ -1 \\ -2 \end{bmatrix}$이 선형독립인지를 밝혀라.

【 예제 1.5 】 벡터 중에 한 원소만 1이고 나머지는 0인 원소를 단위벡터라 한다. 예를 들어 다음과 같은 세 단위벡터가 있다 하자. $\boldsymbol{e}_1' = (1,0,0), \boldsymbol{e}_2' = (0,1,0), \boldsymbol{e}_3' = (0,0,1)$. 이 세 단위벡터는 선형종속인가 선형독립인가?

【 예제 1.6 】 $\mathbf{x}_1 = \begin{bmatrix} 4 \\ -4 \\ 8 \\ 0 \end{bmatrix}$　$\mathrm{x}_2 = \begin{bmatrix} 2 \\ 2 \\ 4 \\ 0 \end{bmatrix}$　$\mathbf{x}_3 = \begin{bmatrix} 6 \\ 0 \\ 0 \\ 2 \end{bmatrix}$ $\mathbf{x}_4 = \begin{bmatrix} 6 \\ 3 \\ -3 \\ 0 \end{bmatrix}$는 선형 독립인가 선형 종속인가?

일반적으로 확장하여 동일한 차원 k개의 벡터와 k개의 상수에 대하여 선형결합이 다음과 같이 되었을 때,

$$c_1\mathbf{x}_1 + c_2\mathbf{x}_2 + \dots + c_k\mathbf{x}_\mathrm{k} = 0$$

위 식을 만족시키는 상수 $c_1, c_2, \cdots, c_k$가 적어도 하나가 0이 아니라면 k개의 벡터는 선형종속이 되고 모든 상수가 0일 경우에만 식이 성립한다면 선형독립이 된다.

1.4 선형결합

어떤 벡터 $\mathbf{y}$에 대하여

$$\mathbf{y} = c_1\mathbf{x}_1 + c_2\mathbf{x}_2 + \dots + c_n\mathbf{x}_n$$

이 성립하면 $\mathbf{y}$는 $\mathbf{x}_1, \mathbf{x}_2, \dots, \mathbf{x}_n$의 **선형결합**(linear combination)이라 한다.

【 예제 1.7 】 $\mathbf{y}' = (2, 1, -1)$가 $\mathbf{x}_1' = (1, -1, 1)$, $\mathbf{x}_2' = (1, 0, 2)$,$\mathbf{x}_3' = (-1, 1, 3)$의 선형결합인지 보여라.

풀이

$\mathbf{y} = c_1\mathbf{x}_1 + c_2\mathbf{x}_2 + c_3\mathbf{x}_3$가 성립되는 c_1, c_2, c_3 가 존재하면 $\mathbf{y}$는 $\mathbf{x}_1$, $\mathbf{x}_2, \mathbf{x}_3$ 의 선형결합이다. 먼저 이를 벡터의 선형결합으로 표현하면 다음과 같다.

$$c_1\begin{bmatrix} 1 \\ -1 \\ 1 \end{bmatrix} + c_2\begin{bmatrix} 1 \\ 0 \\ 2 \end{bmatrix} + c_3\begin{bmatrix} -1 \\ 1 \\ 3 \end{bmatrix} = \begin{bmatrix} 2 \\ 1 \\ -1 \end{bmatrix}$$

여기서

$$\begin{aligned} c_1 + c_2 - c_3 &= 2 \\ -c_1 + \quad + c_3 &= 1 \\ c_1 + 2c_2 + 3c_3 &= -1 \end{aligned}$$

인 방정식을 풀면

$$c_1 = -\frac{5}{2} \quad c_2 = 3 \quad c_3 = -\frac{3}{2}$$

이다. 즉,

$$\mathbf{y} = -\frac{5}{2}\mathbf{x}_1 + 3\mathbf{x}_2 + -\frac{3}{2}\mathbf{x}_3$$

이다. 따라서 $\mathbf{y}$는 $\mathbf{x}_1, \mathbf{x}_2, \mathbf{x}_3$의 선형결합이다.

【 예제 1.8】 $\mathbf{y}' = (-4, 29, -1, -1)$가 $\mathbf{x}_1' = (1, 0, -1, 6)$, $\mathbf{x}_2' = (-2, 11, 3, 5)$ $\mathbf{x}_3' = (0, 1, 2, 7)$의 선형결합인지 보여라.

1.5 y에 대한 x의 투영

벡터 **y에 대한 벡터x의 투영**이란 벡터y를 수직으로 벡터x로 비춰 보았을 때 나타나는 그림자 벡터를 말한다. 그 값은 다음같이 계산한다.

$$\mathbf{y}\text{에 대한 }\mathbf{x}\text{의 투영} = \mathbf{p} = \frac{(\mathbf{x}'\mathbf{y})}{\mathbf{y}'\mathbf{y}}\mathbf{y} = \frac{\mathbf{x}'\mathbf{y}}{L_y}\frac{1}{L_y}\mathbf{y}$$

또한 그 그림자의 길이, 즉 투영의 길이는 다음과 같다.

$$\text{투영의 길이} = \frac{|\mathbf{x}'\mathbf{y}|}{L_y} = L_x\left|\frac{\mathbf{x}'\mathbf{y}}{L_xL_y}\right| = L_x|\cos(\theta)|$$

여기서 θ는 **x**와 **y**사이의 각이다.

【예제 1.9】 2차원 공간 (5, 6)에 대한 벡터 (2, 4)의 투영 $\boldsymbol{p}$와 투영의 길이를 구하라.

풀이

$$p = \frac{\mathbf{x}'\mathbf{y}}{\mathbf{y}\mathbf{y}}\mathbf{y} = \frac{(2\ 4)\begin{pmatrix}5\\6\end{pmatrix}}{(5 6)\begin{pmatrix}5\\6\end{pmatrix}}\begin{pmatrix}5\\6\end{pmatrix} = \frac{10+24}{25+36}\begin{pmatrix}5\\6\end{pmatrix} = \frac{34}{61}\begin{pmatrix}5\\6\end{pmatrix}$$

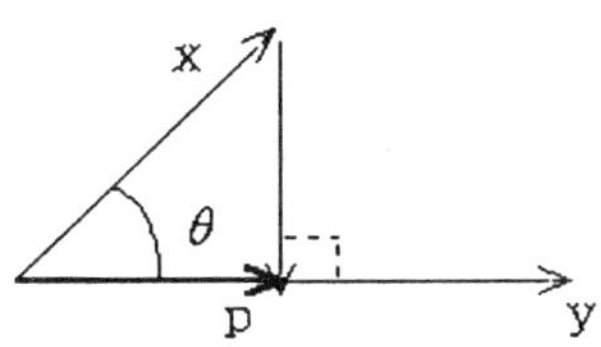

[그림 7] $\boldsymbol{y}$에 대한 $\boldsymbol{x}$의 투영

$$\text{투영의 길이} = \frac{|\mathbf{x}'\mathbf{y}|}{L_y} = \frac{(2\ 4)\begin{pmatrix}5\\6\end{pmatrix}}{\sqrt{5^2+6^2}} = \frac{10+24}{\sqrt{61}} = \frac{34}{\sqrt{61}}$$

【예제 1.10】 3차원 공간벡터 (2, 4, 3)에 대한 벡터 (1, 2, 3)의 투영 $\boldsymbol{p}$와 투영의 길이를 구하라.

풀이

$$\mathbf{p}=\frac{\mathbf{x}'\mathbf{y}}{\mathbf{y}\mathbf{y}}\mathbf{y}=\frac{(1\ 2\ 3)\begin{pmatrix}2\\4\\3\end{pmatrix}}{(24\ 3)\begin{pmatrix}2\\4\\3\end{pmatrix}}\begin{pmatrix}2\\4\\3\end{pmatrix}=\frac{2+8+9}{4+16+9}\begin{pmatrix}2\\4\\3\end{pmatrix}=\frac{19}{29}\begin{pmatrix}2\\4\\3\end{pmatrix}$$

$$\text{투영의 길이}=\frac{|\mathbf{x}'\mathbf{y}|}{\mathbf{L_y}}=\frac{(1\ 2\ 3\ )\begin{pmatrix}2\\4\\3\end{pmatrix}}{\sqrt{2^2+4^2+3^2}}=\frac{2+8+9}{\sqrt{29}}=\frac{19}{\sqrt{29}}$$

연습문제

[1] $\mathbf{x}'=(2,-1,1)\mathbf{y}'=(1,1,2)$일 때 x와 $\mathbf{y}'$ 간의 사이 각을 구하라.

[2] $\mathbf{x}'=(k,0,0)$, $\mathbf{y}'=(0,k,0)$, $\mathbf{z}'=(0,0,k)$이고
$\mathbf{d}'=\mathbf{x}'+\mathbf{y}'+\mathbf{z}'=(k,k,k)$ 때 $\mathbf{x}'$ 와 $\mathbf{d}'$ 간의 사이 각을 구하라.

[3] 다음 벡터들이 선형독립인지 밝혀라.
1) $(1,2,1,-2)$, $(0,-2,-2,0)$, $(0,2,3,1)$, $(3,0,-3,6)$
2) $(3,0,4,1)$, $(6,2,-1,2)$, $(-1,3,5,1)$, $(-3,7,8,3)$

[4] 다음 벡터**y**에 대해 $\mathbf{x}_1'=(2,1,0,3)$, $\mathbf{x}_2'=(3,-1,5,2)$,
$\mathbf{x}_3'=(-1,0,2,1)$의 선형결합인지 보여라.
1) $(2,3,-7,3)$, 2) $(1,1,1,1)$,
3) $(0,0,0,0)$, 4) $(-4,6,-13,4)$

[5] 다음 벡터 **y**에 대한 벡터**x**의 $\boldsymbol{p}$와 투영의 길이를 구하라.
1) $\mathbf{x}=(2,-1,3)$, $\mathbf{y}=(1,2,2)$
2) $\mathbf{x}=(4,-1,7)$, $\mathbf{y}=(2,3,6)$

제2장

행 렬

2.1 행렬의 기초

행렬(matrix)이란 말 그대로 행과 열이 존재하는 사각형 형태의 자료들의 집합이다. 즉, 여러 개의 벡터의 모임이 될 수도 있고, 일반 자료의 정방형 모음이 될 수도 있다. 예를 들어 100명의 국어, 영어 등 5개의 과목의 점수를 한 번에 표시하면 다음과 같이 행렬로 표시할 수 있다.

$$A_{100\times 5}=\begin{bmatrix} 60 & 62 & \cdots & 70 \\ 73 & 63 & \cdots & 64 \\ \vdots & \vdots & \ddots & \vdots \\ 55 & 62 & \cdots & 54 \end{bmatrix}$$

이를 일반화시키면 다음과 같다.

$$A_{n\times p}=\begin{bmatrix} a_{11} & a_{12} & \cdots & a_{1p} \\ a_{21} & a_{22} & \cdots & a_{2p} \\ \vdots & \vdots & \ddots & \vdots \\ a_{n1} & a_{n2} & \cdots & a_{np} \end{bmatrix} = \{a_{ij}\}$$

$$i=1,2,\cdots,n, \qquad j=1,2,\cdots,p$$

A의 **전치행렬**(transpose matrix)이란 행과 열을 바꾸어 놓은 행렬을 말한다.

$$A'_{n\times p}=A_{p\times n}$$

【 예제 2.1 】 $A_{2\times 3}=\begin{bmatrix} 1 & 2 & -4 \\ 2 & 1 & 2 \end{bmatrix}$ $\qquad A_{3\times 2}=A'_{2\times 3}=\begin{bmatrix} 1 & 2 \\ 2 & 1 \\ -4 & 2 \end{bmatrix}$

행렬 A에 상수 c를 곱하면 모든 원소에 곱이 된다.

$$cA_{n\times p}=\begin{bmatrix} ca_{11} & ca_{12} & \cdots & ca_{1p} \\ ca_{21} & ca_{22} & \cdots & ca_{2p} \\ \vdots & \vdots & \ddots & \vdots \\ ca_{n1} & ca_{n2} & \cdots & ca_{np} \end{bmatrix}$$

【 예제 2.2】 다음 행렬 A, B에서 4A, A+B를 구하라.

$$A=\begin{bmatrix}0 & 3 & 1\\1 & -1 & 1\end{bmatrix},\quad B=\begin{bmatrix}1 & -2 & -3\\2 & 5 & 1\end{bmatrix},$$

풀이

$$4A=\begin{bmatrix}0 & 12 & 4\\4 & -4 & 4\end{bmatrix}$$

$$A_{2\times 3}+B_{2\times 3}=\begin{bmatrix}0+1 & 3-2 & 1-3\\1+2 & -1+5 & 1+1\end{bmatrix}=\begin{bmatrix}1 & 1 & -2\\3 & 4 & 2\end{bmatrix}$$

행렬 AB의 곱의 첫 번째 원소는 행렬 A의 첫 번째 행과 행렬 B의 첫 번째 열의 곱의 값이고, 행렬 A의 첫 번째 행과 행렬 B의 두 번째 열의 곱의 값은 행렬 AB의 첫 번째 행과 두 번째 원소의 값이 된다.

$$A_{n\times p}\cdot B_{p\times m}=\begin{bmatrix}a_{11} & a_{12} & \cdots & a_{1p}\\a_{21} & a_{22} & \cdots & a_{2p}\\\vdots & \vdots & \ddots & \vdots\\a_{n1} & a_{n2} & \cdots & a_{np}\end{bmatrix}\begin{bmatrix}b_{11} & b_{12} & \cdots & b_{1m}\\b_{21} & b_{22} & \cdots & b_{2m}\\\vdots & \vdots & \ddots & \vdots\\b_{p1} & b_{p2} & \cdots & b_{pm}\end{bmatrix}$$

$$=\begin{bmatrix}a_{11}b_{11}+a_{12}b_{21}+\cdots+a_{1p}b_{p1}, & \cdots & ,a_{11}b_{1p}+a_{12}b_{2p}+\cdots+a_{1p}b_{pm}\\a_{21}b_{11}+a_{22}b_{21}+\cdots+a_{2p}b_{p1}, & \cdots & ,a_{21}b_{1m}+a_{22}b_{2m}+\cdots+a_{2p}b_{pm}\\\vdots & \vdots & \vdots\\a_{n1}b_{1n}+a_{n2}b_{2n}+\cdots+a_{np}b_{pm}, & \cdots & ,a_{n1}b_{1m}+a_{n2}b_{2m}+\cdots+a_{np}b_{pm}\end{bmatrix}$$

【예제 2.3】 다음 행렬 A, B, C에서 AB, CA를 구하라.

$$A=\begin{bmatrix}3 & 1 & 2\\1 & 5 & 4\end{bmatrix},\quad B=\begin{bmatrix}-2\\7\\9\end{bmatrix},\quad C=\begin{bmatrix}2 & 0\\1 & -1\end{bmatrix}$$

풀이

$$A_{2\times 3}B_{3\times 1}=\begin{bmatrix}3 & 1 & 2\\1 & 5 & 4\end{bmatrix}\begin{bmatrix}-2\\7\\9\end{bmatrix}=\begin{bmatrix}3(-2)+1(7)+2(9)\\1(-2)+5(7)+4(9)\end{bmatrix}=\begin{bmatrix}19\\69\end{bmatrix}$$

$$C_{2\times 2}A_{2\times 3}=\begin{bmatrix}2 & 0\\1 & -1\end{bmatrix}\begin{bmatrix}3 & 1 & 2\\1 & 5 & 4\end{bmatrix}$$

$$=\begin{bmatrix}2(3)+0(1) & 2(1)+0(5) & 2(2)+0(4)\\1(3)+(-1)(1) & 1(1)+(-1)5 & 1(2)+(-1)4\end{bmatrix}$$

$$=\begin{bmatrix}6 & 2 & 4\\2 & -4 & -2\end{bmatrix}$$

행렬 AB의 전치는 B의 전치에 A의 전치 곱과 같다.

$$(AB)'=B'A'$$

$$A=\begin{bmatrix}1\,4\,1\\2\,1\,1\end{bmatrix}\quad B=\begin{bmatrix}1\,1\,2\\3\,4\,1\\2\,1\,1\end{bmatrix}$$

$$AB=\begin{bmatrix}1\,4\,1\\2\,1\,1\end{bmatrix}\begin{bmatrix}1\,1\,2\\3\,4\,1\\2\,1\,1\end{bmatrix}=\begin{bmatrix}15\,18\,7\\7\;\;7\;\;6\end{bmatrix}\quad B'A'=\begin{bmatrix}1\,3\,2\\1\,4\,1\\2\,1\,1\end{bmatrix}\begin{bmatrix}1\,2\\4\,1\\1\,1\end{bmatrix}=\begin{bmatrix}15\,7\\18\,7\\7\,6\end{bmatrix}=(AB)'$$

이를 확장하면 (ABCD)'=D'C'B'A'이다.

【예제 2.4】 또 다른 예를 통하여 행렬의 곱에 대해 생각해 보자. 다음과 같이 3개의 행렬이 있다.

$$A=\begin{bmatrix}1\,4\,1\\2\,5\,1\\3\,6\,2\end{bmatrix}\quad D_1=\begin{bmatrix}3\,0\,0\\0\,2\,1\\0\,0\,1\end{bmatrix}\quad D_2=\begin{bmatrix}2\,0\,0\\0\,2\,0\\0\,0\,2\end{bmatrix}$$

먼저 D_1A의 첫 번째 행은 A의 첫 번째 행에는 3을 곱한 결과가 되고 두 번째 행은 A의 두 번째 행에 2배수하여 세 번째 행을 더한 것이 된다. D_1A의 세 번째 행은 변하지 않는 값이다.

$$D_1A=\begin{bmatrix}3\,0\,0\\0\,2\,1\\0\,0\,1\end{bmatrix}\begin{bmatrix}1\,4\,1\\2\,5\,1\\3\,6\,2\end{bmatrix}=\begin{bmatrix}3\,12\,3\\7\,16\,4\\3\;\;6\;\;2\end{bmatrix}$$

AD_1의 경우는 D_1A의 행에서 열로 바뀐 경우이다. 즉 AD_1의 첫 번째 열은 A의 첫 번째 열에 3을 곱한 결과가 되고 AD_1의 두 번째 열은 A의 두 번째 열에 2배에 세 번째 열을 더한 것이 된다. AD_1의 세 번째 열은 그대로 사용됐다.

$$AD_1=\begin{bmatrix}1\,4\,1\\2\,5\,1\\3\,6\,2\end{bmatrix}\begin{bmatrix}3\,0\,0\\0\,2\,1\\0\,0\,1\end{bmatrix}=\begin{bmatrix}3\;\;8\;\;5\\6\,10\,6\\9\,12\,8\end{bmatrix}$$

D_2AD_1에서 D_2A는 행렬 A에 각 행에 2배를 한 결과가 되고 이 2배가 된 행렬을 다시 D_1을 곱한 결과가 된다.

$$D_2AD_1=\begin{bmatrix}2\,0\,0\\0\,2\,0\\0\,0\,2\end{bmatrix}\begin{bmatrix}1\,4\,1\\2\,5\,1\\3\,6\,2\end{bmatrix}\begin{bmatrix}3\,0\,0\\0\,2\,1\\0\,0\,1\end{bmatrix}=\begin{bmatrix}6\;\;16\;10\\12\;20\;12\\18\;24\;16\end{bmatrix}$$

모든 행에 상수를 곱하는 것은 동일한 상수가 있는 대각행렬을 곱하는 것과 같은 결과가 된다.

$$3\begin{bmatrix}1&4&1\\2&5&1\\3&6&2\end{bmatrix}=\begin{bmatrix}3&0&0\\0&3&0\\0&0&3\end{bmatrix}\begin{bmatrix}1&4&1\\2&5&1\\3&6&2\end{bmatrix}=\begin{bmatrix}3&12&3\\6&15&3\\9&18&6\end{bmatrix}$$

그 이외 다양한 행렬의 결과는 다음과 같다.

$$D_1^2=\begin{bmatrix}3&0&0\\0&2&1\\0&0&1\end{bmatrix}\begin{bmatrix}3&0&0\\0&2&1\\0&0&1\end{bmatrix}=\begin{bmatrix}9&0&0\\0&4&3\\0&0&1\end{bmatrix}$$

$$D_2^{1/2}=\begin{bmatrix}\sqrt{2}&0&0\\0&\sqrt{2}&0\\0&0&\sqrt{2}\end{bmatrix}$$

$$\begin{bmatrix}1&4&1\\2&5&1\\3&6&2\end{bmatrix}\begin{bmatrix}-1&0&0\\0&-1&0\\0&0&1\end{bmatrix}=\begin{bmatrix}-1&-4&1\\-2&-5&1\\-3&-6&2\end{bmatrix}$$

대칭행렬(symmetric matrix)이란 행렬 A와 전치행렬A′의 모든 원소가 서로 같은 것을 말한다. 즉, A = A′ 또는 $\{a_{ij}\}=\{a_{ji}\}$이다.

$$\begin{pmatrix}3&1&2\\1&2&3\\2&3&3\end{pmatrix}$$

왜대칭행렬(skew-symmetric matrix)이란 전치행렬A′이 행렬A 음의 부호를 갖는 것과 같은 행렬을 말한다. 즉 A′ = -A인 행렬을 말한다.

$$A=\begin{bmatrix}0&1&2\\-1&0&-3\\-2&3&0\end{bmatrix}$$

$$A'=\begin{bmatrix}0&-1&-2\\1&0&3\\2&-3&0\end{bmatrix}=-A$$

단위행렬(elementary matrix)이란 대각원소 모두 1이고 나머지는 0인 정방행렬을 말한다. 또, 이 단위행렬은 자신에 어떤 다른 행렬을 곱해도 그 값은 변하지 않는다.

$$IA = AI = A$$

$$\mathrm{I}_2 = \begin{bmatrix} 1\,0 \\ 0\,1 \end{bmatrix} \quad \mathrm{I}_4 = \begin{bmatrix} 1\,0\,0\,0 \\ 0\,1\,0\,0 \\ 0\,0\,1\,0 \\ 0\,0\,0\,1 \end{bmatrix}$$

여기서 차원이 n인 단위행렬(I_n)로 확장하여 이를 단위벡터의 곱의 합으로 다음과 같이 표현할 수 있다.

$$\mathrm{I}_n = \sum_{i=1}^{n} \mathbf{e}_i \mathbf{e}_i{}'$$

먼저 이해하기 쉽게 3차원인 경우의 단위행렬을 단위벡터로 표현하면 다음과 같다.

$$\begin{aligned} I_3 &= \sum_{i=1}^{3} \mathbf{e}_i \mathbf{e}_i{}' \\ &= \begin{bmatrix} 1 \\ 0 \\ 0 \end{bmatrix} [1\,0\,0] + \begin{bmatrix} 0 \\ 1 \\ 0 \end{bmatrix} [0\,1\,0] + \begin{bmatrix} 0 \\ 0 \\ 1 \end{bmatrix} [0\,0\,1] \\ &= \begin{bmatrix} 1\,0\,0 \\ 0\,0\,0 \\ 0\,0\,0 \end{bmatrix} + \begin{bmatrix} 0\,0\,0 \\ 0\,1\,0 \\ 0\,0\,0 \end{bmatrix} + \begin{bmatrix} 0\,0\,0 \\ 0\,0\,0 \\ 0\,0\,1 \end{bmatrix} = \begin{bmatrix} 1\,0\,0 \\ 0\,1\,0 \\ 0\,0\,1 \end{bmatrix} \end{aligned}$$

대각행렬(diagonal matrix)은 대각원소에만 값이 존재하고 나머지 비대각원소에는 0인 행렬이다.

$$D = \begin{bmatrix} a_{11} & 0 & 0 \\ 0 & a_{22} & 0 \\ 0 & 0 & a_{33} \end{bmatrix} \qquad D^{-1} = \begin{bmatrix} \frac{1}{a_{11}} & 0 & 0 \\ 0 & \frac{1}{a_{22}} & 0 \\ 0 & 0 & \frac{1}{a_{33}} \end{bmatrix}$$

스칼라 행렬(scalar matrix)은 대각원소 중에 단위행렬로 표시가 가능한 행렬이다.

$$A = \begin{bmatrix} 2&0&0 \\ 0&2&0 \\ 0&0&2 \end{bmatrix} = 2\begin{bmatrix} 1&0&0 \\ 0&1&0 \\ 0&0&1 \end{bmatrix} = 2I$$

$$B = \begin{bmatrix} -5 & 0 \\ 0 & -5 \end{bmatrix} = -5\begin{bmatrix} 1&0 \\ 0&1 \end{bmatrix} = -5I$$

부호행렬(sign matrix)은 대각원소 중 1과 -1로만 구성되어 있는 행렬을 말한다.

$$A = \begin{bmatrix} 1&0&0 \\ 0&1&0 \\ 0&0&-1 \end{bmatrix} \qquad B = \begin{bmatrix} -1&0 \\ 0&1 \end{bmatrix}$$

직교행렬(orthogonal matrix)이란 행렬과 그 전치행렬을 서로 곱했을 경우 단위행렬이 되는 행렬을 말한다.

$$QQ' = Q'Q = I \quad \text{또는} \quad Q' = Q^{-1} \text{ 인 행렬}$$

【예제 2.5】 $A = \frac{1}{15}\begin{bmatrix} 5 & -14 & 2 \\ -10 & -5 & -10 \\ 10 & 2 & -11 \end{bmatrix}$이 직교행렬임을 보여라.

풀이

$$A' = \frac{1}{15}\begin{bmatrix} 5 & -10 & 10 \\ -14 & -5 & 2 \\ 2 & -10 & -11 \end{bmatrix}$$

$$AA' = (\frac{1}{15})^2\begin{bmatrix} 5 & -14 & 2 \\ -10 & -5 & -10 \\ 10 & 2 & -11 \end{bmatrix}\begin{bmatrix} 5 & -10 & 10 \\ -14 & -5 & 2 \\ 2 & -10 & -11 \end{bmatrix}$$

$$= \begin{bmatrix} 1&0&0 \\ 0&1&0 \\ 0&0&1 \end{bmatrix}$$

【예제 2.6】 다음은 특수 직교행렬의 예이다.

① **헬머트(Helmert) 행렬**

$$H_2 = \begin{bmatrix} \frac{1}{\sqrt{2}} & \frac{1}{\sqrt{2}} \\ \frac{1}{\sqrt{2}} & -\frac{1}{\sqrt{2}} \end{bmatrix}$$

$$H_2H_2' = \begin{bmatrix} \frac{1}{\sqrt{2}} & \frac{1}{\sqrt{2}} \\ \frac{1}{\sqrt{2}} & -\frac{1}{\sqrt{2}} \end{bmatrix} \begin{bmatrix} \frac{1}{\sqrt{2}} & \frac{1}{\sqrt{2}} \\ \frac{1}{\sqrt{2}} & -\frac{1}{\sqrt{2}} \end{bmatrix} = \begin{bmatrix} 1 & 0 \\ 0 & 1 \end{bmatrix} = I_2$$

$$H_4 = \begin{bmatrix} 1/\sqrt{4} & 1/\sqrt{4} & 1/\sqrt{4} & 1/\sqrt{4} \\ 1/\sqrt{2} & -1/\sqrt{2} & 0 & 0 \\ 1/\sqrt{6} & 1/\sqrt{6} & -2/\sqrt{6} & 0 \\ 1/\sqrt{12} & 1/\sqrt{12} & 1/\sqrt{12} & -3/\sqrt{12} \end{bmatrix}$$

$$H_4^2 = I_4$$

이에 대한 n차원의 일반적인 정의는 다음과 같다.

$$H_n = \begin{bmatrix} \frac{1}{\sqrt{n}} & \frac{1}{\sqrt{n}} & \frac{1}{\sqrt{n}} & \frac{1}{\sqrt{n}} & \cdots & \frac{1}{\sqrt{n}} \\ \frac{1}{\sqrt{1\cdot2}} & -\frac{1}{\sqrt{1\cdot2}} & 0 & 0 & 0 & 0 \\ \frac{1}{\sqrt{2\cdot3}} & \frac{1}{\sqrt{2\cdot3}} & -\frac{2}{\sqrt{2\cdot3}} & 0 & 0 & 0 \\ \cdots & \cdots & \cdots & \cdots & \cdots & \cdots \\ \frac{1}{\sqrt{n(n-1)}} & \frac{1}{\sqrt{n(n-1)}} & \frac{1}{\sqrt{n(n-1)}} & \frac{1}{\sqrt{n(n-1)}} & \frac{1}{\sqrt{n(n-1)}} & -\frac{n-1}{\sqrt{n(n-1)}} \end{bmatrix}$$

② 기븐스(Givens) 행렬

차수가 2인 기븐스 행렬

$$G_2 = \begin{bmatrix} \cos\theta & \sin\theta \\ -\sin\theta & \cos\theta \end{bmatrix}$$

$$\begin{bmatrix} \cos\theta & -\sin\theta \\ \sin\theta & \cos\theta \end{bmatrix} = \begin{bmatrix} 1 & 0 \\ 0 & 1 \end{bmatrix} = I_2$$

다음은 차수가 3인 기븐스 행렬의 예이다.

$$G_{12} = \begin{bmatrix} \cos\alpha & \sin\alpha & 0 \\ -\sin\alpha & \cos\alpha & 0 \\ 0 & 0 & 1 \end{bmatrix}$$

$$G_{13} = \begin{bmatrix} \cos\beta & 0 & \sin\beta \\ 0 & 1 & 0 \\ -\sin\beta & 0 & \cos\beta \end{bmatrix}$$

$$G_{23} = \begin{bmatrix} 1 & 0 & 0 \\ 0 & \cos\delta & \sin\delta \\ 0 & -\sin\delta & \sin\delta \end{bmatrix}$$

멱등행렬(idempotent matrix)은 자신의 행렬을 곱하여도 자신이 나오는 행렬을 말한다.

$$A^2 = A$$

또 $A^2 = A$이면 $(I - A)^2 = I - A$이다.

멱영행렬(nilpotent matrix)은 같은 행렬을 곱하면 영행렬이 나오는 행렬을 말한다.

$$A^2 = 0$$

$$A = \begin{bmatrix} 1 & 2 & 5 \\ 2 & 4 & 10 \\ -1 & -2 & -5 \end{bmatrix}$$

멱항행렬(unipotent matrix)은 같은 행렬을 곱하면 단위행렬이 나오는 행렬을 말한다.

$$A^2 = I$$

$$A = \begin{bmatrix} I & X \\ 0 & -I \end{bmatrix}$$

기타 특수한 경우

$k > 2$인 경우에 $A^k = I$ 또는 $A^k = 0$가 있을 수 있다.

예를 든다면 $B=\begin{bmatrix} 0 & 0 & 6 \\ \frac{1}{2} & 0 & 0 \\ 0 & \frac{1}{3} & 0 \end{bmatrix}$는 $B^2 \neq I$이나 $B^3 = I$이다.

참 고

그래프 이론

s_i에서 s_j로 통신가능하면 $s_{ij}=1$이고 그렇지 않을 조건에는 0이다.

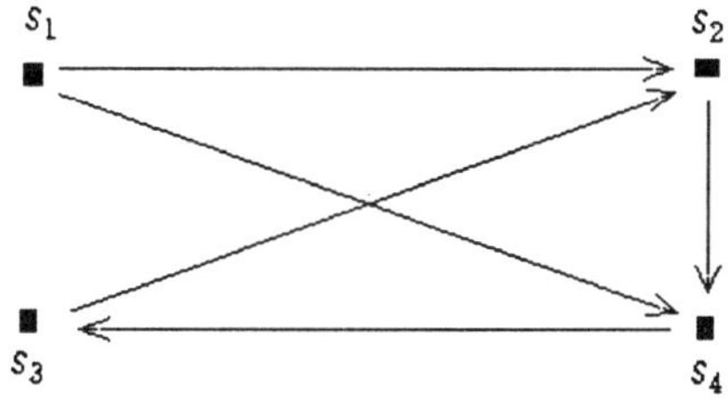

행렬T는 s_i에서 s_j로 가는 단계가 1단계

행렬T^2는 s_i에서 s_j로 가는 단계가 2단계

행렬T^3는 s_i에서 s_j로 가는 단계가 3단계가 된다.

일반적으로 이야기하는 T^r은 s_i에서 s_j로 가는 단계가 r단계가 된다.

$$T=\begin{bmatrix} 0&1&0&1 \\ 0&0&0&1 \\ 0&1&0&0 \\ 0&0&1&0 \end{bmatrix}$$

$$T^2 = \begin{bmatrix} 0&1&0&1 \\ 0&0&0&1 \\ 0&1&0&0 \\ 0&0&1&0 \end{bmatrix}\begin{bmatrix} 0&1&0&1 \\ 0&0&0&1 \\ 0&1&0&0 \\ 0&0&1&0 \end{bmatrix}=\begin{bmatrix} 0&0&1&1 \\ 0&0&1&0 \\ 0&0&0&1 \\ 0&1&0&0 \end{bmatrix}$$

$$T^3 = \begin{bmatrix} 0&0&1&1 \\ 0&0&1&0 \\ 0&0&0&1 \\ 0&1&0&0 \end{bmatrix}\begin{bmatrix} 0&1&0&1 \\ 0&0&0&1 \\ 0&1&0&0 \\ 0&0&1&0 \end{bmatrix}=\begin{bmatrix} 0&1&1&0 \\ 0&1&0&0 \\ 0&0&1&0 \\ 0&0&0&1 \end{bmatrix}$$

모든 원소가 1인 행렬은 원소가 모두 1인 벡터J로 표시한다. J 밑의 첨자는 그 벡터의 차수를 의미한다. 즉,

$$J_4' = [1\,1\,1\,1\ ]$$

$$\mathbf{x}' = (1\,2\,3\,4\ )$$

$$\mathbf{J}_4'\mathbf{x} = (1\,1\,1\,1\ )\begin{pmatrix}1\\2\\3\\4\end{pmatrix} = 10 = (1\,2\,3\,4\ )\begin{pmatrix}1\\1\\1\\1\end{pmatrix} = \mathbf{x}'\mathbf{J}_4$$

$$\mathbf{J}'_n\mathbf{J}_n = (1\,1\cdots\,1)\begin{pmatrix}1\\1\\\vdots\\1\end{pmatrix} = \mathrm{n}$$

$$\mathbf{J}_3\mathbf{J}'_2 = \begin{pmatrix}1\\1\\1\end{pmatrix}(1\ \ 1\ ) = \begin{pmatrix}1\,1\\1\,1\\1\,1\end{pmatrix} = \mathbf{J}_{3\times 2}$$

따라서 $\mathbf{J}_r\,\mathbf{J}'_s = \mathbf{J}_{r\times s}$는 차수가 $\mathrm{r}\times\mathrm{s}$인 모든 원소가 1인 행렬이다.

2.2 고유화와 행렬식

2.2.1 고유화(Trace)

정방행렬 A의 고유화는 tr(A)로 표시하며 정방행렬의 대각선의 합으로 구성된다.

$$tr(A_{n\times n}) = \sum_{i=1}^{n} a_{ii}$$

A와 B가 $n\times n$ 행렬이면 다음과 같은 결과를 얻을 수 있다.

① $tr(A+B) = tr(A) + tr(B)$

② c가 상수이면 $tr(cA) = ctr(A)$이다.

③ $tr(AB) = tr(BA)$

④ $tr(ABC) = tr(BCA) = tr(CAB)$

【 예제 2.7】 $A=\begin{pmatrix}1 & 2 & 3\\ 2 & -1 & 4\end{pmatrix}$ $B=\begin{pmatrix}-2 & 1\\ -4 & 2\\ 6 & 2\end{pmatrix}$에서 $tr(AB)=tr(BA)$임을 보여라.

풀이

$$AB=\begin{pmatrix}1 & 2 & 3\\ 2 & -1 & 4\end{pmatrix}\begin{pmatrix}-2 & 1\\ -4 & 2\\ 6 & 2\end{pmatrix}=\begin{pmatrix}8 & 11\\ 24 & 8\end{pmatrix} \qquad tr(AB)=16$$

$$BA=\begin{pmatrix}-2 & 1\\ -4 & 2\\ 6 & 2\end{pmatrix}\begin{pmatrix}1 & 2 & 3\\ 2 & -1 & 4\end{pmatrix}=\begin{pmatrix}0 & -5 & -2\\ 0 & -10 & -4\\ 10 & 10 & 26\end{pmatrix} \qquad tr(BA)=16$$

따라서 $tr(AB)=tr(BA)=16$이다.

2.2.2 행렬식(determinent)

행과 열의 수가 같은 $n\times n$행렬에서 A={a_{ij}}의 **행렬식**은 |A|로 표시하고 다음과 같이 풀이한다. 먼저 M_{ij}는 i번째 행과 j번째 열을 제외한 $(n-1)(n-1)$행렬의 행렬식이고, 이를 a_{ij}의 **소행렬식**(minors)이라 부른다. 또한 $c_{ij}=M_{ij}(-1)^{i+j}$를 a_{ij}의 **여인자**(cofactor)라 부른다. 따라서 행렬식 |A|는 다음과 같이 정의한다.

$$|A|=\sum_{j=1}^{n}a_{ij}c_{ij} = \sum_{j=1}^{n}a_{ij}(-1)^{i+j}M_{ij} \qquad \mathrm{i}=1,2,\cdots,\mathrm{n}$$

【 예제 2.8】 행렬$A=\begin{bmatrix}1 & 2 & 3\\ 4 & 5 & 6\\ 7 & 8 & 10\end{bmatrix}$의 행렬식을 구하라.

풀이

1행의 원소들에서

$$1\text{에 대한 여인자는 } (-1)^{1+1}\begin{vmatrix}5 & 6\\ 8 & 10\end{vmatrix}=50-48=2$$

$$2\text{에 대한 여인자는 } (-1)^{1+2}\begin{vmatrix}4 & 6\\ 7 & 10\end{vmatrix}=-40+42=2$$

$$3\text{에 대한 여인자는 } (-1)^{1+3}\begin{vmatrix}4 & 5\\ 7 & 8\end{vmatrix}=32-35=-3$$

따라서 |A| = (1)(2) + (2)(2) + (3)(-3) = -3 이다.

【 예제 2.9 】 다음 행렬의 행렬식을 구하라.

$$B = \begin{bmatrix} 3 & -2 & 1 & 2 \\ 0 & -3 & 0 & 0 \\ 3 & 2 & -1 & 0 \\ -2 & 4 & 0 & 0 \end{bmatrix}$$

2.2.2.1 대각전개를 통한 행렬식 구하기

$$|A|_{n \times n} = \begin{vmatrix} a_{11} & a_{12} & \cdots & a_{1n} \\ a_{21} & a_{22} & \cdots & a_{2n} \\ \vdots & \vdots & \ddots & \vdots \\ a_{n1} & a_{n2} & \cdots & a_{nn} \end{vmatrix}$$

위의 행렬식을 대각선만을 이용하여 다시 쓸 수가 있다. 이를 이용하여 다시 쓰면 다음과 같다.

$$|A| = |a_{11} \ a_{22} \ \cdots \ a_{nn}|$$

다음과 같이 예를 몇 가지 들면 다음과 같다.

$$\begin{vmatrix} a_{11} & a_{12} \\ a_{21} & a_{22} \end{vmatrix} = |a_{11} \, a_{22}|, \quad \begin{vmatrix} a_{12} & a_{13} \\ a_{22} & a_{23} \end{vmatrix} = |a_{12} \, a_{23}|$$

$$|a_{21} \, a_{32}| = \begin{vmatrix} a_{21} & a_{22} \\ a_{31} & a_{32} \end{vmatrix},$$

$$|a_{21} \, a_{33} \, a_{44}| = \begin{vmatrix} a_{21} & a_{23} & a_{24} \\ a_{31} & a_{33} & a_{34} \\ a_{41} & a_{43} & a_{44} \end{vmatrix}$$

【 예제 2.10 】 $A = \begin{bmatrix} a_{11} & a_{12} \\ a_{21} & a_{22} \end{bmatrix}$, $D = \begin{bmatrix} x_1 & 0 \\ 0 & x_2 \end{bmatrix}$로 주어졌을 경우 $A+D$의 행렬식을 구하라.

풀이

먼저 일반적인 방법으로 행렬식을 구하면 다음과 같다.

$$|A+D| = \begin{vmatrix} a_{11}+x_1 & a_{12} \\ a_{21} & a_{22}+x_2 \end{vmatrix} = (x_1 + a_{11})(x_2 + a_{22}) - a_{12}a_{21}$$

$$= x_1 x_2 + a_{22} x_1 + a_{11} x_2 + a_{11} a_{22} - a_{12} a_{21}$$

$$= x_1x_2 + a_{22}x_1 + a_{11}x_2 + \begin{vmatrix} a_{11} & a_{12} \\ a_{21} & a_{22} \end{vmatrix}$$

이번에는 대각전개를 통해 행렬식을 구하면 다음과 같다.

$$|A+D| = \begin{vmatrix} a_{11}+x_1 & a_{12} & a_{13} \\ a_{21} & a_{22}+x_2 & a_{23} \\ a_{31} & a_{32} & a_{33}+x_3 \end{vmatrix}$$

$$= x_1x_2x_3 + a_{33}x_1x_2 + a_{22}x_1x_3 + a_{11}x_2x_3$$

$$+ \begin{vmatrix} a_{22} & a_{23} \\ a_{32} & a_{33} \end{vmatrix} x_1 + \begin{vmatrix} a_{11} & a_{13} \\ a_{31} & a_{33} \end{vmatrix} x_2 + \begin{vmatrix} a_{11} & a_{12} \\ a_{21} & a_{22} \end{vmatrix} x_3$$

$$+ \begin{vmatrix} a_{11} & a_{12} & a_{13} \\ a_{21} & a_{22} & a_{23} \\ a_{31} & a_{32} & a_{33} \end{vmatrix}$$

【 예제 2.11】 다음 행렬 X를 대각전개에 의해 행렬식을 구하라

$$X = \begin{bmatrix} 7 & 2 & 2 \\ 2 & 8 & 2 \\ 2 & 2 & 9 \end{bmatrix}$$

풀이

$$|X| = \begin{vmatrix} 7 & 2 & 2 \\ 2 & 8 & 2 \\ 2 & 2 & 9 \end{vmatrix} = \left| \begin{pmatrix} 2 & 2 & 2 \\ 2 & 2 & 2 \\ 2 & 2 & 2 \end{pmatrix} + \begin{pmatrix} 5 & 0 & 0 \\ 0 & 6 & 0 \\ 0 & 0 & 7 \end{pmatrix} \right|$$

$$= 5(6)7 + 2(5)6 + 2(6)7 + 2(5)7 = 424$$

2.2.2.2 행렬식의 성질

① 한 행(열)에 다른 행(열)의 배수 더해도 행렬식은 변하지 않는다.

2.2.2항의 예의 행렬 A에서 두 번째 행에 첫 번째 행을 더하여 행렬 B라 하자.

$$B = \begin{bmatrix} 1 & 2 & 3 \\ 5 & 7 & 9 \\ 7 & 8 & 10 \end{bmatrix}$$

$$|B| = (-1)^{1+1} \begin{vmatrix} 7 & 9 \\ 8 & 10 \end{vmatrix} + 2(-1)^{1+2} \begin{vmatrix} 5 & 9 \\ 7 & 10 \end{vmatrix} + 3(-1)^{1+3} \begin{vmatrix} 5 & 7 \\ 7 & 8 \end{vmatrix}$$

$$= (70-72) - 2(50-63) + 3(40-49)$$

$$= -2 + 26 - 27$$

$$= -3 = |A|$$

따라서 한 행(열)에다 다른 행(열)을 더하거나 빼도 행렬식은 변하지 않는다.

【예제 2.12】 $A = \begin{bmatrix} 1 & 2 & 3 & 5 \\ 0 & 1 & 3 & 3 \\ 2 & 1 & 0 & 1 \\ 0 & 1 & 2 & 2 \end{bmatrix}$ 의 행렬식을 구하여라.

【예제 2.13】 $B = \begin{bmatrix} 3 & 2 & 0 & 1 & 3 \\ -2 & 4 & 1 & 2 & 1 \\ 0 & -1 & 0 & 1 & -5 \\ -1 & 2 & 0 & -1 & 2 \\ 0 & 0 & 0 & 0 & 2 \end{bmatrix}$ 의 행렬식을 구하여라.

② 곱행렬의 행렬식은 각 각의 행렬식에 곱과 같다.

$$|AB| = |A||B|$$

【예제 2.14】

$A = \begin{bmatrix} 1 & 2 \\ 3 & 4 \end{bmatrix}$ $B = \begin{bmatrix} 1 & 1 \\ 2 & 1 \end{bmatrix}$ $AB = \begin{bmatrix} 1 & 2 \\ 3 & 4 \end{bmatrix}\begin{bmatrix} 1 & 1 \\ 2 & 1 \end{bmatrix}$ $|AB| = 2$ $|A| = -2$ $|B| = -1$
$|A||B| = 2$

따라서 $|AB| = |A||B|$이므로 두 행렬의 행렬식은 각 행렬의 행렬식의 곱과 같다.

③ 행렬에 상수를 곱한 행렬식은 행렬식에 상수에다 차수의 곱을 곱한 것과 같다.

【예제 2.15】

① $A = \begin{bmatrix} 1 & 2 \\ 3 & 4 \end{bmatrix}$ $C = 4A = \begin{bmatrix} 4 & 8 \\ 12 & 16 \end{bmatrix}$

$$|A| = -2 \quad |C| = 4^2 \cdot |A| = 4^2 \cdot (-2) = -32$$

② $A = \begin{bmatrix} 1 & 2 & 3 \\ 4 & 5 & 6 \\ 7 & 8 & 10 \end{bmatrix}$ $|A| = -3$

$$D=5A=\begin{bmatrix}5 & 10 & 15\\ 20 & 25 & 30\\ 35 & 40 & 50\end{bmatrix} \quad |D|=5^3(-3)=-375$$

【예제 2.16】 $|B|=\begin{vmatrix}x & y & y & y\\ y & x & y & y\\ y & y & x & y\\ y & y & y & x\end{vmatrix}$을 구하라.

풀이

2, 3, 4행에 다 더하면

$$|B|=\begin{vmatrix}x+3y & x+3y & x+3y & x+3y\\ y & x & y & y\\ y & y & x & y\\ y & y & y & x\end{vmatrix}=(x+3y)\begin{vmatrix}1 & 1 & 1 & 1\\ y & x & y & y\\ y & y & x & y\\ y & y & y & x\end{vmatrix}$$

2, 3, 4열에 1열을 빼면

$$=(x+3y)\begin{vmatrix}1 & 0 & 0 & 0\\ y & x-y & 0 & 0\\ y & 0 & x-y & 0\\ y & 0 & 0 & x-y\end{vmatrix}=(x+3y)(x-y)^3$$

【예제 2.17】 $\begin{vmatrix}y & 3 & 3 & 3\\ 3 & y & 3 & 3\\ 3 & 3 & y & 3\\ 3 & 3 & 3 & y\end{vmatrix}=0$이기 위해서는 y가 어떤 값 이어야 하나?

정방행렬의 행렬식이 0일 경우 그 정방행렬을 **비정칙행렬**(singular matrix)이라 하고 0이 아닐 경우 그 정방행렬을 **정칙행렬**(nonsingular matrix)이라 한다.

④ 행렬의 두 행(열)이 동일하거나 비례하면, 즉 한 행(열)이 다른 행의 상수배이면 그 행렬식 0이다.

$$|A|=\begin{vmatrix}2 & 1 & 3 & 4 & 2\\ 6 & 4 & 1 & 4 & 1\\ 6 & 3 & 9 & 12 & 6\\ 2 & 1 & 3 & 4 & 1\\ 1 & 4 & 2 & 1 & 1\end{vmatrix}=3\begin{vmatrix}2 & 1 & 3 & 4 & 2\\ 6 & 4 & 1 & 4 & 1\\ 2 & 1 & 3 & 4 & 2\\ 2 & 1 & 3 & 4 & 1\\ 1 & 4 & 2 & 1 & 1\end{vmatrix}=0$$

⑤ 특수한 행렬식

$\underset{n\times n}{B} = \begin{bmatrix} \underset{m\times m}{B_{11}} & \underset{m\times m}{B_{12}} \\ \underset{m\times m}{B_{21}} & \underset{m\times m}{B_{22}} \end{bmatrix}$ 일 경우 B_{11}이 정칙행렬이면 B의 행렬식 $|B|$는

다음과 같이 쓸 수 있다.

$$|B| = |B_{11}| \cdot |B_{22} - B_{21}B_{11}^{-1}B_{12}|$$

【 예제 2.18】 $B= \begin{bmatrix} aI & bI \\ cI & dI \end{bmatrix}$인 경우에 $|B|$를 구하라.

풀이

벡터 **I**는 $m\times m$인 단위행렬이고 a,b,c,d는 상수이다.

$$\begin{aligned} |B| &= |B_{11}| \cdot |B_{22} - B_{21}B_{11}^{-1}B_{12}| \\ &= |a\mathbf{I}| \cdot |d\mathbf{I} - c\mathbf{I}(a\mathbf{I})^{-1}b\mathbf{I}| \\ &= |a\mathbf{I}| \cdot \left|\left(d - \frac{bc}{a}\right)\mathbf{I}\right| = a^m\left(d - \frac{bc}{a}\right)^m = (ad-bc)^m \end{aligned}$$

$$\begin{vmatrix} \boldsymbol{P} & \boldsymbol{0} \\ \boldsymbol{X} & \boldsymbol{Q} \end{vmatrix} = |\boldsymbol{P}||\boldsymbol{Q}|$$

$$\begin{vmatrix} \boldsymbol{P} & \boldsymbol{0} \\ \boldsymbol{X} & \boldsymbol{Q} \end{vmatrix} = \begin{vmatrix} 3 & 8 & 7 & 0 & 0 & 0 \\ 1 & 2 & 4 & 0 & 0 & 0 \\ -1 & 3 & 2 & 0 & 0 & 0 \\ x & y & z & 1 & 2 & 3 \\ p & q & r & 4 & 5 & 6 \\ a & b & c & 7 & 8 & 10 \end{vmatrix}$$

$$= \begin{vmatrix} \frac{37}{8} & 0 & 0 & 0 & 0 & 0 \\ 3 & -4 & 0 & 0 & 0 & 0 \\ -1 & 3 & 2 & 0 & 0 & 0 \\ x & y & z & 1 & 2 & 3 \\ p & q & r & 4 & 5 & 6 \\ a & b & c & 7 & 8 & 10 \end{vmatrix}$$

$$= (-37)\times(-3) = 111$$

【 예제 2.19】 $\begin{vmatrix} a & b & c \\ d & e & f \\ g & h & i \end{vmatrix} = 3$일 경우 다음 값을 구하라

$$1)\begin{vmatrix} d & e & f \\ g & h & i \\ a & b & c \end{vmatrix} \quad 2)\begin{vmatrix} -a & -b & -c \\ 2d & 2e & 2f \\ -g & -h & -i \end{vmatrix} \quad 3)\begin{vmatrix} a+d & b+e & c+f \\ d & e & f \\ g & h & i \end{vmatrix}$$

풀이

$$1)\ \begin{vmatrix} d\,e\,f \\ g\,h\,i \\ a\,b\,c \end{vmatrix} = \left|\begin{bmatrix} 0\,1\,0 \\ 0\,0\,1 \\ 1\,0\,0 \end{bmatrix}\begin{bmatrix} a\,b\,c \\ d\,e\,f \\ g\,h\,i \end{bmatrix}\right| = \begin{vmatrix} 0\,1\,0 \\ 0\,0\,1 \\ 1\,0\,0 \end{vmatrix}\begin{vmatrix} a\,b\,c \\ d\,e\,f \\ g\,h\,i \end{vmatrix} = 1\cdot\ 3 = 3$$

$$2)\ \begin{vmatrix} -a & -b & -c \\ 2d & 2e & 2f \\ -g & -h & -i \end{vmatrix} = \begin{vmatrix} -1 & 0 & 0 \\ 0 & 2 & 0 \\ 0 & 0 & -1 \end{vmatrix}\begin{vmatrix} a\,b\,c \\ d\,e\,f \\ g\,h\,i \end{vmatrix} = 2\cdot\ 3 = 6$$

$$3)\ \begin{vmatrix} a+d & b+e & c+f \\ d & e & f \\ g & h & i \end{vmatrix} = \begin{vmatrix} 1\,1\,0 \\ 0\,1\,0 \\ 0\,0\,1 \end{vmatrix}\begin{vmatrix} a\,b\,c \\ d\,e\,f \\ g\,h\,i \end{vmatrix} = 3$$

2.3 역행렬

이 성립할 경우 A가 B의(또는 B가 A의) **역행렬**(inverse matrix)이라 하고 이를 $B = A^{-1}$또는 $A = B^{-1}$로 표시한다.

【예제 2.20】 $A = \begin{bmatrix} 2\,5 \\ 3\,9 \end{bmatrix}$의 역행렬을 구하라

풀이

$$\begin{bmatrix} 3 & -\frac{5}{3} \\ -1 & \frac{2}{3} \end{bmatrix}\begin{bmatrix} 2\,5 \\ 3\,9 \end{bmatrix} = \begin{bmatrix} 1\,0 \\ 0\,1 \end{bmatrix}$$

$$\text{A의 역행렬 } A^{-1} = \begin{bmatrix} 3 & -\frac{5}{3} \\ -1 & \frac{2}{3} \end{bmatrix}$$

$k=3$인 정방행렬 A를 생각해보자. A의 각원소를 여인자로 대치하면 다음과 같다.

$$\begin{bmatrix} c_{11}\,c_{12}\,c_{13} \\ c_{21}\,c_{22}\,c_{23} \\ c_{31}\,c_{32}\,c_{33} \end{bmatrix}$$

이것의 전치에 A의 행렬식을 나누어준 것이 A^{-1} 이다. 즉

$$A^{-1} = \frac{1}{|A|}\begin{bmatrix} c_{11} & c_{21} & c_{31} \\ c_{12} & c_{22} & c_{32} \\ c_{13} & c_{23} & c_{33} \end{bmatrix}$$

【예제 2.21】 $A = \begin{bmatrix} 1 & 2 & 3 \\ 4 & 5 & 6 \\ 7 & 8 & 10 \end{bmatrix}$의 역행렬을 구하라.

풀이

각각의 여인자들을 구해보자 첫 번째 열에 있는 원소들의 여인자들은

$$(-1)^{1+1}\begin{vmatrix} 5 & 6 \\ 8 & 10 \end{vmatrix} = 2 \quad (-1)^{2+1}\begin{vmatrix} 2 & 3 \\ 8 & 10 \end{vmatrix} = 4 \quad (-1)^{3+1}\begin{vmatrix} 2 & 3 \\ 5 & 6 \end{vmatrix} = -3$$

마찬가지로 두 번째 세 번째 열에 있는 원소들의 여인자는 다음과 같다.

2 -3
-11 6
6 -3

따라서 A의 역행렬 $A^{-1} = -\frac{1}{3}\begin{bmatrix} 2 & 4 & -3 \\ 2 & -11 & 6 \\ -3 & 6 & -3 \end{bmatrix}$ 이다.

역행렬의 성질

(1) $A^{-1}A = AA^{-1} = \mathrm{I}$

(2) A^{-1} 는 유일하다

(3) $(A^{-1})^{-1} = A$

(4) $|A^{-1}| = \frac{1}{|A|}$

(5) $(A')^{-1} = (A^{-1})'$

(6) $(AB)^{-1} = B^{-1}A^{-1}$

【예제 2.22】 $A = \begin{bmatrix} 1 & 2 & 0 \\ 0 & 3 & 1 \\ 2 & 2 & 4 \end{bmatrix}$의 역행렬이 $A^{-1} = \frac{1}{14}\begin{bmatrix} 10 & -8 & 2 \\ 2 & 4 & -1 \\ -6 & 2 & 3 \end{bmatrix}$임을 보여라.

2.3.1 특수한 역행렬

① $C=\begin{bmatrix} a_1b_1 & 0 & 0 & \cdots & 0 \\ a_2b_1 & a_2b_2 & 0 & \cdots & 0 \\ a_3b_1 & a_3b_2 & a_3b_3 & \cdots & 0 \\ \cdots & \cdots & \cdots & \cdots & \cdots \\ a_kb_1 & a_kb_2 & a_kb_3 & \cdots & a_kb_k \end{bmatrix}$ 인 경우 역행렬 C^{-1}은 다음과 같다.

$$C^{-1}=\begin{bmatrix} (a_1b_1)^{-1} & 0 & \cdots & \cdots & 0 \\ -(b_2a_1)^{-1} & (a_2b_2)^{-1} & \cdots & \cdots & 0 \\ 0 & -(b_3a_2)^{-1} & (a_3b_3)^{-1} & \cdots & 0 \\ \vdots & & \ddots & & 0 \\ 0 & \cdots & & (b_{k-1}a_{k-1})^{-1} & 0 \\ 0 & \cdots & & -(b_ka_{k-1})^{-1} & (a_kb_k)^{-1} \end{bmatrix}$$

【예제 2.23】 $C=\begin{bmatrix} 1 & 0 & 0 & 0 \\ 2 & 4 & 0 & 0 \\ 3 & 6 & 9 & 0 \\ 4 & 8 & 12 & 16 \end{bmatrix}$의 역행렬 C^{-1}를 구하라.

풀이

위의 식을 적용하기 위해 다음과 같이 변수의 배치를 생각한다.

$a_1=1, a_2=2, a_3=3, a_4=4,\ b_1=1, b_2=2, b_3=3, b_4=4$이므로

$$C^{-1}=\begin{bmatrix} 1 & 0 & 0 & 0 \\ -(2\cdot 1)^{-1} & (2\cdot 2)^{-1} & 0 & 0 \\ 0 & -(3\cdot 2)^{-1} & (3\cdot 3)^{-1} & 0 \\ 0 & 0 & -(4\cdot 3)^{-1} & (4\cdot 4)^{-1} \end{bmatrix}$$

$$=\begin{bmatrix} 1 & 0 & 0 & 0 \\ -1/2 & 1/4 & 0 & 0 \\ 0 & -1/6 & 1/9 & 0 \\ 0 & 0 & -1/12 & 1/16 \end{bmatrix}$$

② $C=\begin{bmatrix} a & b & b & \cdots\cdots & b \\ b & a & b & \cdots\cdots & b \\ b & b & a & b\cdots & b \\ \vdots & & \ddots & & \\ b & \cdots & \cdots & \cdots & a \end{bmatrix}$ 인 경우 역행렬 C^{-1}은 다음과 같다.

$$C^{-1} = \frac{1}{a-b}\left[I - \frac{b}{a+(k-1)b}J\right]$$

【 예제 2.24 】 $C=\begin{bmatrix} 2 & 4 & 4 & 4 \\ 4 & 2 & 4 & 4 \\ 4 & 4 & 2 & 4 \\ 4 & 4 & 4 & 2 \end{bmatrix}$의 역행렬을 구하라.

풀이

위의 식에 의해 다음과 같이 구할 수 있다.

$$\begin{aligned}
C^{-1} &= \frac{1}{2-4}\left[\mathbf{I} - \frac{4}{2+(4-1)4}\mathbf{J}\right] \\
&= -\frac{1}{2}\left[\begin{bmatrix} 1 & 0 & 0 & 0 \\ 0 & 1 & 0 & 0 \\ 0 & 0 & 1 & 0 \\ 0 & 0 & 0 & 1 \end{bmatrix} - \begin{bmatrix} 2/7 & 2/7 & 2/7 & 2/7 \\ 2/7 & 2/7 & 2/7 & 2/7 \\ 2/7 & 2/7 & 2/7 & 2/7 \\ 2/7 & 2/7 & 2/7 & 2/7 \end{bmatrix}\right] \\
&= -\frac{1}{2}\begin{bmatrix} 5/7 & -2/7 & -2/7 & -2/7 \\ -2/7 & 5/7 & -2/7 & -2/7 \\ -2/7 & -2/7 & 5/7 & -2/7 \\ -2/7 & -2/7 & -2/7 & 5/7 \end{bmatrix} \\
&= \begin{bmatrix} -5/14 & 1/7 & 1/7 & 1/7 \\ 1/7 & -5/14 & 1/7 & 1/7 \\ 1/7 & 1/7 & -5/14 & 1/7 \\ 1/7 & 1/7 & 1/7 & -5/14 \end{bmatrix}
\end{aligned}$$

2.4 계수

행렬에서 선형독립인 행 또는 열의 개수를 **계수**(rank)라 한다. 행렬 A의 계수를 $r(A)$로 표시한다. $r(A)=k$이면 A는 k개의 선형독립인 행과 k개의 선형독립인 열을 가진다. A를 $n\times n$인 정방행렬이라 할 때 $r(A)=n$ 이면 행렬 A를 최대계수행렬(full rank matrix)라 하며 이는 역행렬이 존재한다. $r(A)<k$이면 $|A|=0$이 되어 역행렬이 존재하지 않는다. 또 $r(A_{p\times q})\leqq p$이고 $r(A_{p\times q})\leqq q$이다. 즉 계수의 행이나 열의 계수보다 작거나 같다.

【 예제 2.25 】 다음의 행렬의 계수를 가우스-요르단 방법을 사용하여 계산하여라.

$$A=\begin{bmatrix} 1 & -2 & 2 & -1 \\ -3 & 6 & 1 & 10 \\ 1 & -2 & -4 & -7 \end{bmatrix}$$

풀이

가우스-요르단 방법을 사용하여 풀면 다음과 같다.

$$\begin{bmatrix} 1 & -2 & 2 & -1 \\ -3 & 6 & 1 & 10 \\ 1 & -2 & -4 & -7 \end{bmatrix} \Rightarrow \begin{bmatrix} 1 & -2 & 2 & -1 \\ 0 & 0 & 7 & 7 \\ 0 & 0 & -6 & -6 \end{bmatrix}$$

$$\Rightarrow \begin{bmatrix} 1 & -2 & 2 & -1 \\ 0 & 0 & 1 & 1 \\ 0 & 0 & 1 & 1 \end{bmatrix} \Rightarrow \begin{bmatrix} 1 & -2 & 2 & -1 \\ 0 & 0 & 1 & 1 \\ 0 & 0 & 0 & 0 \end{bmatrix}$$

$$\Rightarrow r(\mathrm{A}) = 2$$

2.5 이차형식과 양정치행렬

2.5.1 이차형식

행벡터 $\mathbf{x}'$, 행렬 A 그리고 열벡터 $\mathbf{x}$ 의 곱을 **이차형식**(quadratic form)이라 한다.

예를 들어,

$$\mathbf{x}'A\mathbf{x} = \begin{bmatrix} x_1 & x_2 & x_3 \end{bmatrix} \begin{bmatrix} 2 & 4 & 1 \\ 2 & 3 & 1 \\ 4 & 1 & 2 \end{bmatrix} \begin{bmatrix} x_1 \\ x_2 \\ x_3 \end{bmatrix}$$

이를 계산하면

$$\mathbf{x}'A\mathbf{x} = 2x_1^2 + 6x_1x_2 + 3x_2^2 + 5x_1x_3 + 2x_2x_3 + 2x_3^2$$

이를 다시 쓰면

$$\mathbf{x}'A\mathbf{x}' = 2x_1^2 + (2+4)x_1x_2 + 3x_2^2 + (4+1)x_1x_3 + (1+1)x_2x_3 + 2x_3^2$$

이다. 이는 x_i^2의 계수는 행렬 A의 대각원소의 값이고 $x_i x_j$의 계수는 i번째와 j 번째 원소들의 합이다.

일반적인 경우로 확장해보자. 벡터 $\mathbf{x}$가 n차원인 x_i를 갖는 벡터이고 A가 a_{ij} (i=1, 2, ⋯, n j=1, 2, ⋯, n)인 원소를 갖는 행렬이라 하면 이차형식은 다음과 같다.

$$\begin{aligned}\mathbf{x}'A\mathbf{x} &= \sum\sum x_i x_j a_{ij} \\ &= \sum_{i=1}^{n} x_i^2 a_{ii} + \sum_{i \neq j}\sum x_i x_j a_{ij} \\ &= \sum_{i=1}^{n} x_i^2 a_{ii} + \sum_{j > i}\sum x_i x_j (a_{ij} + a_{ji}) \quad (i, j = 1, \cdots, n)\end{aligned}$$

2.5.2 양정치행렬

$\mathbf{x} = 0$이 아닌 모든 $\mathbf{x}$벡터에 대하여 $\mathbf{x}'A\mathbf{x} > 0$인 경우를 **양정치 행렬** (positive definite matrix)이라 한다.

$$\begin{aligned}\mathbf{x}'A\mathbf{x} &= \begin{bmatrix} x_1 \ x_2 \ x_3 \end{bmatrix}\begin{bmatrix} 2 & 2 & 1 \\ 2 & 5 & 1 \\ 1 & 1 & 2 \end{bmatrix}\begin{bmatrix} x_1 \\ x_2 \\ x_3 \end{bmatrix} \\ &= 2x_1^2 + 5x_2^2 + 2x_3^2 + 4x_1x_2 + 2x_1x_3 + 2x_2x_3 \\ &= (x_1 + 2x_2)^2 + (x_1 + x_3)^2 + (x_2 + x_3)^2 > 0\end{aligned}$$

위에서$\mathbf{x}$의 모든 원소가 0이 아니면$\mathbf{x}'A\mathbf{x}$는 항상 양이다. 즉, $\mathbf{x} = 0$ 이 아닌 $\mathbf{x}'A\mathbf{x}$가 0보다 크므로 A는 양정치 행렬이라 한다. 모든$\mathbf{x}$에 대해 $\mathbf{x}'A\mathbf{x} \geqq 0$, 그리고 어떤 $\mathbf{x} \neq 0$에 대한$\mathbf{x}'A\mathbf{x} = 0$인 경우를 **양반정치 행렬** (positive semidefinite matrix)이라 한다. 즉,

$$\begin{aligned}\mathbf{x}'A\mathbf{x} &= \begin{bmatrix} x_1 \ x_2 \ x_3 \end{bmatrix}\begin{bmatrix} 37 & -2 & -24 \\ -2 & 13 & -3 \\ -24 & -3 & 17 \end{bmatrix}\begin{bmatrix} x_1 \\ x_2 \\ x_3 \end{bmatrix} \\ &= 37x_1^2 + 13x_2^2 + 17x_3^2 - 4x_1x_2 - 48x_1x_3 - 6x_2x_3\end{aligned}$$

$$= (x_1 - 2x_2)^2 + (6x_1 - 4x_3)^2 + (3x_2 - x_3)^2$$

이 경우는 $\mathbf{x}$ 의 모든 원소가 0이 아니면 $\mathbf{x}'A\mathbf{x}$ 는 항상 양이지만 $\mathbf{x}'$=(2, 1, 3)일 경우는 $\mathbf{x}'A\mathbf{x} = 0$ 이다. 이 경우의 A를 **양반정치 행렬**이라 한다.

또 **음정치**(negative definite matrix)와 **음반정치**(negative semidefinite matrix)가 있다. 음정치의 경우는 이차형식이 음인 경우, 즉 $\mathbf{x}'A\mathbf{x} < 0$ 인 경우이고 음반정치 역시 이차형식이 음보다 작거나 같은 경우이다. 즉 $\mathbf{x}'A\mathbf{x} \leqq 0$.

참 고

A^{-1} 이 존재하는 경우에 다음 항목들과는 모두 같은 의미이다.

(1) A는 정칙행렬이다.

(2) $|A| \neq 0$이다.

(3) A는 최대계수를 가진다.

(4) A는 n개의 행들을 가진다.

(5) A는 n개의 열들을 가진다.

(6) $\boldsymbol{x}=0$에 대해서면 $A\boldsymbol{x}=0$이다.

2.6 고유값과 고유벡터

A가 n 차원인 정방행렬이고 상수 λ에 관해 다음 방정식의 해를 구했을 때 그 해를 행렬 A의 **고유값**(eigenvalue)이라 한다.

$$|A - \lambda \cdot I| = 0$$

또 각 고유값 λ_i 에 대해

$$A\mathbf{e}_i = \lambda_i \mathbf{e}_i \text{ 또는 } (A - \lambda_i I)\mathbf{e}_i = 0$$

를 만족하는 0이 아닌 벡터 $\mathbf{e}_i$를 각 고유값 λ_i에 대한 **고유벡터**(eigenvector)라 한다.

【 예제 2.26】 $A=\begin{bmatrix}1 & 2\\ 4 & 3\end{bmatrix}$의 고유값과 고유벡터를 구하라.

풀이

$$|A-\lambda I|=\left|\begin{bmatrix}1 & 2\\ 4 & 3\end{bmatrix}-\lambda\begin{bmatrix}1 & 0\\ 0 & 1\end{bmatrix}\right|=\begin{vmatrix}1-\lambda & 2\\ 4 & 3-\lambda\end{vmatrix}$$
$$=(1-\lambda)(3-\lambda)-4\cdot 2=0$$
$$\Rightarrow \lambda^2-4\lambda-5=0 \;\Rightarrow\; (\lambda-5)(\lambda+1)=0$$

고유값은 $\lambda_1=5$, $\lambda_2=-1$ 이다.

① $\lambda_1=5$ 의 고유벡터를 구하자.

즉, $\mathbf{e}_1=\begin{bmatrix}e_{11}\\ e_{12}\end{bmatrix} \;\Rightarrow\; \begin{bmatrix}1 & 2\\ 4 & 3\end{bmatrix}\begin{bmatrix}e_{11}\\ e_{12}\end{bmatrix}=5\begin{bmatrix}e_{11}\\ e_{12}\end{bmatrix}$

$$e_{11}+2e_{12}=5e_{11} \qquad -4e_{11}+2e_{12}=0$$
$$4e_{11}+3e_{12}=5e_{12} \qquad 4e_{11}-2e_{12}=0$$

이 식을 연립해서 풀면 $2e_{11}=e_{12}$이다.

이는 $\mathbf{e}_1=\begin{bmatrix}e_{11}\\ e_{12}\end{bmatrix}=\begin{bmatrix}e_{11}\\ 2e_{11}\end{bmatrix}=e_{11}\begin{bmatrix}1\\ 2\end{bmatrix}$ 이다.

그러므로 고유벡터는 유일하지 않다. 따라서$\mathbf{e}_{11}=1$로 하면 $\lambda_1=5$에 대한 고유벡터는 $\mathbf{e}_1=\begin{bmatrix}1\\ 2\end{bmatrix}$이다.

② $\lambda_2=-1$ 인 경우도 마찬가지로 구하자.

즉, $\mathbf{e}_2=\begin{bmatrix}e_{21}\\ e_{22}\end{bmatrix} \;\Rightarrow\; \begin{bmatrix}1 & 2\\ 4 & 3\end{bmatrix}\begin{bmatrix}e_{21}\\ e_{22}\end{bmatrix}=(-1)\begin{bmatrix}e_{21}\\ e_{22}\end{bmatrix}$

$$2e_{21}+2e_{22}=0 \qquad 4e_{21}+4e_{22}=0$$

따라서 $e_{21}=-e_{22}$ 이므로 $\lambda_2=-1$ 에 대한 고유벡터는 다음과 같다.

$\mathbf{e}_2=\begin{bmatrix}\mathrm{e}_{21}\\ -\mathrm{e}_{21}\end{bmatrix}=\mathrm{e}_{21}\begin{bmatrix}1\\ -1\end{bmatrix} \;\Rightarrow \mathrm{e}_{21}=1$ 로 하면 $\mathbf{e}_2=\begin{bmatrix}1\\ -1\end{bmatrix}$ 이다. 이와 같이 고유벡터는 유일하지 않으므로 $\mathbf{e}_i{}'\mathbf{e}_i=1$ 이 되도록 정규화(normalize)를 한다. 즉,

$$\mathbf{e}_{\mathrm{i}}=\frac{\mathbf{e}_{\mathrm{i}}}{\sqrt{\mathbf{e}_{\mathrm{i}}{}'\mathbf{e}_{\mathrm{i}}}}$$

따라서 $\lambda_1=5$인 경우,$\mathbf{e}_1=\begin{bmatrix}1\\ 2\end{bmatrix}$를 정규화 하면 $\mathbf{e}_1=\begin{bmatrix}1/\sqrt{5}\\ 2/\sqrt{5}\end{bmatrix}$ 이다.

또 $\lambda_1=-1$인 경우, $\mathbf{e}_2=\begin{bmatrix}1\\ -1\end{bmatrix}$를 정규화 하면$\mathbf{e}_2=\begin{bmatrix}1/\sqrt{2}\\ -1/\sqrt{2}\end{bmatrix}$ 이다.

차수가 k인 행렬 A가 정방행렬이면 행렬 A에서 k개의 고유값 e_i 에 대응되는 정규화된 고유벡터를 구할 수 있다.

$$(\lambda_1, \mathbf{e}_1)\ ,\ (\lambda_2, \mathbf{e}_2)\ ,\ \cdots\ ,\ (\lambda_k \mathbf{e}_k)$$

성 질

행렬 A의 고유값이 λ일 경우에 다음과 같은 성질을 지닌다.

(1) A^k의 고유값은 λ^k이다.

(2) A^{-1}의 고유값은 $\frac{1}{\lambda}$이다

(3) 임의의 상수 c에 대해 cA의 고유값은 $c\lambda$이다.

(4) 고유값의 합은 tr(A)와 같다.

(5) 고유값의 곱은 |A|와 같다.

(6) 대각행렬 고유값은 대각원소와 같다.

(7) 멱등행렬의 고유치는 1 또는 0이다.

(8) A가 대칭행렬인 경우 서로 다른 고유벡터들은 서로 직교한다.
($\mathbf{e}_i \cdot \mathbf{e}_j = 0, i \neq j$)

【 예제 2.27】 $A = \begin{bmatrix} 2 & 2 \\ 2 & 5 \end{bmatrix}$ 의 고유치와 고유벡터를 구하라.

풀이

고유값은 $\lambda_1 = 6, \lambda_2 = 1$ 이다. 따라서 이에 대한 고유벡터는 다음과 같다.

$$\mathbf{e}_1 = \begin{pmatrix} \frac{1}{\sqrt{5}} \\ \frac{2}{\sqrt{5}} \end{pmatrix} \quad \mathbf{e}_2 = \begin{pmatrix} -\frac{2}{\sqrt{5}} \\ +\frac{1}{\sqrt{5}} \end{pmatrix} \quad \text{또 } \mathbf{e}_1 \cdot \mathbf{e}_2 = 0$$

행렬 A의 고유치와 고유값과의 관계는 다음과 같으며

$$tr(\mathrm{A}) = 7\ ,\ \lambda_1 + \lambda_2 = 7$$

행렬 A의 행렬식과 고유값과의 관계도 다음과 같다.

$$|\mathrm{A}| = 6 \quad \lambda_1 \lambda_2 = 1 \cdot 6 = 6$$

【 예제 2.28 】 $A=\begin{bmatrix} 2 & 2 & 0 \\ 2 & 1 & 1 \\ -7 & 2 & -3 \end{bmatrix}$ 의 고유값과 고유벡터를 구하라.

풀이

대각전개를 통해 고유값을 구해보자.

$$|A-\lambda I|=\begin{vmatrix} 2-\lambda & 2 & 0 \\ 2 & 1-\lambda & 1 \\ -7 & 2 & -3-\lambda \end{vmatrix}$$

$$=(-\lambda)(-\lambda)(-\lambda)+(-\lambda)(-\lambda)\cdot 2$$

$$+(-\lambda)(-\lambda)\cdot 1+(-\lambda)(-\lambda)(-3)$$

$$+(-\lambda)\begin{vmatrix} 1 & 1 \\ 2 & -3 \end{vmatrix}+(-\lambda)\begin{vmatrix} 2 & 0 \\ -7 & -3 \end{vmatrix}$$

$$+(-\lambda)\begin{vmatrix} 2 & 2 \\ 2 & 1 \end{vmatrix}+\begin{vmatrix} 2 & 2 & 0 \\ 2 & 1 & 1 \\ -7 & 2 & -3 \end{vmatrix}$$

$$=-\lambda^3+13\lambda-12$$

이를 정리하면

$$\lambda^3-13\lambda+12 =(\lambda-1)(\lambda^2+\lambda-12) = (\lambda-1)(\lambda-3)(\lambda+4)$$

이 되어 고유값는 $\lambda_1=3$, $\lambda_2=1$, $\lambda_3=-4$ 이다. 따라서 이에 대한 고유벡터는 다음과 같다.

$$\mathbf{e}'_1=(-2,-1,2)=(-2/3,-1/3,2/3)$$
$$\mathbf{e}'_2=(-2,1,4)=(-2/\sqrt{21},1/\sqrt{21},4/\sqrt{21})$$
$$\mathbf{e}'_3=(1,-3,13)=(1/\sqrt{179},-3/\sqrt{179},13/\sqrt{179})$$

【 예제 2.29 】 중근일 경우의 예

$A=\begin{bmatrix} -1 & -2 & -2 \\ 1 & 2 & 1 \\ -1 & -1 & 0 \end{bmatrix}$의 고유값과 고유벡터를 구하라.

풀이

$(\lambda-1)(\lambda^2-1)=0$이므로 $\lambda_1=1$(중근), $\lambda_2=-1$의 고유값을 갖는다.

① $\lambda_1=1$(중근)인 경우에 고유벡터를 구해보면

$$\begin{bmatrix} -1 & -2 & -2 \\ 1 & 2 & 1 \\ -1 & -1 & 0 \end{bmatrix}\begin{bmatrix} e_{11} \\ e_{12} \\ e_{13} \end{bmatrix} = \begin{bmatrix} e_{11} \\ e_{12} \\ e_{13} \end{bmatrix}$$

$$-e_{11}+-2e_{12}+-2e_{13}=e_{11}$$

$$e_{11}+2e_{12}+e_{13}=e_{12}$$

$$-e_{11}+-e_{12}=e_{13}$$

결국 $e_{11}+e_{12}+e_{13}=0$이 된다.
따라서,

$$\mathbf{e}_1=\begin{bmatrix} e_{11} \\ e_{12} \\ -e_{11}-e_{12} \end{bmatrix}$$

$e_{11}=1, e_{12}=1$ 일 때 고유벡터는 다음과 같으며

$$\mathbf{e}_1=\begin{bmatrix} 1 \\ 1 \\ -2 \end{bmatrix} \quad \mathbf{e}_1=\begin{bmatrix} 1/\sqrt{6} \\ 1/\sqrt{6} \\ -2/\sqrt{6} \end{bmatrix}$$

또, $e_{11}=1, e_{12}=0$ 일 때 고유벡터는 다음과 같다.

$$\mathbf{e}_1^*=\begin{bmatrix} 1 \\ 0 \\ -1 \end{bmatrix} \mathbf{e}_1^*=\begin{bmatrix} 1/\sqrt{2} \\ 0 \\ -1/\sqrt{2} \end{bmatrix}$$

② $\lambda_2=-1$인 경우 고유벡터는 다음과 같이 구할 수 있다.

$$\begin{bmatrix} -1 & -2 & -2 \\ 1 & 2 & 1 \\ -1 & -2 & 0 \end{bmatrix}\begin{bmatrix} e_{21} \\ e_{22} \\ e_{23} \end{bmatrix} = -\begin{bmatrix} e_{21} \\ e_{22} \\ e_{23} \end{bmatrix}$$

$$e_{22}+e_{23}=0$$

$$e_{21}+2e_{22}+e_{23}=-e_{22}$$

$$e_{21}+3e_{22}+e_{23}=0$$

$$\mathbf{e}_2=\begin{bmatrix} -2 \\ 1 \\ -1 \end{bmatrix} \quad \mathbf{e}_2=\begin{bmatrix} -2/\sqrt{6} \\ 1/\sqrt{6} \\ -1/\sqrt{6} \end{bmatrix}$$

【 예제 2.30 】 $A=\begin{bmatrix} 1\,2\,2 \\ 2\,1\,2 \\ 2\,2\,1 \end{bmatrix}$의 고유값과 고유벡터를 계산하여라.

2.7 분광분해

A가 k차원의 실수의 대칭행렬이라면 k개의 고유값과 k개의 고유벡터로 행렬 A를 표시할 수 있는데 이를 **분광분해**(spectral decomposition)라 한다.

$$A = \lambda_1 \mathbf{e}_1 \mathbf{e}'_1 + \lambda_2 \mathbf{e}_2 \mathbf{e}'_2 + \cdots + \lambda_k \mathbf{e}_k \mathbf{e}'_k$$

여기서 $\mathbf{e}'_i \mathbf{e}_i = 1$, $\mathbf{e}'_i \mathbf{e}_j = 0 \ (i \neq j)$ 이다.

앞의 예에서 행렬 $A = \begin{bmatrix} 2 & 2 \\ 2 & 5 \end{bmatrix}$ 의 고유값와 고유벡터는 다음과 같으므로 행렬 A를 다음과 같이 표현할 수 있다.

$$\lambda_1 = 6.\ \lambda_2 = 1$$

$$\mathbf{e}_1 = \begin{pmatrix} \frac{1}{\sqrt{5}} \\ \frac{2}{\sqrt{5}} \end{pmatrix},\ \mathbf{e}_2 = \begin{pmatrix} -\frac{2}{\sqrt{5}} \\ +\frac{1}{\sqrt{5}} \end{pmatrix}$$

$$A = \begin{bmatrix} 2 & 2 \\ 2 & 5 \end{bmatrix} = 6 \begin{bmatrix} \frac{1}{\sqrt{5}} \\ \frac{2}{\sqrt{5}} \end{bmatrix} \begin{bmatrix} \frac{1}{\sqrt{5}} & \frac{2}{\sqrt{5}} \end{bmatrix}$$

$$+ 1 \begin{bmatrix} -\frac{2}{\sqrt{5}} \\ \frac{1}{\sqrt{5}} \end{bmatrix} \begin{bmatrix} -\frac{2}{\sqrt{5}} & \frac{1}{\sqrt{5}} \end{bmatrix}$$

$$= 6 \begin{bmatrix} \frac{1}{5} & \frac{2}{5} \\ \frac{2}{5} & \frac{4}{5} \end{bmatrix} + 1 \begin{bmatrix} \frac{4}{5} & -\frac{2}{5} \\ -\frac{2}{5} & \frac{1}{5} \end{bmatrix}$$

$$= \begin{bmatrix} \frac{10}{5} & \frac{10}{5} \\ \frac{10}{5} & \frac{25}{5} \end{bmatrix} = \begin{bmatrix} 2 & 2 \\ 2 & 5 \end{bmatrix}$$

일반적으로 분광분해를 다시 표현하면 다음과 같다.

$$A = \sum_{i=1}^{k} \lambda_i \mathbf{e}_i \mathbf{e}'_i$$

$$= [\mathbf{e}_1, \mathbf{e}_2, \cdots, \mathbf{e}_k] \begin{bmatrix} \lambda_1 & 0 & \cdots & 0 \\ 0 & \lambda_2 & \cdots & 0 \\ \vdots & \vdots & \ddots & \vdots \\ 0 & 0 & \cdots & \lambda_k \end{bmatrix} \begin{bmatrix} \mathbf{e}_1 \\ \mathbf{e}_2 \\ \vdots \\ \mathbf{e}_k \end{bmatrix}$$

여기서 고유벡터들의 행렬을 P 고유값들의 대각원소를 Λ라 하면 다음과 같이 쓸 수 있다.

$$A = P\Lambda P'$$

여기서 P는 직교행렬이므로 P′P = PP′ = I이다. 또 A의 역행렬 A^{-1} 는 다음과 같이 쓸 수 있다.

$$A^{-1} = P\Lambda^{-1}P' = \sum \frac{1}{\lambda_i} \mathbf{e}_i \mathbf{e}'_i$$

또 $A^{\frac{1}{2}}$, A의 제곱근행렬은 다음과 같다.

$$A^{\frac{1}{2}} = P\Lambda^{\frac{1}{2}}P' = \sum_{i=1}^{k} \sqrt{\lambda_i}\, \mathbf{e}_i \mathbf{e}'_i$$

또 분광분해를 이용하여 다음과 같은 결과를 얻을 수 있다.

$$tr(A) = tr(P\Lambda P') = tr(PP'\Lambda) = tr(\Lambda) = \sum_{i=1}^{k} \lambda_i$$

$$|A| = |P\Lambda P'| = |P||\Lambda||P'| = |PP'||\Lambda| = |\Lambda| = \lambda_1 \lambda_2 \cdots \lambda_k$$

【 예제 2.31 】 $A = \begin{bmatrix} 2 & 1 \\ 1 & 2 \end{bmatrix}$에서 고유값과 고유벡터 구하고 $A^2, A^{-1}, A^{-2}, A^{1/2}$ 의 고유값을 구하라.

풀이

먼저 행렬 A의 고유값을 구하면 $\lambda_1 = 3$, $\lambda_2 = 1$이다.

이에 대한 고유벡터는 다음과 같다.

$$\mathbf{e}_1 = \begin{pmatrix} \frac{1}{\sqrt{2}} \\ \frac{1}{\sqrt{2}} \end{pmatrix}, \mathbf{e}_2 = \begin{pmatrix} \frac{1}{\sqrt{2}} \\ -\frac{1}{\sqrt{2}} \end{pmatrix}$$

따라서 분광분해를 하면 다음과 같은 식이 가능하다.

$$A = P\Lambda P' = \begin{bmatrix} 2 & 1 \\ 1 & 2 \end{bmatrix} = \begin{bmatrix} \frac{1}{\sqrt{2}} & \frac{1}{\sqrt{2}} \\ \frac{1}{\sqrt{2}} & -\frac{1}{\sqrt{2}} \end{bmatrix} \begin{bmatrix} 3 & 0 \\ 0 & 1 \end{bmatrix} \begin{bmatrix} \frac{1}{\sqrt{2}} & \frac{1}{\sqrt{2}} \\ \frac{1}{\sqrt{2}} & -\frac{1}{\sqrt{2}} \end{bmatrix}$$

여기서 PP'는 다음과 같은 직교행렬이다.

$$PP' = \begin{bmatrix} \frac{1}{\sqrt{2}} & \frac{1}{\sqrt{2}} \\ \frac{1}{\sqrt{2}} & -\frac{1}{\sqrt{2}} \end{bmatrix} \begin{bmatrix} \frac{1}{\sqrt{2}} & \frac{1}{\sqrt{2}} \\ \frac{1}{\sqrt{2}} & -\frac{1}{\sqrt{2}} \end{bmatrix} = \begin{bmatrix} 1 & 0 \\ 0 & 1 \end{bmatrix}$$

또 행렬 A의 고유화와 행렬식은 고유값과 다음과 같은 관계가 있다.

$$tr(A) = a_{11} + a_{22} = \lambda_1 + \lambda_2 = 2 + 2 = 3 + 1 = 4$$
$$|A| = \lambda_1 \lambda_2 = 3$$

$A^2 = \begin{bmatrix} 2 & 1 \\ 1 & 2 \end{bmatrix}\begin{bmatrix} 2 & 1 \\ 1 & 2 \end{bmatrix} = \begin{bmatrix} 5 & 4 \\ 4 & 5 \end{bmatrix}$의 고유값은 $\lambda_1 = 9, \lambda_2 = 1$이다.

$A^{-1} = \begin{bmatrix} 2/3 & -1/3 \\ -1/3 & 2/3 \end{bmatrix}$의 고유값은 $\lambda_1 = 1/3, \lambda_2 = 1$이다.

$A^{-2} = A^{-1}A^{-1} = \begin{bmatrix} 5/9 & -4/9 \\ -4/9 & 5/9 \end{bmatrix}$의 고유값은 $\lambda_1 = 1/9,\ \lambda_2 = 1$이다.

행렬 $A^{1/2}$의 고유값은 $\lambda_1 = \sqrt{3}, \lambda_2 = 1$이며 행렬은 분광분해를 통해 구할 수 있다.

$$\begin{aligned} A^{1/2} &= P\Lambda^{1/2}P' \\ &= \begin{bmatrix} \frac{1}{\sqrt{2}} & \frac{1}{\sqrt{2}} \\ \frac{1}{\sqrt{2}} & -\frac{1}{\sqrt{2}} \end{bmatrix} \begin{bmatrix} \sqrt{3} & 0 \\ 0 & \sqrt{1} \end{bmatrix} \begin{bmatrix} \frac{1}{\sqrt{2}} & \frac{1}{\sqrt{2}} \\ \frac{1}{\sqrt{2}} & -\frac{1}{\sqrt{2}} \end{bmatrix} \\ &= \begin{bmatrix} \frac{\sqrt{3}+1}{2} & \frac{\sqrt{3}-1}{2} \\ \frac{\sqrt{3}-1}{2} & \frac{\sqrt{3}+1}{2} \end{bmatrix} \end{aligned}$$

또

$$A^{1/2} = P\Lambda^{1/2}P' = \sum_{i=1}^{k} \sqrt{\lambda_i}\, \mathbf{e}_i \mathbf{e}'_i$$

$$= \sqrt{3}\,\mathbf{e}_1\mathbf{e}_1{}' + \sqrt{1}\,\mathbf{e}_2\mathbf{e}_2{}'$$

$$= \sqrt{3}\begin{pmatrix} \frac{1}{\sqrt{2}} \\ \frac{1}{\sqrt{2}} \end{pmatrix}\left(\frac{1}{\sqrt{2}}\ \frac{1}{\sqrt{2}}\right) + \begin{pmatrix} \frac{1}{\sqrt{2}} \\ -\frac{1}{\sqrt{2}} \end{pmatrix}\left(\frac{1}{\sqrt{2}}\ -\frac{1}{\sqrt{2}}\right),$$

$$= \begin{bmatrix} \frac{\sqrt{3}+1}{2} & \frac{\sqrt{3}-1}{2} \\ \frac{\sqrt{3}-1}{2} & \frac{\sqrt{3}+1}{2} \end{bmatrix}$$

2.8 행렬의 변환

본 절은 행렬에 변화에 따른 모양의 변화를 보고자 한다. 특히 행렬에 회전 또는 치환을 목적으로 한 다른 행렬이 곱해졌을 때의 변화를 알아보도록 한다. 먼저 A라는 기본 행렬이 있고 이 행렬의 열의 평균인 $\overline{A}$의 행렬이 있다 하자. 또한 원 행렬 A에 평균 행렬인 $\overline{A}$를 뺀 편차행렬 A_d를 고려해 보자. 이 행렬을 중심으로 회전 또는 치환을 목적으로 하는 다른 행렬을 곱하여 결과를 보도록 하자.

$$A = \begin{bmatrix} 1 & 0 \\ 1 & 1 \\ 1 & 2 \\ 2 & 0 \\ 2 & 1 \\ 2 & 2 \\ 3 & 0 \\ 3 & 1 \\ 3 & 2 \end{bmatrix},\quad \overline{A} = \begin{bmatrix} 2 & 1 \\ 2 & 1 \\ 2 & 1 \\ 2 & 1 \\ 2 & 1 \\ 2 & 1 \\ 2 & 1 \\ 2 & 1 \\ 2 & 1 \end{bmatrix}\quad A_d = A - \overline{A} = \begin{bmatrix} -1 & -1 \\ -1 & 0 \\ -1 & 1 \\ 0 & -1 \\ 0 & 0 \\ 0 & 1 \\ 1 & -1 \\ 1 & 0 \\ 1 & 1 \end{bmatrix}$$

① 행렬 A의 그림

이는 단순한 행렬 A의 좌표그림이다.

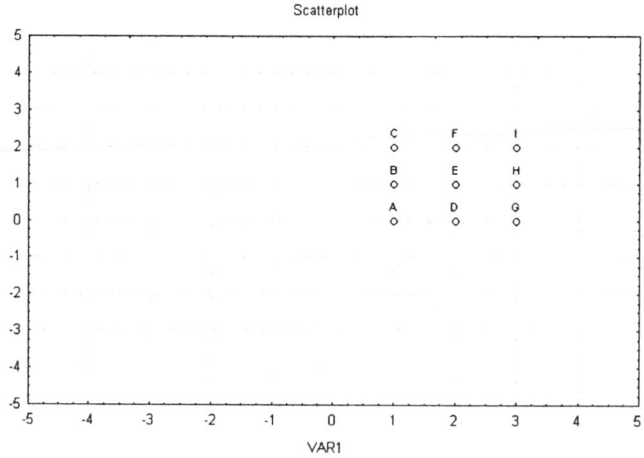

② **행렬 A에 평균을 뺀 편차의 그림**

이는 행렬 A에 평균행렬 $\overline{A}$를 뺀 A_d의 좌표그림이다. 원점을 중심으로 모여 있음을 알 수 있다.

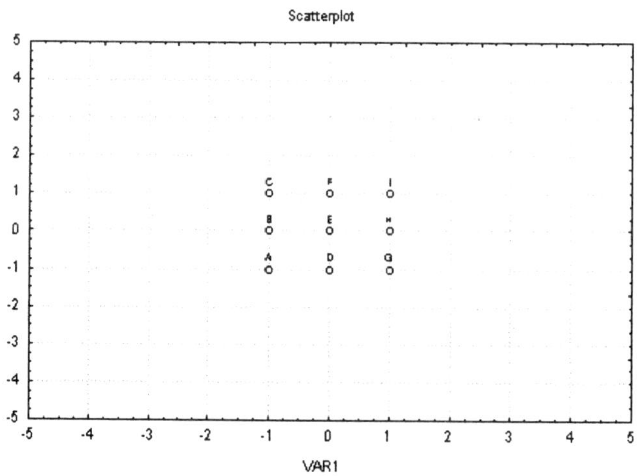

③ **대칭**

여기서는 A_d좌표를 첫째 열의 부호를 다 바꾸고 두 번째 열을 그대로 두고 좌표의 전면을 뒤로 돌리는 경우가 된다. 따라서 좌측에 있는 좌표는 우측으로 우측에 있는 좌표는 좌측으로 옮기는 경우가 된다.

$$A_r = A_d \begin{bmatrix} -1 & 0 \\ 0 & 1 \end{bmatrix} = \begin{bmatrix} 1 & -1 \\ 1 & 0 \\ 1 & 1 \\ 0 & -1 \\ 0 & 0 \\ 0 & 1 \\ -1 & -1 \\ -1 & 0 \\ -1 & 1 \end{bmatrix}$$

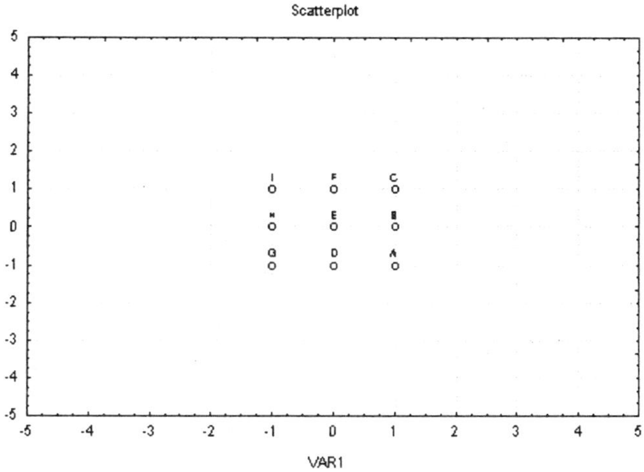

④ 45°**부분회전**

여기서는 A_d좌표를 시계반대 방향으로 45° 회전시킨 행렬을 곱한 경우로 차수가 2차인 45°의 기븐스(Givens) 행렬을 사용하였다.

$$A_{45} = A_d \begin{bmatrix} \cos 45^0 & \sin 45^0 \\ -\sin 45^0 & \cos 45^0 \end{bmatrix} = A_d \begin{bmatrix} 0.707 & 0.707 \\ -0.707 & 0.707 \end{bmatrix} = \begin{bmatrix} 0 & -1.414 \\ -0.707 & -0.707 \\ -1.414 & 0 \\ 0.707 & -0.707 \\ 0 & 0 \\ -0.707 & 0.707 \\ 1.414 & 0 \\ 0.707 & 0.707 \\ 0 & 1.414 \end{bmatrix}$$

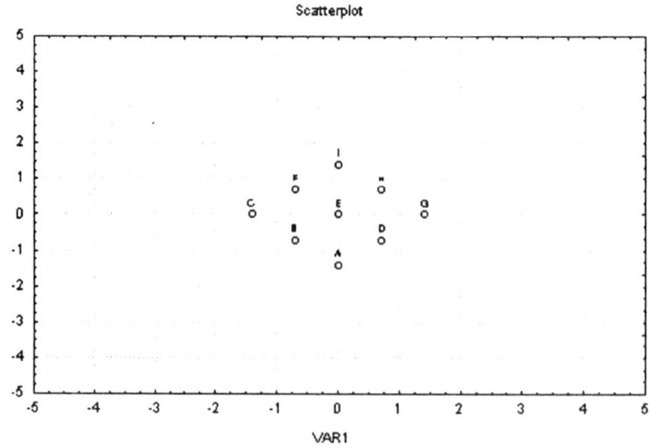

⑤ **치환**

여기서는 행렬 A_d의 좌표들이 행과 열이 바뀐 경우이다.

$$A_p = A_d\begin{bmatrix} 0 & 1 \\ 1 & 0 \end{bmatrix} = \begin{bmatrix} -1 & -1 \\ 0 & -1 \\ 1 & -1 \\ -1 & 0 \\ 0 & 0 \\ 1 & 0 \\ -1 & 1 \\ 0 & 1 \\ 1 & 1 \end{bmatrix}$$

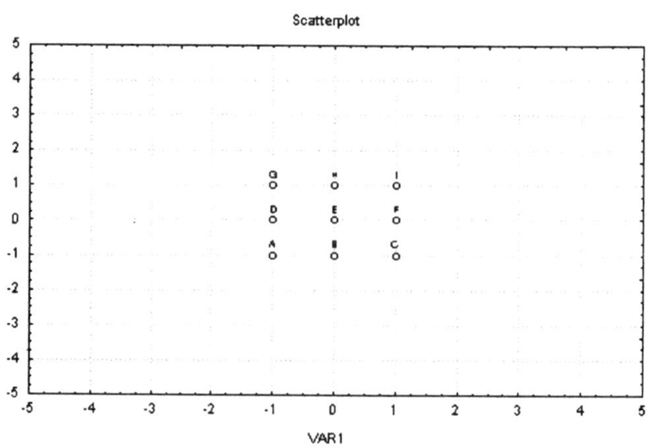

⑥ **확장**

여기서는 행렬 A_d의 좌표들이 2배씩 값들이 커짐으로 좌표들이 확장되는 경우이다.

$$A_c = A_d \begin{bmatrix} 2 & 0 \\ 0 & 2 \end{bmatrix} = \begin{bmatrix} -2 & -2 \\ -2 & 0 \\ -2 & 2 \\ 0 & -2 \\ 0 & 0 \\ 0 & 2 \\ 2 & -2 \\ 2 & 0 \\ 2 & 2 \end{bmatrix}$$

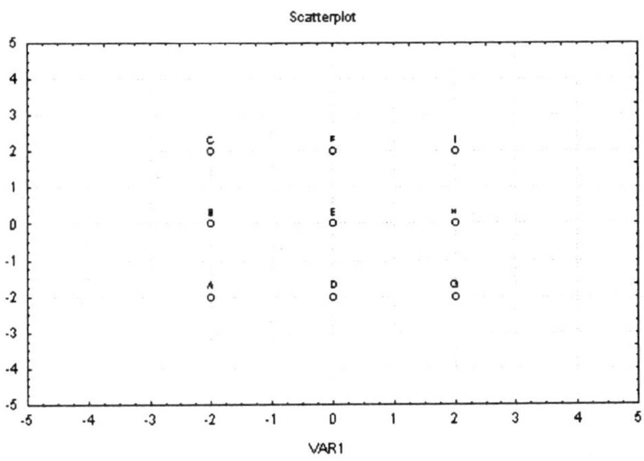

⑦ **부분확장**

여기서는 행렬 A_d의 좌표들 중 첫째 열에는 2배를 둘째 열은 원래 그대로 놓으므로 한쪽 좌표만 확장한 경우이다.

$$A_s = A_d \begin{bmatrix} 2 & 0 \\ 0 & 1 \end{bmatrix} = \begin{bmatrix} -2 & -1 \\ -2 & 0 \\ -2 & 1 \\ 0 & -1 \\ 0 & 0 \\ 0 & 1 \\ 2 & -1 \\ 2 & 0 \\ 2 & 1 \end{bmatrix}$$

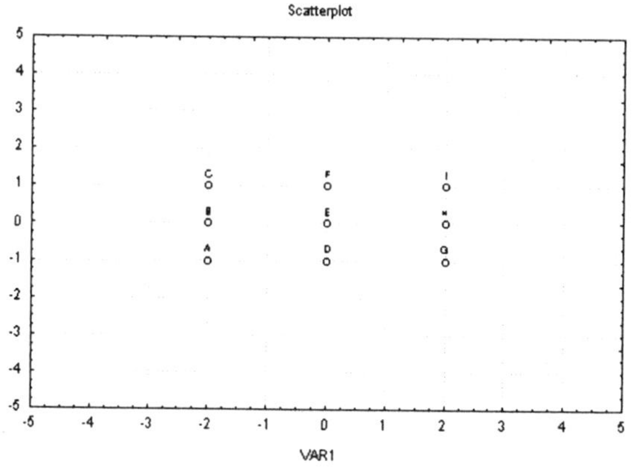

⑧ 응력

여기서는 행렬 A_d의 좌표들 중 첫째 열은 원래 그대로 둘째 열은 첫째 열과 둘째 열을 더한 열이 첫째 열이 되는 경우이다.

$$A_{sh} = A_d \begin{bmatrix} 1 & 1 \\ 0 & 1 \end{bmatrix} = \begin{bmatrix} -1 & -2 \\ -1 & -1 \\ -1 & 0 \\ 0 & -1 \\ 0 & 0 \\ 0 & 1 \\ 1 & 0 \\ 1 & 1 \\ 1 & 2 \end{bmatrix}$$

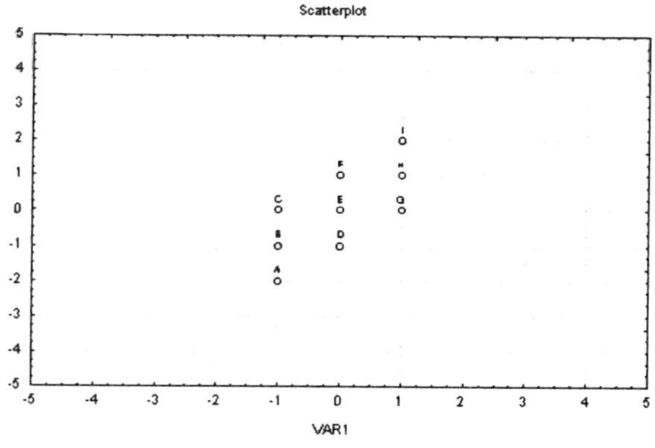
Scatterplot
VAR1
A
B
C
D
E
F
G
H
I

연습문제

【1】 다음 각 행렬이 $|A|$와 $|A'|$ 같음을 보여라.

$$A=\begin{bmatrix}1 & -3\\ 2 & 5\end{bmatrix}$$

$$A=\begin{bmatrix}1 & 2 & 7\\ -1 & 0 & 6\\ 3 & 2 & 8\end{bmatrix}$$

【2】 다음 행렬의 행렬식 $|A|$을 구하라.

$$A=\begin{bmatrix}-3 & 4 & 7 & -2\\ 2 & 6 & 1 & -3\\ 1 & 0 & 0 & 0\\ 2 & -8 & 3 & 4\end{bmatrix}$$

【3】 다음 행렬 A의 행렬식$|A|$이 5일 경우 다음 물음에 답하라.

$$|A|=\begin{vmatrix}a & b & c\\ d & e & f\\ g & h & i\end{vmatrix}=5$$

1) $|3A|$

2) $|2A^{-1}|$

3) $|(2A)^{-1}|$

4) $\begin{vmatrix}a & g & d\\ b & h & e\\ c & i & f\end{vmatrix}$

【4】 행렬식 $\begin{vmatrix}x^2 & x & 2\\ 2 & 1 & 1\\ 0 & 0 & -5\end{vmatrix}$가 0이 되기 위해선 x값이 어떤 값이 되어야 하는가?

【5】 다음 행렬들의 역행렬을 구하라.

1) $A = \begin{bmatrix} 0 & 1 & 7 \\ 2 & 4 & 3 \\ 3 & 7 & 6 \end{bmatrix}$

2) $A = \begin{bmatrix} 3 & 0 & 0 \\ 9 & 1 & 0 \\ -4 & 2 & 4 \end{bmatrix}$

3) $A = \begin{bmatrix} 1 & 3 & 1 & 1 \\ 2 & 5 & 2 & 2 \\ 1 & 3 & 8 & 9 \\ 1 & 3 & 2 & 2 \end{bmatrix}$

【6】 다음 행렬들의 계수를 구하라.

1) $A = \begin{bmatrix} 1 & 3 \\ 2 & -6 \end{bmatrix}$

2) $A = \begin{bmatrix} 1 & 2 & -1 \\ 2 & 4 & 6 \\ 0 & 0 & -8 \end{bmatrix}$

3) $A = \begin{bmatrix} 1 & 1 & 2 & 1 \\ 1 & 0 & 1 & 2 \\ 2 & 1 & 3 & 4 \end{bmatrix}$

4) $A = \begin{bmatrix} 1 & -3 & 2 & 2 & 1 \\ 0 & 3 & 6 & 0 & -2 \\ 2 & -3 & -2 & 4 & 4 \\ 3 & -3 & 6 & 6 & 3 \\ 5 & -3 & 10 & 10 & 5 \end{bmatrix}$

【7】 다음 행렬들의 고유값과 고유벡터를 구하라

1) $A = \begin{bmatrix} 4 & 0 & 1 \\ -2 & 1 & 0 \\ -2 & 0 & 1 \end{bmatrix}$

2) $A = \begin{bmatrix} 3 & 0 & -5 \\ 1/5 & -1 & 0 \\ 1 & 1 & -2 \end{bmatrix}$

3) $A=\begin{bmatrix} 10 & -9 & 0 & 0 \\ 4 & -2 & 0 & 0 \\ 0 & 0 & -2 & -7 \\ 0 & 0 & 1 & 2 \end{bmatrix}$

4) $A=\begin{bmatrix} 0 & 0 & 2 & 0 \\ 1 & 0 & 1 & 0 \\ 0 & 1 & -2 & 0 \\ 0 & 0 & 0 & 1 \end{bmatrix}$

【8】 다음 2차를 방정식을 $\mathbf{x}'\mathbf{A}\mathbf{x}$로 나타내고 $\mathbf{A}$가 양정치임을 보여라

$$3x_1^2-2\sqrt{2}\,x_1x_2+2x_2^2$$

【9】 다음 행렬에서 이차형식의 값이 3이라는 조건을 만족시키는 점 (x_1, x_2)의 궤적을 구하라.

$$A=\begin{bmatrix} 2 & \sqrt{6} \\ \sqrt{6} & 1 \end{bmatrix}$$

SAS 문제

【10】 위의 【2】,【5】,【7】의 예제를 SAS 프로그램을 통해 확인하여라.

[SAS IML 문장 프로그램]

IML 문장

Matrix Operations

C=A+B;	mat add
C=A-B;	mat sub
C=A*B;	mat mult
B=7#A;	elem mult
C=a#B;	elem mult
C=A#B;	elem mult
C=A@B;	direct prod
B=A**2;	mat power
B=A##2;	elem power
B=A/7;	division
C=A||B;	horiz concat
C=A//B;	vertical concat
B=A`;	transpose

Matrix Functions

B=DET(A);	determinant
B=DIAG(A);	diagonal
CALL EIGEN(M,E,A);	eigenvalues & vectors
M=EIGVAL(A);	eigenvalues
E=EIGVEC(A);	eigenvectors
B=I(4);	idenity mat
B=INV(A)	mat inverse
p=NCOL(A);	number colums
n=NROW(A);	number rows
s=SSQ(A);	sum of squares
s=SUM(A);	sum
t=TRACE(A);	trace
B=T(A);	transpose

Sums and Means

M=X(|+,|):	vector of column sums
M=X(|,+|);	vector of row sums

```
M=X(|:,|);          vector of column means
M=X(|##,|);         vector of column sum of squares
```

SAS PROGRAM

```
proc iml
A = {1 3 4 4, 2 5 6 5, 3 7 8 9, 1 3 8 2};
B = {7 3 8 2, 8 3 3 4, 4 6 2 1,2 3 7 1};

/*Matrix Operation */
mat_add=A+ B;
mat_sub=A-B;
mat_mult=A*B;
elem_mult=7#A;
elem_mult=a#B;
elem_mult=A#B;
direct_prod=A@B;
mat_power=A**2
elem_power=A##2
division=A/7
horiz_concat=A||B;
vertical_concat=A//B;
transpose=A`;
determinant=DET(A);
diagonal=DIAG(A);
eigenvalues=EIGVAL(A);
eigenvectors=EIGVEC(A);
idenity_mat=I(4);
mat_inverse=INV(A);
number_columsp=NCOL(A);
```

```
number_rowsn=NROW(A);
sum_of_squaress=SSQ(A);
sums=SUM(A);
trace=TRACE(A);
transposeB=T(A);

/*Sums and Means*/
vector_of_column_sums=A(|+,|);
vector_of_row_sums=A(|,+|);
vector_of_column_means=A(|:,|);
vector_of_column_sum_of_squares=A(|##,|);


print A;
print B;
print mat_add;
print mat_sub;
print mat_mult;
print elem_mult;
print direct_prod;
print mat_power;
print elem_power;
print division;
print horiz_concat;
print vertical_concat;
print transpose;
print determinant;
print diagonal;
print eigenvalues;
```

```
print eigenvectors;
print idenity_mat;
print mat_inverse;
print number_columsp;
print number_rowsn;
print sum_of_squaress;
print sums;
print trace;
print transposeB;

/*Sums and Means*/
print vector_of_column_sums;
print vector_of_row_sums;
print vector_of_column_means;
print vector_of_column_sum_of_squares;
run;
```

SAS OUTPUT

A = {1 3 4 4, 2 5 6 5, 3 7 8 9, 1 3 8 2};

B = {7 3 8 2, 8 3 3 4, 4 6 2 1,2 3 7 1};

```
            A

   1     3     4     4
   2     5     6     5
   3     7     8     9
   1     3     8     2

            B

   7     3     8     2
   8     3     3     4
   4     6     2     1
   2     3     7     1
```

```
mat_add=A+B;
```

MAT_ADD

8	6	12	6
10	8	9	9
7	13	10	10
3	6	15	3

```
mat_sub=A-B;
```

MAT_SUB

-6	0	-4	2
-6	2	3	1
-1	1	6	8
-1	0	1	1

```
mat_mult=A*B;
```

MAT_MULT

55	48	53	22
88	72	78	35
127	105	124	51
67	66	47	24

```
elem_mult=A#B;
```

ELEM_MULT

7	9	32	8
16	15	18	20
12	42	16	9
2	9	56	2

```
direct_prod=A@B;
```

DIRECT_PROD

	COL1	COL2	COL3	COL4	COL5	COL6	COL7	COL8
ROW1	7	3	8	2	21	9	24	6
ROW2	8	3	3	4	24	9	9	12
ROW3	4	6	2	1	12	18	6	3
ROW4	2	3	7	1	6	9	21	3
ROW5	14	6	16	4	35	15	40	10
ROW6	16	6	6	8	40	15	15	20
ROW7	8	12	4	2	20	30	10	5
ROW8	4	6	14	2	10	15	35	5
ROW9	21	9	24	6	49	21	56	14
ROW10	24	9	9	12	56	21	21	28
ROW11	12	18	6	3	28	42	14	7
ROW12	6	9	21	3	14	21	49	7
ROW13	7	3	8	2	21	9	24	6
ROW14	8	3	3	4	24	9	9	12
ROW15	4	6	2	1	12	18	6	3
ROW16	2	3	7	1	6	9	21	3

	COL9	COL10	COL11	COL12	COL13	COL14	COL15	COL16
ROW1	28	12	32	8	28	32	8	
ROW2	32	12	12	16	32	12	16	
ROW3	16	24	8	4	16	8	4	
ROW4	8	12	28	4	8	28	4	
ROW5	42	18	48	12	35	40	10	
ROW6	48	18	18	24	40	15	20	
ROW7	24	36	12	6	20	10	5	
ROW8	12	18	42	6	10	35	5	
ROW9	56	24	64	16	63	72	18	
ROW10	64	24	24	32	72	27	36	
ROW11	32	48	16	8	36	18	9	
ROW12	16	24	56	8	18	63	9	
ROW13	56	24	64	16	14	16	4	
ROW14	64	24	24	32	16	6	8	
ROW15	32	48	16	8	8	4	2	
ROW16	16	24	56	8	4	14	2	

mat_power=A**2

MAT_POWER

23	58	86	63
35	88	126	97
50	127	190	137
33	80	102	95

elem_power=A##2

ELEM_POWER

1	9	16	16
4	25	36	25
9	49	64	81
1	9	64	4

division=A/7

DIVISION

0.1428571	0.4285714	0.5714286	0.5714286
0.2857143	0.7142857	0.8571429	0.7142857
0.4285714	1	1.1428571	1.2857143
0.1428571	0.4285714	1.1428571	0.2857143

horiz_concat=A||B;

HORIZ_CONCAT

1	3	4	4	7	3	8	2
2	5	6	5	8	3	3	4
3	7	8	9	4	6	2	1
1	3	8	2	2	3	7	1

```
vertical_concat=A//B;
```

```
            VERTICAL_CONCAT

            1   3   4   4
            2   5   6   5
            3   7   8   9
            1   3   8   2
            7   3   8   2
            8   3   3   4
            4   6   2   1
            2   3   7   1
```

```
transpose=A`;
```

```
            TRANSPOSE

            1   2   3   1
            3   5   7   3
            4   6   8   8
            4   5   9   2
```

```
determinant=DET(A);
```

```
            DETERMINANT

                12
```

```
diagonal=DIAG(A);
```

```
            DIAGONAL

            1   0   0   0
            0   5   0   0
            0   0   8   0
            0   0   0   2
```

```
eigenvalues=EIGVAL(A);
```

```
            EIGENVALUES

            19.530155    0
            -3.767054    0
            -0.302428    0
             0.5393267   0
```

```
eigenvectors=EIGVEC(A);
```

```
            EIGENVECTORS

0.3196411 0.1965967 -0.960444   0.2751772
0.478371  0.0465573  0.2370683 -0.850891
0.7016637 0.5447098 -0.01078    0.2128097
```

0.420308 -0.813925 0.1457057 0.393667

idenity_mat=I(4);

IDENITY_MAT

1	0	0	0
0	1	0	0
0	0	1	0
0	0	0	1

mat_inverse=INV(A);

MAT_INVERSE

-3.5	-1	2	0.5
1.1666667	1.6666667	-1.333333	-0.5
-0.083333	-0.333333	0.1666667	0.25
0.3333333	-0.666667	0.3333333	0

number_columsp=NCOL(A);

NUMBER_COLUMSP

4

number_rowsn=NROW(A);

NUMBER_ROWSN

4

sum_of_squaress=SSQ(A);

SUM_OF_SQUARESS

413

sums=SUM(A);

SUMS

71

trace=TRACE(A);

TRACE

```
                    16

transposeB=T(A);

                TRANSPOSEB

             1    2    3    1
             3    5    7    3
             4    6    8    8
             4    5    9    2

vector_of_column_sums=A(|+,|);

              VECTOR_OF_COLUMN_SUMS

             7    18    26    20

vector_of_row_sums=A(|,+|);

              VECTOR_OF_ROW_SUMS

                  12
                  18
                  27
                  14

vector_of_column_means=A(|:,|);

              VECTOR_OF_COLUMN_MEANS

             1.75    4.5    6.5    5

vector_of_column_sum_of_squares=A(|##,|)

             VECTOR_OF_COLUMN_SUM_OF_SQUARES

              15    92    180    126
```

제3장

다변량 기초

3.1 다변량 분석의 이해

일반적으로 하나의 반응변수의 자료를 일변량 자료라 한다. 그러나 일상생활에서 하나의 자료만 사용되는 일은 거의 없다. 따라서 하나 이상의 변수를 동시에 분석하는 경우가 대부분인데 이 경우를 다변량 분석이라 한다. 그러나 많은 변수를 조사한다 하더라도 변수간에 서로 독립이면 다변량 분석을 할 필요가 없다. 그것은 변수별로 조사해도 다른 변수에 영향을 주지 않기 때문이다. 그러나 다변량 분석은 서로 두 개 이상의 변수가 연관되어 있기 때문에 필요하다. 이 다변량 분석의 측정 자료의 유형은 명목형척도, 순서형척도, 구간형척도, 비율형척도가 있으며 다변량 분석의 목적은 복잡한 변수의 구조를 단순화하거나, 변수들 간의 연관이 높은 것들을 중심으로 그룹화하고 또 많은 변수로 얽힌 자료들을 분류하는 데 그 주목적이 있다.

따라서 이 다변량 분석의 어려움은 통계적 추출 과정이 복잡하고 또한 그 해석이 용이하지 않다. 또한 반드시 컴퓨터로만 계산해야 할 정도로 수식적으로 복잡하고 그림으로 그려내기가 쉽지가 않다. 다변량 자료의 일반적인 구조는 앞서 행렬에서 언급한 것과 같이 다음과 같이 행렬 **X** 형태로 표시한다.

$$A_{n\times p} = \begin{bmatrix} a_{11} & a_{12} & \cdots & a_{1p} \\ a_{21} & a_{22} & \cdots & a_{2p} \\ \vdots & \vdots & \ddots & \vdots \\ a_{n1} & a_{n2} & \cdots & a_{np} \end{bmatrix} = \{a_{ij}\}$$

$$i = 1, 2, \cdots, n, \qquad j = 1, 2, \cdots, p$$

앞서 제시한 예처럼 100명의 국어, 영어 등 5개의 과목의 점수를 한 번에 표시하면 다음과 같이 표시할 수 있다.

$$A_{100\times 5} = \begin{bmatrix} 60 & 62 & \cdots & 70 \\ 73 & 63 & \cdots & 64 \\ \vdots & \vdots & \ddots & \vdots \\ 55 & 62 & \cdots & 54 \end{bmatrix}$$

실제 예로는 다음과 같은 예들이 있을 수 있겠다.

1) 세계은행자료 : 나라별 인구(백만), 인구밀도, GNP, 수명, 천 명당 라디오 수, 천 명당 관광객, 1인 1일 소비 칼로리, 6-17세 사이의 학교 등록률

1	Canada	25.60	9976	14120	76	758	12854	3404	98
2	USA	241.60	9363	17480	75	2133	20441	3632	99
3	Haiti	6.10	28	330	54	21	167	1906	48
4	Brazil	138.40	8512	1810	65	355	1420	2575	78
5	Austria	7.60	84	9990	74	475	14482	3479	80
6	Iceland	0.24	103	13410	77	593	78	3122	100
7	Spain	38.70	505	4860	76	274	25583	3325	97
8	UK	56.70	245	8870	75	986	12499	3210	96
9	Gambia	0.77	11	230	43	120	37	2217	34
10	India	781.40	3288	290	57	56	1305	2031	54
11	Malaysis	16.10	330	1830	69	415	1050	2569	77
12	Austrlia	16.00	7687	11920	78	1159	944	3044	89

2) 유색 거북이 등껍질 자료: 길이, 넓이, 높이, 성별

98	81	38	F
103	84	38	F
103	86	42	F
105	86	42	F
109	88	44	F
123	92	50	F
123	95	46	F
133	99	51	F
133	102	51	F
133	102	51	F
134	100	48	F
136	102	49	F
138	98	51	F
138	99	51	F
141	105	53	F
147	108	57	F
149	107	55	F
153	107	23	F
155	115	63	F
155	117	60	F
158	115	62	F
159	118	63	F
162	124	61	F

177	132	67	F
93	74	37	M
94	78	35	M
96	80	35	M
101	84	39	M
102	85	38	M
103	81	37	M
104	83	39	M
106	83	39	M
107	82	38	M
112	89	40	M
113	88	40	M
114	86	40	M
116	90	43	M
117	90	41	M
117	91	41	M
119	93	41	M
120	89	40	M
120	93	44	M
121	95	42	M
125	93	45	M
127	96	45	M
128	95	45	M
131	95	46	M
135	106	47	M

3) 미국의 10대 기업자료(1990) : 총매출액, 순이익, 자산

1	GM	126974	4224	173297
2	Ford	96933	3835	160893
3	Exxon	86656	3510	83219
4	IBM	63438	3758	77734
5	GE	55264	3939	128344
6	Mobil	50976	1809	39080
7	PM	39069	2946	38528
8	Chrysler	36156	359	51038
9	du Pont	35209	2480	34715
10	Texaco	32416	2413	25636

이와 같은 형태의 자료들을 분석하는데 각 개체별로는 서로 통계적으로 독립이어야 하며 관찰된 반응변수간에는 상관이 있다고 생각한다. 다음은 다변량 분석에서 배우는 통계기법에 대해 간단히 알아보고자 한다.

3.2 다변량 통계기법

다변량 통계기법의 유형에는 두 가지가 있다. 하나는 일변량 경우를 확장한 것이고, 또 하나는 다변량 고유의 영역의 다변량 분석이 있다.

3.2.1 일변량의 경우를 확장

일변량의 경우를 확장한 것으로 변수가 하나가 아닌 여러 개의 경우로 새로운 다변량 분석이 필요하다.

일변량 분석	다변량 분석
t검정	다변량 호텔링 T^2 검정
단순(다중)회귀분석	다변량 단순(다중)회귀분석
분산분석	다변량 분산분석
공분산분석	다변량 공분산분석

3.2.2 다변량의 고유영역

다음과 같은 다변량 교유 영역의 자료들이 있다. 이는 일변량의 확장과는 다른 새로운 다변량 기법으로 이를 분석하기 위해서는 반드시 통계패키지 프로그램이 반드시 필요하다.

주성분 분석(Principal Component Analysis)
인자분석(Factor Analysis, 요인분석)
판별 및 분류분석(Discriminant and Classification Analysis)
정준상관분석(Canonical Correlation Analysis)
군집분석(Cluster Analysis, 집락분석)
다차원척도법(Multidimensional Scaling)
대응분석(Correspondence Analysis)

3.3 다변량 예비자료 분석

일변량 자료도 마찬가지지만 다변량 자료도 자료수집 후 통계분석에 앞서 예비점검이 필요하다. 예를 들어 코딩이나 편집상의 오류가 발생할 수도 있다. 이 과정에서 특이값이 생길 수 있으므로 일반적으로 그래프를 통한 점검이 요구된다. 따라서 본 절에서는 일반적으로 다변량에서 사용되는 그래프를 소개하고자 한다. 먼저 그래프를 보기 전에 자료를 제시하고자 한다. 다음 자료는 10개국의 일반 공산물의 가격을 나타낸다. 이 역시 다변량 자료이다.

	쌀	밀가루	빵	쇠고기	돼지고기	햄	우유	버터	달걀	마가린
한국	1.82	.48	.85	19.86	5.66	4.73	1.15	2.13	1.16	.99
일본	3.65	1.50	1.47	29.10	44.73	11.28	1.53	3.10	1.94	1.40
터키	1.20	.66	1.16	6.47	16.01	8.73	1.05	1.82	1.55	.33
미국	1.20	.53	.83	7.46	2.71	3.10	.07	1.00	.86	.47
멕시코	1.55	.47	.58	3.88	4.85	3.23	.53	.93	1.02	.63
이탈리아	2.47	.81	1.69	9.23	10.54	9.60	1.30	2.41	2.55	1.23
독일	4.48	.79	1.69	29.84	6.85	8.68	.85	1.35	2.08	.55
프랑스	1.89	1.07	1.06	17.63	10.16	7.65	1.12	1.76	2.59	.99
러시아	.55	.29	.16	1.85	1.85	1.16	.20	.56	.98	.24
호주	1.01	.99	.88	8.08	4.40	5.12	.74	.63	1.49	.65

3.3.1 다중 이차원 산점도

이는 일반적으로 2변수간에 상관관계를 확인하는 그래프로 변수가 2개가 아닌 여러 개의 변수를 그래프를 통해 연관관계를 알아보는 그래프이다.

Matrix Plot (world_food.STA 10v*10c)

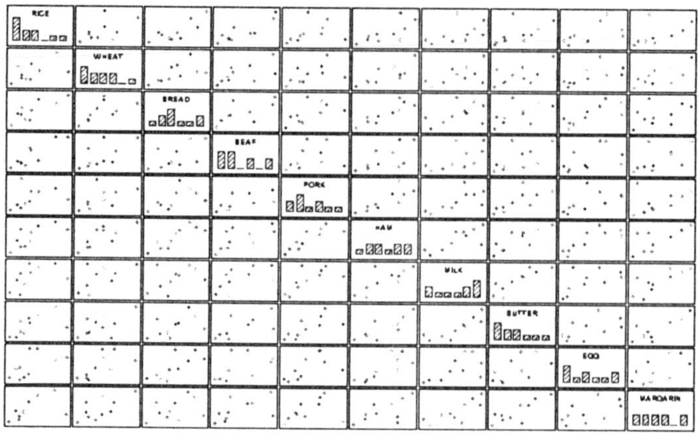

3.2.2 병행 일변량 그래프

이 경우는 일변량 그림에 확장으로 일변량 변수별로 표시를 달리하여 개체별로 표시한 것이다.

Stacked Plot (world_food.STA 10v*10c)

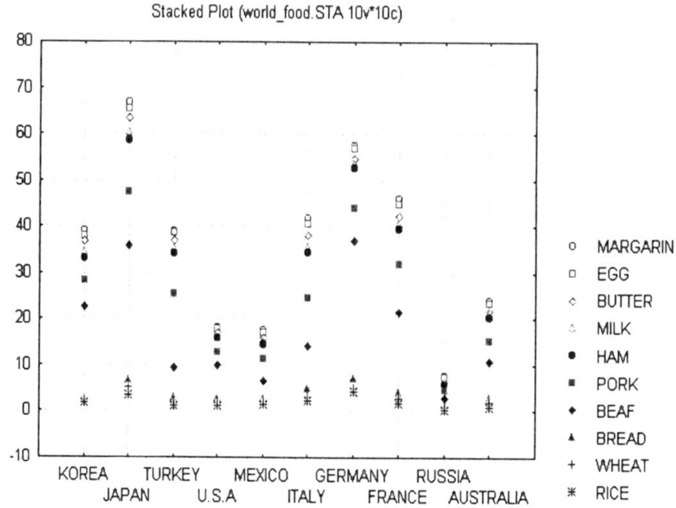

3.3.3 꺾은선 그래프

이 경우는 위의 병행 일변량 그래프에 선을 연결하여 움직임을 표시한 것이다.

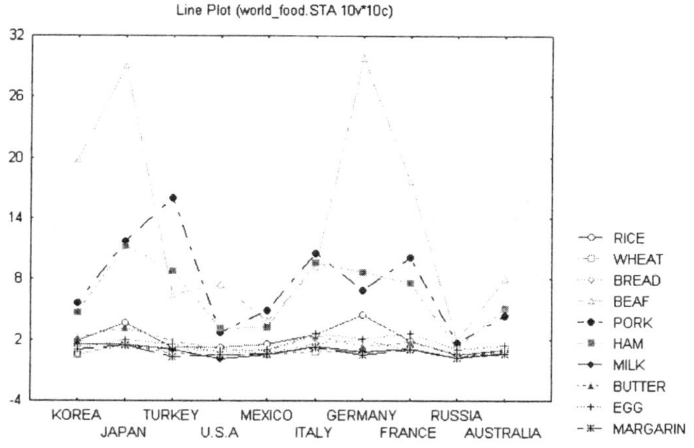

3.3.4 폴리곤(polygons)

이는 개체별로 p개 변수를 원을 시계방향으로 $360/p$씩 그려가며 동시에 표현한 그림이다. 다음과 같은 3가지의 폴리곤이 있다.

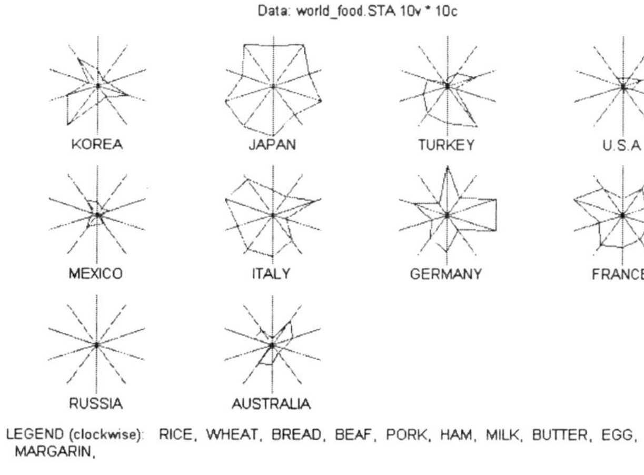

폴리곤 1

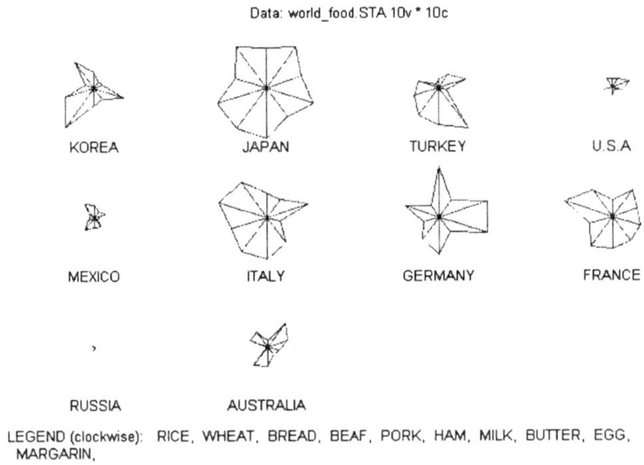

폴리곤 2

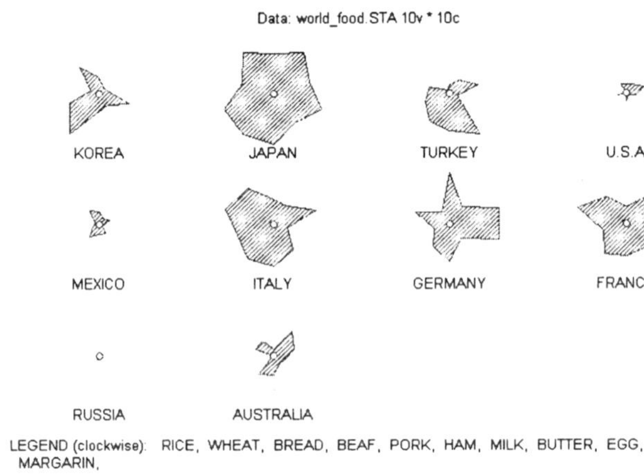

폴리곤 3

3.3.5 막대그래프

가장 흔히 볼 수 있는 그래프로 각 변수별로 각 개체별로 일목요연하게 볼 수 있다.

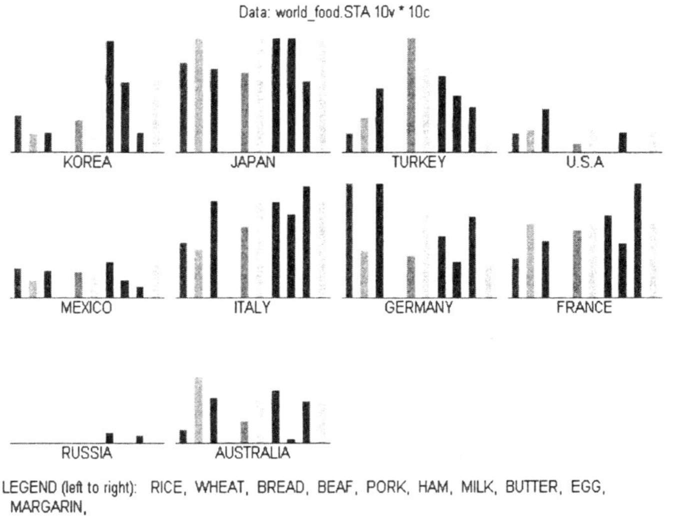

막대그래프 1

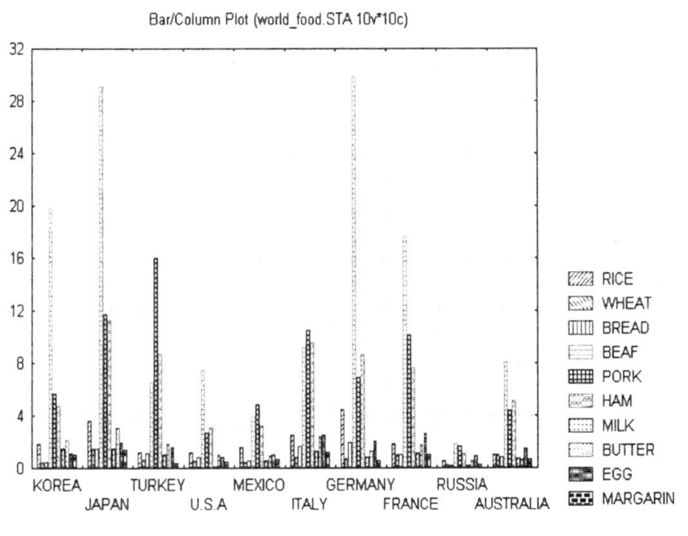

막대그래프 2

3.3.6 프로파일(profiles)

일종의 막대그래프의 꼭지점을 연결한 것으로 각 개체별로 표현한 것이 앞서 언급한 꺾은선 그래프와 유사하면서도 다르다.

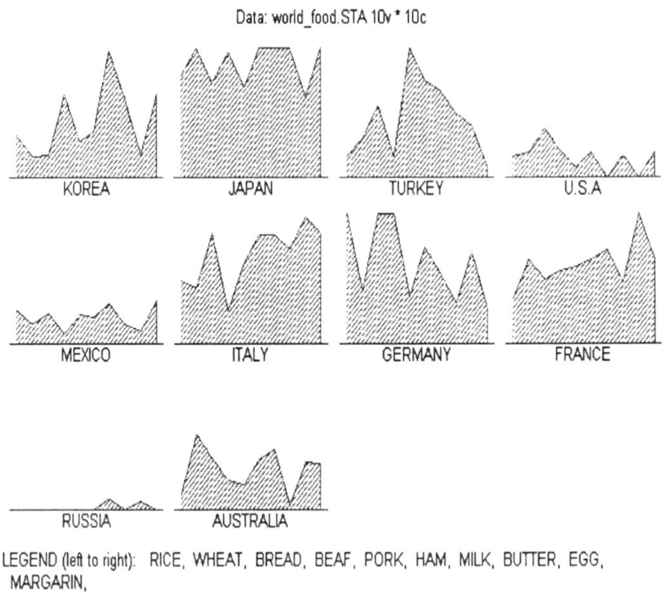

3.3.7 앤드류 플롯(Andrews plot)

p개의 변수는 다음과 같은 유한 푸리에 급수에 의해 표현될 수 있다. 여기서 가로좌표는 t, 세로 좌표는 $f(t)$이다.

$$f(t) = \frac{x_1}{2} + x_2 \sin(t) + x_3 \cos(t) + x_4 \sin(2t) + x_5 \cos(2t) + \cdots$$

여기서 $\pi < t < \pi$이다.

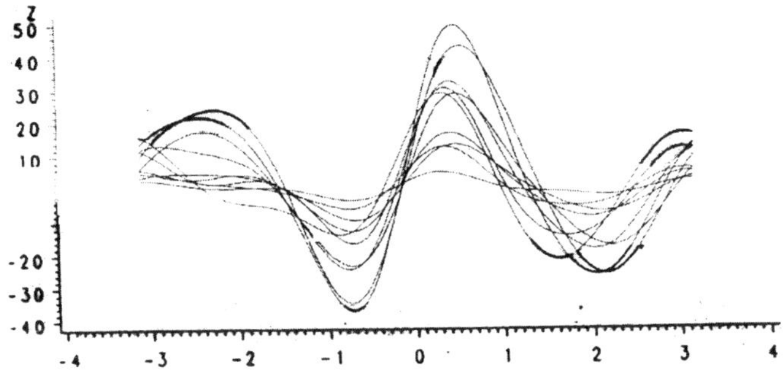

3.3.8 체르노프 얼굴(Chernoff faces)

이는 p개의 변수들 값을 얼굴의 형태로 표현하는 방법이다. 즉, 눈, 귀, 코, 입 등을 하나의 변수로 얼굴 하나에 표현하는 방법이다.

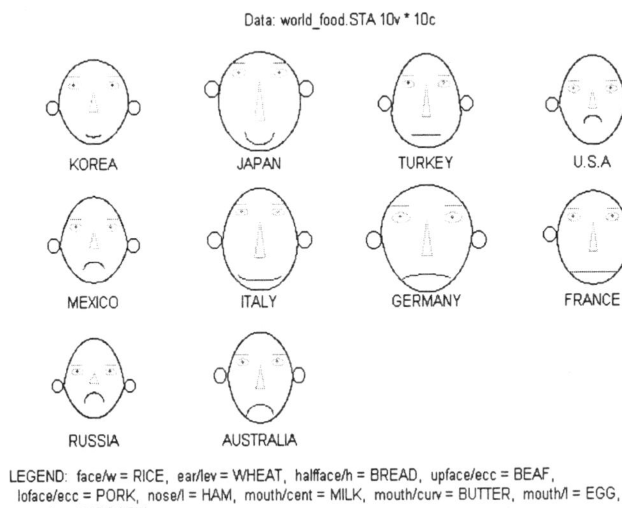

3.3.9 레이더 차트(Radar Chart)

원을 중심으로 동시에 모든 변수를 한 번에 표현하는 방식이다.

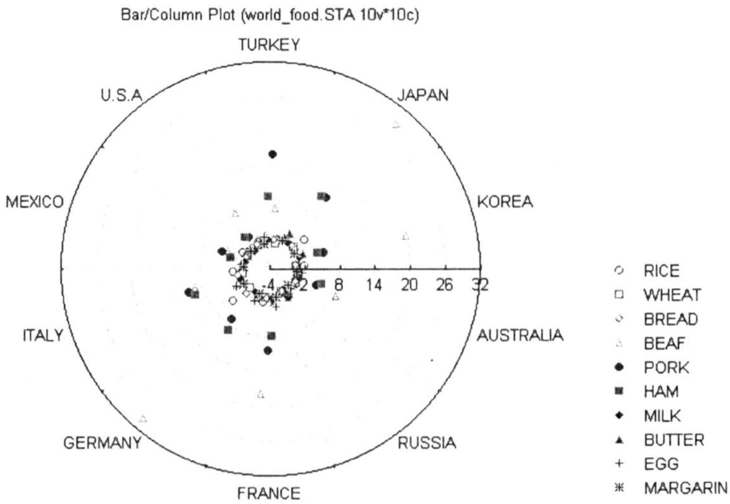

3.4 확률벡터와 확률행렬

이제는 실질적인 자료의 분석에 들어가기에 앞서 일변량의 확률변수X_i에 대한 리뷰와 다변량으로 확장을 해보기로 한다. 먼저 일변량의 확률변수의 평균, 분산 그리고 공분산은 다음과 같다.

$$\mu_i = E(X_i) = \int_{-\infty}^{\infty} x_i \, f(x_i) \; dx_i$$

$$= \sum x_i \; P_i(x_i)$$

$$\sigma_i^2 = \mathrm{V(X_i)} = \mathrm{E(X_i} - \mu_i)^2$$

$$= \int_{-\infty}^{\infty} (x_i - \mu_i)^2 P_i(x_i)$$

$$\sigma_{ik} = Cov(X_i, X_k) = \mathrm{E(X_i} - \mu_i)(\mathrm{X_k} - \mu_k)$$

$$= \int_{-\infty}^{\infty}\int_{-\infty}^{\infty} (x_i - \mu_i)(x_k - \mu_k) f_{ik}(x_i, x_k) dx_i dx_k$$

$$= \sum_{x_i}\sum_{x_k} (x_i - \mu_i)(x_k - \mu_k) P_{ik}(x_i, x_k)$$

따라서 만일 두 변수 $\mathrm{X_i}$와 $\mathrm{X_k}$가 독립이면 $Cov(\mathrm{X_i, X_k}) = 0$이 된다. 다변량 변수가 포함된 확률벡터 $\boldsymbol{X}' = (\mathrm{X_1, X_2}, \cdots, \mathrm{X}_p)$의 모평균 벡터는 다음과 같다.

$$\mathrm{E}(\boldsymbol{X}) = \begin{bmatrix} \mathrm{E(X_1)} \\ \mathrm{E(X_2)} \\ \vdots \\ \mathrm{E(X}_p) \end{bmatrix} = \begin{bmatrix} \mu_1 \\ \mu_2 \\ \vdots \\ \mu_p \end{bmatrix} = \boldsymbol{\mu}$$

또 모 공분산행렬은 다음과 같다.

$$\Sigma = \mathrm{E}(\boldsymbol{X} - \boldsymbol{\mu})(\boldsymbol{X} - \boldsymbol{\mu})'$$

$$= \mathrm{E}\begin{bmatrix} \mathrm{X_1} - \mu_1 \\ \mathrm{X_2} - \mu_2 \\ \vdots \\ \mathrm{X_p} - \mu_\mathrm{p} \end{bmatrix} [\mathrm{X_1} - \mu_1, \mathrm{X_2} - \mu_2, \cdots, \mathrm{X_p} - \mu_\mathrm{p}]$$

$$= \mathrm{E}\begin{bmatrix} (\mathrm{X_1} - \mu_1)^2 & (\mathrm{X_1} - \mu_1)(\mathrm{X_2} - \mu_2) & \cdots (\mathrm{X_1} - \mu_1)(\mathrm{X_p} - \mu_\mathrm{p}) \\ (\mathrm{X_2} - \mu_2)(\mathrm{X_1} - \mu_1) & (\mathrm{X_2} - \mu_2)^2 & \cdots (\mathrm{X_2} - \mu_2)(\mathrm{X_p} - \mu_\mathrm{p}) \\ \cdots & \cdots & \cdots \quad \cdots \\ (\mathrm{X_p} - \mu_\mathrm{p})(\mathrm{X_1} - \mu_1) & (\mathrm{X_p} - \mu_\mathrm{p})(\mathrm{X_2} - \mu_2) & \cdots \quad (\mathrm{X_p} - \mu_\mathrm{p})^2 \end{bmatrix}$$

$$= \begin{bmatrix} \sigma_{11} \, \sigma_{12} \cdots \sigma_{1p} \\ \sigma_{21} \, \sigma_{22} \cdots \sigma_{2p} \\ \vdots \quad \vdots \quad \vdots \quad \vdots \\ \sigma_{p1} \, \sigma_{p2} \cdots \sigma_{pp} \end{bmatrix}$$

확률변수 X_i와 X_k의 모상관계수 ρ_{ik}는 다음과 같다.

$$\rho_{ik} = \frac{\sigma_{ik}}{\sqrt{\sigma_{ii}}\,\sqrt{\sigma_{kk}}}$$

따라서 상관계수를 행렬의 원소로 하는 모집단 상관행렬은 다음과 같이 표현할 수 있다.

$$P = \begin{bmatrix} \rho_{11} \, \rho_{12} \cdots \rho_{1p} \\ \rho_{21} \, \rho_{22} \cdots \rho_{2p} \\ \vdots \quad \vdots \quad \ddots \quad \vdots \\ \rho_{p1} \, \rho_{p2} \cdots \rho_{pp} \end{bmatrix}$$

$$= \begin{bmatrix} \dfrac{\sigma_{11}}{\sigma_1\sigma_1} & \dfrac{\sigma_{12}}{\sigma_1\sigma_2} & \cdots & \dfrac{\sigma_{1p}}{\sigma_1\sigma_p} \\ \dfrac{\sigma_{21}}{\sigma_2\sigma_1} & \dfrac{\sigma_{22}}{\sigma_2\sigma_2} & \cdots & \dfrac{\sigma_{2p}}{\sigma_2\sigma_p} \\ \vdots & \vdots & \vdots & \vdots \\ \dfrac{\sigma_{p1}}{\sigma_p\sigma_1} & \dfrac{\sigma_{p2}}{\sigma_p\sigma_2} & \cdots & \dfrac{\sigma_{pp}}{\sigma_p\sigma_p} \end{bmatrix}$$

여기서 (p×p)인 대각 표준편차행렬은 $D^{\frac{1}{2}}$라 하면

$$\boldsymbol{D}^{\frac{1}{2}} = \begin{bmatrix} \sqrt{\sigma_{11}} & 0 & \cdots & 0 \\ 0 & \sqrt{\sigma_{22}} & \cdots & 0 \\ \vdots & \vdots & \ddots & \vdots \\ 0 & 0 & \vdots & \sqrt{\sigma_{pp}} \end{bmatrix}$$

이다.

따라서 공분산행렬과 상관계수행렬의 관계는 다음과 같다.

$$\Sigma = D^{\frac{1}{2}} \rho D^{\frac{1}{2}}$$

$$\rho = (D^{\frac{1}{2}})^{-1} \Sigma (D^{\frac{1}{2}})^{-1}$$

【예제 3.1】 $\Sigma = \begin{bmatrix} 4 & 1 & 2 \\ 1 & 9 & -3 \\ 2 & -3 & 25 \end{bmatrix} = \begin{bmatrix} \sigma_{11} & \sigma_{12} & \sigma_{13} \\ \sigma_{21} & \sigma_{22} & \sigma_{23} \\ \sigma_{31} & \sigma_{32} & \sigma_{33} \end{bmatrix}$ 일 때, $D^{\frac{1}{2}}$과 ρ를 구하라.

풀이

표준편차 행렬은 다음과 같다.

$$D^{\frac{1}{2}} = \begin{bmatrix} \sqrt{\sigma_{11}} & 0 & 0 \\ 0 & \sqrt{\sigma_{22}} & 0 \\ 0 & 0 & \sqrt{\sigma_{33}} \end{bmatrix} = \begin{bmatrix} 2 & 0 & 0 \\ 0 & 3 & 0 \\ 0 & 0 & 5 \end{bmatrix}$$

따라서 표준편차 행렬의 역행렬은 다음과 같게 된다.

$$(D^{\frac{1}{2}})^{-1} = \begin{bmatrix} \frac{1}{2} & 0 & 0 \\ 0 & \frac{1}{3} & 0 \\ 0 & 0 & \frac{1}{5} \end{bmatrix}$$

그러므로 상관계수행렬은 다음과 같다.

$$\begin{aligned} \rho &= (D^{\frac{1}{2}})^{-1} \Sigma (D^{\frac{1}{2}})^{-1} \\ &= \begin{bmatrix} \frac{1}{2} & 0 & 0 \\ 0 & \frac{1}{3} & 0 \\ 0 & 0 & \frac{1}{5} \end{bmatrix} \begin{bmatrix} 4 & 1 & 2 \\ 1 & 9 & -3 \\ 2 & -3 & 25 \end{bmatrix} \begin{bmatrix} \frac{1}{2} & 0 & 0 \\ 0 & \frac{1}{3} & 0 \\ 0 & 0 & \frac{1}{5} \end{bmatrix} \\ &= \begin{bmatrix} 1 & \frac{1}{6} & \frac{1}{5} \\ \frac{1}{6} & 1 & -\frac{1}{5} \\ \frac{1}{5} & -\frac{1}{5} & 1 \end{bmatrix} \end{aligned}$$

변수의 분할

변수의 분할

$$\boldsymbol{X} = \begin{bmatrix} X_1 \\ \vdots \\ X_q \\ \cdots \\ X_{q+1} \\ \vdots \\ X_q \end{bmatrix} = \begin{bmatrix} \boldsymbol{X}^{(1)} \\ \boldsymbol{X}^{(2)} \end{bmatrix}$$

평균의 분할

$$\boldsymbol{\mu} = \begin{bmatrix} \mu_1 \\ \vdots \\ \mu_q \\ \cdots \\ \mu_{q+1} \\ \vdots \\ \mu_q \end{bmatrix} = \begin{bmatrix} \boldsymbol{\mu}^{(1)} \\ \boldsymbol{\mu}^{(2)} \end{bmatrix}$$

공분산행렬의 분할

$$\begin{aligned} \Sigma &= E(\boldsymbol{X} - \boldsymbol{\mu})(\boldsymbol{X} - \boldsymbol{\mu})' \\ &= E\begin{bmatrix} \boldsymbol{X}^{(1)} - \boldsymbol{\mu}^{(1)} \\ \boldsymbol{X}^{(2)} - \boldsymbol{\mu}^{(2)} \end{bmatrix} \left[\boldsymbol{X}^{(1)} - \boldsymbol{\mu}^{(1)}, \boldsymbol{X}^{(2)} - \boldsymbol{\mu}^{(2)} \right] \\ &= \begin{bmatrix} \Sigma_{11} \ \Sigma_{12} \\ \Sigma_{21} \ \Sigma_{22} \end{bmatrix} \\ &= \begin{bmatrix} \sigma_{11} & \cdots & \sigma_{1q} & \vdots & \sigma_{q+1} & \cdots & \sigma_{1p} \\ \vdots & \cdots & \vdots & \vdots & \vdots & \cdots & \vdots \\ \sigma_{q1} & \cdots & \sigma_{qq} & \vdots & \sigma_{q\ q+1} & \cdots & \sigma_{qp} \\ \cdots & \cdots & \cdots & \cdots & \cdots & \cdots & \cdots \\ \sigma_{q+1\ 1} & \cdots & \sigma_{q+1\ q} & \vdots & \sigma_{q+1\ q+1} & \cdots & \sigma_{q+1\ p} \\ \vdots & \cdots & \vdots & \vdots & \vdots & \cdots & \vdots \\ \sigma_{p1} & \cdots & \sigma_{pq} & \vdots & \sigma_{p\ q+1} & \cdots & \sigma_{pp} \end{bmatrix} \end{aligned}$$

3.5 확률변수의 선형결합에 대한 평균벡터와 공분산행렬

확률변수 X 에 상수 c를 곱했을 경우에는 다음과 같이 된다.

$$E(cX_1) = cE(X_1) = c\mu_1$$

$$V(cX_1) = E(cX_1 - c\mu_1)^2 = c^2E(X_1-\mu_1)^2 = c^2V(X_1) = c^2\sigma_{11}$$

$$\begin{aligned} Cov(aX_1, bX_2) &= E(aX_1 - a\mu_1)(bX_2 - b\mu_2) \\ &= abE(X_1-\mu_1)(X_2-\mu_2) \\ &= abCov(X_1 X_2) = ab\sigma_{12} \end{aligned}$$

두 변수의 선형결합인 경우 다음과 같이 평균과 공분산행렬은 다음과 같다.

$$Y = aX_1 + bX_2 = \mathbf{c}'\boldsymbol{X}$$

여기서 $\mathbf{c}' = (ab)$는 상수이고, $\mathbf{X}' = (X_1, X_2)$이다. Y의 평균은 다음과 같다.

$$E(Y) = E(aX_1 + bX_2) = E(aX_1) + E(bX_2) = a\mu_1 + b\mu_2 = \boldsymbol{c}'\boldsymbol{\mu}$$

$$\boldsymbol{\mu}' = [\mu_1, \mu_2]$$

Y의 분산, 즉 공분산행렬은 다음과 같다.

$$\begin{aligned} V(Y) &= E(Y - E(Y))^2 \\ &= E((aX_1 + bX_2) - (a\mu_1 + b\mu_2))^2 \\ &= E[a^2(X_1-\mu_1)^2 + 2ab(X_1-\mu_1)(X_2-\mu_2) + b^2(X_2-\mu_2)^2] \\ &= a^2V(X_1) + 2abCov(X_1 X_2) + b^2V(X_2) \\ &= a^2\sigma_{11} + 2ab\sigma_{12} + b^2\sigma_{22} \\ &= [a\ b] \begin{bmatrix} \sigma_{11} & \sigma_{12} \\ \sigma_{12} & \sigma_{22} \end{bmatrix} \begin{bmatrix} a \\ b \end{bmatrix} \\ &= \boldsymbol{c}'\Sigma\boldsymbol{c} \end{aligned}$$

여기서 $\boldsymbol{c}' = (a, b)$ $\Sigma = \begin{bmatrix} \sigma_{11} & \sigma_{12} \\ \sigma_{21} & \sigma_{22} \end{bmatrix}$ 이다.

따라서 p개의 변수로 확장하면 $\boldsymbol{c}'\boldsymbol{X} = c_1X_1 + c_2X_2 + \cdots + c_pX_p$ 의 평균벡터와 공분산행렬은 다음과 같다.

$$E(\boldsymbol{c}'\boldsymbol{X}) = \boldsymbol{c}'\boldsymbol{\mu} \qquad V(\boldsymbol{c}'\boldsymbol{X}) = \boldsymbol{c}'\boldsymbol{\Sigma}\boldsymbol{c}$$

여기서 $\boldsymbol{\mu} = E(\boldsymbol{X})$, $\boldsymbol{\Sigma} = Cov(\boldsymbol{X})$이다.

또 확률변수 $X_1, X_2, \cdots, X_p$ 의 q개의 다른 선형결합의 경우는 다음과 같다.

$$\begin{aligned} Z_1 &= c_{11}X_1 + c_{12}X_2 + \cdots + c_{1p}X_p \\ Z_2 &= c_{21}X_1 + c_{22}X_2 + \cdots + c_{2p}X_p \\ &\vdots \\ Z_q &= c_{q1}X_1 + c_{q2}X_2 + \cdots + c_{qp}X_p \end{aligned}$$

위의 식을 행렬로 표시하면 다음과 같다.

$$\boldsymbol{Z} = \begin{bmatrix} Z_1 \\ Z_2 \\ \vdots \\ Z_q \end{bmatrix} = \begin{bmatrix} c_{11} & c_{12} & \cdots & c_{1p} \\ c_{21} & c_{22} & \cdots & c_{2p} \\ \vdots & \vdots & \ddots & \vdots \\ c_{q1} & c_{q2} & \cdots & c_{qp} \end{bmatrix} \begin{bmatrix} X_1 \\ X_2 \\ \cdots \\ X_p \end{bmatrix} = \boldsymbol{CX}$$

선형변환 $\mathrm{Z} = C\mathrm{X}$ 의 평균벡터와 공분산행렬은 다음과 같다.

$$\boldsymbol{\mu}_z = E(\boldsymbol{Z}) = E(\boldsymbol{CX}) = \boldsymbol{C\mu}$$
$$\boldsymbol{\Sigma}_z = Cov(\boldsymbol{Z}) = Cov(\boldsymbol{CX}) = \boldsymbol{C\Sigma C}'$$

【예제 3.2】 $\boldsymbol{X}' = [X_1, X_2]$ 를 확률변수라 하고 평균벡터와 공분산행렬을 다음과 같다고 하자.

$$\boldsymbol{\mu} = [\mu_1, \mu_2] \qquad \boldsymbol{\Sigma} = \begin{bmatrix} \sigma_{11} & \sigma_{12} \\ \sigma_{12} & \sigma_{22} \end{bmatrix}$$

이때, $Z_1 = X_1 - X_2$ 의 평균과 공분산행렬을 구하라.
$Z_2 = X_1 + X_2$

풀이

$$\boldsymbol{Z} = \begin{bmatrix} Z_1 \\ Z_2 \end{bmatrix} = \begin{bmatrix} 1 & -1 \\ 1 & 1 \end{bmatrix} \begin{bmatrix} X_1 \\ X_2 \end{bmatrix} = \boldsymbol{CX}$$

따라서,

$$\boldsymbol{\mu}_z = \mathrm{E}(\mathbf{Z}\ ) = \mathrm{E}(\mathbf{CX}) = \mathbf{C}\boldsymbol{\mu} = \begin{bmatrix} 1 & -1 \\ 1 & 1 \end{bmatrix} \begin{bmatrix} \mu_1 \\ \mu_2 \end{bmatrix} = \begin{bmatrix} \mu_1 - \mu_2 \\ \mu_1 + \mu_2 \end{bmatrix}$$

$$\boldsymbol{\Sigma}_\mathbf{z} = Cov(\mathbf{Z}) = \mathrm{Cov}(\mathbf{CX})$$

$$= \mathbf{C}\boldsymbol{\Sigma}_\mathbf{x}\mathbf{C}' = \begin{bmatrix} 1 & -1 \\ 1 & 1 \end{bmatrix} \begin{bmatrix} \sigma_{11} & \sigma_{12} \\ \sigma_{12} & \sigma_{22} \end{bmatrix} \begin{bmatrix} 1 & 1 \\ -1 & 1 \end{bmatrix}$$

$$= \begin{bmatrix} \sigma_{11} - 2\sigma_{12} + \sigma_{22} & \sigma_{11} - \sigma_{22} \\ \sigma_{11} - \sigma_{22} & \sigma_{11} + 2\sigma_{12} + \sigma_{22} \end{bmatrix}$$

변수들의 선형결합

변수들의 선형결합 $\mathbf{b}' = (b_1, b_2 \cdots, b_p)$ 와 $\mathbf{x} = (x_1, x_2, \cdots, x_p)$에 대한 선형결합을 생각해보자. y를 $\mathbf{b}'$과 x의 선형결합으로 나타내면 다음과 같다.

$$\mathbf{b}'\mathbf{X} = b_1 X_1 + b_2 X_2 + \cdots + b_p X_p$$

j번째 관찰 값은

$$\mathbf{b}'\mathbf{x}_j = b_1 x_{j1} + b_2 x_{j2} + \cdots + b_p x_{jp} \qquad j = 1, 2, \cdots, n$$

이는 선형 개념으로 차원의 축소를 의미할 수 있다. 즉, 여러 개의 변수를 일변량화하는 것과 동일하다.

$$\underset{(\text{다변량})}{x_1,\ x_2, \cdots, x_p} \ \rightarrow \ \underset{(\text{일변량})}{y_i}$$

$\mathbf{b}'\mathbf{x}_j$의 n개의 표본평균은 다음과 같다.

$$\text{표본평균} = \frac{\mathbf{b}'\mathbf{x}_1 + \mathbf{b}'\mathbf{x}_2 + \cdots + \mathbf{b}'\mathbf{x}_n}{n}$$

$$= \frac{\mathbf{b}'(\mathbf{x}_1 + \mathbf{x}_2 + \cdots + \mathbf{x}_n)}{n} = \mathbf{b}'\overline{\mathbf{x}} \qquad (\overline{\mathbf{x}} = \text{전체평균})$$

또한 표본분산은 다음과 같다.

$$\text{표본분산} = \frac{(\mathbf{b}'\mathbf{x}_1 - \mathbf{b}'\overline{\mathbf{x}})^2 + (\mathbf{b}'\mathbf{x}_2 - \mathbf{b}'\overline{\mathbf{x}})^2 + \cdots + (\mathbf{b}'\mathbf{x}_n - \mathbf{b}'\overline{\mathbf{x}})^2}{n-1}$$

여기서 분자의 j번째 항을 다음과 같이 표현할 수 있다.

$$(b'x_j - b'\overline{x})^2 = bb'(x_j - \overline{x})^2 = b'(x_j - \overline{x})(x_j - \overline{x})'b$$

따라서 표본분산은 다음과 같다.

$$\frac{b'(x_1-\overline{x})(x_1-\overline{x})'b + b'(x_2-\overline{x})(x_2-\overline{x})'b + \cdots + b'(x_n-\overline{x})(x_n-\overline{x})'b}{n-1}$$

$$= b'\left[\frac{(x_1-\overline{x})(x_1-\overline{x})' + (x_2-\overline{x})(x_2-\overline{x})' + \cdots + (x_n-\overline{x})(x_n-\overline{X})'}{n-1}\right]b$$

$$= b'Sb$$

또 $c' = (c_1, c_2, \cdots, c_p)$ 에 대한 선형결합은 b'에 대한 선형결합과 동일한 방법으로 표현할 수 있다.

$$c'X = c_1X_1 + c_2X_2 + \cdots + c_pX_p$$

j번째 관찰 값은

$$c'x_j = c_1x_{j1} + c_2x_{j2} + \cdots + c_px_{jp} \qquad j = 1, 2, \cdots, n$$

c'의 선형결합에 대한 총표본평균과 총표본분산은 다음과 같다.

$$\text{표본평균} = c'\overline{x} \qquad \text{표본분산} = c'Sc$$

따라서 $b'x$와 $c'x$간의 표본공분산행렬도 가능해진다. 즉,

$$b'x\text{와 } c'x\text{의 표본공분산} = b'Sc$$

【예제 3.3】 $X = \begin{bmatrix} x_{11} & x_{12} & x_{13} \\ x_{21} & x_{22} & x_{23} \\ x_{31} & x_{32} & x_{33} \end{bmatrix} = \begin{bmatrix} 1 & 2 & 5 \\ 4 & 1 & 6 \\ 4 & 0 & 4 \end{bmatrix}$, $b' = (2,\ 2, -1)$, $c' = (1, -1,\ 3)$일 경우, $b'X$, $c'X$의 평균과 분산을 구하고, $b'X$와 $c'X$의 공분산을 구하라.

풀이

$$b'X = (2,\ 2, -1)\begin{pmatrix} X_1 \\ X_2 \\ X_3 \end{pmatrix} = 2X_1 + 2X_2 - X_3$$

$$\mathbf{b}'\mathbf{x}_1 = b_1x_{11} + b_2x_{12} + b_3x_{13} = 2(1) + 2(2) - (5) = 1$$
$$\mathbf{b}'\mathbf{x}_2 = b_1x_{21} + b_2x_{22} + b_3x_{23} = 2(4) + 2(1) - (6) = 4$$
$$\mathbf{b}'\mathbf{x}_3 = b_1x_{31} + b_2x_{32} + b_3x_{33} = 2(4) + 2(0) - (4) = 4$$

$$\mathbf{y}_1 = \mathbf{b}'\mathbf{X} \text{ 의 표본평균 } = \frac{(1+4+4)}{3} = 3$$
$$\mathbf{y}_1 = \mathbf{b}'\mathbf{X} \text{ 의 표본분산 } = \frac{(1-3)^2 + (4-3)^2 + (4-3)^2}{3-1} = 3$$

마찬가지로, $\mathbf{c}'\mathbf{x}_1 = 14$ $\mathbf{c}'\mathbf{x}_2 = 21$ $\mathbf{c}'\mathbf{x}_3 = 16$

$$\mathbf{y}_2 = \mathbf{c}'\mathbf{X} \text{ 의 표본평균 } = \frac{(14+21+16)}{3} = 17$$
$$\mathbf{y}_2 = \mathbf{c}'\mathbf{X} \text{ 의 표본분산 } = \frac{(14-17)^2 + (21-17)^2 + (16-17)^2}{3-1} = 13$$

$\mathbf{y}_1 = \mathbf{b}'\mathbf{X}$ 와 $\mathbf{y}_2 = \mathbf{c}'\mathbf{X}$ 의 공분산
$(\mathbf{b}'\mathbf{x}_1, \mathbf{c}'\mathbf{x}_1)$, $(\mathbf{b}'\mathbf{x}_2, \mathbf{c}'\mathbf{x}_2)$, $(\mathbf{b}'\mathbf{x}_3, \mathbf{c}'\mathbf{x}_3)$ 의 표본공분산은

$$\frac{(1-3)(14-17) + (4-3)(21-17) + (4-3)(16-17)}{3-1} = \frac{9}{2}$$

앞서 배운 벡터와 행렬을 이용하여 다른 방법으로 선형결합의 표본평균과 분산을 구할 수 있다. 위의 행렬의 평균벡터와 공분산행렬은 다음과 같이 구할 수 있다.

$$\bar{\mathbf{x}}' = [3,\ 1,\ 5] \qquad \mathbf{S} = \begin{bmatrix} 3 & -\frac{3}{2} & 0 \\ -\frac{3}{2} & 1 & \frac{1}{2} \\ 0 & \frac{1}{2} & 1 \end{bmatrix}$$

$$\text{b'X의 표본평균 } = \mathbf{b}'\bar{\mathbf{x}} = [2,\ 2, -1]\begin{bmatrix} 3 \\ 1 \\ 5 \end{bmatrix} = 3$$

$$\text{c'X의 표본평균 } = \mathbf{c}'\bar{\mathbf{x}} = [1, -1,\ 3]\begin{bmatrix} 3 \\ 1 \\ 5 \end{bmatrix} = 17$$

$$\text{b'X의 표본분산 } = \text{b}'\mathbf{S}\ \text{b}$$

$$= [2,\ 2,-1]\begin{bmatrix} 3 & -\frac{3}{2} & 0 \\ -\frac{3}{2} & 1 & \frac{1}{2} \\ 0 & \frac{1}{2} & 1 \end{bmatrix}\begin{bmatrix} 2 \\ 2 \\ -1 \end{bmatrix}$$

$$= [2,\ 2,-1]\begin{bmatrix} 3 \\ -\frac{3}{2} \\ 0 \end{bmatrix} = 3$$

c'X의 표본분산 = c'**S** c

$$=[1,-1,\ 3]\begin{bmatrix} 3 & -\frac{3}{2} & 0 \\ -\frac{3}{2} & 1 & \frac{1}{2} \\ 0 & \frac{1}{2} & 1 \end{bmatrix}\begin{bmatrix} 1 \\ -1 \\ 3 \end{bmatrix}$$

$$=[1,-1,\ 3]\begin{bmatrix} \frac{9}{2} \\ -1 \\ \frac{5}{2} \end{bmatrix} = 13$$

b'X와 c'X의 표본공분산

$$=[2,\ 2,-1]\begin{bmatrix} 3 & -\frac{3}{2} & 0 \\ -\frac{3}{2} & 1 & \frac{1}{2} \\ 0 & \frac{1}{2} & 1 \end{bmatrix}\begin{bmatrix} 1 \\ -1 \\ 3 \end{bmatrix}$$

$$=[2,\ 2,-1]\begin{bmatrix} \frac{9}{2} \\ -1 \\ \frac{5}{2} \end{bmatrix} = \frac{9}{2}$$

【 예제 3.4 】 $\mathbf{X} = \begin{bmatrix} x_{11} & x_{12} & x_{13} \\ x_{21} & x_{22} & x_{23} \\ x_{31} & x_{32} & x_{33} \end{bmatrix} = \begin{bmatrix} 2 & 3 & 2 \\ 1 & 4 & 2 \\ 1 & 5 & 3 \end{bmatrix}$, $b' = (1,\ -1, 3)$, $c' = (2, 0,\ 1)$일 경우에 b'X, c'X의 평균과 분산을 구하고, b'X와 c'X의 공분산을 구하라.

3.6 표본평균벡터와 표본공분산행렬의 분할

$\overline{\mathbf{x}}' = [\overline{x_1}, \overline{x_2}, \cdots, \overline{x_p}]$ 를 p 개 확률변수 $X_1, X_2, \cdots, X_p$ 에서 n 개를 얻은 표본평균이라 하자. 표본공분산행렬은 다음과 같이 표현할 수 있다.

$$S = \begin{bmatrix} s_{11} & s_{12} & \cdots & s_{1p} \\ s_{12} & s_{22} & \cdots & s_{2p} \\ \vdots & \vdots & \ddots & \vdots \\ s_{1p} & s_{2p} & \cdots & s_{pp} \end{bmatrix}$$

여기서 확률변수 1에서 q 까지와 $q+1$ 에서 p 까지 이등분하여 다시 쓰면 표본평균은 다음과 같이 쓸 수 있다.

$$\overline{\mathbf{x}} = \begin{bmatrix} \overline{x_1} \\ \vdots \\ \overline{x_q} \\ \cdots \\ \overline{x_{q+1}} \\ \vdots \\ \overline{x_p} \end{bmatrix} = \begin{bmatrix} \overline{\mathbf{x}}^{(1)} \\ \cdots \\ \overline{\mathbf{x}}^{(2)} \end{bmatrix}$$

또 이에 따른 표본공분산행렬을 다시 쓰면 다음과 같다.

$$S = \begin{bmatrix} s_{11} & \cdots & s_{1q} & \vdots & s_{1\,q+1} & \cdots & s_{1p} \\ \vdots & \cdots & \vdots & \vdots & \vdots & \cdots & \vdots \\ s_{q1} & \cdots & s_{qq} & \vdots & s_{q\,q+1} & \cdots & s_{qp} \\ \cdots & \cdots & \cdots & \cdots & \cdots & \cdots & \cdots \\ s_{q+1\,1} & \cdots & s_{q+1\,q} & \vdots & s_{q+1\,q+1} & \cdots & s_{q+1\,p} \\ \vdots & \cdots & \vdots & \vdots & \vdots & \cdots & \vdots \\ s_{p1} & \cdots & s_{pq} & \vdots & s_{p\,q+1} & \cdots & s_{pp} \end{bmatrix}$$

$$= \begin{bmatrix} S_{11} & \vdots & S_{12} \\ \cdots & \cdots & \cdots \\ S_{21} & \vdots & S_{22} \end{bmatrix}$$

3.7 표본상관계수

j와 k의 두 확률변수의 연관 정도를 나타내는 것을 표본상관계수(sample correlation coefficient)라 한다. 표본상관계수는 다음과 같이 정의한다.

$$r_{jk} = Corr(x_j, x_k) = \frac{s_{jk}}{\sqrt{s_{jj}}\sqrt{s_{kk}}} = r_{kj}$$

이 표본상관계수는 다음과 같은 성질을 갖고 있다.

성 질

(1) r은 대응되는 두 변수의 선형적 연관관계의 강도
(2) $|r| \leq 1$
(3) 위치/척도(location/scalar) 변환에 불변
(4) 부호는 선형관계
(5) $r=0$이면 독립

표본상관행렬(Simple correlation matrix)

표본상관계수들이 변수별로 이루어진 행렬을 말한다.

$$R = \begin{bmatrix} r_{11} & r_{12} & \cdots & r_{1p} \\ r_{21} & r_{22} & \cdots & r_{2p} \\ \vdots & \vdots & \ddots & \vdots \\ r_{p1} & r_{p2} & \cdots & r_{pp} \end{bmatrix} = \{r_{kj}\} \quad k, j = 1, 2, \ldots, p$$

이는 모상관행렬과 유사하게 표본공분산행렬도 다음과 같은 관계를 갖게 된다.

$$R = \hat{D}^{-\frac{1}{2}} S \hat{D}^{-\frac{1}{2}} \qquad \hat{D} = (s_{11}\ s_{22} \cdots s_{pp})$$

【예제 3.5】 다음은 근무연수에 따른 봉급에 관한 자료이다. 따라서 근무연수와 봉급과의 상관계수를 구하라.

근무연수	5	4	6	11	9	5	4	3	7	7	12	9	10	4	11	8	9	10
봉급	130	128	131	210	200	170	130	133	178	187	220	190	198	131	211	176	182	199

풀이

$$\boldsymbol{\mu}=\begin{pmatrix}\mu_1\\ \mu_2\end{pmatrix}=\begin{pmatrix}7.44\\ 172.44\end{pmatrix}\qquad \boldsymbol{\Sigma}=\begin{pmatrix}\sigma_{11}\ \sigma_{12}\\ \sigma_{12}\ \sigma_{22}\end{pmatrix}=\begin{pmatrix}8.03 & 87.38\\ 87.38 & 1088.61\end{pmatrix}$$

$$\sigma_{11}=\frac{1}{18}\sum_{i=1}^{18}(x_{1j}-\mu_1)^2\quad \sigma_{12}=\frac{1}{18}\sum_{i=1}^{18}(x_{1j}-\mu_1)(x_{2j}-\mu_2)$$

$$\boldsymbol{\rho}=\begin{bmatrix}\dfrac{\sigma_{11}}{\sqrt{\sigma_{11}}\sqrt{\sigma_{11}}} & \dfrac{\sigma_{12}}{\sqrt{\sigma_{11}}\sqrt{\sigma_{22}}}\\ \dfrac{\sigma_{21}}{\sqrt{\sigma_{22}}\sqrt{\sigma_{11}}} & \dfrac{\sigma_{22}}{\sqrt{\sigma_{22}}\sqrt{\sigma_{22}}}\end{bmatrix}=\boldsymbol{D}^{-\frac{1}{2}}\boldsymbol{\Sigma}\boldsymbol{D}^{-\frac{1}{2}}$$

$$\Rightarrow \boldsymbol{D}^{\frac{1}{2}}=\begin{bmatrix}\sqrt{8.3} & 0\\ 0 & \sqrt{1088.61}\end{bmatrix}=\begin{bmatrix}2.83 & 0\\ 0 & 32.99\end{bmatrix}$$

$$\Rightarrow \boldsymbol{D}^{-\frac{1}{2}}=\begin{bmatrix}\dfrac{1}{2.83} & 0\\ 0 & \dfrac{1}{32.99}\end{bmatrix}=\begin{bmatrix}0.35 & 0\\ 0 & 0.03\end{bmatrix}$$

$$\boldsymbol{\rho}=\begin{bmatrix}0.35 & 0\\ 0 & 0.03\end{bmatrix}\begin{bmatrix}8.03 & 87.38\\ 87.38 & 1088.61\end{bmatrix}\begin{bmatrix}0.35 & 0\\ 0 & 0.03\end{bmatrix}=\begin{bmatrix}1 & 0.93\\ 0.93 & 1\end{bmatrix}$$

다음은 봉급과 근무연한과의 그래프이다. 위의 결과에서 나왔듯이 상관계수다 0.93으로 매우 상관이 높다.

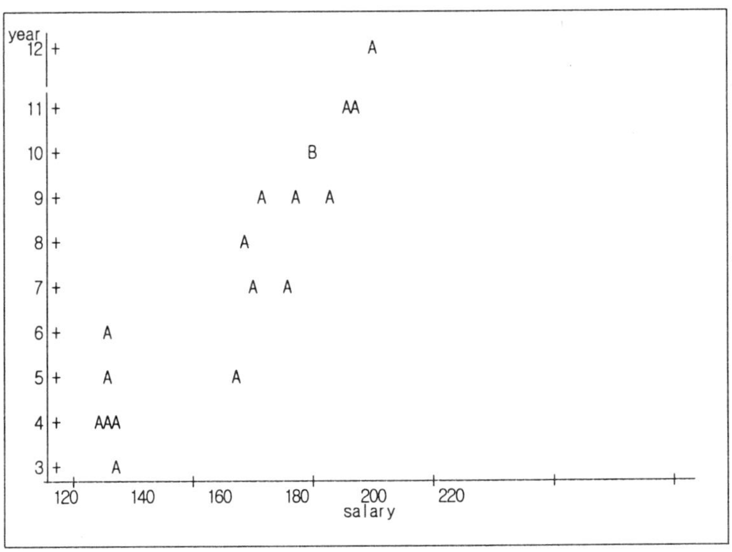

[그림] 봉급과 근무연한과의 관계

3.8 다변량의 변이와 기하학적 의미

일변량의 변우에 각 변수간의 변이로 주로 분산을 사용한다. 그러나 다변량의 경우 변이가 공분산행렬로 표시되기 때문에 두 공분산행렬간 크기를 비교할 수가 없다. 두 행렬은 스칼라가 아니기 때문이다. 따라서 행렬을 스칼라로 변환하는 방법이 필요하다. 일반적으로 공분산행렬은 다음과 같이 두 가지로 스칼라화 할 수 있다.

① 총변이 tr(S)

② 일반화 분산(Generalized Variance) |S|

여기서 총변이라는 것은 공분산행렬의 대각선의 분산의 합을 말하는 것으로 공분산행렬의 고유화를 말하는 것이고, 일반화분산이라는 것은 공분산행렬의 행렬식을 말하는 것이다.

그러면 지금부터는 다변량 변이에 대한 기하학적의미를 알아보기로 하자. 먼저 2개의 관찰치에 대해 이변량의 경우 다음과 같이 측정값을 표시해 보자.

$$\boldsymbol{X} = \begin{bmatrix} x_{11} & x_{12} \\ x_{21} & x_{22} \end{bmatrix}$$

각 변수별로 평균을 계산하여 원래 값에다 빼주면 다음과 같다.

$$\overline{x_1} = \frac{x_{11} + x_{21}}{2} = \frac{1}{2}\sum_{i=1}^{2} x_{i1}$$

$$\boldsymbol{X}^* = \begin{bmatrix} x_{11} - \overline{x_1} & x_{12} - \overline{x_2} \\ x_{21} - \overline{x_1} & x_{22} - \overline{x_2} \end{bmatrix} = \begin{bmatrix} \mathbf{x}_1^* & \mathbf{x}_2^* \end{bmatrix}$$

또 한 변수의 열벡터의 곱이란 각 원소에 평균을 뺀 제곱의 합을 말하므로 이는 일변량 분산의 형태로 표시될 수 있다.

$$\begin{aligned} \mathbf{x}_1^{*\prime}\mathbf{x}_1^* &= \begin{bmatrix} \mathrm{x}_{11} - \overline{\mathrm{x}_1} & \mathrm{x}_{21} - \overline{\mathrm{x}_1} \end{bmatrix} \begin{bmatrix} \mathrm{x}_{11} - \overline{\mathrm{x}_1} \\ \mathrm{x}_{21} - \overline{\mathrm{x}_1} \end{bmatrix} \\ &= (x_{11} - \overline{x_1})^2 + (x_{21} - \overline{x_1})^2 \\ &= \sum_{i=1}^{2}(x_{i1} - \overline{x_1})^2 = S_{11} \end{aligned}$$

따라서 각 변수별 분산은 각 값에 평균을 뺀 표준화된 값들로 구성된 벡터들의 곱으로 표현할 수 있다. 이를 일반화시키면 다음과 같다.

$$\mathbf{x}_j^{*\prime}\mathbf{x}_j^* = S_{jj} \qquad j = 1, 2$$

여기서 좀더 확장하여 n개의 관찰치에 p개의 변수인 경우를 보자.

$$\boldsymbol{X} = \begin{bmatrix} x_{11} & x_{12} & \cdots & x_{1p} \\ x_{21} & x_{22} & \cdots & x_{2p} \\ \vdots & \vdots & \ddots & \vdots \\ x_{n1} & x_{n2} & \cdots & x_{np} \end{bmatrix}$$

$$\mathbf{x}^* = \begin{bmatrix} x_{11} - \overline{x_1} & x_{12} - \overline{x_2} & \cdots & x_{1p} - \overline{x_p} \\ x_{21} - \overline{x_1} & x_{22} - \overline{x_2} & \cdots & x_{2p} - \overline{x_p} \\ \vdots & \vdots & \ddots & \vdots \\ x_{n1} - \overline{x_1} & x_{n2} - \overline{x_2} & \cdots & x_{np} - \overline{x_p} \end{bmatrix}$$

$$= \begin{bmatrix} \mathbf{x}_1^* & \mathbf{x}_j^* & \cdots & \mathbf{x}_p^* \end{bmatrix}$$

$$\mathbf{x}_j^{*\prime}\mathbf{x}_j^* = (n-1)S_{jj} \qquad j = 1, \cdots, p$$

두 개의 벡터가 이루는 각을 θ라고 할 때 $\cos(\theta)$는 1.2절의 벡터와 각도에서 다음과 같다고 언급했다.

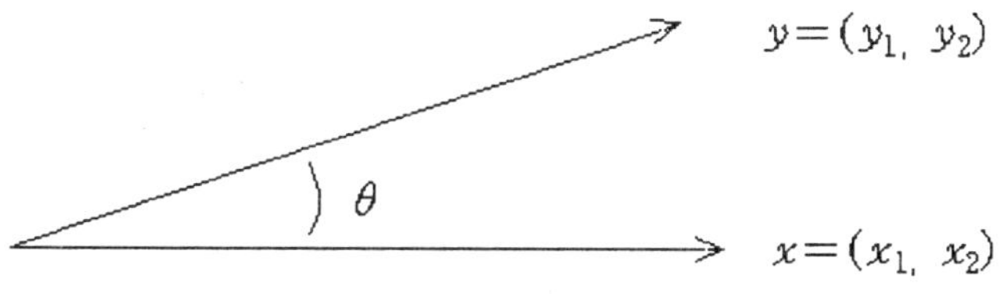

$$\cos(\theta) = \frac{x_1y_1 + x_2y_2}{L_x L_y} = \frac{\mathbf{x}'\mathbf{y}}{\sqrt{\mathbf{x}'\mathbf{x}}\sqrt{\mathbf{y}'\mathbf{y}}}$$

이를 $\boldsymbol{x}_i^*$와 $\boldsymbol{x}_j^*$로 다시 표현하여 그 두 벡터로 이루어진 각을 d_{ij}라 하면 다음과 같이 쓸 수 있다.

$$\cos(d_{ij}) = \frac{\mathbf{x}_i^{*'}\mathbf{x}_j^{*}}{L_{x_i}^{*}L_{x_j}^{*}} = \frac{\mathbf{x}_i^{*'}\mathbf{x}_j^{*}}{\sqrt{\mathbf{x}_i^{*'}\mathbf{x}_i}\sqrt{\mathbf{x}_j^{*'}\mathbf{x}_j}}$$

여기서 $\boldsymbol{x}_i^*$와 $\boldsymbol{x}_j^*$의 곱은 다음과 같다.

$$\begin{aligned}
\mathbf{x}_i^{*'}\mathbf{x}_j^{*} &= \left[x_{1i} - \overline{x_i}\; x_{2i} - \overline{x_i} \cdots\right]\begin{bmatrix} x_{1j} - \overline{x_j} \\ x_{2j} - \overline{x_j} \\ \vdots \end{bmatrix} \\
&= (x_{1i} - \overline{x_i})(x_{1j} - \overline{x_j}) + (x_{2i} - \overline{x_i})(x_{2j} - \overline{x_j}) + \cdots \\
&= \sum_{k=1}^{n}(x_{ki} - \overline{x}_i)(x_{kj} - \overline{x_j}) \\
&= (n-1)\,S_{ij}
\end{aligned}$$

따라서 S_{ij}는 다음과 같이 표현이 가능하다.

$$S_{ij} = Cov(\mathbf{x}_i, \mathbf{x}_j) = \frac{1}{n-1}\sum_{k=1}^{n}(x_{i1} - \overline{x_{ki}})(x_{j1} - \overline{x_{kj}})$$

이를 위 $\cos(d_{ij})$에 대입하면 다음과 같다.

$$\cos(d_{ij}) = \frac{(n-1)S_{ij}}{\sqrt{(n-1)S_{ii}}\sqrt{(n-1)S_{jj}}} = \frac{S_{ij}}{\sqrt{S_{ii}}\sqrt{S_{jj}}} = r_{ij}$$

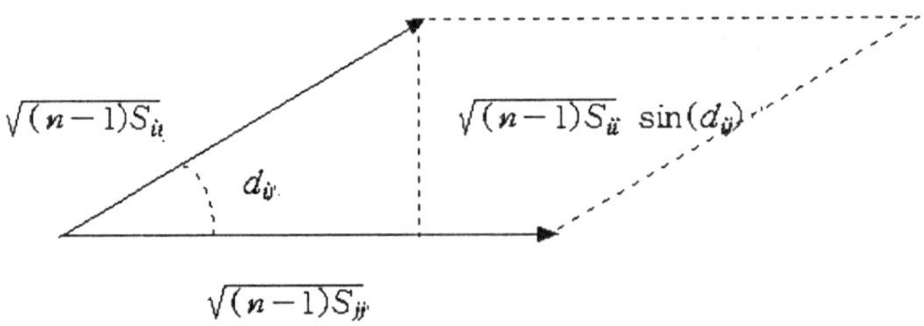

여기서 두 변으로 이루어진 면적을 A라 하면 면적은 다음과 같다.

$$\begin{aligned}
A &= \sqrt{(n-1)S_{jj}}\sqrt{(n-1)S_{ii}}\,sin(d_{ij}) \\
&= (n-1)\sqrt{S_{ii}S_{jj}}\sqrt{(1-\cos^2(d_{ij}))}
\end{aligned}$$

따라서 우변의 $(n-1)$을 좌변으로 넘기고 양변을 제곱하면 다음과 같은 결과가 얻어진다.

$$\frac{A^2}{(n-1)^2} = S_{ii}S_{jj}(1-r^2_{)ij}$$

다시 변수의 개수가 2개인 경우에 공분산행렬의 행렬식을 고려해 보자.

$$\boldsymbol{S} = \begin{bmatrix} s_{11} \; s_{12} \\ s_{21} \; s_{22} \end{bmatrix}$$

$$\begin{aligned} |\boldsymbol{S}| = \begin{bmatrix} s_{11} \; s_{12} \\ s_{21} \; s_{22} \end{bmatrix} &= s_{11}s_{22} - s^2_{12} \\ &= s_{11}s_{12} - s_{11}s_{22}r^2_{12} \\ &= s_{11}s_{22}(1-r^2_{12})^{12} \\ &= \frac{A^2}{(n-1)^2} \end{aligned}$$

따라서 공분산행렬의 일반화 분산은 두 벡터의 면적의 제곱에 비례한다. 즉,

$$|\boldsymbol{S}| = \frac{(\text{면적})^2}{(n-1)^2}$$

이다.

또 변수의 개수가 3일 때 $(p=3\;)$는 다음과 같다.

$$\boldsymbol{S} = \begin{bmatrix} s_{11} \; s_{12} \; s_{13} \\ s_{21} \; s_{22} \; s_{23} \\ s_{31} \; s_{32} \; s_{33} \end{bmatrix} \qquad |\boldsymbol{S}| = \frac{(\text{부피})^2}{(n-1)^3}$$

따라서 변수의 개수가 3개 이상인 p개일 경우는 변수 p개로 이루어지는 다면체의 제곱에 비례한다.

$$|\boldsymbol{S}| = \frac{(\text{다면체})^2}{(n-1)^{\mathrm{p}}}$$

결론적으로 벡터가 같은 방향일 경우에는 $|\boldsymbol{S}| \fallingdotseq 0$이 되고 벡터가 서로 수직관계가 있을 경우에는 $|\boldsymbol{S}|$는 최대가 된다.

$\boldsymbol{S} = \hat{\boldsymbol{D}}^{\frac{1}{2}}\boldsymbol{R}\hat{\boldsymbol{D}}^{\frac{1}{2}}$ 의 양쪽의 일반화분산은 $|\boldsymbol{AB}| = |\boldsymbol{A}||\boldsymbol{B}|$ 의 성질에 의해 다음과

같이 된다.

$$|\boldsymbol{S}| = |\hat{\boldsymbol{D}}^{\frac{1}{2}}||\boldsymbol{R}||\hat{\boldsymbol{D}}^{\frac{1}{2}}| = \sqrt{s_{11}s_{22}\cdots s_{pp}}\,|\boldsymbol{R}|\sqrt{s_{11}s_{22}\cdots s_{pp}}$$
$$= (s_{11}s_{22}\cdots s_{pp})|\boldsymbol{R}|$$

따라서 다음과 같은 식이 성립한다.

$$(\text{다면체})^2 = (n-1)^p(s_{11}s_{22}\cdots s_{pp})|\boldsymbol{R}|$$
$$= (n-1)s_{11}(n-1)s_{22}\cdots(n-1)s_{pp}|\boldsymbol{R}|$$

【 예제 3.6 】 $S=\begin{bmatrix}4&3&1\\3&9&2\\1&2&1\end{bmatrix}$ $\quad R=\begin{bmatrix}1&\frac{1}{2}&\frac{1}{2}\\\frac{1}{2}&1&\frac{2}{3}\\\frac{1}{2}&\frac{2}{3}&1\end{bmatrix}$의 일반화 분산을 구하고 공분산행렬과 상관행렬 사이의 관계를 구하라.

풀이

$$|S| = 4\begin{vmatrix}9&2\\2&1\end{vmatrix}(-1)^2+3\begin{vmatrix}3&2\\1&1\end{vmatrix}(-1)^3+1\begin{vmatrix}3&9\\1&2\end{vmatrix}(-1)^4$$
$$= 4(9-4)+(-1)(3)(3-2)+1(6-9)=14$$
$$|\boldsymbol{R}| = 1\begin{vmatrix}1&\frac{2}{3}\\\frac{2}{3}&1\end{vmatrix}(-1)^2+\frac{1}{2}\begin{vmatrix}\frac{1}{2}&\frac{2}{3}\\\frac{1}{2}&1\end{vmatrix}(-1)^3+\frac{1}{2}\begin{vmatrix}\frac{1}{2}&1\\\frac{1}{2}&\frac{2}{3}\end{vmatrix}(-1)^4$$
$$= (1-\frac{4}{9})-\frac{1}{2}(\frac{1}{2}-\frac{1}{3})+\frac{1}{2}(\frac{1}{3}-\frac{1}{2})=\frac{7}{18}$$
$$|S| = (4)(9)(1)|\boldsymbol{R}| = 4\cdot 9\cdot 1\cdot\frac{7}{18}=14$$

따라서 부피와 공분산행렬의 일반화 분산과의 관계는 다음과 같다.

$$(\text{부피})^2 = (n-1)^3|\mathbf{S}| = 14(n-1)^3$$

3.9 벡터와 행렬을 이용한 평균, 공분산행렬

다음과 같은 X행렬을 열벡터로 표시할 수 있다.

$$\boldsymbol{X}=\begin{bmatrix} x_{11} & \cdots & x_{1j} & \cdots & x_{1p} \\ x_{21} & \cdots & x_{2j} & \cdots & x_{2p} \\ \vdots & \vdots & \vdots & \ddots & \vdots \\ x_{n1} & \cdots & x_{nj} & \cdots & x_{np} \end{bmatrix}=(\mathbf{x}_1,\mathbf{x}_2,\cdots,\mathbf{x}_j,\cdots,\mathbf{x}_p)$$

이 경우 j번째 변수의 평균은 다음과 같이 벡터로 표현이 가능하다.

$$\bar{x}_j=\frac{(x_{1j}+x_{2j}+\cdots+x_{nj})}{n}=\frac{(x_{1j}\cdot 1+x_{2j}\cdot 1+\cdots+x_{nj}\cdot 1)}{n}$$

$$=\frac{1}{n}\mathbf{1}'\boldsymbol{x}_j$$

따라서 표본평균벡터는 다음과 같이 표현할 수 있다.

$$\bar{\mathbf{x}}'=(\bar{x}_1,\bar{x}_2,\cdots,\bar{x}_p)$$

$$=\frac{1}{n}(1,1,\cdots,1)\begin{bmatrix} x_{11} & x_{12} & \cdots & x_{1p} \\ x_{21} & x_{22} & \cdots & x_{2p} \\ \vdots & \vdots & \ddots & \vdots \\ x_{n1} & x_{n2} & \cdots & x_{np} \end{bmatrix}$$

$$=\frac{1}{n}\mathbf{1}'\mathbf{X}$$

또 여기서 j번째 변수값에 j번째 평균을 빼어 행렬로 계산하면 벡터 형태로 표현하면 다음과 같이 된다.

$$\begin{Bmatrix} x_{1j}-\bar{x}_j \\ x_{2j}-\bar{x}_j \\ \vdots \\ x_{nj}-\bar{x}_j \end{Bmatrix}=\mathbf{x}_j-\frac{1}{n}\mathbf{1}\mathbf{1}'\mathbf{x}_j=\mathbf{x}_j-\frac{1}{n}\mathbf{J}\,\mathbf{x}_j=\underline{(I-\frac{1}{n}\mathbf{J})}\mathbf{x}_j$$

위의 식에서 $(I-\frac{1}{n}J)$를 중심화 행렬이라 하고 C라 표시한다.

$$C = \begin{bmatrix} 1-\frac{1}{n} & 0-\frac{1}{n} & \cdots & 0-\frac{1}{n} \\ 0-\frac{1}{n} & \ddots & & \\ \vdots & & \cdots & 0-\frac{1}{n} \\ & & 1-\frac{1}{n} & \end{bmatrix}$$

위의 식을 다시 쓰면 $\{x_{ij}-\overline{x_j}\}= C\mathbf{x}_j$이다. 이에 대한 제곱의 합은 중심화 행렬을 가운데로 하여 양쪽으로$\mathbf{x}_j$곱한 것과 동일하다.

$$\sum_{i=1}^{n}(x_{ij}-\overline{x}_j)^2 = \mathbf{x}_j{}' C\mathbf{x}_j$$

이를 자세히 나타내면 다음과 같다.

$$\left[x_{1j}-\overline{x}_j, \cdots, x_{nj}-\overline{x}_j\right]\begin{bmatrix} x_{1j}-\overline{x}_j \\ \vdots \\ x_{nj}-\overline{x}_j \end{bmatrix} = \mathbf{x}'_j C' C\mathbf{x}_j$$

여기서 $C'C=C$가 다음과 같은 과정에 의해 증명된다.

$$C'C = \begin{bmatrix} 1-\frac{1}{n} & -\frac{1}{n} & \cdots \\ -\frac{1}{n} & \ddots & \\ \vdots & \cdots & 1-\frac{1}{n} \end{bmatrix}\begin{bmatrix} 1-\frac{1}{n} & -\frac{1}{n} & \cdots \\ -\frac{1}{n} & \ddots & \\ \vdots & \cdots & 1-\frac{1}{n} \end{bmatrix}$$

여기서 첫 행과 첫 열의 곱을 다음과 같이 계산된다.

$$\begin{aligned}(1-\frac{1}{n})^2 + \frac{1}{n^2} + \cdots + \frac{1}{n^2} &= \frac{(n-1)^2}{n^2} + \frac{(n-1)}{n^2} \\ &= \frac{n^2-2n+1+n-1}{n^2} \\ &= \frac{n^2-n}{n^2} = \frac{n-1}{n} = 1-\frac{1}{n}\end{aligned}$$

따라서, C의 첫 행과 첫 열의 값과 같고 $C'C$의 첫 번째 행과 두 번째 열의 곱은 다음과 같이 계산된다.

$$(1-\frac{1}{n})(-\frac{1}{n})+(-\frac{1}{n})(1-\frac{1}{n})+\frac{1}{n^2}(n-2)$$

$$=-\frac{n+1}{n^2}-\frac{n-1}{n^2}+\frac{n-2}{n^2}$$

$$=\frac{-n+1-n+1+n-2}{n^2}=-\frac{n}{n^2}=-\frac{1}{n}$$

이는 C의 첫 번째 행과 두 번째 열의 값인 $-\frac{1}{\text{n}}$과 동일하다.

따라서,

$$C'C=C$$

가 된다.

$$\begin{bmatrix} x_{11} & x_{12} & \cdots & x_{1p} \\ x_{21} & x_{22} & \cdots & x_{2p} \\ \vdots & \vdots & \cdots & \vdots \\ x_{n1} & x_{n2} & \cdots & x_{np} \end{bmatrix} - \begin{bmatrix} \overline{x}_1 & \overline{x}_2 & \cdots & \overline{x}_p \\ \overline{x}_1 & \overline{x}_2 & \cdots & \overline{x}_p \\ \vdots & \vdots & \cdots & \vdots \\ \overline{x}_1 & \overline{x}_2 & \cdots & \overline{x}_p \end{bmatrix} = \begin{bmatrix} x_{11}-\overline{x}_1 & x_{12}-\overline{x}_2 & \cdots & x_{1p}-\overline{x}_p \\ x_{21}-\overline{x}_1 & x_{22}-\overline{x}_2 & \cdots & x_{2p}-\overline{x}_p \\ \vdots & \vdots & \ddots & \vdots \\ x_{n1}-\overline{x}_1 & x_{n2}-\overline{x}_2 & \cdots & x_{np}-\overline{x}_p \end{bmatrix}$$

$$= = \boldsymbol{X}-\mathbf{1}\overline{\mathbf{x}}'=\boldsymbol{X}-\frac{1}{n}\mathbf{1}\mathbf{1}'\boldsymbol{X}$$

이를 확장하여 다음과 같이 공분산행렬을 쓸 수 있다.

$$(n-1)S = \begin{bmatrix} x_{11}-\overline{x_1} & \cdots & x_{n1}-\overline{x_1} \\ x_{12}-\overline{x_2} & \cdots & \vdots \\ \vdots & \cdots & \vdots \\ x_{1p}-\overline{x_p} & \cdots & x_{np}-\overline{x_p} \end{bmatrix} \begin{bmatrix} x_{11}-\overline{x_1} & \cdots & x_{1p}-\overline{x_p} \\ x_{21}-\overline{x_1} & \cdots & \vdots \\ \vdots & \cdots & \vdots \\ x_{n1}-\overline{x_1} & \cdots & x_{np}-\overline{x_p} \end{bmatrix}$$

$$=(\mathbf{X}-\frac{1}{n}\mathbf{1}\mathbf{1}'\mathbf{X})'(\mathbf{X}-\frac{1}{n}\mathbf{1}\mathbf{1}'\mathbf{X})=\mathbf{X}'(\mathbf{I}-\frac{1}{n}\mathbf{1}\mathbf{1}')\mathbf{X}$$

$$=\mathbf{X}'\mathbf{C}\mathbf{X}$$

여기서 $\mathbf{1}'=(1,1,\cdots,1)$이다.

그러므로 평균벡터와 공분산행렬은 벡터로 표시하면 다음과 같이 표현할 수 있다.

평균벡터 $\overline{\mathbf{X}} = \frac{1}{\mathrm{n}} \mathbf{1}'\mathbf{X}$

공분산행렬 $\mathrm{S} = \frac{1}{n-1} \mathbf{X}'(I - \frac{1}{n} \mathbf{1}\mathbf{1}')\mathbf{X}$

3.10 다변량 정규분포

우리가 아는 일변량 정규분포는 평균이 μ이고 분산이 σ^2인 다음과 같은 확률밀도함수를 갖는다.

$$f(x) = \frac{1}{\sqrt{2\pi\sigma^2}} e^{-\frac{1}{2}\left(\frac{x-\mu}{\sigma}\right)^2} \qquad -\infty < x < \infty$$

이를 우리는 $N(\mu, \sigma^2)$로 표시한다.

이 함수의 모양은 종모양이며 평균을 중심으로 ±1 표준편차 내의 확률은 약 68%이며 평균을 중심으로 ±2 표준편차 내에는 약 95%이다.

$$P(\ \mu - \sigma \leqq X \leqq \mu + \sigma\ ) \fallingdotseq 0.68$$
$$P(\ \mu - 2\sigma \leqq X \leqq \mu + 2\sigma\ ) \fallingdotseq 0.95$$

그러면 다변량의 경우로 확장해보자. p개 변수의 확률벡터 $\boldsymbol{X}' = [X_1, X_2, \cdots, X_p]$의 다변량 정규분포는 다음과 같은 확률밀도함수를 갖는다.

$$f(\boldsymbol{X}) = \frac{1}{(2\pi)^{p/2} |\boldsymbol{\Sigma}|^{1/2}} e^{-\frac{1}{2}(x-\mu)\Sigma^{-1}(x-\mu)}$$

여기서 $-\infty \leqq x_j \leqq \infty$이다. 이를 $N_p(\boldsymbol{\mu}, \Sigma)$로 표시 한다.

【 예제 3.7 】 이변량 정규분포

변수의 개수가 $p=2$인 이변량 정규분포에서 각 변수별로 평균과 분산 그리고 상관계수는 다음과 같다.

$$\mu_1 = E(X_1),\ \ \mu_2 = E(X_2),$$

$$\sigma_{11} = V(X_1), \sigma_{22} = V(X_2),$$

$$\rho_{12} = \frac{\sigma_{12}}{\sqrt{\sigma_{11}}\sqrt{\sigma_{22}}} = Corr(X_1, X_2)$$

위의 다변량 정규분포 함수에 대입하면 다음과 같다. 먼저 공분산행렬 $\Sigma = \begin{bmatrix} \sigma_{11} & \sigma_{12} \\ \sigma_{21} & \sigma_{22} \end{bmatrix}$ 의 역행렬을 구하면 다음과 같다.

$$\Sigma^{-1} = \frac{1}{\sigma_{11}\sigma_{22} - \sigma_{12}^2} \begin{bmatrix} \sigma_{22} & -\sigma_{12} \\ -\sigma_{21} & \sigma_{11} \end{bmatrix}$$

이다. 또 위 식에서 $\sigma_{12} = \rho_{12}\sqrt{\sigma_{11}}\sqrt{\sigma_{22}}$ 를 대입하면 Σ^{-1}은 다음과 같이 다시 쓸 수 있다.

$$\Sigma^{-1} = \frac{1}{\sigma_{11}\sigma_{22}(1-\rho_{12}^2)} \begin{bmatrix} \sigma_{22} & -\rho_{12}\sqrt{\sigma_{11}}\sqrt{\sigma_{22}} \\ -\rho_{12}\sqrt{\sigma_{11}}\sqrt{\sigma_{22}} & \sigma_{11} \end{bmatrix}$$

이 된다. 따라서 지수 부분을 다시 쓰면 다음과 같다.

$$\begin{aligned}
&(\boldsymbol{x} - \boldsymbol{\mu})\Sigma^{-1}(\boldsymbol{x} - \boldsymbol{\mu}) \\
&= [x_1 - \mu_1, x_2 - \mu_2] \frac{1}{\sigma_{11}\sigma_{22}(1-\rho_{12}^2)} \begin{bmatrix} \sigma_{22} & -\rho_{12}\sqrt{\sigma_{11}}\sqrt{\sigma_{22}} \\ -\rho_{12}\sqrt{\sigma_{11}}\sqrt{\sigma_{22}} & \sigma_{11} \end{bmatrix} \begin{bmatrix} x_1 - \mu_1 \\ x_2 - \mu_2 \end{bmatrix} \\
&= \frac{\sigma_{11}(x_1-\mu_1)^2 + \sigma_{22}(x_2-\mu_2)^2 - 2\rho_{12}\sqrt{\sigma_{11}}\sqrt{\sigma_{22}}(x_1-\mu_1)(x_2-\mu_2)}{\sigma_{11}\sigma_{22}(1-\rho_{12}^2)} \\
&= \frac{1}{1-\rho_{12}} \left[\left(\frac{(x_1-\mu_1)}{\sqrt{\sigma_{11}}} \right)^2 + \left(\frac{(x_2-\mu_2)}{\sqrt{\sigma_{22}}} \right)^2 - 2\rho_{12} \left(\frac{(x_1-\mu_1)}{\sqrt{\sigma_{11}}} \right)^2 \left(\frac{(x_2-\mu_2)}{\sqrt{\sigma_{22}}} \right)^2 \right]
\end{aligned}$$

따라서 이변량 정규분포는

$$f(x_1, x_2) = \frac{1}{2\pi\sqrt{\sigma_{11}\sigma_{22}(1-\rho_{12}^2)}}$$

$$\times \exp\left\{ -\frac{1}{2(1-\rho_{12}^2)} \left[\left(\frac{(x_1-\mu_1)}{\sqrt{\sigma_{11}}} \right)^2 + \left(\frac{(x_2-\mu_2)}{\sqrt{\sigma_{22}}} \right)^2 - 2\rho_{12} \left(\frac{(x_1-\mu_1)}{\sqrt{\sigma_{11}}} \right)^2 \left(\frac{(x_2-\mu_2)}{\sqrt{\sigma_{22}}} \right)^2 \right] \right.$$

이다.

이변량 정규분포의 조건부 분포

이변량 정규분포에서 $X_2 = x_2$가 주어진 경우 X_1의 조건부 분포는 다음과 같다.

$$f(x_1|x_2) = \mathrm{X_2 = x_2}\text{가 주어진 경우 } \mathrm{X_1}\text{의 조건 밀도함수} = \frac{\mathrm{f(x_1, x_2)}}{\mathrm{f(x_2)}}$$

$$= \frac{1}{2\pi\sqrt{\sigma_{11}\sigma_{22}(1-\rho_{12}^2)}} exp\left\{-\frac{1}{2(1-\rho_{12}^2)}\left[\left(\frac{(x_1-\mu_1)^2}{\sqrt{\sigma_{11}}}\right)+\left(\frac{(x_2-\mu_2)^2}{\sqrt{\sigma_{22}}}\right)-2\rho_{12}\left(\frac{(x_1-\mu_1)^2}{\sqrt{\sigma_{11}}}\right)\left(\frac{(x_1-\mu_1)^2}{\sqrt{\sigma_{11}}}\right)\right]\right.$$

$$= \frac{1}{\sqrt{2\pi}\sqrt{\sigma_{11}(1-\rho_{12}^2)}}$$

$$\times \exp\left\{-\frac{1}{2\sigma_{11}(1-\rho_{12}^2)}\left[(x_1-\mu_1)-\frac{\sigma_{12}}{\sigma_{22}}(x_2-\mu_2)\right]^2\right\}$$

이다.

따라서 $f(x_1|x_2)$는 $N_2(\mu_1 + \frac{\sigma_{12}}{\sigma_{22}}(x-\mu_2), \sigma_{11}(1-\rho_{12}^2))$이다.

정 리

p차원 확률벡터 $\boldsymbol{X}$가 $N_p(\boldsymbol{\mu}, \boldsymbol{\Sigma})$를 다음과 같이 분할 가능할 때 $\boldsymbol{X}^{(2)} = \boldsymbol{x}^{(2)}$가 주어진 $\boldsymbol{X}^{(1)}$의 조건분포는 다음과 같다.

$$(\ |\boldsymbol{\Sigma}_{22}|\ > 0)\ \boldsymbol{X} = \begin{bmatrix}\boldsymbol{X}^{(1)}\\ \cdots \\ \boldsymbol{X}^{(2)}\end{bmatrix}\quad \boldsymbol{\mu} = \begin{bmatrix}\boldsymbol{\mu}^{(1)}\\ \cdots \\ \boldsymbol{\mu}^{(2)}\end{bmatrix}\quad \boldsymbol{\Sigma} = \begin{bmatrix}\boldsymbol{\Sigma}_{11}\ \boldsymbol{\Sigma}_{12}\\ \boldsymbol{\Sigma}_{21}\ \boldsymbol{\Sigma}_{22}\end{bmatrix}$$

평균벡터 $E(\boldsymbol{X}^{(1)}|\boldsymbol{X}^{(2)} = \boldsymbol{x}^{(2)}) = \boldsymbol{\mu}^{(1)} + \Sigma_{12}\Sigma_{22}^{-1}(\boldsymbol{x}^{(2)} - \boldsymbol{\mu}^{(2)})$

공분산행렬 $Cov(\boldsymbol{X}^{(1)}|\boldsymbol{X}^{(2)} = \boldsymbol{x}^{(2)}) = \boldsymbol{\Sigma}_{11} - \boldsymbol{\Sigma}_{12}\boldsymbol{\Sigma}_{22}^{-1}\boldsymbol{\Sigma}_{21}^{-1}$

만일 Σ가 양정치이면 Σ^{-1}이 존재하므로 다음과 같은 결과가 존재한다. $\Sigma \boldsymbol{e} = \lambda \boldsymbol{e}$는 $\Sigma^{-1}\boldsymbol{e} = \frac{1}{\lambda}\boldsymbol{e}$가 된다. 여기서 $(\lambda, \boldsymbol{e})$는 Σ의 고유값과 고유벡터이다. 따라서 Σ^{-1}의 고유값과 고유벡터는 $(\frac{1}{\lambda,}\boldsymbol{e})$이다. 따라서 다음과 같은 정리가 가능하다.

정 리

p차원 정규분포에 대한 동일한 등고선은 $\boldsymbol{x}$에 대해 다음과 같은 조건을 만족하는 타원을 이룬다.

$$(\boldsymbol{x}-\boldsymbol{\mu})'\Sigma^{-1}(\boldsymbol{x}-\boldsymbol{\mu})=c^2$$

이는 중심이 $\boldsymbol{\mu}$이고 각 축이 $\pm c\sqrt{\lambda_i}\boldsymbol{e}_i$인 타원이다.

증명

분광분해를 통해서 공분산 행렬의 역행렬은 다음과 같이 쓸 수 있다.

$$\Sigma^{-1}=\sum_{i=1}^{p}\frac{1}{\lambda_i}\boldsymbol{e}\boldsymbol{e}',$$

이를 이용하면 p차원 정규분포에 대한 동일한 등고선은 다음과 같다.

$$(\boldsymbol{x}-\boldsymbol{\mu})'\Sigma^{-1}(\boldsymbol{x}-\boldsymbol{\mu})=\sum_{i=1}^{p}\frac{1}{\lambda_i}(\boldsymbol{x}-\boldsymbol{\mu})'\boldsymbol{e}_i\boldsymbol{e}_i'(\boldsymbol{x}-\boldsymbol{\mu})$$

여기서 $(\boldsymbol{x}-\boldsymbol{\mu})'\boldsymbol{e}_i$는 스칼라이므로 이를 y_i라 하면 위의 p차원 정규분포에 대한 동일한 등고선은 다음과 같이 스칼라의 합으로 표현할 수 있다.

$$\sum_{i=1}^{p}\frac{1}{\lambda_i}(\boldsymbol{x}-\boldsymbol{\mu})'\boldsymbol{e}_i\boldsymbol{e}_i'(\boldsymbol{x}-\boldsymbol{\mu})=\sum_{i=1}^{p}\frac{1}{\lambda_i}(\mathbf{x}-\boldsymbol{\mu})'\mathrm{e_i}^2=\sum_{\mathrm{i}=1}^{\mathrm{p}}\frac{1}{\lambda_\mathrm{i}}\mathrm{y_i^2}=\mathrm{c}^2$$

이는 새로운 p개 좌표축 $y_i, i=(1,2,\cdots,p)$를 갖는 타원체를 의미한다. 따라서 타원체의 중심은 $\boldsymbol{\mu}$이고 i번째 좌표축 y_i 중심에서 타원체까지의 길이는 $\dfrac{y_i^2}{\lambda_i}=c^2$에서 $y_i=\pm\sqrt{\lambda_i}c$가 된다.

이변량의 경우의 등고선

$\sigma_{11}=\sigma_{22}$인 이변량 정규분포를 생각해보자. 먼저 Σ의 고유값과 고유벡터를 먼저 구하면 다음과 같다.

$$|\Sigma-\lambda \boldsymbol{I}|=0$$

$$\lambda_1 = \sigma_{11} + \sigma_{12} \quad \boldsymbol{e}_1{}' = [\frac{1}{\sqrt{2}} \quad \frac{1}{\sqrt{2}}]$$

$$\lambda_2 = \sigma_{11} - \sigma_{12} \quad \boldsymbol{e}_2{}' = [\frac{1}{\sqrt{2}} \quad -\frac{1}{\sqrt{2}}]$$

따라서 이변량 정규분포에 대한 동일한 밀도의 타원에서 축은

$$\pm c\sqrt{\lambda_1}\,\boldsymbol{e}_1 = \pm c\sqrt{\sigma_{11}+\sigma_{12}}\begin{bmatrix}\frac{1}{\sqrt{2}}\\ \frac{1}{\sqrt{2}}\end{bmatrix}$$

$$\pm c\sqrt{\lambda_2}\,\boldsymbol{e}_2 = \pm c\sqrt{\sigma_{11}-\sigma_{12}}\begin{bmatrix}\frac{1}{\sqrt{2}}\\ -\frac{1}{\sqrt{2}}\end{bmatrix}$$

을 갖는다. 일반적으로 첫 고유값은 다른 고유값보다 크게 정의하므로 중심에서 장축은 길이는

$$\pm c\sqrt{\lambda_1} = \pm c\sqrt{\sigma_{11}+\sigma_{12}}$$

이 되고 중심에서의 단축의 길이는

$$\pm c\sqrt{\lambda_2} = \pm c\sqrt{\sigma_{11}-\sigma_{12}}$$

이 된다.

다변량 정규분포의 성질

앞 3.9절에서 변수들의 선형결합을 다변량의 경우에 응용하면 다음과 같은 정리를 쓸 수 있다.

정 리

1) 만일 $\boldsymbol{X}$가 $N_p(\boldsymbol{\mu},\boldsymbol{\Sigma})$ 분포를 한다면 선형함수 $\boldsymbol{a}'\boldsymbol{X} = a_1X_1 + a_2X_2 + \cdots + a_pX_p$는 $N(\boldsymbol{a}'\boldsymbol{\mu}, \boldsymbol{a}'\boldsymbol{\Sigma}\boldsymbol{a})$ 분포를 한다.
2) 만일 $\boldsymbol{X}$가 $N_p(\boldsymbol{\mu},\boldsymbol{\Sigma})$ 분포를 한다면 q선형함수

$$AX = \begin{bmatrix} a_{11}X_1 + a_{12}X_2 + \cdots + a_{1p}X_p \\ a_{21}X_1 + a_{22}X_2 + \cdots + a_{2p}X_p \\ \vdots \\ a_{q1}X_1 + a_{q2}X_2 + \cdots + a_{qp}X_p \end{bmatrix}$$

는 $N(\boldsymbol{A\mu}, \boldsymbol{A\Sigma A'})$이다. 또 $\boldsymbol{X}+\boldsymbol{d}$는 $N_p(\boldsymbol{\mu}+\boldsymbol{d}, \boldsymbol{\Sigma})$ 분포를 한다. 여기서 $\boldsymbol{d}$는 상수 벡터이다.

【 예제 3.8 】 $\boldsymbol{X}$가 $N_3(\boldsymbol{\mu}, \boldsymbol{\Sigma})$일 때 $\begin{bmatrix} X_1 - X_2 \\ X_2 - X_3 \end{bmatrix}$의 평균과 공분산 행렬을 구하라.

풀이

$$\begin{bmatrix} X_1 - X_2 \\ X_2 - X_3 \end{bmatrix} = \begin{bmatrix} 1 & -1 & 0 \\ 0 & 1 & -1 \end{bmatrix} \begin{bmatrix} X_1 \\ X_2 \\ X_3 \end{bmatrix} = \boldsymbol{AX}$$

이므로

$$\boldsymbol{A\mu} = \begin{bmatrix} 1 & -1 & 0 \\ 0 & 1 & -1 \end{bmatrix} \begin{bmatrix} \mu_1 \\ \mu_2 \\ \mu_3 \end{bmatrix} = \begin{bmatrix} \mu_1 - \mu_2 \\ \mu_2 - \mu_3 \end{bmatrix}$$

$$\begin{aligned} \boldsymbol{A\Sigma A'} &= \begin{bmatrix} 1 & -1 & 0 \\ 0 & 1 & -1 \end{bmatrix} \begin{bmatrix} \sigma_{11} & \sigma_{12} & \sigma_{13} \\ \sigma_{21} & \sigma_{22} & \sigma_{23} \\ \sigma_{31} & \sigma_{32} & \sigma_{33} \end{bmatrix} \begin{bmatrix} 1 & 0 \\ -1 & 1 \\ 0 & -1 \end{bmatrix} \\ &= \begin{bmatrix} \sigma_{11} - 2\sigma_{21} + \sigma_{22} & \sigma_{12} - \sigma_{22} + \sigma_{13} - \sigma_{23} \\ \sigma_{12} + \sigma_{13} - \sigma_{22} - \sigma_{23} & \sigma_{22} + 2\sigma_{23} + \sigma_{33} \end{bmatrix} \end{aligned}$$

이를 다시 평균벡터와 공분산행렬에 적용해 볼 수 있다. 다음과 같이 벡터 $\mathbf{y}$를 표현하면

$$\begin{bmatrix} \mathrm{y}_1 \\ \mathrm{y}_2 \\ \vdots \\ \mathrm{y}_q \end{bmatrix} = \begin{bmatrix} a_{11}\mathrm{x}_1 + a_{12}\mathrm{x}_2 + \cdots + a_{1p}\mathrm{x}_p \\ a_{11}\mathrm{x}_1 + a_{12}\mathrm{x}_2 + \cdots + a_{1p}\mathrm{x}_p \\ \vdots \\ a_{q1}\mathrm{x}_1 + a_{q2}\mathrm{x}_2 + \cdots + a_{qp}\mathrm{x}_p \end{bmatrix} = \begin{bmatrix} a_{11} & a_{12} & \cdots & a_{1p} \\ a_{21} & a_{22} & \cdots & a_{2p} \\ \vdots & \ddots & & \vdots \\ a_{q1} & \cdots & \cdots & a_{qp} \end{bmatrix} \begin{bmatrix} \mathrm{x}_1 \\ \mathrm{x}_2 \\ \vdots \\ \mathrm{x}_p \end{bmatrix}$$

$$y = Ax$$

이다.

여기서 k 번째에서 y_k는 $y_k = a_{k1}x_1 + a_{k2}x_2 + \cdots + a_{kp}x_p$ 이다. (k = 1, 2, ⋯,q)

$$y_k \text{의 평균} = \bar{y}_k = \mathbf{a}'_k\bar{\mathbf{x}}$$

$$y_k \text{의 분산} = \mathbf{a}'_k\mathbf{S}\mathbf{a}_k$$

$$y_i \text{와 } y_k \text{의 공분산} = \mathbf{a}'_i\mathbf{S}\mathbf{a}_k$$

또 행렬 **A**에 대해 다시 쓰면 다음과 같다.

$$\bar{\mathbf{y}} = \mathbf{A}\bar{\mathbf{x}} \qquad S_y = AS_xA'$$

A의 특수한 경우의 예를 들어보자.

(1) $A^{1/2}$ = diag $(\sqrt{s_{11}}\ \sqrt{s_{22}} \ldots \sqrt{s_{pp}})$ = diag$(s_1 s_2 \ldots s_p)$

$A^{-1/2}$ = diag $(\frac{1}{s_1}\ \frac{1}{s_2} \cdots \frac{1}{s_p})$, $S_y = A^{-1/2}S_xA^{-1/2}$ =R

따라서 $A^{-1/2}$를 S_x 공분산행렬 양쪽으로 곱해졌을 경우 상관행렬이 된다.

(2) $A = S_x^{-1/2}$, $S_y = AS_xA = S_x^{-1/2}S_xS_x^{-1/2} = I_p$

상관 관계를 없애는 동시에 그들의 분산(S)이 1이 되게 하는 결과를 가져온다. 이를 마할라노비스 변환이라 한다.

(3) A=P′인 경우는 다음과 같다.(여기서 **P**는 고유벡터들) 즉, $S_x = P\Lambda P'$으로 대각행렬 Λ의 대각원소는 S_x 의 고유값이다. 이를 주성분 변환이라 한다.

$$S_y = P'S_xP = P'P\Lambda PP' = \Lambda$$

여기서 Λ는 대각선이 고유값으로 이루어지고, 나머지는 0인 행렬이다. 따라서 y의 분산은 S_x 의 고유값, 공분산은 0이다.

거리의 척도

공간상의 두 점 $\mathbf{x}' = (x_1, \cdots, x_p), \mathbf{y}' = (y_1, \cdots, y_p)$ 사이 거리에 대하여 언급하여 보자. 일반적으로 **x**와 **y**의 거리를 d $(\mathbf{x}, \mathbf{y})$로 표시한다. 이와 같은 거리는 다

음과 같은 성질을 갖는다.

(1) $d\ (\mathbf{x},\mathbf{y}) \geq 0 \quad d\ (\mathbf{x},\mathbf{x}) = 0$

(2) $d\ (\mathbf{x},\mathbf{y}) = d\ (\mathbf{y},\mathbf{x})$

(3) $d\ (\mathbf{x},\mathbf{y}) \leq d\ (\mathbf{x},\mathbf{z}) + d\ (\mathbf{z},\mathbf{y})$

거리에는 다음과 같은 종류가 있다.

1) 유클리드 거리(Euclidean distance)

가장 잘 알려진 거리의 척도로 **x**개체와**y**개체 사이의 유클리드 공간상의 직선거리이다.

$$d_1(\mathbf{x},\mathbf{y}) = [\sum_{\mathrm{i}=1}^{\mathrm{p}} (\mathrm{x_i} - \mathrm{y_i})^2]^{1/2} = [(\mathbf{x}-\mathbf{y})'(\mathbf{x}-\mathbf{y})]^{1/2}$$

2) 시티블록 거리(City-Block distance)

두 개체 사이의 거리로 각 변수값 차이의 절대값의 합을 사용한다.

$$d_2(\mathbf{x},\mathbf{y}) = \sum_{i=1}^{p} |x_i - y_i|$$

3) 마할라노비스 거리(Mahalanobis distance)

각 변수의 표준화 분포와 변수들 간의 상관계수도 고려한 거리이다.

$$d_3(\mathbf{x},\mathbf{y}) = (\mathbf{x}-\mathbf{y})'\mathrm{S}^{-1}(\mathbf{x}-\mathbf{y})$$

여기서S는 공분산행렬이다.

최대우도 추정과 표본분포

$\boldsymbol{X}' = (X_1,\ X_2, \cdots, X_n)$이 $N_p(\boldsymbol{\mu}, \boldsymbol{\Sigma})$를 따르고 $\boldsymbol{X}' = (X_1,\ X_2, \cdots, X_n)$가 상호독립인 경우 관찰치의 다변량 정규우도함수는 다음과 같다.

$$f(X_1, X_2, \cdots, X_n) = \prod_{j=1}^{n} \frac{1}{(2\pi)^{p/2}|\Sigma|^{1/2}} e^{-\frac{1}{2}(x_j-\mu)\Sigma^{-1}(x_j-\mu)}$$

$$= \frac{1}{(2\pi)^{np/2}|\Sigma|^{n/2}} e^{-\frac{1}{2}\sum_{j=1}^{n}(x_j-\mu)\Sigma^{-1}(x_j-\mu)}$$

모평균 벡터 $\boldsymbol{\mu}$ 모공분산행렬 $\boldsymbol{\Sigma}$의 최도 우도 추정량은 우도함수를 최대로 하는 $\boldsymbol{\mu}$와 $\boldsymbol{\Sigma}$값이다. 따라서 여러 가지 복잡한 과정을 통해 $\boldsymbol{X}'=(X_1, X_2, \cdots, X_n)$이 $N_p(\boldsymbol{\mu}, \boldsymbol{\Sigma})$를 따른다고 가정하고 $\boldsymbol{\mu}$와 $\boldsymbol{\Sigma}$의 최대우도추정량을 구하면 다음과 같다.

$$\hat{\boldsymbol{\mu}} = \overline{\boldsymbol{X}},\ \hat{\boldsymbol{\Sigma}} = \frac{1}{n}\sum_{j=1}^{n}(\boldsymbol{X}_j - \overline{\boldsymbol{X}})(\boldsymbol{X}_j - \overline{\boldsymbol{X}})' = \frac{(n-1)}{n}\boldsymbol{S}$$

따라서 모평균벡터 $\boldsymbol{\mu}$ 모공분산행렬 $\boldsymbol{\Sigma}$의 최소불편 추정량 $\overline{\boldsymbol{X}}$, $\boldsymbol{S}$각각 다음과 같다.

$$\hat{\boldsymbol{\mu}} = \overline{\boldsymbol{X}},\ \boldsymbol{S} = \frac{1}{n-1}\sum_{j=1}^{n}(\boldsymbol{X}_j - \overline{\boldsymbol{X}})(\boldsymbol{X}_j - \overline{\boldsymbol{X}})'$$

$\overline{x}$, S의 표본분포

n개의 개체에 대한 p개의 변수의 다변량 관찰자료 행렬$\boldsymbol{X}$는 다음과 같이 표현할 수 있다.

$$\boldsymbol{X} = \begin{bmatrix} X_{11} & X_{12} & \cdots & X_{1p} \\ X_{21} & X_{22} & \cdots & X_{2p} \\ \vdots & \vdots & \cdots & \vdots \\ X_{n1} & X_{n2} & \cdots & X_{np} \end{bmatrix} = \begin{bmatrix} \boldsymbol{X}_1 \\ \boldsymbol{X}_2 \\ \vdots \\ \boldsymbol{X}_n \end{bmatrix}$$

벡터 $\boldsymbol{X}_j$는 평균벡터가 $\boldsymbol{\mu}$이고 공분산행렬이 Σ인 정규모집단에서 추출된 확률표본이다. 이 경우 $\overline{\boldsymbol{X}}$와 $\boldsymbol{S}$의 표본분포는 다음과 정리가 얻어진다.

정 리

$\boldsymbol{X}$가 $N_p(\boldsymbol{\mu}, \boldsymbol{\Sigma})$를 따를 때 다음과 같은 정리가 가능하다. ($|\boldsymbol{\Sigma}| > 0$)

① $(\boldsymbol{X}-\boldsymbol{\mu})'\boldsymbol{\Sigma}^{-1}(\boldsymbol{X}-\boldsymbol{\mu})$는 χ^2분포를 따른다. 여기서 χ^2은 자유도가 p인 카이제곱 분포함수이다.

② $P(\boldsymbol{X} : (\boldsymbol{X}-\boldsymbol{\mu})'\boldsymbol{\Sigma}^{-1}(\boldsymbol{X}-\boldsymbol{\mu}) \le \chi^2(\alpha)) = 1-\alpha$가 된다. 여기서 $\chi^2(\alpha)$는 χ^2분포에서 상위 100α에 해당하는 값이다.

정 리

$\overline{\boldsymbol{X}}$는 평균벡터가 $\boldsymbol{\mu}$이고 공분산행렬이 $\dfrac{\boldsymbol{\Sigma}}{n}$인 다변량 정규분포를 따른다.

$$\overline{\boldsymbol{X}} \sim N_p(\boldsymbol{\mu}, (1/n)\boldsymbol{\Sigma})$$

$(n-1)\boldsymbol{S} = \sum_{j=1}^{p}(\boldsymbol{X}_j - \overline{\boldsymbol{X}})(\boldsymbol{X}_j - \overline{\boldsymbol{X}})'$ 이므로 이는 자유도가 $n-1$인 위샤트(Wishart) 분포를 따른다.

$$(n-1)\boldsymbol{S} \sim W_{n-1}((n-1)\boldsymbol{S} \mid \boldsymbol{\Sigma})$$

$\bar{x}$, S의 대표본성질

정 리

중심극한정리

벡터 $\boldsymbol{X}_1, \boldsymbol{X}_2, \cdots, \boldsymbol{X}_n$는 평균벡터가 $\boldsymbol{\mu}$이고 공분산행렬이 Σ인 정규모집단에서 추출된 확률표본이다. 이 경우 $n-p$가 상당히 크면 다음과 같은 성질이 성립한다.

(1) $\sqrt{n}\,(\overline{\boldsymbol{X}} - \boldsymbol{\mu})$는 $N_p(\boldsymbol{0}, \boldsymbol{S})$인 분포에 근사한다.

(2) $\sqrt{n}\,(\overline{\boldsymbol{X}} - \boldsymbol{\mu})'\boldsymbol{S}^{-1}(\overline{\boldsymbol{X}} - \boldsymbol{\mu})$는 χ_p^2분포에 근사한다.

연습문제

【1】 다음 공분산행렬의 $D^{\frac{1}{2}}$과 ρ를 구하라.

1) $\Sigma = \begin{bmatrix} 9 & 2 & 4 \\ 2 & 16 & 3 \\ 4 & 3 & 16 \end{bmatrix}$

2) $\Sigma = \begin{bmatrix} 36 & 10 & 1 \\ 10 & 9 & -3 \\ 1 & -3 & 4 \end{bmatrix}$

【2】 $\boldsymbol{X}' = [X_1, \ X_2, \ X_3, \ X_4]$ 를 확률변수라 하고 평균벡터와 공분산행렬을 다음과 같다고 하자. 다음 물음에 답하라.

$$\boldsymbol{\mu}' = [2 \quad -3 \quad 0 \quad 1] \qquad \boldsymbol{\Sigma} = \begin{bmatrix} 5 & 0 & -2 & 4 \\ 0 & 1 & 1 & -1 \\ -2 & 1 & 2 & 2 \\ 4 & -1 & 2 & 4 \end{bmatrix}$$

이때,

1) $Z_1 = (X_1, X_2)$의 분포를 구하라.

2) X_1과 X_2는 독립인가?

3) X_2과 X_3는 독립인가?

4) X_3과 (X_1, X_2)는 독립인가?

5) $X_1 - 2X_2 + X_3$의 분포를 구하라.

【3】 $\boldsymbol{X}' = [X_1, X_2]$ 를 확률변수라 하고 평균벡터와 공분산행렬을 다음과 같다고 하자.

$$\boldsymbol{\mu}' = [0, 0] \qquad \boldsymbol{\Sigma} = \begin{bmatrix} 1 & 1 \\ 1 & 2 \end{bmatrix}$$

이때, $\begin{matrix} y_1 = X_1 \\ y_2 = X_2 + X_1 \end{matrix}$ 의 평균과 공분산행렬을 구하고 y_1과 y_2간의 관계를 구

하라.

[4] 확률벡터 $\boldsymbol{X}' = [X_1, X_2]$ 가 다음과 같은 평균벡터와 공분산행렬을 갖는다고 하자.

$$\boldsymbol{\mu}' = [2, -1] \qquad \boldsymbol{\Sigma} = \begin{bmatrix} 3 & 2 \\ 2 & 3 \end{bmatrix}$$

이때, $(\boldsymbol{x} - \boldsymbol{\mu})' \boldsymbol{\Sigma}^{-1} (\boldsymbol{x} - \boldsymbol{\mu}) = 2$의 이변량 정규분포의 윤곽을 그려라. 아울러 $\boldsymbol{\Sigma} = \begin{bmatrix} 3 & -2 \\ -2 & 3 \end{bmatrix}$인 경우도 그려라.

제4장

평균벡터에 관한 추론

4.1 평균벡터에 관한 추론

4.1.1 일변량에서 평균μ_0에 관한 검정

여기서는 일변량의 경우에 평균μ_0에 관한 검정을 알아보기로 한다.

4.1.1.1 표본이 크거나 정규분포를 하는 경우

표본이 크거나 정규분포를 하는 경우에 평균μ_0에 관한 검정은 z-검정을 사용한다. 다음은 평균μ_0에 관한 귀무가설과 대립가설이다.

$$\mathrm{H}_0: \ \mu = \mu_0 \qquad \mathrm{H}_1: \ \mu \neq \mu_0$$

여기서의 검정통계량은 다음과 같다.

$$\mathrm{Z} = \frac{\bar{\mathrm{x}} - \mu}{\frac{\sqrt{\sigma^2}}{\mathrm{n}}}$$

모평균을 모를 경우 표본분산을 사용할 수 있다.$\left(\frac{\sigma^2}{\mathrm{n}} \rightarrow \frac{s\,2}{\mathrm{n}}\right)$

다음과 같은 경우에 유의수준 α에서H_0를 기각한다.

$$\left| \frac{\bar{\mathrm{x}} - \mu_0}{\frac{\sigma}{\sqrt{n}}} \right| \geq \mathrm{z}_{\alpha/2}$$

μ의 $100(1-\alpha)\%$ 신뢰구간은 다음과 같다.

$$\bar{\mathrm{x}} \pm \mathrm{Z}_{\alpha/2}\sigma_{\bar{\mathrm{x}}}$$

따라서

$$\bar{\mathrm{x}} - \mathrm{Z}\sigma_{\bar{\mathrm{x}}} < \mu < \bar{\mathrm{x}} + \mathrm{Z}_{\alpha/2}\sigma_{\bar{\mathrm{x}}}$$

이다.

4.1.1.2 표본이 적은 경우

표본이 적은 경우의 평균에 관한 검정은 귀무가설은 같지만 검정통계량이 다르다.

$$H_0: \ \mu = \mu_0 \qquad H_1: \ \mu \neq \mu_0$$

$x_1, x_2, \cdots, x_n$ 은 모집단에서 나온 임의의 표본이라 하자. 검정통계량은 다음과 같다.

$$t = \frac{\bar{x} - \mu_0}{s/\sqrt{n}}$$

여기서, $\bar{x} = \frac{1}{n}\sum_{j=1}^{n} x_j$, $s^2 = \frac{1}{n-1}\sum_{j=1}^{n}(x_j - \bar{x})^2$ 이다.

t 는 귀무가설 하에(H_0 하에) 자유도가 $n-1$ 인 t 분포이다.

양측검정에서 관찰된 $|t|$ 가 자유도가 $n-1$ 인 t 분포의 특별한 백분위보다 크면 H_0 은 기각한다.

다시 표현하면

$$\left| \frac{\bar{x} - \mu_0}{s/\sqrt{n}} \right| \leq t_{n-1}(\alpha/2)$$

이면, 유의수준 α 에서 H_0 은 기각하지 않는다.

즉, μ_0 는 신뢰구간은 $\bar{x} \pm t_{n-1}(\alpha/2)\frac{s}{\sqrt{n}}$ 사이에 $100(1-\alpha)\%$ 만큼 놓여 있다. 다시 쓰면,

$$\bar{x} - t_{n-1}(\alpha/2)\frac{s}{\sqrt{n}} \leq \mu_0 \leq \bar{x} + t_{n-1}(\alpha/2)\frac{s}{\sqrt{n}}$$

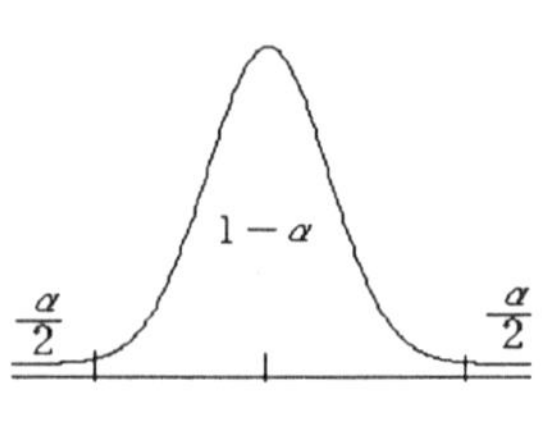

이다.

【예제 4.1】 한 대학의 전교생의 수학 점수가 평균이 65점인 정규분포를 이루고 있다고 한다. 이 중에 영문학과 학생 10명의 수학 점수는 다음과 같다 할 때 전교생의 점수와 같다고 할 수 있나? 유의수준 5%로 검정하여라.

61 60 56 63 59 56 44 61 56 63

4.1.2 다변량에서 평균 μ_0에 관한 검정

4.1.2.1 표본이 크기가 작은 경우

다변량에서 평균벡터에 관한 검정은 일변량을 다변량으로 확장할 수가 있다. 먼저 일변량에서 $|t|$가 크다는 것은 t^2이 크다는 것과 같다.

$$t^2 = \frac{(\bar{x}-\mu_0)^2}{s^2/n} = n(\bar{x}-\mu_0)(s^2)^{-1}(\bar{x}-\mu_0)$$

변수t^2는 표본평균$\bar{x}$로부터 검정값 μ_0간의 평방거리(square distance)이다. 만일,$\bar{x}$와 s^2을 알고 있다면 검정은 다음과 같이 된다. 즉,

$$n(\bar{x}-\mu_0)(s^2)^{-1}(\bar{x}-\mu_0) > t^2_{n-1}(\alpha/2)$$

이면,H_0를 기각한다. 여기서 $t_{n-1}(\alpha/2)$는 자유도가 $n-1$인 t분포의 100번째 백분율을 가리킨다. 다변량에서의 귀무가설과 대립가설은 다음과 같이 쓸 수 있다.

$$H_0:\ \boldsymbol{\mu} = \boldsymbol{\mu}_0 = \begin{bmatrix} \mu_{01} \\ \vdots \\ \mu_{0p} \end{bmatrix} \qquad H_1: \boldsymbol{\mu} \neq \boldsymbol{\mu}_0$$

위의 가설에서 검정통계량은 일변량을 확장한 것을 이용하여 다음과 같이 쓸 수 있다.

$$T^2 = (\bar{\mathbf{x}}-\boldsymbol{\mu}_0)'\left(\frac{\mathbf{S}}{n}\right)^{-1}(\bar{\mathbf{x}}-\boldsymbol{\mu}_0) = n(\bar{\mathbf{x}}-\boldsymbol{\mu}_0)'(\mathbf{S})^{-1}(\bar{\mathbf{x}}-\boldsymbol{\mu}_0)$$

여기서, $\overline{\mathbf{x}}_{p\times 1} = \frac{1}{n}\sum_{j=1}^{n}\mathbf{x}_j$

$$S_{p\times p} = \frac{1}{n-1}\sum_{j=1}^{n}(\mathbf{x}_j - \overline{\mathbf{x}})(\mathbf{x}_j - \overline{\mathbf{x}})'$$

이다.

T^2을 호텔링T^2라 하고(해럴트 호텔링Harold Hotelling에 의해 연구되어 연구자의 이름을 따서 호텔링T^2이라 한다.)

T^2이 크면H_0: $\boldsymbol{\mu}=\boldsymbol{\mu}_0$를 기각하게 되는데,$T^2$는 $\frac{(n-1)p}{(n-p)}F_{p,n-p}$분포를 한다. 여기서 $F_{p,n-p}$는 자유도가p와n－p인 F분포를 한다. 다시 이야기하면 T^2이 $\frac{(n-1)p}{(n-p)}F_{p,n-p}$ 보다 크면 귀무가설 H_0을 기각하고, 반대로 작으면 H_0을 채택한다.

정 리

표본평균벡터와 공분산행렬은 다음과 같다.
$\mathbf{x}_1,\mathbf{x}_2,\cdots,\mathbf{x}_n$은 $N_p(\mu,\Sigma)$모집단에서 나온 임의표본이라 하자.

$$\overline{\mathbf{x}}= \frac{1}{n}\sum_{j=1}^{n}\mathbf{x}_j \quad S= \frac{1}{n-1}\sum_{j=1}^{n}(\mathbf{x}_j - \overline{\mathbf{x}})(\mathbf{x}_j - \overline{\mathbf{x}})'$$

여기서, 유의수준 α값은 다음과 같다.

$$P[T^2 \leqq \frac{(n-1)p}{n-p}F_{p,n-p}(\alpha)]$$
$$= P[n(\overline{\mathbf{x}}-\boldsymbol{\mu})'S^{-1}(\overline{\mathbf{x}}-\boldsymbol{\mu}) \leqq \frac{(n-1)p}{n-p}F_{p,n-p}(\alpha)]= 1-\alpha$$

먼저, 일변량의 경우 t^2를 다음과 같이 분리할 수 있다.

$$t^2 = \sqrt{n}(\bar{x}-\mu_0) \quad \underline{(s^2)^{-1}} \quad \sqrt{n}(\bar{x}-\mu_0)$$

$$\downarrow \qquad\qquad \downarrow \qquad\qquad \downarrow$$

$$(\text{정규확률변수}) \left(\frac{\text{카이제곱 확률변수}}{\text{자유도}} \right)^{-1} (\text{정규확률변수})$$

또한 호텔링T^2을 다음과 같이 구분할 수 있다.

$$\begin{aligned} T^2 &= n(\bar{\mathbf{x}}-\boldsymbol{\mu}_0)'S^{-1}(\bar{\mathbf{x}}-\boldsymbol{\mu}_0) \\ &= \sqrt{n}(\bar{\mathbf{x}}-\boldsymbol{\mu}_0)' \left(\frac{\sum_{j=1}^{n}(\mathbf{x}_j-\bar{\mathbf{x}})(\mathbf{x}_j-\bar{\mathbf{x}})'}{n-1} \right)^{-1} \sqrt{n}(\bar{\mathbf{x}}-\boldsymbol{\mu}_0) \end{aligned}$$

$$\Downarrow \qquad\qquad \Downarrow \qquad\qquad \Downarrow$$

$$\left(\begin{matrix}\text{다변량 정규}\\\text{확률벡터}\end{matrix}\right)' \left(\frac{\text{위샤드 확률행렬}}{\text{자유도}} \right)^{-1} \left(\begin{matrix}\text{다변량 정규}\\\text{확률벡터}\end{matrix}\right)$$

【예제 4.2】 다음과 같이 두 개의 변수에 대해 3개씩의 표본값이 있다.

$$X = \begin{bmatrix} 6 & 10 & 8 \\ 9 & 6 & 3 \end{bmatrix}$$

유의수준 $\alpha = 0.05$에서 다음과 같은 귀무가설을 검정하라.

$$H_0: \boldsymbol{\mu} = \begin{bmatrix} 9 \\ 5 \end{bmatrix} \qquad H_1: \boldsymbol{\mu} \neq \begin{bmatrix} 9 \\ 5 \end{bmatrix}$$

풀이

먼저 벡터 $\mathbf{x}$의 평균벡터와 공분산행렬을 구하면 다음과 같다.

$$\bar{\mathbf{x}} = \begin{bmatrix} \bar{x}_1 \\ \bar{x}_2 \end{bmatrix} = \begin{bmatrix} \frac{6+10+8}{3} \\ \frac{9+6+3}{3} \end{bmatrix} = \begin{bmatrix} 8 \\ 6 \end{bmatrix}$$

$$x_1\text{의 분산} = s_1^2 = \frac{(6-8)^2+(10-8)^2+(8-8)^2}{2} = 4$$

$$x_2\text{의 분산} = s_2^2 = \frac{(9-6)^2+(6-6)^2+(3-6)^2}{2} = 9$$

x_1과x_2의 공분산 $= s_{12}$

$$= \frac{(6-8)(9-6)+(10-8)(6-6)+(8-8)(3-6)}{2} = -3$$

따라서 공분산행렬은 다음과 같다.

$$S = \begin{bmatrix} 4 & -3 \\ -3 & 9 \end{bmatrix}$$

이에 대한 역행렬을 구하면 다음과 같다.

$$S^{-1} = \frac{1}{4 \cdot 9 - (-3)(-3)} \begin{bmatrix} 9 & 3 \\ 3 & 4 \end{bmatrix} = \begin{bmatrix} 1/3 & 1/9 \\ 1/9 & 4/27 \end{bmatrix}$$

따라서 $\mathbf{T}^2$는 다음과 같이 계산이 가능하다.

$$\mathbf{T}^2 = 3[8-9, 6-5] \begin{bmatrix} 1/3 & 1/9 \\ 1/9 & 4/27 \end{bmatrix} \begin{bmatrix} 8-9 \\ 6-5 \end{bmatrix}$$
$$= 3[-1, 1] \begin{bmatrix} -2/9 \\ 1/27 \end{bmatrix} = 7/9$$

$\mathbf{T}^2 = 7/9 \quad \leq \quad \frac{(3-1)2}{(3-2)} F_{2,3-2} = 4F_{2,1}(0.05) = 4 \times 199.5 = 798$이므로 H_0를 채택한다.

【예제 4.3】 다음 표는 A대학 I학과의 학생들 10명을 임의로 추출하여 얻은 자료이다. 자료를 바탕으로 다음 귀무가설을 검정하여라. ($\alpha = 0.05$)

키	166	170	158	175	180	174	180	169	177	175
몸무게	70	63	55	72	70	60	68	68	62	70

$$H_0:\ \boldsymbol{\mu} = \begin{bmatrix} 173 \\ 64 \end{bmatrix} \qquad H_1:\ \boldsymbol{\mu} \neq \begin{bmatrix} 173 \\ 64 \end{bmatrix}$$

풀이

$$\bar{\mathbf{x}} = \begin{bmatrix} 172.4 \\ 65.8 \end{bmatrix} \quad S = \begin{bmatrix} 46.51 & 19.64 \\ 19.64 & 30.36 \end{bmatrix}$$
$$S^{-1} = \begin{bmatrix} 0.030 & -0.019 \\ -0.019 & 0.045 \end{bmatrix}$$

따라서 $\mathbf{T}^2$은 다음과 같이 계산이 가능하다.

$$\mathbf{T}^2 = 10 \begin{bmatrix} 172.4-173 \\ 65.8-\ 64 \end{bmatrix}' \begin{bmatrix} 0.030 & -0.019 \\ -0.019 & 0.045 \end{bmatrix} \begin{bmatrix} 172.4-173 \\ 65.8-\ 64 \end{bmatrix} = 1.98$$
$$\mathbf{T}^2 = 1.98 \quad \leq \quad \frac{(10-1)2}{10-2} F_{2,8}(0.05) = \frac{18}{8} 4.46 = 10.035$$

이므로 귀무가설H_0를 채택한다.

다변량 평균벡터 μ_0에 대한 $100(1-\alpha)\%$ 신뢰영역은 다음과 같이 쓸 수 있다.

$$n(\bar{\mathbf{x}}-\mu_0)'S^{-1}(\bar{\mathbf{x}}-\mu_0) \leq c^2=\frac{(n-1)p}{(n-p)}F_{p,n-p}$$

여기서 타원위의 중심 $\bar{\mathbf{x}}$를 통과하는 축의 길이를 구하면 다음과 같다.

$$2\sqrt{\lambda_i}\sqrt{\frac{c^2}{n}}=2\sqrt{\lambda_i}\sqrt{\frac{(n-1)p}{n(n-p)}F_{p,n-p}(\alpha)} \qquad i=1.\cdots,p$$

각 축의 꼭지점(타원 중심이 0일 때)은 다음과 같다.

$$\pm\sqrt{\lambda_i c^2}\,\mathbf{e}_i=\pm\sqrt{\lambda_i}\sqrt{\frac{(n-1)p}{(n-p)}F_{p,n-p}(\alpha)}\,\boldsymbol{e}_i \qquad i=1.\cdots,p$$

여기서 $\boldsymbol{e_i}$는 i번째 고유값의 고유벡터이다.

【예제 4.3】에서 공분산행렬 S의 i번째 고유값을 구하면 다음과 같다.

$$\lambda_1=59.67 \quad \mathbf{e}_1=\begin{bmatrix}0.8307\\0.5567\end{bmatrix}$$

$$\lambda_2=17.20 \quad \mathbf{e}_2=\begin{bmatrix}-0.5567\\0.8307\end{bmatrix}$$

μ_1과μ_2에 대한 신뢰영역을 구하기 위해

$$n(\bar{\mathbf{x}}-\mu_0)'S^{-1}(\bar{\mathbf{x}}-\mu_0)< \frac{(n-1)p}{(n-p)}F_{p,n-p}$$

에 대입을 하면 다음과 같다.

$$10\left[172.4-\mu_1,\ 65.8-\mu_2\right]\begin{bmatrix}0.030 & -0.019\\-0.019 & 0.045\end{bmatrix}\begin{bmatrix}172.4-\mu_1\\65.8-\mu_2\end{bmatrix}$$

$$\leq \frac{2(9)}{8}F_{2,8}(\alpha=0.05)=\frac{18}{8}4.46=10.035$$

따라서 벡터 $\mu=\begin{bmatrix}173\\64\end{bmatrix}$가 신뢰영역 안에 있는지 확인해보기 위해 값을 식에 대입해 보면 1.98로 신뢰영역 안에 포함된다. 가설검정과 동일한 결과를 얻을 수 있다.

축의 길이를 계산하면 다음과 같이 구할 수 있다.

장축의 길이 : $2\sqrt{\lambda_1}\sqrt{\frac{c^2}{n}} = 2\sqrt{\lambda_1}\sqrt{\frac{(n-1)p}{n(n-p)}F_{p,n-p}(\alpha)}$

$$= 2\sqrt{59.67}\sqrt{\frac{2(10-1)}{10(10-2)}4.46} = 15.48$$

단축의 길이 : $2\sqrt{\lambda_2}\sqrt{\frac{c^2}{n}} = 2\sqrt{\lambda_2}\sqrt{\frac{(n-1)p}{n(n-p)}F_{p,n-p}(\alpha)}$

$$= 2\sqrt{17.20}\sqrt{\frac{2(10-1)}{10(10-2)}4.46} = 8.31$$

각 축의 꼭지점 (타원 중심이 0일 때)

장축 $\pm\sqrt{\lambda_1 c^2}\,\mathbf{e}_1 = \pm 24.46\begin{bmatrix}0.8307\\0.5567\end{bmatrix} = \pm\begin{bmatrix}20.32\\13.62\end{bmatrix}$

단축 $\pm\sqrt{\lambda_2 c^2}\,\mathbf{e}_2 = \pm 13.14\begin{bmatrix}-0.556\\0.8307\end{bmatrix} = \pm\begin{bmatrix}-7.35\\10.95\end{bmatrix}$

동시신뢰구간

다변량의 경우 여러 개의 평균이 존재하기 때문에 동시에 여러 개의 평균에 대한 신뢰구간을 구할 수 있기 때문에 동시신뢰구간이라 부른다. 이 동시신뢰구간을 구하기 위해 다음과 같이 정의해 보자.

$\mathbf{X}$가 $N_p(\boldsymbol{\mu}, \Sigma)$인 분포를 하고 다음과 같은 선형결합을 생각해보자.

$$Z = \ell_1 X_1 + \ell_2 X_2 + \cdots + \ell_p X_p = \boldsymbol{\ell}'\mathbf{X}$$

여기서 이 선형결합의 평균과 분산은 다음과 같으며 이는 정규 분포를 한다.

$$\mu_z = E(Z) = \boldsymbol{\ell}'\boldsymbol{\mu}$$

$$\sigma_z^2 = V(Z) = \boldsymbol{\ell}'\Sigma\boldsymbol{\ell}$$

$Z \sim N(\boldsymbol{\ell}'\boldsymbol{\mu},\ \boldsymbol{\ell}'\boldsymbol{\Sigma}\boldsymbol{\ell})$ 분포를 한다.

따라서, Z_j 번째 표본의 결합은

$$Z_j = \ell_1 X_{1j} + \cdots + \ell_p X_{pj} = \boldsymbol{\ell}'\mathbf{X}_j$$

이며 $Z_1, \cdots, Z_n$에서 평균과 분산은 다음과 같다.

$$\overline{Z} = \boldsymbol{\ell}'\overline{\mathbf{X}} \qquad s_z^2 = \boldsymbol{\ell}'S\boldsymbol{\ell}$$

이에 대한 t 검정통계량은 다음과 같이 쓸 수 있다.

$$t = \frac{\overline{Z} - \mu_z}{s_z / \sqrt{n}} = \frac{\sqrt{n}\,(\boldsymbol{\ell}'\overline{\mathbf{X}} - \boldsymbol{\ell}'\boldsymbol{\mu})}{\sqrt{\boldsymbol{\ell}'S\boldsymbol{\ell}}}$$

또 Z의 평균 μ_z에 대한 신뢰구간은 다음과 같다.

$$\overline{Z} - t_{n-1}(\alpha/2)\frac{s_z}{\sqrt{n}} \le \mu_z \le \overline{Z} + t_{n-1}(\alpha/2)\frac{s_z}{\sqrt{n}}$$

이를 벡터로 표시하면 다음과 같다.

$$\boldsymbol{\ell}'\overline{\mathbf{X}} - t_{n-1}(\alpha/2)\frac{\sqrt{\boldsymbol{\ell}'S\boldsymbol{\ell}}}{\sqrt{n}} \le \boldsymbol{\ell}'\boldsymbol{\mu} \le \boldsymbol{\ell}'\overline{\mathbf{X}} + t_{n-1}(\alpha/2)\frac{\sqrt{\boldsymbol{\ell}'S\boldsymbol{\ell}}}{\sqrt{n}}$$

절대값으로 다시 쓰면 다음과 같이 표현이 가능하다.

$$|\,t\,| = \left|\frac{\sqrt{n}\,(\boldsymbol{\ell}'\overline{\mathbf{X}} - \boldsymbol{\ell}'\boldsymbol{\mu})}{\sqrt{\boldsymbol{\ell}'S\boldsymbol{\ell}}}\right| \le t_{n-1}(\alpha/2)$$

이는 제곱을 하여도 결과는 같다.

$$t^2 = \frac{n(\boldsymbol{\ell}'\overline{\mathbf{X}} - \boldsymbol{\ell}'\boldsymbol{\mu})^2}{\boldsymbol{\ell}'S\boldsymbol{\ell}} \le t_{n-1}^2(\alpha/2)$$

따라서 여기서t^2을 최대로 하는 $\boldsymbol{\ell}$을 찾아보면 $\boldsymbol{\ell}$이 $\boldsymbol{S}^{-1}(\overline{\boldsymbol{X}} - \boldsymbol{\mu})$와 같을 때 성립한다.

즉,

$$\begin{aligned}\max_{\ell} t^2 &= \max_{\ell} \frac{n(\boldsymbol{\ell}'\overline{\mathbf{X}} - \boldsymbol{\ell}'\boldsymbol{\mu})^2}{\boldsymbol{\ell}'S\boldsymbol{\ell}} \\ &= \max_{\ell} \frac{n(\boldsymbol{\ell}'(\overline{\mathbf{X}} - \boldsymbol{\mu}))^2}{\boldsymbol{\ell}'S\boldsymbol{\ell}} \\ &= n(\overline{\mathbf{X}} - \boldsymbol{\mu})'S^{-1}(\overline{\mathbf{X}} - \boldsymbol{\mu}) = T^2\end{aligned}$$

결론적으로 $\boldsymbol{\ell}$이 $S^{-1}(\overline{\mathbf{X}}-\boldsymbol{\mu})$일 경우에 t^2의 최대값은 $\mathrm{n}(\overline{\mathbf{X}}-\boldsymbol{\mu})'\mathrm{S}^{-1}(\overline{\mathbf{X}}-\boldsymbol{\mu})=\mathrm{T}^2$이다. 따라서 T^2은 F분포를 하므로 다음과 같은 영역이 주어진다.

$$\mathrm{T}^2=\mathrm{n}(\overline{\mathbf{X}}-\boldsymbol{\mu})'\mathrm{S}^{-1}(\overline{\mathbf{X}}-\boldsymbol{\mu}) \quad \leq \quad \frac{(\mathrm{p}-1)\mathrm{p}}{\mathrm{n}-\mathrm{p}}\mathrm{F}_{\mathrm{p},\mathrm{n}-\mathrm{p}}(\alpha)$$

이를 T^2에 제곱을 없애고 절대값을 취하면 F분포는 제곱근을 취하게 된다.

$$\left|\frac{\sqrt{\mathrm{n}}\,(\boldsymbol{\ell}'(\overline{\mathbf{X}}-\boldsymbol{\mu}))}{\sqrt{\boldsymbol{\ell}'\mathrm{S}\boldsymbol{\ell}}}\right| \leq \sqrt{\frac{(\mathrm{n}-1)\mathrm{p}}{\mathrm{n}-\mathrm{p}}\mathrm{F}_{\mathrm{p},\mathrm{n}-\mathrm{p}}(\alpha)}$$

이는 다음과 같이 쓸 수 있다.

$$-\sqrt{\frac{(\mathrm{n}-1)\mathrm{p}}{\mathrm{n}-\mathrm{p}}\mathrm{F}_{\mathrm{p},\mathrm{n}-\mathrm{p}}(\alpha)} \quad \leq \quad \frac{\sqrt{\mathrm{n}}\,\boldsymbol{\ell}'(\overline{\mathbf{X}}-\boldsymbol{\mu})}{\sqrt{\boldsymbol{\ell}'\mathrm{S}\boldsymbol{\ell}}} \quad \leq \quad \sqrt{\frac{(\mathrm{n}-1)\mathrm{p}}{\mathrm{n}-\mathrm{p}}\mathrm{F}_{\mathrm{p},\mathrm{n}-\mathrm{p}}(\alpha)}$$

이를 $\boldsymbol{\ell}'\overline{\mathrm{X}}$에 대해 풀면 신뢰영역을 다음과 같이 쓸 수 있다.

$$\boldsymbol{\ell}'\overline{\mathbf{X}} \pm \sqrt{\frac{(\mathrm{n}-1)\mathrm{p}}{(\mathrm{n}-\mathrm{p})}\mathrm{F}_{\mathrm{p},\mathrm{n}-\mathrm{p}}(\alpha)\frac{\boldsymbol{\ell}'\mathrm{S}\boldsymbol{\ell}}{\mathrm{n}}}$$

구체적으로 μ_1의 신뢰구간과 $\mu_{\mathrm{i}}-\mu_{\mathrm{k}}$의 신뢰구간을 구해보기로 하자.

① μ_1의 신뢰구간

$$\boldsymbol{\ell}'=[1.0.0.0.\cdots,0]$$

$$\bar{\mathrm{x}}_1-\sqrt{\frac{(\mathrm{n}-1)\mathrm{p}}{\mathrm{n}-\mathrm{p}}\mathrm{F}}\sqrt{\frac{\mathrm{s}_{11}}{\mathrm{n}}}<\mu_1<\bar{\mathrm{x}}_1+\sqrt{\frac{(\mathrm{n}-1)\mathrm{p}}{\mathrm{n}-\mathrm{p}}\mathrm{F}}\sqrt{\frac{\mathrm{s}_{11}}{\mathrm{n}}}$$

② $\mu_{\mathrm{i}}-\mu_{\mathrm{k}}$의 신뢰영역

$$\boldsymbol{\ell}'=[0,\ell_{\mathrm{i}},0,\ell_{\mathrm{k}},0,0] \quad \ell_{\mathrm{i}}=1 \quad \ell_{\mathrm{k}}=-1$$

$$\boldsymbol{\ell}'\mathrm{S}\boldsymbol{\ell}=\mathrm{s}_{\mathrm{ii}}-2\mathrm{s}_{\mathrm{ik}}+\mathrm{s}_{\mathrm{kk}}$$

$$\overline{\mathrm{x}_{\mathrm{i}}}-\overline{\mathrm{x}_{\mathrm{k}}}-\sqrt{\frac{(\mathrm{n}-1)\mathrm{p}}{\mathrm{n}-\mathrm{p}}\mathrm{F}}\sqrt{\frac{\mathrm{s}_{\mathrm{ii}}-2\mathrm{s}_{\mathrm{ik}}+\mathrm{s}_{\mathrm{kk}}}{\mathrm{n}}}<\mu_{\mathrm{i}}-\mu_{\mathrm{k}}$$

$$< \overline{x}_i - \overline{x}_k + \sqrt{\frac{(n-1)p}{n-p}F}\sqrt{\frac{s_{ii} - 2s_{ik} + s_{kk}}{n}}$$

【예제 4.4】 다음은 서울에 있는 H유치원에서 28명의 유아들의 키와 가슴둘레를 측정한 결과이다. 99%의 μ_1, μ_2, $\mu_1 + \mu_2, \mu_1 - \mu_2$의 동시신뢰구간을 구하여라.

$$\overline{\mathbf{x}} = \begin{bmatrix} 83.2 \\ 61.0 \end{bmatrix} \qquad S = \begin{bmatrix} 28.35 & 12.71 \\ 12.71 & 9.02 \end{bmatrix}$$

풀이

p=2 n=28 이므로 F값은 다음과 같다.

$$\frac{(n-1)p}{n-p}F_{2,26}(0.01) = \frac{2(27)}{26}5.53 = 11.49$$

(1) μ_1에 대한 신뢰구간

$$\boldsymbol{\ell}' = [1 \ \ 0] \qquad \boldsymbol{\ell}'\overline{\mathbf{x}} = [1 \ \ 0]\begin{bmatrix} 83.2 \\ 61.0 \end{bmatrix} = 83.2$$

$$\frac{1}{n}\boldsymbol{\ell}'S\boldsymbol{\ell} = \frac{1}{28}[1 \ \ 0]\begin{bmatrix} 28.35 & 12.71 \\ 12.71 & 9.02 \end{bmatrix}\begin{bmatrix} 1 \\ 0 \end{bmatrix} = 1.02$$

$$83.2 \pm \sqrt{11.49}\sqrt{1.02} = 83.2 \pm 3.21$$

(2) μ_2에 대한 신뢰구간

$$\boldsymbol{\ell}' = [0 \ \ 1] \qquad \boldsymbol{\ell}'\overline{\mathbf{x}} = 61.0$$

$$\frac{1}{n}\boldsymbol{\ell}'S\boldsymbol{\ell} = 0.33 \quad \Leftrightarrow \quad 61.0 \pm 1.83$$

(3) $\mu_1 + \mu_2$에 대한 신뢰구간

$$\boldsymbol{\ell}' = [1 \ \ 1] \qquad \boldsymbol{\ell}'\overline{\mathbf{x}} = [1 \ \ 1]\begin{bmatrix} 83.2 \\ 61.0 \end{bmatrix} = 144.2$$

$$\frac{1}{n}\boldsymbol{\ell}'S\boldsymbol{\ell} = \frac{1}{28}[1 \ \ 1]\begin{bmatrix} 28.35 & 12.71 \\ 12.71 & 9.02 \end{bmatrix}\begin{bmatrix} 1 \\ 1 \end{bmatrix} = 2.24$$

$$144.2 \pm \sqrt{11.49}\sqrt{2.24} = 144.2 \pm 4.76$$

(4) $\mu_1 - \mu_2$에 대한 신뢰구간

$$\boldsymbol{\ell}' = [1 \ \ -1] \qquad \boldsymbol{\ell}'\overline{\mathbf{x}} = 22.2$$

$$\frac{1}{n}\boldsymbol{\ell}'S\boldsymbol{\ell} = 0.42 \quad \Leftrightarrow \quad 22.2 \pm 2.06$$

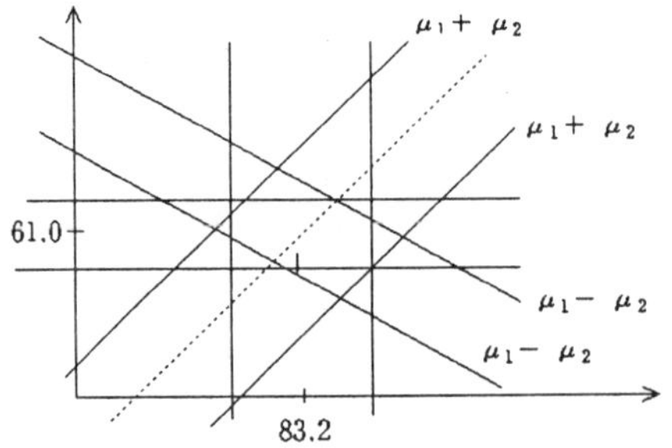

4.1.2.1 표본이 크거나 정규분포를 하는 경우

표본이 큰 경우의 동시신뢰구간

$\mathbf{x}_1, \mathbf{x}_2, \cdots, \mathbf{x}_n$ 평균$\boldsymbol{\mu}$와 양정치 공분산행렬 Σ를 가진 모집단에서 나온 표본이라 하자. $n-p$가 충분히 큰 경우에$n(\overline{\mathbf{x}}-\boldsymbol{\mu})'S^{-1}(\overline{\mathbf{x}}-\boldsymbol{\mu}) > \chi^2(p)$이면, 유의수준 α에서 귀무가설을 기각한다. 또한 $n-p$가 큰 경우의 평균 벡터 $\boldsymbol{\ell}'\boldsymbol{\mu}$의 동시신뢰구간은 다음과 같다.

$$\boldsymbol{\ell}'\mu \quad \Rightarrow \quad \boldsymbol{\ell}'\overline{\mathbf{x}} \pm \sqrt{\chi^2(p)}\sqrt{\frac{\boldsymbol{\ell}'S\boldsymbol{\ell}}{n}}$$

$$\mu_1 \quad \Rightarrow \quad \overline{x}_1 \pm \sqrt{\chi^2(p)}\sqrt{\frac{s_{11}}{n}}$$

$$\vdots \qquad\qquad \vdots$$

$$\mu_p \quad \Rightarrow \quad \overline{x}_p \pm \sqrt{\chi^2(p)}\sqrt{\frac{s_{pp}}{n}}$$

【예제 4.5】 다음은 어느 대학 신입생의 학력을 테스트한 결과이다. 이 통계는 $n=124$명의 표본에 근거한 것이다. 각 과목의 $\mu_i(i=1,2,3,4)$의 95% 동시신뢰구간을 구하라.

과목	표본평균	표본분산
x_1 =국어	56.2	50.24
x_2 =영어	72.3	45.24
x_3 =수학	60.5	292.59
x_4 =통계	62.1	182.28

풀이

$$\chi^2_{0.05}(4) = 9.49 \qquad \bar{x}_i \pm \sqrt{9.49 \frac{s_{ii}}{124}}$$

국 어	$56.2 \pm \sqrt{9.49\frac{50.24}{124}} = 56.2 \pm 1.96$
영 어	72.3 ± 1.86
수 학	60.5 ± 4.73
통 계	62.1 ± 3.74

이 경우 χ^2의 값과 F값을 비교해 볼 수 있다. F을 구해보면 다음과 같다.

$$\frac{p(n-1)}{n-p} F_{p,n-p}(\alpha) = \frac{4(124-1)}{124-4} F_{4,120}(0.05) = 10.5$$

4.2 두 독립인 모집단의 경우

4.2.1 일변량의 경우

두 개의 독립인 집단인 경우$x_1 \sim N(\mu_1, \sigma_1^2) x_2 \sim N(\mu_2, \sigma_2^2)$ 의 평균차에 관한 검정에 대하여 생각해 보기로 하자. 다음과 같은 가설을 세울 수 있다.

$$H_0: \mu_1 - \mu_2 = \delta_0 \qquad H_1: \mu_1 - \mu_2 \neq \delta_0$$

$$\bar{x}_1 = \frac{1}{n_1}\sum_{i=1}^{n_1} x_{1i} \qquad s_1^2 = \frac{1}{n_1 - 1}\sum_{i=1}^{n_1}(x_{1i} - \bar{x}_1)^2$$

$$\bar{x}_2 = \frac{1}{n_2}\sum_{i=1}^{n_2} x_{2i} \qquad s_2^2 = \frac{1}{n_2 - 1}\sum_{i=1}^{n_2}(x_{1i} - \bar{x}_2)^2$$

4.2.1.1 표본이 큰 경우

$$H_0: \mu_1 - \mu_2 = \delta_0 \qquad H_1: \mu_1 - \mu_2 \neq \delta_0$$

$$\mu_{\bar{x}_1 - \bar{x}_2} = \mu_1 - \mu_2$$

$$\sigma^2_{\bar{x}_1-\bar{x}_2} = \frac{\sigma_1^2}{n_1} + \frac{\sigma_2^2}{n_2}$$

$$Z = \frac{(\bar{x}_1 - \bar{x}_2) - (\mu_1 - \mu_2)}{\sqrt{\frac{\sigma_1^2}{n_1} + \frac{\sigma_2^2}{n_2}}}$$

모평균을 모를 경우 표본분산$\left(\frac{\sigma_1^2}{n_1} + \frac{\sigma_2^2}{n_2} \rightarrow \frac{s_1^2}{n_1} + \frac{s_2^2}{n_2}\right)$을 사용할 수 있다.

$\mu_1 - \mu_2$의 $100(1-\alpha)\%$ 신뢰구간은 다음과 같다.

$$(\bar{x}_1 - \bar{x}_2) \pm Z_{\alpha/2}\sigma_{\bar{x}_1-\bar{x}_2}$$

따라서,

$$(\bar{x}_1 - \bar{x}_2) - Z_{\alpha/2}\sigma_{\bar{x}_1-\bar{x}_2} < \mu_1 - \mu_2 < (\bar{x}_1 - \bar{x}_2) + Z_{\alpha/2}\sigma_{\bar{x}_1-\bar{x}_2}$$

【 예제 4.6 】 비누회사에서 국산기계와 외국기계를 각각 사용하여 비누를 제조하였다. 다음은 국산기계와 외국기계를 비교한 것이다. $\alpha = 0.05$에서 같은지를 검정하여라.

국산기계	외국기계
$n_1 = 35$	$n_2 = 30$
$\bar{x}_1 = 2.4$	$\bar{x}_2 = 4.5$
$s_1 = 4.0$	$s_2 = 6.2$

풀이

$$H_0: \mu_1 - \mu_2 = 0 \qquad H_1: \mu_1 - \mu_2 \neq 0$$

$$s_{\bar{x}_1-\bar{x}_2} = \sqrt{\frac{s_1^2}{n_1} + \frac{s_2^2}{n_2}} = \sqrt{\frac{4.0^2}{35} + \frac{6.2^2}{30}} = 1.32$$

$$Z = \frac{(\bar{x}_1 - \bar{x}_2) - (\mu_1 - \mu_2)}{\sqrt{\frac{s_1^2}{n_1} + \frac{s_2^2}{n_2}}} = \frac{2.4 - 4.5 - 0}{1.32} = -1.59$$

$\alpha = 0.05$ 이므로, $|Z_{0.05}| = |1.96|$

따라서 $|Z| = |-1.59| < |Z_{0.05}| = |1.96|$ 이므로, 귀무가설을 채택한다.

4.2.1.2 표본이 적은 경우

1) 두 모분산이 같은 경우 $(\sigma_1^2 = \sigma_2^2)$

합동분산(Pooled Variance)을 이용하여 계산한다. 즉, 합동분산s_p^2는 다음과 같이 정의한다.

$$s_p^2 = \frac{(n_1-1)s_1^2 + (n_2-1)s_2^2}{n_1+n_2-2}$$

여기서 검정통계량 t는 다음과 같이 쓸 수이다.

$$t = \frac{(\bar{x}_1 - \bar{x}_2) - (\mu_1 - \mu_2)}{\sqrt{(\frac{1}{n_1} + \frac{1}{n_2})s_p^2}}$$

이를 다음과 같이 쓴다.

$$t(n_1+n_2-2, 1-\alpha/2)$$

절대값 t가$t(n_1+n_2-2, 1-\alpha/2)$보다 큰 경우 귀무가설은 기각한다. 즉, 다음 부등호가 성립할 때

$$|t| = \left|\frac{(\bar{x}_1 - \bar{x}_2) - (\mu_1 - \mu_2)}{\sqrt{(\frac{1}{n_1} + \frac{1}{n_2})s_p^2}}\right| \geq t(n_1+n_2-2, 1-\alpha/2)$$

귀무가설은 기각한다.

【예제 4.7】 아래 자료는 모 고등학교의 문과와 이과의 시험성적이다. 90% 신뢰구간을 구하여라.

문 과	85	63	92	40	76	82	85	68	80	95
이 과	98	92	60	83	85	89	70	75	53	80

문 과	이 과
$n_1 = 10$	$n_2 = 10$
$\bar{x}_1 = 76.6$	$\bar{x}_2 = 78.5$
$s_1 = 16.18$	$s_2 = 14.20$

합동분산은 식에 의해 다음과 같이 얻을 수 있다.

$$s_p^2 = \frac{(n_1-1)s_1^2 + (n_2-1)s_2^2}{n_1+n_2-2}$$

$$= \frac{(10-1)(16.18)^2 + (10-1)(14.20)^2}{10+10-2} = 231.72$$

$$s_{\bar{x}_1-\bar{x}_2} = \sqrt{\left(\frac{1}{n_1}+\frac{1}{n_2}\right)s_p^2} = \sqrt{\left(\frac{1}{10}+\frac{1}{10}\right)231.72} = 6.81$$

따라서 t 검정통계량은 다음과 같다.

$$t = \frac{(\bar{x}_1-\bar{x}_2)-(\mu_1-\mu_2)}{\sqrt{\left(\frac{1}{n_1}+\frac{1}{n_2}\right)s_p^2}} = \frac{(76.6-78.5)-0}{6.81} = -0.28$$

또 유의수준이 5%의 경우에 자유도가 18인 경우에 t값은 다음과 같이 1.734이다.

$$t_{0.025}(20-2) = 1.734$$

그러므로 $|t| = 0.26 < t_{0.025}(18) = 1.73$이다. 따라서 귀무가설을 채택한다.

이번에는 신뢰구간을 보기로 하자. 신뢰구간은 다음과 같은 식에서 구할 수 있다.

$$\bar{x}_1 - \bar{x}_2 \pm t_{\alpha/2}(n_1+n_2-2)s_{\bar{x}_1-\bar{x}_2}$$

$$= (76.6-78.5) \pm (1.734)(6.81) = -1.9 \pm 11.81$$

$$= [-13.71, 9.91]$$

역시 신뢰구간 안에 $0(H_o : \mu = 0)$이 포함되므로 귀무가설을 채택한다.

2) **두 모분산이 다른 경우**$(\sigma_1^2 \neq \sigma_2^2)$

이 문제는 통계학에서 발생하는 복잡한 문제 중 하나이다. 여기서는 '근사적인 t방법'을 간단히 소개하기로 한다. 검정통계량은

$$t = \frac{\overline{x}_i - \overline{x}_j}{\sqrt{s_i^2/n_i + s_j^2/n_j}}$$

이며 이에 해당하는 근사적인 자유도는

$$\nu = \frac{(s_i^2/n_i + s_j^2/n_j)^2}{\dfrac{(s_i^2/n_i)^2}{n_i - 1} + \dfrac{(s_j^2/n_j)^2}{n_j - 1}}$$

의 정수부분이다.

4.2.2 다변량의 경우

다변량의 경우 다음과 같은 확률벡터가 다변량 정규분포로부터 추출됐을 때를 가정한다.

$$\mathbf{x}_{11}, \cdots, \mathbf{x}_{1n_1} \sim \mathrm{N_p}(\boldsymbol{\mu}_1, \Sigma_1) \qquad \mathbf{x}_{21}, \cdots, \mathbf{x}_{2n_2} \sim \mathrm{N_p}(\boldsymbol{\mu}_2, \Sigma)$$

이에 대한 귀무가설은 다음과 같다.

$$\mathrm{H_0}: \ \boldsymbol{\mu}_1 - \boldsymbol{\mu}_2 = \boldsymbol{\delta}_0 \qquad \mathrm{H_1}: \ \boldsymbol{\mu}_1 - \boldsymbol{\mu}_2 \neq \boldsymbol{\delta}_0$$

두 독립된 모집단에서의 표본확률벡터 $\mathbf{x}_1$, $\mathbf{x}_2$ 의 의 평균과 공분산행렬은 다음과 같다.

$$\overline{\mathbf{x}}_1 = \frac{1}{\mathrm{n}_1}\sum_{\mathrm{i}=1}^{\mathrm{n}_1}\mathbf{x}_{1\mathrm{i}} \qquad \mathrm{S}_1 = \frac{1}{\mathrm{n}_1 - 1}\sum_{\mathrm{i}=1}^{\mathrm{n}_1}(\mathbf{x}_{1\mathrm{i}} - \overline{\mathbf{x}}_1)(\mathbf{x}_{1\mathrm{i}} - \overline{\mathbf{x}}_1)'$$

$$\overline{\mathbf{x}}_2 = \frac{1}{\mathrm{n}_2}\sum_{\mathrm{i}=1}^{\mathrm{n}_2}\mathbf{x}_{2\mathrm{i}} \qquad \mathrm{S}_2 = \frac{1}{\mathrm{n}_2 - 1}\sum_{\mathrm{i}=1}^{\mathrm{n}_2}(\mathbf{x}_{1\mathrm{i}} - \overline{\mathbf{x}}_2)(\mathbf{x}_{1\mathrm{i}} - \overline{\mathbf{x}}_2)'$$

4.2.2.1 표본이 큰 경우

먼저 표본이 큰 경우에는 정규분포의 가정이 필요 없다. 그러나 두 모집단의 공분산행렬이 같은 경우와 다른 두 가지 경우에 따라 계산 방법이 달라진다.

1) 공분산 행렬이 같은 경우($\Sigma_1 = \Sigma_2$)

$\overline{\mathbf{x}}_1 - \overline{\mathbf{x}}_2 \sim N_p(\mu_1 - \mu_2, (\frac{1}{n_1} + \frac{1}{n_2})\Sigma)$인 경우 되므로 다음과 같은 검정통계량이 가능하다.

$$\frac{[(\overline{\mathbf{x}}_1 - \overline{\mathbf{x}}_2) - (\mu_1 - \mu_2)]'[(\overline{\mathbf{x}}_1 - \overline{\mathbf{x}}_2) - (\mu_1 - \mu_2)]}{(\frac{1}{n_1} + \frac{1}{n_2})\Sigma}$$

이 검정 통계량은 자유도가 p인 χ^2를 따른다.

4.2.2.2 표본이 작은 경우

1) 공분산 행렬이 같은 경우($\Sigma_1 = \Sigma_2$)

다음과 같은 검정통계량을 만들 수 있다.

$$T^2 = \frac{[(\overline{\mathbf{x}}_1 - \overline{\mathbf{x}}_2) - (\mu_1 - \mu_2)]'[(\overline{\mathbf{x}}_1 - \overline{\mathbf{x}}_2) - (\mu_1 - \mu_2)]}{(\frac{1}{n_1} + \frac{1}{n_2})S_p}$$

여기서 S_p는 합동공분산행렬로 다음과 같다.

$$S_P = \frac{(n_1 - 1)S_1 + (n_2 - 1)S_2}{n_1 + n_2 - 2}$$

위의 모평균벡터가 0인 경우 검정통계량은 다음과 같이 나누어 쓸 수 있다

$$\frac{1}{\sqrt{\frac{1}{n_1} + \frac{1}{n_2}}}(\overline{\mathbf{x}}_1 - \overline{\mathbf{x}}_2)' S_p^{-1} \frac{1}{\sqrt{\frac{1}{n_1} + \frac{1}{n_2}}}(\overline{\mathbf{x}}_1 - \overline{\mathbf{x}}_2)$$

이는 다변량 정규분포와 위샤드 분포의 곱으로 표현되며 궁극적으로는 자유

도가 (p, n_1+n_2-p-1)인 F분포를 한다.

$$N_p(0,\boldsymbol{\Sigma})\left[\frac{\mathrm{W_p}(\mathrm{n_1+n_2}-2,\boldsymbol{\Sigma})}{\mathrm{n_1+n_2}-2}\right]\mathrm{N_p}(0,\boldsymbol{\Sigma})$$

$$\sim \quad \frac{(n_1+n_2-2)p}{(n_1+n_2-p-1)}F(p,n_1+n_2-p-1)$$

따라서 다음과 같이 검정통계량이 F분포 값보다 크면 귀무가설을 기각한다.

$$\mathrm{T}^2=\frac{[(\overline{\mathbf{x}_1}-\overline{\mathbf{x}_2})-\boldsymbol{\delta}_0]'[(\overline{\mathbf{x}_1}-\overline{\mathbf{x}_2})-\boldsymbol{\delta}_0]}{(\frac{1}{\mathrm{n_1}}+\frac{1}{\mathrm{n_2}})\mathbf{S}_\mathrm{p}}$$

$$\geq \frac{(n_1+n_2-2)p}{(n_1+n_2-p-1)}F(p,n_1+n_2-p-1)$$

이와 같은 검정통계량 T^2 를 이 표본 호텔링 T^2라 부른다.

개별적인 각 변수의 신뢰구간

각 변수의 개별 신뢰구간은 다음과 같다. 먼저 각각 $\mu_{11}-\mu_{21}$, $\mu_{12}-\mu_{22}$의 신뢰구간은 다음과 같다.

$$\overline{x_{11}}-\overline{x_{21}}\pm\sqrt{\frac{(n_1+n_2-2)p}{(n_1+n_2-p-1)}F(p,n_1+n_2-p-1)}\sqrt{(\frac{1}{n_1}+\frac{1}{n_2})s_{11}}$$

$$\overline{x_{12}}-\overline{x_{22}}\pm\sqrt{\frac{(n_1+n_2-2)p}{(n_1+n_2-p-1)}F(p,n_1+n_2-p-1)}\sqrt{(\frac{1}{n_1}+\frac{1}{n_2})s_{22}}$$

일반적인 p변수에 대한 두 평균의 차인 $\mu_{1p}-\mu_{2p}$의 신뢰구간은 다음과 같다.

$$\overline{x_{1p}}-\overline{x_{2p}}\pm\sqrt{\frac{(n_1+n_2-2)p}{(n_1+n_2-p-1)}F(p,n_1+n_2-p-1)}\sqrt{(\frac{1}{n_1}+\frac{1}{n_2})s_{pp}}$$

【예제 4.8】 다음과 같이 국산기계와 외국기계의 두 모서리의 마모도가 동일한지를 검정하고자. 한다. 유의수준이 $\alpha=0.05$인 경우에 두 마모도의 차이가 있는지를 검정하여라. 두 모집단의 공분산이 같다고 가정한다.

국산기계	외국기계
$n_1 = 15$	$n_2 = 10$
$\bar{\mathbf{x}}_1 = \begin{bmatrix} 2.4 \\ 9.4 \end{bmatrix}$	$\bar{\mathbf{x}}_2 = \begin{bmatrix} 4.5 \\ 6.2 \end{bmatrix}$
$\mathbf{S}_1 = \begin{bmatrix} 4.0 & 1.0 \\ 1.0 & 6.3 \end{bmatrix}$	$\mathbf{S}_2 = \begin{bmatrix} 5.2 & 2.1 \\ 2.1 & 4.1 \end{bmatrix}$

풀이

먼저 검정통계량을 구하기 위하여 두 평균의 차이 벡터와 합동공분산과 그 합동분산의 역행렬을 구하면 다음과 같다.

$$\bar{\mathbf{x}}_1 - \bar{\mathbf{x}}_2 = \begin{bmatrix} 2.4 \\ 9.4 \end{bmatrix} - \begin{bmatrix} 4.5 \\ 6.2 \end{bmatrix} = \begin{bmatrix} -2.1 \\ 3.2 \end{bmatrix}$$

$$\mathbf{S}_P = \frac{(n_1-1)\mathbf{S}_1 + (n_2-1)\mathbf{S}_2}{n_1 - n_2 - 2}$$

$$= \frac{1}{23}\begin{bmatrix} 104.2 & 32.9 \\ 32.9 & 124.2 \end{bmatrix} = \begin{bmatrix} 4.53 & 1.43 \\ 1.43 & 5.4 \end{bmatrix}$$

$$\mathrm{S}^{-1} = \begin{bmatrix} 0.241 & -0.064 \\ -0.064 & 0.202 \end{bmatrix}$$

검정통계량 T^2은 다음과 같다.

$$\mathrm{T}^2 = \frac{(15)(10)}{15+10}[-2.1 \ \ 3.2]\begin{bmatrix} 0.241 & -0.064 \\ -0.064 & 0.202 \end{bmatrix}\begin{bmatrix} -2.1 \\ 3.2 \end{bmatrix} = 23.95$$

T^2가 $\frac{(15+10-2)2}{(15+10-2-1)}F(2, 15+10-2-1) = 7.21$값보다 크기 때문에 귀무가설을 기각한다. 또 각 변수 차이에 대한 신뢰구간은 다음과 같다.

$$\mu_{11} - \mu_{21} \ : \ 2.4 - 4.5 \pm \sqrt{7.21}\sqrt{(\frac{1}{15} + \frac{1}{10})4.53} = -2.1 \pm 2.33$$

$$\mu_{12} - \mu_{22} \ : \ 9.4 - 6.2 \pm \sqrt{7.21}\sqrt{(\frac{1}{15} + \frac{1}{10})9.40} = 3.2 \pm 2.55$$

2) 두 공분산행렬이 다른 경우

일반적으로 표본이 크다고 가정하거나 표본을 크게 하여 문제를 해결한다. 따라서 T^{*2}는 $\chi^2(\mathrm{p})$분포를 따른다.

$$T^{*2} = \frac{[(\overline{\mathbf{x}}_1 - \overline{\mathbf{x}}_2) - (\mu_1 - \mu_2)]'[(\overline{\mathbf{x}}_1 - \overline{\mathbf{x}}_2) - (\mu_1 - \mu_2)]}{(\frac{\mathbf{S}_1}{n_1} + \frac{\mathbf{S}_2}{n_2})}$$

$$\leq \chi^2(p)$$

인 경우 귀무가설은 채택한다.

【 예제 4.9】 위의 동일한 예로 역시 두 모서리의 마모도가 동일한지를 검정하고자. 한다. 유의수준이 $\alpha = 0.05$인 경우에 두 마모도의 차이가 있는지를 검정하여라. 두 모집단의 공분산이 다르다고 가정한다.

풀이

이 경우에는 합동공분산대신에 두 공분산을 따로 계산하여 검정통계량에 대입한다.

$$\frac{1}{n_1}\mathbf{S}_1 + \frac{1}{n_2}\mathbf{S}_2 = \frac{1}{15}\begin{bmatrix} 4.1 & 1.0 \\ 1.0 & 6.3 \end{bmatrix} + \frac{1}{10}\begin{bmatrix} 5.2 & 2.1 \\ 2.1 & 4.0 \end{bmatrix} = \begin{bmatrix} 0.79 & 0.28 \\ 0.28 & 0.28 \end{bmatrix}$$

$$\mathbf{T}^{*2} = (\overline{\mathbf{x}_1} - \overline{\mathbf{x}_2})'(\frac{\mathbf{S}_1}{n_1} + \frac{\mathbf{S}_2}{n_2})^{-1}(\overline{\mathbf{x}_1} - \overline{\mathbf{x}_2})$$

따라서 검정 통계량은 다음과 같이 얻어지며 $\chi^2(2)$ 보다 크므로 귀무가설을 기각한다. 공분산이 다르다고 계산 했던 위의 결과와 동일하게 나온다.

$$T^2 = [2.4 - 4.5 \quad 9.4 - 6.4]\begin{bmatrix} 0.79 & 0.28 \\ 0.28 & 0.82 \end{bmatrix}^{-1}\begin{bmatrix} 2.4 - 4.5 \\ 9.4 - 6.2 \end{bmatrix} = 32.65$$

$$\mathbf{T}^2 = 32.65 \quad > \quad \chi^2(2) = 5.99$$

동시신뢰구간

두 모평균벡터의 차이 동시 신뢰구간은 다음과 같이 구할 수 있다.

$$\delta' = (\mu_1 - \mu_2)' = (\mu_{11} - \mu_{21} \quad \mu_{12} - \mu_{22} \quad \cdots \quad \mu_{1p} - \mu_{2p})$$

$$\ell'(\overline{\mathbf{x}}_1 - \overline{\mathbf{x}}_2) - \sqrt{\frac{(n_1 + n_2 - 2)p}{n_1 + n_2 - p - 1}\ell'\mathbf{S}_p\ell(\frac{1}{n_1} + \frac{1}{n_2})F(p, n_1 + n_2 - p - 1)} \leq \ell'\delta$$

$$\leq \ell'(\overline{\mathbf{x}}_1 - \overline{\mathbf{x}}_2) + \sqrt{\frac{(n_1 + n_2 - 2)p}{n_1 + n_2 - p - 1}\ell'\mathbf{S}_p\ell(\frac{1}{n_1} + \frac{1}{n_2})F(p, n_1 + n_2 - p - 1)}$$

연습문제

【1】 어느 공장에서 수작업으로 컵을 생산하고 있다. 이 회사에서 요구하는 컵의 기본 무게는 415g이다. 수작업으로 만든 컵 10개를 임의로 추출한 결과 다음과 같은 결과를 얻었다. 이 회사 컵의 무게가 415g이라고 할 수 있는지를 유의 수준 5%하에서 검정하여라.

410 400 401 400 425 420 421 423 412 417

【2】 다음은 아시아 어느 고원지대에 사는 2세 남자아이들의 키, 가슴둘레, 위팔뚝에 대한 값이다.

아이	키	가슴둘레	위팔뚝
1	78	60.6	16.5
2	76	58.1	12.5
3	82	63.2	14.5
4	81	59.0	14.0
5	81	60.8	15.5
6	84	59.5	14.0

같은 지방에 사는 같은 나이의 남자아이들의 평균치는 각각 90, 58 그리고 16이다. 고원지대에 사는 남자아이들이 같은 평균치를 가지고 있는지를 유의수준 5%하에서 검정하여라. (역행렬은 SAS IML을 통하여 구하여라).

【3】 다음은 8명의 혈당과 심장이 수축되었을 때와 이완되었을 때의 혈압을 측정한 값이다. 모든 측정값이 0과 같은 지를 유의수준 5%하에서 검정하여라. 또 다음에 주어지는 SAS프로그램을 실행하고 계산 결과와 비교하여라.

성인	혈당	혈압(수축)	혈압(이완)
1	30	-8	-1
2	90	7	6
3	-10	-2	4
4	10	0	2
5	30	-2	5
6	60	0	3
7	0	-2	4
8	40	1	2

SAS Program

```
proc iml;
a={30 90 -10 10 30 60 0 40};
b={-8 7 -2 0 -2 0 -2 1};
c={-1 6 4 2 5 3 4 2};
n=8; p=3;
x=a`||b`||c`;
print x;
xb=J(n,1,1)*J(1, n, 1/n)*x;
print xb;
s=(x-xb)`*(x-xb)/(n-1);
print s;

sinv=inv(s);
print sinv;
tsq=n*J(1,n,1/n)*x*sinv*x`*J(n,1, 1/n);
print tsq;

F0=(n-p)/((n-1)*p)*tsq;
Fa=finv(0.95, 3,5);
pv=1-probf(F0,3,5);
```

```
print F0 Fa pv;
If F0 >Fa then print "F0> Fa : reject "
    else print "F0< Fa : accept "
                    quit
```

【4】 다음은 위스콘신 주민의 전력사용량이다. 에어컨이 있는 세대는 45세대이며 에어컨이 없는 세대는 55세대로 가장 더울 때 전력사용량과 전체 전력사용량의 두 변수에 대한 평균과 공분산행렬을 나타낸 것이다. 에어컨 유무에 전력사용에 차이가 있는지 검정하고자 한다.(F분포와 χ^2분포 두 경우를 구하여 결과를 비교하여라.) 유의수준이 $\alpha = 0.05$인 경우에 차이가 있는지를 검정하여라. 두 모집단의 공분산이 같은 경우와 다른 경우 두 경우 모두 계산하여라. 또 $\mu_{11} - \mu_{21}$과 $\mu_{12} - \mu_{22}$의 신뢰구간도 두 모집단의 공분산이 같은 경우와 다른 경우를 따로 계산하여라.(역행렬은 SAS IML을 통하여 구하여라.)

에어컨 소유	에어컨 미소유
$n_1 = 45$	$n_2 = 55$
$\bar{\mathbf{x}}_1 = \begin{bmatrix} 204.4 \\ 556.6 \end{bmatrix}$	$\bar{\mathbf{x}}_2 = \begin{bmatrix} 130.0 \\ 355.0 \end{bmatrix}$
$S_1 = \begin{bmatrix} 13825.3 & 23823.4 \\ 23823.4 & 73107.4 \end{bmatrix}$	$S_2 = \begin{bmatrix} 8632.0 & 19616.7 \\ 19616.7 & 55964.5 \end{bmatrix}$

【5】 다음은 강아지를 그대로 방치했을 때와 묶어 두었을 때의 보폭과 당기는 힘을 측정한 것이다. 두 경우에 차이가 있는지를 유의수준 5%하에서 검정하여라(두 모집단의 분산이 같은 경우에). 또 각 변수별 평균의 차이의 신뢰구간을 구하라. 또 다음에 주어지는 SAS 프로그램을 실행하고 계산 결과와 비교하여라.

	그대로 방치되었을 경우				묶어 두었을 경우			
강아지	1	2	3	4	1	2	3	4
보폭	131.5	145	141	150	40.5	80	50	90
당기는 힘	9	12	30	36	54	74.5	64.5	60.5

【SAS 프로그램 예제】

```
proc iml
stridec={131.5, 145, 141, 150};
STRIDEP={40.5, 80, 50, 90};
strainc={9, 12, 30, 36};
strainp={54, 74.5, 64.5, 60.5 };
x=stridec||strainc;
y=stridep||strainp;
p=2 n1=4 n2=4 f=n1+n2-2
xb=J(n1,1,1)*J(1,n1,1/n1)*x;
yb=J(n2,1,1)*J(1,n2,1/n2)*y;
s1=(x-xb)`*(x-xb)/(n1-1);
s2=(y-yb)`*(y-yb)/(n2-1);
print s1 s2;
sp=((n1-1)*s1+(n2-1)*s2)/(n1+n2-2);
Tsq=(n1*n2)/(n1+n2)*(xb-yb)[1,]*inv(sp)*(xb-yb)[1,]`;
Tasq=f*p/(f-p+1)*finv(1-0.05,p,f-p+1);
pv=1-probf(tsq,2,5);
t11=tinv(1-0.05/4,6)*sqrt((n1+n2)/(n1*n2)*sp[1,1]);
t21=tinv(1-0.05/4,6)*sqrt((n1+n2)/(n1*n2)*sp[2,2]);
t12=sqrt(tasq*(n1+n2)/(n1*n2)*sp[1,1]);
t22=sqrt(tasq*(n1+n2)/(n1*n2)*sp[2,2]);
low11=(xb-yb)[1,1]-t11;
upp11=(xb-yb)[1,1]+t11;
low21=(xb-yb)[1,2]-t21;
upp12=(xb-yb)[1,1]+t21;
low12=(xb-yb)[1,1]-t12;
upp12=(xb-yb)[1,1]+t12;
```

```
low22=(xb-yb)[1,2]-t22;
upp22=(xb-yb)[1,2]+t22;
print tsq Tasq pv;
if tsq >tasq then print "Tsq>Tasq: reject "
   else print  " Tsq <Tasq: accept "

print "Tasq at xb1-yb1:("low12 upp12")" ,
   "Tasq at xb2-yb2:("low22 upp22")" ,
   "Tasq1k at xb1-yb1:("low11 upp11")" ,
   "Tasq2k at xb2-yb2:("low22 upp22")"
quit
```

제5장

분산분석

5.1 일원배치 일변량 분산분석

5.2 일원배치 다변량 분산분석

5.3 이원배치 일변량 분산분석

5.4 이원배치 다변량 분산분석

분산분석

정량적인 종속변수에 대한 비정량적인 독립변수(인자, 처리, 집단)의 영향을 분석하는 경우로 일변량의 경우 두 개의 집단간의 평균의 차이의 비교는 Z-검정이나 t-검정을 이용한다. 그러나 두 개의 집단 이상의 평균 간의 차이검정은 분산분석을 사용한다. 다변량에서도 마찬가지로 두 개 이상의 변수에 대해 두 개 이상의 집단간에 평균벡터의 차이를 검정하는 분석으로 다변량 분산분석이 사용된다.

일변량 분산분석(ANOVA)

하나의 연속형 종속변수에 대한 서로 다른 수준에서 특정한 하나 또는 둘 이상의 범주형 독립변수들의 영향을 분석한다.

다변량 분산분석(MANOVA)

두 개 이상의 연속형 종속변수에 대한 서로 다른 수준에서 특정한 하나 또는 둘 이상의 범주형 독립변수들의 영향을 분석한다.

5.1 일원배치 일변량 분산분석

일원배치 일변량 분산분석은 하나의 연속형 종속변수에 대한 서로 다른 수준에서 특정한 하나의 범주형 독립변수들의 영향을 분석한다.

5.1.1 자료구조

구분	인자수준			
	1	2	…	a
반복관찰	x_{11} ⋮ x_{1n_1}	x_{21} ⋮ x_{2n_2}	… ⋮ …	x_{a1} ⋮ x_{an_a}

표본평균	$\bar{x}_1$	$\bar{x}_2$	$\cdots$	$\bar{x}_a$
전체평균	$\bar{x} = \sum_{i}^{a}\sum_{j}^{n_i} x_{ij}/N$,			

여기서 총계는 $N = \sum_{i=1}^{a} n_i$ 이다. 분산분석에는 다음과 같은 두 개의 가정을 필요로 한다.

가정 ① 확률변수 x_{ij}는 분산이 동일한 정규분포를 한다.

$$x_{ij} \;\rightarrow\; N(\mu_i, \sigma^2) \qquad i = 1, 2, 3, \cdots, a$$

가정 ② 인자의 각 수준에 대한 모집단의 분포는 서로 독립이다.

5.1.2 모형설정과 분산분석표

일원배치 일변량 분산분석의 모형은 다음과 같다.

$$x_{ij} = \mu_i + \epsilon_{ij} \qquad i = 1,2,\cdots,a \;\; j = 1,2,\cdots,n_i$$

여기서 μ_i 는 i번째 인자수준의 모평균이며 ϵ_{ij} 는 오차평균이 0이고 분산이 σ^2인 정규분포를 한다. $N(0, \sigma^2)$

일원배치 일변량 분산분석의 모형을 다음과 같이 변형하여 쓸 수 있다.

$$\begin{aligned} x_{ij} &= \mu_i + \epsilon_{ij} \\ &= \mu + \mu_i - \mu + \epsilon_{ij} \\ &= \mu + \alpha_i + \epsilon_{ij} \end{aligned}$$

여기서 $\mu = \frac{\sum_{i=1}^{a} n_i \mu_i}{N}$ 는 전체평균이며 $\alpha_i = \mu_i - \mu$는 인자수준i 에서의 모평균 μ_i와 전체평균의 μ와의 차이, 즉 인자 A의 주 효과가 된다.

또 일원배치 일변량 분산분석의 모형에서 다음과 같은 조건이 존재한다.

$$\sum_{i=1}^{a} n_i\alpha_i = \sum_{i=1}^{a} n_i(\mu_i - \mu)$$
$$= \sum_{i=1}^{a} n_i\mu_i - \mu\sum_{i=1}^{a} n_i$$
$$= 0$$

여기서 관측값 x_{ij}를 총 표본평균을 뺀 다음과 같은 식을 다음과 같이 두 부분으로 만들 수 있다. 여기서 $\overline{x_i} - \overline{x}$는 앞서 이야기한 인자 A의 주 효과의 추정치가 된다. 또 $x_{ij} - \overline{x_i}$ 자료의 값과 각수준의 표본평균과의 차이가 된다.

$$x_{ij} - \overline{x} = (\overline{x}_i - \overline{x}) + (x_{ij} - \overline{x}_i)$$

이를 모든 값에 대해 합하여 제곱을 하면 다음과 같은 결과가 나타난다.

$$\underbrace{\sum_{i=1}^{a}\sum_{j=1}^{n_i}(x_{ij} - \overline{x})^2}_{\substack{\textbf{SST} \\ \text{전체 제곱합} \\ \text{(자유도 N-1)}}} = \underbrace{\sum_{i=1}^{a} n_i(\overline{x}_i - \overline{x})^2}_{\substack{\textbf{SSB} \\ \text{인자수준간의 변동} \\ \text{(자유도 a-1)}}} + \underbrace{\sum_{i=1}^{a}\sum_{j=1}^{n_i}(x_{ij} - \overline{x}_i)^2}_{\substack{\textbf{SSW} \\ \text{인자수준 내의 변동} \\ \text{(자유도 N-a)}}}$$

여기서 $\sum_{i=1}^{a}\sum_{j=1}^{n_i}(x_{ij} - \overline{x}) = 0$는 $\overline{x}$의 평균을 알고 있으므로 자유도가 $N-1$이 되며 $\sum_{i=1}^{a} n_i(\overline{x}_i - \overline{x}) = 0$는 모든 $\overline{x_i}$에 $\overline{x}$를 알고 있으므로 a-1이 된다.

인자수준간의 평균 MSB = SSB/(a-1)

인자수준 내의 평균 MSW = SSW/(N-a)

이를 요약하여 분산분석표를 만들면 다음과 같이 정리된다.

일원배치일변량 분산분석표

요인	자승합	자유도	자승평균	F값
인자수준간	SSB	a-1	MSB	MSB/MSW
인자수준 내	SSW	N-a	MSW	
합계	SST	N-1		

5.1.3 인자수준간 모평균의 동일성 검정

인자수준간 모평균의 동일성 검정은 인자수준간의 변동과 인자수준 내 변동의 관계와 밀접하다. 따라서 이 두 변동이 검정통계량의 원소가 된다. 귀무가설은 다음과 같다.

$$H_0 : \mu_1 = \mu_2 = \cdots = \mu_a \qquad H_1 : H_0\text{가 아니다}$$

$$H_0 : \alpha_1 = \alpha_2 = \cdots = \alpha_a = 0 \qquad H_1 : H_0\text{가 아니다}$$

위의 귀무가설의 검정통계량은 인자수준간 제곱의 평균에 인자수준 내의 제곱의 평균을 나눈 것과 같다.

$$F^* = MSB/MSW$$

따라서 F^*의 값이 클수록 즉, 인자수준간 변동이 클수록 귀무가설을 기각할 가능성이 높다. 그러므로 기각치 설정 즉, F^*값이 $F(\alpha : a-1, N-a)$와 비교하여 크면H_0를 기각하고 적으면 채택한다. 즉 F^*값과 $F(\alpha : a-1, N-a)$ 값에 따라 다음과 같은 의사가 결정이 된다.

$$\text{만약 } F \leq F(\alpha : a-1, N-a)\text{이면 } H_0\text{를 채택}$$

$$F > F(\alpha : a-1, N-a)\text{이면 } H_0\text{를 기각}$$

일반적으로 통계패키지에 p-값을 계산하여 준다. 이 p-값에 따라 한눈에 기각인지 채택인지를 알 수 있다. p-값은 $F(\alpha : a-1, N-a)$이 F^*보다 클 확률이다. 즉

$$p-\text{값} = P(F(\alpha : a-1, N-a) > F^*)$$

따라서 p-값이 유의수준보다 적을 경우 귀무가설을 기각하고 클 경우에는 귀무가설을 채택한다.

p-값 < α값 : 귀무가설 기각

p-값 > α값 : 귀무가설 채택

분산분석에서 귀무가설이 기각이 된 경우는 인자수준간의 평균차이가 있다는 결론이다. 이는 인자수준간들의 모평균 다중 비교가 필요하다. 통계적 분석방법으로는 최소유의차(LSD), 셰페(Scheffe), 튜키(Tukey) 등이 있다. 그러나 여

기서는 최소유의차 방법을 설명하기로 한다. 최소유의차 방법은 두 수준간 t-검정을 하는 것이다. 여기서 $\overline{X_i} - \overline{X_j}$의 절대값이 다음 값보다 클 경우 두 수준간의 평균이 같다는 귀무가설을 기각한다.

$$t_\alpha(N-a)\sqrt{MSW}\sqrt{\frac{1}{n_i}+\frac{1}{n_j}}$$

【 예제 5.1 】 다음은 두 모집단이 다른 경우에 세 평균이 동일한지를 검정하고자한다.

20 30 40 20 30 40 20 30 40	$\bar{x}_1 = 20$ $\bar{x}_2 = 30$ $\bar{x}_3 = 40$

20 20 20 30 30 30 40 40 40	$\bar{x}_1 = 30$ $\bar{x}_2 = 30$ $\bar{x}_3 = 30$

$\bar{x} = 30\ \bar{x}_1 = 20$ $\bar{x}_2 = 30\ \bar{x}_3 = 40$ SSB= $(20-30)^2+(30-30)^2+(40-30)^2=200$ MSB=200/(3-1)=100 SSW= $(20-20)^2+\cdots+(40-40)^2=0$ MSW=0 $F^* = MSB/MSW = \infty$	$\bar{x} = 30\ \bar{x}_1 = 30$ $\bar{x}_2 = 30\ \bar{x}_3 = 30$ SSB= $(30-30)^2+(30-30)^2+(30-30)^2=0$ MSB=0 SSW= $(20-30)^2+\cdots+(40-30)^2=600$ MSW=600/6=100 $F^* = MSB/MSW = 0$

따라서 검정통계량 F^*값을 보았을 경우 전자는 F^*값이 확실히 큰 값이므로 귀무가설이 기각이 되고, 즉 세 평균이 동일하지 않고 후자는 F^*값이 0이므로 귀무가설을 채택하여 세 평균이 동일하다는 결론을 내리게 된다.

5.2 일원배치 다변량 분산분석

이 경우는 일변량의 경우에 확장으로 두 개 이상의 종속변수에 대하여 하나의 독립변수수준에 대한 모평균의 벡터가 유의한지를 본다.

5.2.1 자료구조와 가정

자료구조

구분	인자A 수준			
	1	2	$\cdots$	a
자료벡터	$\mathbf{x}'_{11}$	$\mathbf{x}'_{21}$	$\cdots$	$\mathbf{x}'_{a1}$
	$\mathbf{x}'_{12}$	$\mathbf{x}'_{22}$	$\cdots$	$\mathbf{x}'_{a2}$
	$\vdots$	$\vdots$	$\vdots$	$\vdots$
	$\mathbf{x}'_{1n_1}$	$\mathbf{x}'_{2n_2}$	$\cdots$	$\mathbf{x}'_{an_a}$

여기서 $\mathbf{x}_{ij}$는 다음과 같다.

$$\mathbf{x}'_{ij} = [x_{ij1}\, x_{ij2} \cdots\, x_{ijp}]$$

일변량에서와 동일하게 다변량 분산분석에도 다음과 같은 두 개의 가정을 필요로 한다.

가정 ① 확률변수 $\mathbf{x}_{ij}$는 공분산행렬이 동일한 다변량 정규분포를 한다.

$$\mathbf{x}_{ij} \quad \sim N_p(\boldsymbol{\mu}_i, \boldsymbol{\Sigma}) \quad i = 1, 2, \cdots, a \;\; j = 1, 2, \cdots, n_i$$

가정 ② 인자의 각 수준에 대한 모집단의 분포는 서로 독립이다.

5.2.2 모형설정과 분산분석표

일원배치 다변량 분산분석의 모형을 다음과 같다.

$$\mathbf{x}_{ij} = \boldsymbol{\mu} + \boldsymbol{\alpha} + \boldsymbol{\epsilon}_{ij}$$

$$\mathbf{x}_{ij} = \begin{bmatrix} x_{ij1} \\ x_{ij2} \\ \vdots \\ x_{ijp} \end{bmatrix} = \begin{bmatrix} \mu \\ \mu \\ \vdots \\ \mu \end{bmatrix} + \begin{bmatrix} \alpha_{i1} \\ \alpha_{i2} \\ \vdots \\ \alpha_{ijp} \end{bmatrix} + \begin{bmatrix} \epsilon_{ij1} \\ \epsilon_{ij2} \\ \vdots \\ \epsilon_{ijp} \end{bmatrix}$$

여기서 관측벡터값 $\mathbf{x}_{ij}$를 총 표본평균을 뺀 다음과 같은 식을 다음과 같이 두 부분으로 만들 수 있다. 여기서 $\overline{\mathbf{x}_i} - \overline{\mathbf{x}}$는 앞서 이야기한 인자수준의 주 효과의 추정치가 된다. 또 $\mathbf{x}_{ij}-\overline{\mathbf{x}_i}$ 자료의 값과 각수준의 표본평균과의 차이가 된다.

$$(\mathbf{x}_{ij}-\overline{\mathbf{x}})=(\overline{\mathbf{x}}_i-\overline{\mathbf{x}})+(\mathbf{x}_{ij}-\overline{\mathbf{x}}_i)$$

양변에 동일한 두 벡터를 곱하면 다음과 같은 결과가 나타난다.

$$\begin{aligned}(\mathbf{x}_{ij}-\overline{\mathbf{x}})(\mathbf{x}_{ij}-\overline{\mathbf{x}})' &= [(\overline{\mathbf{x}}_i-\overline{\mathbf{x}})+(\mathbf{x}_{ij}-\overline{\mathbf{x}}_i)][(\overline{\mathbf{x}}_i-\overline{\mathbf{x}})+(\mathbf{x}_{ij}-\overline{\mathbf{x}}_i)]' \\ &= (\overline{\mathbf{x}}_i-\overline{\mathbf{x}})(\overline{\mathbf{x}}_i-\overline{\mathbf{x}})'+(\overline{\mathbf{x}}_i-\overline{\mathbf{x}})(\mathbf{x}_{ij}-\overline{\mathbf{x}}_i)' \\ &\quad +(\mathbf{x}_{ij}-\overline{\mathbf{x}}_i)(\overline{\mathbf{x}}_i-\overline{\mathbf{x}})'+(\mathbf{x}_{ij}-\overline{\mathbf{x}}_i)(\mathbf{x}_{ij}-\overline{\mathbf{x}}_i')\end{aligned}$$

이를 모든 값에 대해 더하면 다음과 같이 된다.

$$\underbrace{\sum_{i=1}^{a}\sum_{j=1}^{n_i}(\mathbf{x}_{ij}-\overline{\mathbf{x}})(\mathbf{x}_{ij}-\overline{\mathbf{x}})'}_{T} = \underbrace{\sum_{i=1}^{a}n_i(\overline{\mathbf{x}}_i-\overline{\mathbf{x}})(\overline{\mathbf{x}}_i-\overline{\mathbf{x}})'}_{B} + \underbrace{\sum_{i=1}^{a}\sum_{j=1}^{n_i}(\mathbf{x}_{ij}-\overline{\mathbf{x}}_i)(\mathbf{x}_{ij}-\overline{\mathbf{x}}_i)'}_{W}$$

이를 분산분석표로 요약하면 다음과 같다.

분산분석표

변동요인	자승합과 교차승합	자유도
인자수준간	$B=\sum_{i=1}^{a}n_i(\overline{\mathbf{x}}_i-\overline{\mathbf{x}})(\overline{\mathbf{x}}_i-\overline{\mathbf{x}})'$	a-1
인자수준 내	$W=\sum_{i=1}^{a}\sum_{j=1}^{n_i}(\mathbf{x}_{ij}-\overline{\mathbf{x}}_i)(\mathbf{x}_{ij}-\overline{\mathbf{x}}_i)'$	N-a
전체	$T=\sum_{i=1}^{a}\sum_{j=1}^{n_i}(\mathbf{x}_{ij}-\overline{\mathbf{x}})(\mathbf{x}_{ij}-\overline{\mathbf{x}})'$	N-1

5.2.3 인자수준간 모평균벡터의 동일성 검정

다변량의 경우 인자수준간 모평균벡터의 동일성 검정은 인자수준간의 자승합과 교차자승행렬과 인자수준 내의 자승합과 교차자승행렬과 관계가 있다. 귀무가설은 다음과 같다.

$$H_0 : \boldsymbol{\mu}_1 = \boldsymbol{\mu}_2 = \cdots = \boldsymbol{\mu}_a \qquad H_1 : \boldsymbol{\mu}_i \neq \boldsymbol{\mu}_j \, (i \neq j)$$

$$H_0 : \boldsymbol{\alpha}_1 = \boldsymbol{\alpha}_2 = \cdots = \boldsymbol{\alpha}_a = 0 \qquad H_1 : \ \boldsymbol{\alpha}_i \neq 0$$

$$\mathbf{H}_0 : \begin{bmatrix} \mu_{11} \\ \mu_{12} \\ \vdots \\ \mu_{1p} \end{bmatrix} = \begin{bmatrix} \mu_{21} \\ \mu_{22} \\ \vdots \\ \mu_{2p} \end{bmatrix} = \cdots = \begin{bmatrix} \mu_{a1} \\ \mu_{a2} \\ \vdots \\ \mu_{ap} \end{bmatrix}$$

위 귀무가설에 대한 검정통계량은 다음과 같다. 이를 윌크스(Wilks) 람다라 하는데 **W**,**B**는 행렬이므로 스칼라화하기 위해 일반화 분산으로 계산이 된다.

$$\Lambda^* = \frac{|\mathbf{W}|}{|\mathbf{B} + \mathbf{W}|}$$

여기서 Λ^*이 크다는 것은 인자수준 내의 변동이 전체변동에 비해 크다는 말이므로 귀무가설을 채택하게 되며 Λ^*이 적다는 것은 인자수준 내의 변동이 전체변동에 비해 적다는 것으로 귀무가설을 기각한다.

귀무가설이 참일 때 Λ^*에 대한 정확한 분포는 p와 인자수준 a가 알려져 있을 때 F분포를 따른다. 또한 바틀릿(Bartlett, 1954)는 N이 클 경우 Λ^*함수에 대한 근사분포 다음과 같다고 하였다.

윌크스 람다 Λ의 함수에 대한 분포

p	a	다변량 정규자료에 대한 표본분포
p=1	a≥2	$(\frac{N-a}{a-1})(\frac{1-\Lambda^*}{\Lambda^*}) \sim F(a-1, N-a)$
p=2	a≥2	$(\frac{N-a-1}{a-1})(\frac{1-\sqrt{\Lambda^*}}{\sqrt{\Lambda^*}}) \sim F(2(a-1), 2(N-a-1))$
p≥1	a=2	$(\frac{N-p-1}{p})(\frac{1-\Lambda^*}{\Lambda^*}) \sim F(p, N-p-1)$
p≥1	a=3	$(\frac{N-p-2}{p})(\frac{1-\sqrt{\Lambda^*}}{\sqrt{\Lambda^*}}) \sim F(2p, 2(N-p-2))$

$$-(n-1-\frac{(p+a)}{2})\ln\Lambda^* \sim \chi^2(p(a-1))$$

예를 들어 a=2 p=2인 경우에는 다음과 같은 부등호에 따르면 귀무가설을 기각하게 되고

$$(\frac{N-p-1}{p})(\frac{1-\Lambda^*}{\Lambda^*}) \quad > \quad F(\alpha, p, N-p-1)$$

N이 큰 경우에는

$$-(n-1-\frac{(p+a)}{2})\ln\Lambda^* \quad > \quad \chi^2(\alpha, p(a-1))$$

일 때 귀무가설을 기각한다.

이 경우에 p-값은 다음과 같이 계산되며

$$P(F(\alpha, p, N-p-1) > \quad (\frac{N-p-1}{p})(\frac{1-\Lambda^*}{\Lambda^*}))$$

p-값이 유의수준보다 적을 경우 귀무가설을 기각하고 클 경우에는 귀무가설을 채택한다.

p-값 < α값 : 귀무가설 기각

p-값 > α값 : 귀무가설 채택

【예제 5.2】 다음과 같은 3도시의 학생들의 국어 영어 두 점수의 결과가 있다 하자. 이 경우 3도시간의 점수의 평균이 차이가 있는지를 검정하여라.

서울		부산		광주	
국어	영어	국어	영어	국어	영어
82 92 70	93 65 82	72 78 83	68 80 92	72 68 88	82 83 80
77 83 88	90 84 90	89 93 88	95 90 80	93 92 66	88 90 68
95 86 75	88 95 88	90 86 90	73 72 85	94 88 86	98 94 92
90		85	63	90	86

귀무가설과 대립가설은 다음과 같다.

$$H_0 : \mu_{서울} = \mu_{부산} = \mu_{광주} \qquad H_1 : \mu_i \neq \mu_j (i \neq j)$$

각 도시별 국어와 영어의 평균벡터와 총 평균벡터는 다음과 같다.

$$\bar{\mathbf{y}}_1 = \begin{bmatrix} 83.8 \\ 85.3 \end{bmatrix} \quad \bar{\mathbf{y}}_2 = \begin{bmatrix} 85.4 \\ 80.0 \end{bmatrix} \quad \bar{\mathbf{y}}_3 = \begin{bmatrix} 83.7 \\ 86.1 \end{bmatrix} \quad \bar{\mathbf{y}} = \begin{bmatrix} 84.3 \\ 83.8 \end{bmatrix}$$

먼저 부산 지역의 5번째 학생 예를 간단히 들어보면 다음과 같은 관계가 성립한다.

$$\mathbf{y}_{25} = \begin{bmatrix} 93 \\ 90 \end{bmatrix} = \begin{bmatrix} 84.3 \\ 83.8 \end{bmatrix} + \begin{bmatrix} 85.4 - 84.3 \\ 80.0 - 83.8 \end{bmatrix} + \begin{bmatrix} 93 - 85.4 \\ 90 - 80.0 \end{bmatrix}$$

이를 정리하면 다음과 같다.

$$\mathbf{y}_{ij} - \bar{\mathbf{y}} = (\bar{\mathbf{y}}_i - \bar{\mathbf{y}}) + (\mathbf{y}_{ij} - \bar{\mathbf{y}}_i)$$

$$\mathbf{y}_{ij} = \bar{\mathbf{y}} + (\bar{\mathbf{y}}_i - \bar{\mathbf{y}}) + (\mathbf{y}_{ij} - \bar{\mathbf{y}}_i)$$

$$= \underbrace{\begin{bmatrix} 84.3 \\ 83.8 \end{bmatrix}}_{\text{전체표본 평균벡터}} + \underbrace{\begin{bmatrix} 1.1 \\ -3.8 \end{bmatrix}}_{\text{집단 i의 효과벡터}} + \underbrace{\begin{bmatrix} 7.6 \\ 10.8 \end{bmatrix}}_{\text{잔차벡터}}$$

이를 전체적으로 확장하여 모든 원소에 대해 더하면 다음과 같다.

$$(\mathbf{y}_{ij} - \bar{\mathbf{y}}) = (\bar{\mathbf{y}}_i - \bar{\mathbf{y}}) + (\mathbf{y}_{ij} - \bar{\mathbf{y}}_i)$$

$$\underbrace{\sum_{i=1}^{a}\sum_{j=1}^{b}(\mathbf{y}_{ij} - \bar{\mathbf{y}})(\mathbf{y}_{ij} - \bar{\mathbf{y}})'}_{\mathbf{T}} = \underbrace{\sum_{i=1}^{a} n_i(\bar{\mathbf{y}}_i - \bar{\mathbf{y}})(\bar{\mathbf{y}}_i - \bar{\mathbf{y}})'}_{\mathbf{B}} + \underbrace{\sum_{i=1}^{a}\sum_{j=1}^{b}(\mathbf{y}_{ij} - \bar{\mathbf{y}}_i)(\mathbf{y}_{ij} - \bar{\mathbf{y}}_i)'}_{\mathbf{W}}$$

또 인자수준 내 자승합과 교차제곱행렬은 다음과 같이 쓸 수 있다.

$$\mathbf{w} = \sum_{i=1}^{a}\sum_{j=1}^{b}(\mathbf{y}_{ij} - \bar{\mathbf{y}}_i)(\mathbf{y}_{ij} - \bar{\mathbf{y}}_i)' = (n_1 - 1)\mathbf{S}_1 + \cdots + (n_a - 1)\mathbf{S}_a$$

여기서는 더 표본을 줄여서 서울에 2명 부산, 광주에 3명을 뽑아 다음과 같이 정리하였다.

서울 $\begin{bmatrix} 72 \\ 82 \end{bmatrix} \begin{bmatrix} 68 \\ 86 \end{bmatrix}$ $\qquad \bar{\mathbf{y}}_1 = \begin{bmatrix} 70 \\ 84 \end{bmatrix}$

부산 $\begin{bmatrix}72\\83\end{bmatrix} \begin{bmatrix}80\\80\end{bmatrix} \begin{bmatrix}73\\77\end{bmatrix}$　　$\bar{y}_2 = \begin{bmatrix}75\\80\end{bmatrix}$

광주 $\begin{bmatrix}82\\76\end{bmatrix} \begin{bmatrix}79\\82\end{bmatrix} \begin{bmatrix}82\\82\end{bmatrix}$　　$\bar{y}_3 = \begin{bmatrix}81\\80\end{bmatrix}$

총 평균벡터는 $\bar{y} = \begin{bmatrix}76\\81\end{bmatrix}$이다.

첫 번째 국어점수의 분해

$$\begin{bmatrix}72 & 68 & \\ 72 & 80 & 73\\ 82 & 79 & 82\end{bmatrix} = \begin{bmatrix}76 & 76 & \\ 76 & 76 & 76\\ 76 & 76 & 76\end{bmatrix} + \begin{bmatrix}-6 & -6 & \\ -1 & -1 & -1\\ 5 & 5 & 5\end{bmatrix} + \begin{bmatrix}2 & -2 & \\ -3 & 5 & -2\\ 1 & -2 & 1\end{bmatrix}$$

관찰치　　전체평균　　처리효과　　잔차

오른쪽 첫 항을 왼쪽 항에서 빼면

$$\begin{bmatrix}-4 & -8 & \\ -4 & 4 & -3\\ 6 & 3 & 6\end{bmatrix} = \begin{bmatrix}-6 & -6 & \\ -1 & -1 & -1\\ 5 & 5 & 5\end{bmatrix} + \begin{bmatrix}2 & -2 & \\ -3 & 5 & -2\\ 1 & -2 & 1\end{bmatrix}$$

전체　　$SST = (-4)^2 + (-8)^2 + \cdots + (6)^2 = 202$

인자수준간　$SSB = (-6)^2 + (-6)^2 + \cdots + (5)^2 = 150$

인자수준 내　$SSW = (2)^2 + (-2)^2 + \cdots + (1)^2 = 52$

$$SST = SSB + SSW \quad \Rightarrow \quad 202 = 150 + 52$$

영어점수의 분해

$$\begin{bmatrix}82 & 86 & \\ 83 & 80 & 77\\ 76 & 82 & 82\end{bmatrix} = \begin{bmatrix}81 & 81 & \\ 81 & 81 & 81\\ 81 & 81 & 81\end{bmatrix} + \begin{bmatrix}3 & 3 & \\ -1 & -1 & -1\\ -1 & -1 & -1\end{bmatrix} + \begin{bmatrix}-2 & 2 & \\ 3 & 0 & -3\\ -4 & 2 & 2\end{bmatrix}$$

관찰치　　전체평균　　처리효과　　잔차

오른쪽의 첫째 항을 왼쪽 항에서 빼면

$$\begin{bmatrix} 1 & 5 & \\ 2 & -1 & -4 \\ -5 & 1 & 1 \end{bmatrix} = \begin{bmatrix} 3 & 3 & \\ -1 & -1 & -1 \\ -1 & -1 & -1 \end{bmatrix} + \begin{bmatrix} -2 & 2 & \\ 3 & 0 & -3 \\ -4 & 2 & 2 \end{bmatrix}$$

전체 $SST = 1^2 + \cdots + 1^2 = 74$

인자수준간 $SSB = 3^2 + \cdots + (-1)^2 = 24$

인자수준 내 $SSW = (-2)^2 + \cdots + (2)^2 = 50$

$$SST = SSB + SSW \quad \Rightarrow \quad 74 = 24 + 50$$

MANOVA의 경우 - 교차곱의 합(Sum of Cross Product)

$$T = (-4)(1) + (-8)(5) + \cdots + (6)(1) = -65$$

$$W = (2)(-2) + (-2)(2) + \cdots + (1)(2) = -17$$

$$B = (2)(-6)(3) + (3)(-1)(-1) + (3)(5)(-1) = -48$$

따라서 위의 계산식을 정리하면 다음과 같이 요약할 수 있다.

국어점수의 자승합	영어점수의 자승합	국어 영어점수의 교차곱합
$SST = 202$	$SST = 74$	$SPT = -65$
$SSB = 150$	$SSB = 24$	$SPB = -48$
$SSW = 52$	$SSW = 50$	$SPW = -17$

이를 다시 분산분석표로 만들면 다음과 같다.

분산분석표

	자승합과 교차곱행렬	자유도
인자수준간	$B=\begin{bmatrix}150 & -48\\-48 & -24\end{bmatrix}$	3-1=2
인자수준 내	$W=\begin{bmatrix}52 & -17\\-17 & 50\end{bmatrix}$	8-3=5
합 계	$T=\begin{bmatrix}202 & -65\\-65 & 74\end{bmatrix}$	7

$$\underbrace{\begin{bmatrix}202 & -65\\-65 & 74\end{bmatrix}}_{T}=\underbrace{\begin{bmatrix}150 & -48\\-48 & -24\end{bmatrix}}_{B}+\underbrace{\begin{bmatrix}52 & -17\\-17 & 50\end{bmatrix}}_{W}$$

따라서 검정통계량은 다음과 같이 계산된다.

$$\Lambda^*=\frac{|W|}{|B+W|}=\frac{\begin{vmatrix}52 & -17\\-17 & 50\end{vmatrix}}{\begin{vmatrix}202 & -65\\-65 & 74\end{vmatrix}}=0.2155$$

또한 p=2 a=3 이므로 표에서 다음과 같은 관계식에서 $(\frac{n-a-1}{a-1})$ $(\frac{1-\sqrt{\Lambda^*}}{\sqrt{\Lambda^*}})=1.154<F_{4.8}(0.05)=3.84$이므로 귀무가설을 기각하지 않는다.

$$(\frac{n-a-1}{a-1})(\frac{1-\sqrt{\Lambda^*}}{\sqrt{\Lambda^*}})=(\frac{8-3-1}{3-1})(\frac{1-\sqrt{0.2155}}{\sqrt{0.2155}})=1.154$$

$$F(2(3-1),2(8-3-1))=F_{4.8}(0.05)=3.84$$

5.3 이원배치 일변량 분산분석

이원배치 일변량 분산분석은 하나의 종속변수에 대해 두 개의 인자에 대한 평균검정을 하는 경우이다.

5.3.1 자료구조

두 개의 인자수준에서 하나의 인자를 A수준이라 하고 첨자를 i로 표시하며 또 다른 인자수준을 B수준이라 하여 첨자를 j로 표시한다. 따라서 다음과 같은 자료구조를 갖는다.

자료구조

		A인자 수준				표본평균
		1	2	⋯	a	
B인자 수준	1	$x_{111} \cdots x_{11n}$	$x_{211} \cdots x_{21n}$	⋯	$x_{a11} \cdots x_{a1n}$	$\bar{x}_{.1.}$
	2	$x_{121} \cdots x_{12n}$	$x_{221} \cdots x_{22}$	⋯	$x_{a21} \cdots x_{a2n}$	$\bar{x}_{.2.}$
	⋮	⋮	⋮	⋮	⋮	⋮
	b	$x_{1b1} \cdots x_{1bn}$	$x_{2b1} \cdots x_{2bn}$	⋯	$x_{ab1} \cdots x_{abn}$	$\bar{x}_{.b.}$
표본평균		$\bar{x}_{1..}$	$\bar{x}_{2..}$	⋯	$\bar{x}_{a..}$	$\bar{x}_{...}$

$$x_{ijk} \qquad i = 1, 2, \cdots, a$$
$$j = 1, 2, \cdots, b$$
$$k = 1, 2, \cdots, n$$

여기서 각 행과 열 그리고 총 평균은 다음과 같다.

$$\bar{x}_{i..} = \frac{\sum_{j=1}^{b}\sum_{k=1}^{n} x_{ijk}}{bn} \quad \bar{x}_{.j.} = \frac{\sum_{i=1}^{a}\sum_{k=1}^{n} x_{ijk}}{an} \quad \bar{x}_{...} = \frac{\sum_{i=1}^{a}\sum_{j=1}^{b}\sum_{k=1}^{n} x_{ijk}}{abn}$$

A_iB_j 인자수준에서 n개 자료의 표본평균 다음과 같다.

$$\bar{x}_{ij} = \sum_{k=1}^{n} x_{ijk}/n$$

5.3.2 모형설정과 분산분석표

이원배치법의 경우 인자 A효과 인자 B수준의 변화에 따라 영향을 받는 경우 두 인자 사이에 교호작용이 존재한다고 한다. 이 경우 모형설정에 교호작용을 고려하여야 한다.

$$x_{ijk} = \mu + \alpha_i + \beta_j + (\alpha\beta)_{ij} + \epsilon_{ijk} \qquad i = 1, 2, \cdots, a$$
$$j = 1, 2, \cdots, b$$
$$k = 1, 2, \cdots, n$$

여기서 각 변수는 다음과 같다.

μ : 전체 모평균

α_i : 인자 A의 i번째 수준의 효과

β_j : 인자 B의 j번째 수준의 효과

$\alpha\beta_{ij}$: 인자 A와 인자 B의 교호작용 효과

ϵ_{ijk} : 오차항 $\sim N(0,\ \sigma^2)$

$$\sum_{i=1}^{a}\alpha_i = \sum_{j=1}^{b}\beta_j = \sum_{i=1}^{a}(\alpha\beta)_{ij} = \sum_{j=1}^{b}(\alpha\beta)_{ij} = 0$$

다음과 같이 여기서 관측값 x_{ijk}를 총 표본평균을 뺀 다음과 같은 식을 다음과 같이 네 부분으로 만들 수 있다. 여기서 $\bar{x}_{i..} - \bar{x}$는 인자 A의 주 효과의 추정치가 되며 $\bar{x}_{.j.} - \bar{x}$는 인자 B의 주 효과의 추정치가 된다. 또 $(\bar{x}_{ij.} - \bar{x}_{i..} - \bar{x}_{.j.} + \bar{x})$는 교호작용의 추정치가 된다. 마지막$(x_{ijk} - \bar{x}_{ij.})$은 오차 추정항이다.

$$(x_{ijk} - \bar{x}) = (\bar{x}_{i..} - \bar{x}) + (\bar{x}_{.j.} - \bar{x}) + (\bar{x}_{ij.} - \bar{x}_{i..} - \bar{x}_{.j.} + \bar{x}) + (x_{ijk} - \bar{x}_{ij.})$$

따라서 제곱하여 모든 원소에 대해 합하면 다음과 같은 복잡한 식이 된다.

$$\sum_{i=1}^{a}\sum_{j=1}^{b}\sum_{k=1}^{n}(x_{ijk}-\bar{x})^2 = \sum_{i=1}^{a}bn(\bar{x}_{i..}-\bar{x})^2 + \sum_{j=1}^{b}an(\bar{x}_{.j.}-\bar{x})^2$$
$$+\sum_{i=1}^{a}\sum_{j=1}^{b}n(\bar{x}_{ij}-\bar{x}_{i..}-\bar{x}_{.j.}+\bar{x})^2 + \sum_{i=1}^{a}\sum_{j=1}^{b}\sum_{k=1}^{n}(x_{ijk}-\bar{x}_{ij.})^2$$

이는 다음과 같이 전체 변동을 나타내는 자승합 **SST,** 인자 A에 대한 변동을 나타내는 자승합 **SSA,** 인자 B에 대한 변동을 나타내는 자승합 **SSB,** 그리고 두 인자간의 교호작용을 나타내는 자승합 **SSINT** 마지막으로 오차 변동을 나타내는 자승합 **SSE**으로 나타낼 수 있다. 또한 다음과 같이 자유도가 나타나며 각 평균은 자유도를 나눈 값들로 나타난다.

$$\begin{array}{ccccccccc} \textbf{SST} & = & \textbf{SSA} & + & \textbf{SSB} & + & \textbf{SSINT} & + & \textbf{SSE} \\ \hline abn-1 & & a-1 & & b-1 & & (a-1)(b-1) & & ab(n-1) \\ \Downarrow & & \Downarrow & & \Downarrow & & \Downarrow & & \Downarrow \\ MST & & MSA & & MSB & & MSINT & & MSE \end{array}$$

이를 분산분석표로 나타내면 다음과 같다.

이원배치의 분산분석표

요 인	자유도	자승합과 교차곱행렬	자승평균	F의 값
인자 A	a-1	SSA	MSA	MSA/MSE
인자 B	b-1	SSB	MSB	MSB/MSE
교호작용	(a-1)(b-1)	SSINT	MSINT	MSINT/MSE
잔 차	ab(n-1)	SSE	MSE	
합 계	abn-1	SST		

5.3.3 검정절차

이원배치 일변량 분산분석 전에 가장 먼저 교호작용 있는지를 확인하여야 한다. 만일 교호작용이 존재하지 않을 경우는 인자 A와 B만 고려하여 다시 분석해야 한다.

먼저 교호작용에 관한 검정을 보도록 하자. 귀무가설과 대립가설을 다음과 같이 세울 수 있다.

H_0 : 인자 A와 B 사이에 교호작용이 없다. (모든$(\alpha\beta)_{ij} = 0$)

H_1 : 인자 A와 B 사이에 교호작용이 존재한다.

($(\alpha\beta)_{ij}$중 적어도 하나는 0이 아니다.)

분산분석에서 다음 $F^*_{A\times B}$값을 계산한다.

$$F^*_{A\times B} = MSINT/MSE$$

따라서 H_0가 참일 때 분자의 자유도 (a-1)(b-1)이고 분모의 자유도 ab(n-1)인 F분포와 비교하여 그면 귀무가설을 기각하고 적으면 채택한다.

$F^*_{A\times B}$ > F(α : (a-1)(b-1), ab(n-1)) 이면 H_0기각하고

$F^*_{A\times B}$ < F(α : (a-1)(b-1), ab(n-1)) 이면 H_0채택한다.

인자 A에 대한 검정

인자 A와 인자 B의 평균의 동일성 검정은 일원배치 일변량 분산분석을 구하는 방법과 동일하다.

$$H_0 : \alpha_1 = \cdots = \alpha_a = 0$$

$$H_1 : \alpha_i \neq \alpha_j \quad i \neq j$$

위의 귀무가설에 대한 검정통계량은 다음과 같다.

$$F^*_A = MSA/MSE$$

H_0가 참인 경우에 분자$a-1$ 분모$ab(n-1)$인 F분포를 한다. 따라서 다음과 같은 조건에 따라 의사결정을 한다.

F^*_A > F(α : a-1, ab(n-1)) 이면 H_0를 기각하고

F^*_A < F(α : a-1, ab(n-1)) 이면 H_0를 채택한다.

인자 B에 대한 검정

$$H_0 : \beta_1 = \cdots = \beta_a = 0$$

$$H_1 : \beta_i \neq \beta_j \quad i \neq j$$

위의 귀무가설에 대한 검정통계량은 다음과 같다.

$$F_B^* = MSB/MSE$$

H_0가 참인 경우에 분자 b−1, 분모ab(n−1)인 F분포를 한다. 따라서 다음과 같은 조건에 따라 의사결정을 한다.

$F_B^* > F(\alpha : b\text{-}1,\ ab(n\text{-}1))$ 이면 H_0를 기각하고

$F_B^* < F(\alpha : b\text{-}1,\ ab(n\text{-}1))$ 이면 H_0를 채택한다.

5.4 이원배치 다변량 분산분석

5.4.1 자료구조

이원배치 다변량 분산분석은 2개 이상의 종속변수에 대해 두 개의 인자에 대한 평균검정을 하는 경우이다. 이원배치 일변량 분산분석과 동일하게 두 개의 인자수준에서 하나의 인자를 A수준이라 하고 첨자를 i로 표시하며 또 다른 인자수준을 B수준이라 하여 첨자를 j로 표시한다. 따라서 다음과 같은 자료구조를 갖는다.

자료구조

<table>
<tr><td colspan="2" rowspan="2"></td><td colspan="4">A인자 수준</td></tr>
<tr><td>1</td><td>2</td><td>…</td><td>a</td></tr>
<tr><td rowspan="3">B인자
수준</td><td>1</td><td>x'_{111}
⋮
x'_{11n}</td><td>x'_{211}
⋮
x'_{21n}</td><td>…</td><td>x'_{a11}
⋮
x'_{a1n}</td></tr>
<tr><td>⋮</td><td>⋮</td><td>⋮</td><td>⋮</td><td>⋮</td></tr>
<tr><td>b</td><td>x'_{1b1}
⋮
x'_{1bn}</td><td>x'_{2b1}
⋮
x'_{2bn}</td><td>…</td><td>x'_{ab1}
⋮
x'_{abn}</td></tr>
</table>

5.4.2 모형설정과 가정

확률변수$\mathbf{x}_{ijk}$는 인자 A의 i번째, 인자 B의 j번째 인자수준 조합에서 k번째 자료의 p차원의 자료에 대한 벡터 값이다. 다음과 같은 모형 설정이 가능하다.

$$\mathbf{x}_{ijk} = \boldsymbol{\mu} + \boldsymbol{\alpha}_i + \boldsymbol{\beta}_j + (\boldsymbol{\alpha\beta})_{ij} + \boldsymbol{\epsilon}_{ijk} \quad \begin{array}{l} i = 1, 2, \cdots, a \\ j = 1, 2, \cdots, b \\ k = 1, 2, \cdots, n \end{array}$$

μ : 전체의 모평균벡터

$\boldsymbol{\alpha}_i$: 인자A의 i번째 수준 효과벡터

$\boldsymbol{\beta}_j$: 인자B의 j번째 수준 효과벡터

$(\boldsymbol{\alpha\beta})_{ij}$: 인자A와 인자B의 교호작용효과

$\boldsymbol{\epsilon}_{ijk}$: 오차항으로 서로 독립인 벡터 $\sim N_p(\ 0,\ \Sigma\ )$

$$\sum_{i=1}^{a}\boldsymbol{\alpha}_i = \sum_{j=1}^{b}\boldsymbol{\beta}_j = \sum_{i=1}^{a}(\boldsymbol{\alpha\beta})_{ij} = \sum_{j=1}^{b}(\boldsymbol{\alpha\beta})_{ij} = 0$$

이는 일변량의 경우와 동일하게 다음과 같이 확률벡터를 표현할 수 있다. $(\mathbf{x}_{ijk} - \overline{\mathbf{x}})$는 총 확률벡터에 총 표본평균벡터를 뺀 식으로 다음과 같이 네 부분으로 만들 수 있다. 여기서 $\overline{\mathbf{x}}_{i..} - \overline{\mathbf{x}}$는 인자 A의 주 효과의 추정치가 되며 $\overline{\mathbf{x}}_{.j.} - \overline{\mathbf{x}}$는 인자 B의 주 효과의 추정치가 된다. 또 $(\overline{\mathbf{x}}_{ij.} - \overline{\mathbf{x}}_{i..} - \overline{\mathbf{x}}_{.j.} + \overline{\mathbf{x}})$는 교호작용의 추정치가 된다. 마지막$(\mathbf{x}_{ijk} - \overline{\mathbf{x}}_{ij.})$은 오차 추정항이다.

$$(\mathbf{x}_{ijk} - \overline{\mathbf{x}}) = (\overline{\mathbf{x}}_{i..} - \overline{\mathbf{x}}) + (\overline{\mathbf{x}}_{.j.} - \overline{\mathbf{x}}) + (\overline{\mathbf{x}}_{ij.} - \overline{\mathbf{x}}_{i..} - \overline{\mathbf{x}}_{.j.} - \overline{\mathbf{x}}) + (\mathbf{x}_{ijk} - \overline{\mathbf{x}}_{ij.})$$

이를 모두 제곱하여 모든 원소에 대해 합하면 다음과 같이 된다.

$$\sum_{i=1}^{a}\sum_{j=1}^{b}\sum_{k=1}^{n}(\mathbf{x}_{ijk} - \overline{\mathbf{x}})(\mathbf{x}_{ijk} - \overline{\mathbf{x}})'$$
$$= \sum_{i=1}^{a} bn(\overline{\mathbf{x}}_{i..} - \overline{\mathbf{x}})(\overline{\mathbf{x}}_{i..} - \overline{\mathbf{x}})' + \sum_{j=1}^{b} an(\overline{\mathbf{x}}_{.j.} - \overline{\mathbf{x}})(\overline{\mathbf{x}}_{.j.} - \overline{\mathbf{x}})'$$

$$+\sum_{j=1}^{b}\sum_{i=1}^{a} n(\overline{\mathbf{x}}_{ij.}-\overline{\mathbf{x}}_{i..}-\overline{\mathbf{x}}_{.j.}+\overline{\mathbf{x}})(\overline{\mathbf{x}}_{ij.}-\overline{\mathbf{x}}_{i..}-\overline{\mathbf{x}}_{.j.}+\overline{\mathbf{x}})'$$
$$+\sum_{i=1}^{a}\sum_{j=1}^{b}\sum_{k=1}^{n}(\mathbf{x}_{ijk}-\overline{\mathbf{x}}_{ij.})(\mathbf{x}_{ijk}-\overline{\mathbf{x}}_{ij.})'$$

자승합과 교차승합행렬

이는 다음과 같이 전체 변동을 나타내는 전체자승합과 교차승합행렬 **SSPT**은 인자 A에 대한 변동을 나타내는 자승합과 교차승합행렬 **SSPA** 인자 B에 대한 변동을 나타내는 자승합과 교차승합행렬 **SSPB,** 그리고 두 인자간의 교호작용 변동 자승합과 교차승합행렬 **SSPINT** 마지막으로 오차변동을 나타내는 오차자승합과 교차승합행렬 **SSPE**로 나타낼 수 있다. 자유도는 다음과 같다.

	SSPT	=	SSA	+	SSPB	+	SSPINT	+	SSPE
자유도	(abn)-1		(a-1)		(b-1)		((a-1)(b-1))		(ab(n-1))

분산분석표

변동요인	자승합과 교차승합	자유도
인자A	SSPA	a-1
인자B	SSPB	b-1
교호작용	SSPINT	(a-1)(b-1)
잔차	SSPE	ab(n-1)
전체	SSPT	abn-1

5.4.3 검정절차

이 경우에도 이원배치 일변량 분산분석의 경우처럼 교호작용을 먼저 검정을 한다. 여기서는 표본의 크기가 크다고 가정하여 바틀릿의 공식을 유의수준 α 에서 이용하고자 한다.

교호작용 효과에 대한 검정

교호작용에 대한 귀무가설과 대립가설을 다음과 같이 세울 수 있다.

H_0 : 인자 A와 인자 B 사이에 교호작용이 없다. (모든 $(\alpha\beta)_{ij} = 0$)
H_1 : 교호작용이 존재한다.
($(\alpha\beta)_{ij}$중 적어도 하나는 0이 아니다.)

검정통계량은 다음과 같다.

$$\Lambda^*_{A\times B} = \frac{|\text{SSPE}|}{|\text{SSPINT} + \text{SSPE}|}$$

이 경우 $\Lambda^*_{A\times B}$ 이 적을 경우에 귀무가설을 기각한다. 따라서 다음과 같은 결과가 나올 때 귀무가설은 기각한다.

$$-[ab(n-1) - \frac{p+1-(a-1)(b-1)}{2}]\ln\Lambda^*_{A\times B} > \chi^2(\alpha : (a-1)(b-1)p)$$

인자 A 효과에 대한 동일성 검정

인자 A 효과에 대한 동일성 검정의 귀무가설은 다음과 같다.

H_0: $\boldsymbol{\alpha}_1 = \boldsymbol{\alpha}_2 = \cdots = \boldsymbol{\alpha}_a = 0$

H_1 : $\boldsymbol{\alpha}_i$중 적어도 하나는 0이 아니다.

위의 귀무가설에 대한 검정통계량은 다음과 같다.

$$\Lambda^* = \frac{|\text{SSPE}|}{|\text{SSPA} + \text{SSPE}|}$$

이 경우 Λ^* 이 적을 경우에 귀무가설을 기각한다. 따라서 다음과 같은 결과가 나올 때 귀무가설은 기각한다.

$$-[ab(n-1) - \frac{p+1-(a-1)}{2}]\ln\Lambda^*_A > \chi^2(\alpha : (a-1)p)$$

인자 B 효과에 대한 동일성 검정

인자 B 효과에 대한 동일성 검정의 귀무가설은 다음과 같다.

H_0: $\boldsymbol{\beta}_1 = \boldsymbol{\beta}_2 = \cdots = \boldsymbol{\beta}_a = 0$

H_1 : $\boldsymbol{\beta}_j$중 적어도 하나는 0이 아니다.

위의 귀무가설에 대한 검정통계량은 다음과 같다.

$$\Lambda^* = \frac{|\,\mathrm{SSPE}\,|}{|\,\mathrm{SSPB} + \mathrm{SSPE}\,|}$$

이 경우 Λ^* 이 적을 경우에 귀무가설을 기각한다. 따라서 다음과 같은 결과가 나올 때 귀무가설은 기각한다.

$$-\left[ab(n-1) - \frac{p+1-(b-1)}{2}\right]\ln\Lambda^*_B > \chi^2(\alpha : (b-1)p)$$

연습문제

【1】 다음과 같은 A지역을 대상으로 4가지의 사료를 사용하여 다음과 같은 곡물의 크기 y_1와 무게 y_2를 얻었다 하자. 4가지 사료에 차이가 있는지를 검정하여라.

사료1	사료2	사료3	사료4
y_1 y_2	y_1 y_2	y_1 y_2	y_1 y_2
58 4	49 7	54 6	58 4
62 6	55 6	52 6	55 4
60 7	48 4	51 7	51 5
54 6	52 4	58 5	49 6
58 6	49 7	61 6	52 4

【2】 이번에는 다음과 같이 A, B, C지역을 대상으로 4가지의 사료를 사용하여 다음과 같은 곡물의 크기y_1와 무게y_2를 얻었다 하자. 지역 또는 4가지 사료에 차이가 있는지를 검정하여라. 교호작용이 있는지도 검정하여라.

	사료1	사료2	사료3	사료4
	y_1 y_2	y_1 y_2	y_1 y_2	y_1 y_2
A지역	58 4 62 6 60 7 54 6 58 6	49 7 55 6 48 4 52 4 49 7	54 6 52 6 51 7 58 5 61 6	58 4 55 4 51 5 49 6 52 4
B지역	68 4 52 5 63 7 63 8 58 6	59 5 45 7 58 5 42 5 61 5	53 6 51 4 55 4 59 7 60 8	68 4 65 6 61 5 59 6 62 4
C지역	45 8 65 5 52 6 56 6 59 5	48 5 61 6 50 4 61 5 52 7	52 6 59 5 59 6 50 6 61 6	58 8 53 4 53 5 48 6 59 5

【SAS 프로그램 예제】

【SAS 예 5.1】 아래 자료는 일원배치 다변량에 대한 자료로 학교 형태에 따른 6개의 종속변수에 대해서 유의한 영향을 끼치는지를 검정하여라. 학교 형태는 예술계통의 대학교 일반대학 두 가지 형태이며 변수로는 X_1(수학과 언어가 포함된 학생들의 학력(진학) 적성검사 점수 SAT 중앙값), X_2 허락된 지원자 %, X_3 한 학생당 소비하는 돈($), X_4 상위 10% 안에 있는 학생들의 %, X_5 박사학위를 가진 학교 학부의 %, X_6:학위를 받는 학생들의 %이다.

여기서 두 대학 형태에 따른 모집단의 모평균벡터가 동일한지 여부를 검정해보고 만일 귀무가설이 기각이 되면 6개의 종속변수 평균에 대한 다중비교를 최소유의차 방법에 의해 검정한다. 마지막으로 일원배치 일변량 분산분석을 실시하여 본다.

LibArts						Univ					
X1	X2	X3	X4	X5	X6	X1	X2	X3	X4	X5	X6
1315	22	26636	85	81	93	1370	18	46918	90	99	90
1310	24	27487	78	93	88	1370	18	61921	92	96	88
1336	28	23772	86	90	93	1350	19	52468	90	97	93
1300	24	25703	78	95	90	1340	17	48123	89	99	93
1250	49	27879	76	91	86	1400	31	102262	98	98	75
1320	33	26668	79	98	80	1357	30	56766	95	98	86
1290	35	19948	73	87	91	1310	25	39504	91	95	91
1255	25	24718	65	89	92	1306	25	35804	86	100	95
1195	57	25271	65	90	87	1280	30	37137	85	90	83
1230	36	17721	77	94	89	1268	29	45879	78	93	90
1287	43	20179	53	90	84	1300	45	38937	74	100	73
1300	40	19504	75	82	80	1281	24	24201	80	98	90
1260	36	20377	68	94	74	1280	41	30882	87	99	86
1247	54	23591	64	98	77	1176	37	23665	95	93	68
1234	29	17998	61	89	78	1290	48	45460	69	58	86
1244	67	22301	65	79	73	1327	24	26730	85	95	88
1200	61	23358	47	83	83	1142	43	26859	96	100	61
1200	46	18872	52	75	84	1218	37	19365	77	91	88
1215	38	20722	51	86	85	1278	24	23115	79	89	89
1240	36	17554	58	81	88	1109	32	19684	82	84	73
1285	35	19418	71	91	87	1195	60	21853	71	93	77
1258	38	17520	61	78	85	1225	64	33607	52	84	77
1255	56	18847	70	81	84	1230	47	28851	77	79	82
1170	49	20192	54	93	72	1225	54	39883	71	98	76
1220	53	17653	69	98	80	1155	56	38597	52	96	73

이 경우의 다변량 분산분석 모형은 다음과 같다.

$X_{ij} = \mu + \alpha_i + \epsilon_{ij}$

μ : 전체 자료에서 얻어진 모평균 벡터

α_i : 인자 A의 주 효과

가정 > ϵ_{ij} : 확률오차 벡터항 ~ $N_p(0, \Sigma)$

《 SAS 프로그램 》

```
data anova;
do type=1 to 2;
input x1 x2 x3 x4 x5 x6 @@;output;
end;
cards;
1315 22 26636 85 81 93 1370 18  46918 90  99 90
1310 24 27487 78 93 88 1370 18  61921 92  96 88
1336 28 23772 86 90 93 1350 19  52468 90  97 93
1300 24 25703 78 95 90 1340 17  48123 89  99 93
1250 49 27879 76 91 86 1400 31 102262 98  98 75
1320 33 26668 79 98 80 1357 30  56766 95  98 86
1290 35 19948 73 87 91 1310 25  39504 91  95 91
1255 25 24718 65 89 92 1306 25  35804 86 100 95
1195 57 25271 65 90 87 1280 30  37137 85  90 83
1230 36 17721 77 94 89 1268 29  45879 78  93 90
1287 43 20179 53 90 84 1300 45  38937 74 100 73
1300 40 19504 75 82 80 1281 24  24201 80  98 90
1260 36 20377 68 94 74 1280 41  30882 87  99 86
1247 54 23591 64 98 77 1176 37  23665 95  93 68
1234 29 17998 61 89 78 1290 48  45460 69  58 86
1244 67 22301 65 79 73 1327 24  26730 85  95 88
1200 61 23358 47 83 83 1142 43  26859 96 100 61
1200 46 18872 52 75 84 1218 37  19365 77  91 88
1215 38 20722 51 86 85 1278 24  23115 79  89 89
1240 36 17554 58 81 88 1109 32  19684 82  84 73
1285 35 19418 71 91 87 1195 60  21853 71  93 77
1258 38 17520 61 78 85 1225 64  33607 52  84 77
1255 56 18847 70 81 84 1230 47  28851 77  79 82
1170 49 20192 54 93 72 1225 54  39883 71  98 76
1220 53 17653 69 98 80 1155 56  38597 52  96 73
;
proc anova;
class type;
model x1 x2 x3 x4 x5 x6 = type;
manova h=type / printh printe;
means type / alpha=0.05 lsd;
run;
```

〈〈 결과 & 해석 〉〉

The SAS System

Analysis of Variance Procedure
Class Level Information

Class	Levels	Values
TYPE	2	1 2

Number of observations in data set = 50

다음은 일원배치 일변량 분산분석을 실시한 결과이다.

The SAS System
Analysis of Variance Procedure

Dependent Variable: X1

Source	DF	Sum of Squares	Mean Square	F Value	Pr > F
Model	1	2679.12000000	2679.12000000	0.69	0.4119
Error	48	187684.80000000	3910.10000000		
Corrected Total	49	190363.92000000			

R-Square	C.V.	Root MSE	X1 Mean
0.014074	4.947213	62.53079241	1263.96000000

Source	DF	Anova SS	Mean Square	F Value	Pr > F
TYPE	1	2679.12000000	2679.12000000	0.69	0.4119

종속변수가 X_1(SAT)일 때 모형에 대한 p-값은 0.4119로서 모형은 유의하지 못하다. 종속변수가 X1(SAT)인 일원배치 일변량 분산분석에서 대학 형태는 p-값이 0.4119로 유의수준 0.05보다 매우 커서, SAT은 대학 형태에 따라 유의한 차이가 없다. (일원배치 일변량이므로, 모형의 성립 여부를 확인하는 것은 독립변수의 유의성을 확인하는 것과 같다.) R^2는 0.014074로 약 1%의 설명이 가능하다.

The SAS System
Analysis of Variance Procedure

Dependent Variable: X2

Source	DF	Sum of Squares	Mean Square	F Value	Pr > F
Model	1	369.92000000	369.92000000	2.12	0.1520
Error	48	8380.80000000	174.60000000		
Corrected Total	49	8750.72000000			

R-Square	C.V.	Root MSE	X2 Mean
0.042273	34.91974	13.21362933	37.84000000

Source	DF	Anova SS	Mean Square	F Value	Pr > F
TYPE	1	369.92000000	369.92000000	2.12	0.1520

종속변수가 X_2 허락된 지원자 %인 일원배치 일변량 분산분석에서 대학 형태는 p-값이 0.1520으로 유의수준 0.05보다 매우 커서, X_2은 대학 형태에 따라 유의한 차이가 없다. R^2는 0.042273으로 약 4%의 설명이 가능하다.

The SAS System
Analysis of Variance Procedure

Dependent Variable: X3

Source	DF	Sum of Squares	Mean Square	F Value	Pr > F
Model	1	3605397494.47999000	3605397494.47999000	22.15	0.0001
Error	48	7814347895.52000000	162798914.49000000		
Corrected Total	49	11419745390.00000000			

R-Square	C.V.	Root MSE	X3 Mean
0.315716	42.18330	12759.26778816	30247.20000000

Source	DF	Anova SS	Mean Square	F Value	Pr > F
TYPE	1	3605397494.47999000	3605397494.47999000	22.15	0.0001

종속변수가 X_3 한 학생당 소비하는 돈($)인 일원배치 일변량 분산분석에서 대학 형태는 p-값이 0.0001로 유의수준 0.05보다 매우 작아서, X_3는 대학 형태에 따라 유의한 차이가 있다. R^2는 0.315716으로 약 30%의 설명이 가능하다.

The SAS System
Analysis of Variance Procedure

Dependent Variable: X4

Source	DF	Sum of Squares	Mean Square	F Value	Pr > F
Model	1	2592.00000000	2592.00000000	19.57	0.0001
Error	48	6358.32000000	132.46500000		
Corrected Total	49	8950.32000000			

R-Square	C.V.	Root MSE	X4 Mean
0.289599	15.46124	11.50934403	74.44000000

Source	DF	Anova SS	Mean Square	F Value	Pr > F
TYPE	1	2592.00000000	2592.00000000	19.57	0.0001

종속변수가 X_4 상위 10%안에 있는 학생들의 %인 일원배치 일변량 분산분석에서 대학 형태는 p-값이 0.0001로 유의수준 0.05보다 매우 작아서, X_4은 대

학 형태에 따라 유의한 차이가 있다. R^2는 0.289599로 약 30%의 설명이 가능하다.

The SAS System
Analysis of Variance Procedure

Dependent Variable: X5

Source	DF	Sum of Squares	Mean Square	F Value	Pr > F
Model	1	269.12000000	269.12000000	4.20	0.0458
Error	48	3073.20000000	64.02500000		
Corrected Total	49	3342.32000000			

R-Square	C.V.	Root MSE	X5 Mean
0.080519	8.835647	8.00156235	90.56000000

Source	DF	Anova SS	Mean Square	F Value	Pr > F
TYPE	1	269.12000000	269.12000000	4.20	0.0458

종속변수가 X_5 박사학위를 가진 학교 학부의 %인 일원배치 일변량 분산분석에서 대학 형태는 p-값이 0.0458로 유의수준 0.05보다 작아서, X_5은 대학 형태에 따라 유의한 차이가 있다. R^2는 0.080519로 약 8%의 설명이 가능하다.

The SAS System
Analysis of Variance Procedure

Dependent Variable: X6

Source	DF	Sum of Squares	Mean Square	F Value	Pr > F
Model	1	20.48000000	20.48000000	0.35	0.5547
Error	48	2778.00000000	57.87500000		
Corrected Total	49	2798.48000000			

R-Square	C.V.	Root MSE	X6 Mean
0.007318	9.113035	7.60756203	83.48000000

Source	DF	Anova SS	Mean Square	F Value	Pr > F
TYPE	1	20.48000000	20.48000000	0.35	0.5547

종속변수가 X_6 학위를 받는 학생들의 %인 일원배치 일변량 분산분석에서 대학 형태는 p-값이 0.5547로 유의수준 0.05보다 커서, X_6는 대학 형태에 따라 유의한 차이가 없다. R^2는 0.007318로 약 0.7%의 설명이 가능하다

따라서 X_3 한 학생당 소비하는 돈($), X_4 상위 10% 안에 있는 학생들의 %, X_5 박사학위를 가진 학교 학부의 %,는 대학 형태에 유의한 영향을 미치는 변수로 판정할 수 있다.

다음은 다변량 분산분석을 보기로 하자.

E = Error SS&CP Matrix

	X1	X2	X3	X4	X5	X6
X1	187684.8	-23768.8	23907745.16	18385.68	4724	13370.2
X2	-23768.8	8380.8	-1732329.36	-4475.28	-1370	-2869.2
X3	23907745.16	-1732329.36	7814347895.5	2098542.2	786006.16	560355.68
X4	18385.68	-4475.28	2098542.2	6358.32	1618.48	1037.84
X5	4724	-1370	786006.16	1618.48	3073.2	-95.2
X6	13370.2	-2869.2	560355.68	1037.84	-95.2	2778

위는 인자수준(대학 형태) 내 자승합과 교차승합행렬인 W를 나타낸다.

H = Anova SS&CP Matrix for TYPE

	X1	X2	X3	X4	X5	X6
X1	2679.12	-995.52	3107940.24	2635.2	849.12	-234.24
X2	-995.52	369.92	-1154863.04	-979.2	-315.52	87.04
X3	3107940.24	-1154863.04	3605397494.5	3056990.4	985030.24	-271732.48
X4	2635.2	-979.2	3056990.4	2592	835.2	-230.4
X5	849.12	-315.52	985030.24	835.2	269.12	-74.24
X6	-234.24	87.04	-271732.48	-230.4	-74.24	20.48

위는 인자수준(대학 형태)간 자승합과 교차승합행렬인 B를 나타낸다.

The SAS System
Analysis of Variance Procedure
Multivariate Analysis of Variance

Manova Test Criteria and Exact F Statistics for the Hypothesis of no Overall TYPE Effect
H = Anova SS&CP Matrix for TYPE E = Error SS&CP Matrix

S=1 M=2 N=20.5

Statistic	Value	F	Num DF	Den DF	Pr > F
Wilks' Lambda	0.45919021	8.4405	6	43	0.0001
Pillai's Trace	0.54080979	8.4405	6	43	0.0001
Hotelling-Lawley Trace	1.17774678	8.4405	6	43	0.0001
Roy's Greatest Root	1.17774678	8.4405	6	43	0.0001

먼저 두 대학 형태의 모집단의 모평균 벡터가 동일한지 여부를 검정해보자. 가설을 다음과 같이 설정할 수 있다.

$H_0: \boldsymbol{\mu}_1 = \boldsymbol{\mu}_2$ v.s. H_1: 모든 $\boldsymbol{\mu}_i$들이 다 같지는 않다.

검정통계량은 다음과 같다.

$$\Lambda^* = \frac{|W|}{|B+W|} = 0.45919021$$

따라서 p=6, a=2인 경우에 대해, 윌크스 람다의 함수에 대한 분포표를 참고하여, 정확한 검정을 하여보자.

$$\left(\frac{N-p-1}{p}\right)\left(\frac{1-\Lambda^*}{\Lambda^*}\right)=\left(\frac{50-6-1}{6}\right)\left(\frac{1-0.45919021}{0.45919021}\right) = 8.440518571$$

이는 $F(p, N-p-1) = F(6, 50-6-1) = F(6, 43)$인 F분포에 따른다. 따라서 검정통계량의 p-값이 0.0001로서, 유의수준 0.05보다 매우 작으므로 귀무가설은 기각된다. 즉, 유의수준 0.05에서 두 대학 형태 모집단 사이에는 유의적인 차가 존재한다.

다음은, 두 대학 형태에 대한 개별 종속변수의 모평균에 대한 다중비교를 유의수준 $\alpha = 0.05$에서 최소유의차 방법(LSD)에 의해 얻어진 결과물이다.

The SAS System

Analysis of Variance Procedure

T tests (LSD) for variable: X1

NOTE: This test controls the type I comparisonwise error rate not the experimentwise error rate.

Alpha= 0.05 df= 48 MSE= 3910.1
Critical Value of T= 2.01
Least Significant Difference= 35.561

Means with the same letter are not significantly different.

T Grouping	Mean	N	TYPE
A	1271.28	25	2
A	1256.64	25	1

피셔의 최소유의차 방법은 두 처리수준들에 대한 개별적인 t-검정을 여러 번 수행하는 절차이다. 최소유의차 방법에 의하면 다음과 같은 조건일 때 두 처리수준은 유의수준 α에서 두 모평균 사이에 차이가 있다고 판단한다.

$$|\overline{X_i} - \overline{X_j}| > LSD_\alpha$$

| 1271.28 - 1256.64 | = 14.64 < LSD = 35.561 이므로, 대학에 대한

두 대학 형태에 따라 종속변수 X_1의 평균적인 차이가 LSD보다 작으므로, 유의수준 0.05에서 SAT은 대학 형태에 따라 통계적으로 유의적인 차이가 있다고 말할 수 없다.

```
The SAS System

Analysis of Variance Procedure

T tests (LSD) for variable: X2

NOTE: This test controls the type I comparisonwise error rate not the
experimentwise error rate.

Alpha= 0.05 df= 48 MSE= 174.6
Critical Value of T= 2.01
Least Significant Difference= 7.5145

Means with the same letter are not significantly different.
```

T Grouping	Mean	N	TYPE
A	40.560	25	1
A	35.120	25	2

| 40.560 - 35.120 | = 5.44 < LSD = 7.5145이므로, 즉 대학에 대한 두 가지 형에 따라 종속변수 X_2 평균적인 차이가 LSD보다 작으므로, 유의수준 0.05에서 X_2 허락된 지원자 %는 대학 형태에 따라 통계적으로 유의적인 차이가 있다고 말할 수 없다.

```
The SAS System

Analysis of Variance Procedure

T tests (LSD) for variable: X3

NOTE: This test controls the type I comparisonwise error rate not the
experimentwise error rate.

Alpha= 0.05 df= 48 MSE= 1.628E8
Critical Value of T= 2.01
Least Significant Difference= 7256.1

Means with the same letter are not significantly different.
```

T Grouping	Mean	N	TYPE
A	38739	25	2
B	21756	25	1

| 38739 - 21756 | = 16983 > LSD = 7256.1이므로, 즉 대학에 대한 두

형태에 따라 종속변수 X_3 한 학생당 소비하는 돈($) X3의 평균적인 차이가 LSD보다 크므로, X_3는 유의수준 0.05에서 대학 형태에 따라 통계적으로 유의적인 차이가 있다고 말할 수 있다.

The SAS System

Analysis of Variance Procedure

T tests (LSD) for variable: X4

NOTE: This test controls the type I comparisonwise error rate not the experimentwise error rate.

Alpha= 0.05 df= 48 MSE= 132.465
Critical Value of T= 2.01
Least Significant Difference= 6.5453

Means with the same letter are not significantly different.

T Grouping	Mean	N	TYPE
A	81.640	25	2
B	67.240	25	1

| 81.640 - 67.240 | = 14.4 > LSD= 6.5483이므로, 즉 대학에 대한 두 가지 형태에 따라 종속변수 X_4 상위 10% 안에 있는 학생들의 %,의 평균적인 차이가 LSD보다 크므로, 유의수준 0.05에서 X_4는 대학의 형태에 따라 통계적으로 유의적인 차이가 있다고 말할 수 있다.

The SAS System

Analysis of Variance Procedure

T tests (LSD) for variable: X5

NOTE: This test controls the type I comparisonwise error rate not the experimentwise error rate.

Alpha= 0.05 df= 48 MSE= 64.025
Critical Value of T= 2.01
Least Significant Difference= 4.5504

Means with the same letter are not significantly different.

T Grouping	Mean	N	TYPE
A	92.880	25	2
B	88.240	25	1

| 92.880 - 88.240 | = 4.64 > LSD= 4.5504이므로, 즉 대학에 대한 두 가

지 형태에 따라 종속변수 X_5 박사학위를 가진 학교 학부의 %의 평균적인 차이가 LSD보다 크므로, 유의수준 0.05에서 X_5는 대학의 형태에 따라 통계적으로 유의적인 차이가 있다고 말할 수 있다.

The SAS System

Analysis of Variance Procedure

T tests (LSD) for variable: X6

NOTE: This test controls the type I comparisonwise error rate not the experimentwise error rate.

Alpha= 0.05 df= 48 MSE= 57.875
Critical Value of T= 2.01
Least Significant Difference= 4.3264

Means with the same letter are not significantly different.

T Grouping	Mean	N	TYPE
A	84.120	25	1
A	82.840	25	2

| 84.120 - 82.840 | = 1.28 > LSD= 4.3264 이므로, 대학에 대한 두 가지 형태에 따라 종속변수 X_6 학위를 받는 학생들의 %의 평균적인 차이가 LSD보다 작으므로, 유의수준 0.05에서 X_6는 대학의 형태에 따라 통계적으로 유의적인 차이가 있다고 말할 수 없다.

결론적으로 일원배치 일변량 분산분석 결과 X_3, X_4, X_5는 대학 형태에 유의한 영향을 미치는 변수로 판정하였다. 다변량의 분산분석의 경우 이는 최소유의차 검정결과와 일치함을 확인할 수 있다.

【SAS 예 5.2】 어느 의과대학 실험실 실험실에서 암수 흰쥐에 종양을 배양하여 다음과 같은 자료를 얻었다. 인자 A는 암수이고, 인자 B는 세 가지 온도를 나타낸다. 종속변수는 실험 전 체중(X_1), 실험 후 체중(X_2)과 종양의 무게(X_3)이다. 두 인자(성별, 온도 수준)에 대한 교호작용 효과와 인자 A(성별)와 인자 B(온도 수준)의 대한 이원배치 일변량 분산분석을 실시하여라.

종양에 대한 실험자료

온도	수놈			암놈		
	X1	X2	X3	X1	X2	X3
4	18.15	16.51	0.24	19.15	19.49	0.16
	18.68	19.50	0.32	18.35	19.81	0.17
	19.54	19.84	0.20	20.68	19.44	0.22
20	21.27	23.30	0.33	18.87	22.00	0.25
	19.57	22.30	0.45	20.66	21.08	0.20
	20.15	18.95	0.35	21.56	20.34	0.20
34	20.74	16.69	0.31	20.22	19.00	0.18
	20.02	19.26	0.41	18.38	17.92	0.30
	17.20	15.90	0.28	20.85	19.90	0.17

이는 이원배치 다변량 분산분석 데이터이다.

다변량 분산분석 모형 > $\boldsymbol{X}_{ij} = \boldsymbol{\mu} + \boldsymbol{\alpha}_i + \boldsymbol{\beta}_j + (\boldsymbol{\alpha\beta})_{ij} + \boldsymbol{\epsilon}_{ij}$

$\boldsymbol{\mu}$: 전체 자료에서 얻어진 모평균 벡터

$\boldsymbol{\alpha}_i$: 인자 A의 i번째 수준 효과 벡터

$\boldsymbol{\beta}_j$: 인자 B의 j번째 수준 효과 벡터

$(\boldsymbol{\alpha\beta})_{ij}$: 인자 A의 i번째 수준과 인자 B의 j번째 수준의 교호작용 효과

가정 > $\boldsymbol{\epsilon}_{ij}$: 오차항으로서 서로 독립인 확률벡터 ~ $N_p(0, \Sigma)$

먼저 두 인자간의 교호작용의 여부를 가장 먼저 검정하는 이유는 만일, 교호작용이 존재하지 않는다고 판정되면, 인자 A와 인자 B의 효과만을 고려한 모형을 고려하여, 다시 분석해야 하기 때문이다.

《 SAS 프로그램 》

```
data anova;
do sex=1 to 2; do temp=1 to 3; do n=1 to 3;
input x1 x2 x3 @@; output;
end; end; end;
cards;
18.15 16.51 0.24 18.68 19.50 0.32 19.54 19.84 0.20
21.27 23.30 0.33 19.57 22.30 0.45 20.15 18.95 0.35
20.74 16.69 0.31 20.02 19.26 0.41 17.20 15.90 0.28
19.15 19.49 0.16 18.35 19.81 0.17 20.68 19.44 0.22
18.87 22.00 0.25 20.66 21.08 0.20 21.56 20.34 0.20
20.22 19.00 0.18 18.38 17.92 0.30 20.85 19.90 0.17
;
proc anova;
class sex temp;
model x1 x2 x3 = sex temp sex*temp;
manova h=sex temp sex*temp / printh printe;
means sex temp / alpha=0.05 lsd;
run;
```

《 결과물 & 해석 》

The SAS System

Analysis of Variance Procedure
Multivariate Analysis of Variance

Manova Test Criteria and F Approximations for the Hypothesis of no Overall SEX*TEMP Effect
H = Anova SS&CP Matrix for SEX*TEMP E = Error SS&CP Matrix

S=2 M=0 N=4

Statistic	Value	F	Num DF	Den DF	Pr > F
Wilks' Lambda	0.77196368	0.4605	6	20	0.8291
Pillai's Trace	0.23967831	0.4992	6	22	0.8021
Hotelling-Lawley Trace	0.28031672	0.4205	6	18	0.8558
Roy's Greatest Root	0.20771099	0.7616	3	11	0.5388

가설을 다음과 같이 설정할 수 있다.

H_0: 모든 $(\alpha\beta)_{ij} = 0$ v.s. H_1 : $(\alpha\beta)_{ij}$ 중 적어도 하나는 0이 아니다.

검정통계량은 다음과 같다.

$$\Lambda^*_{A\times B} = \frac{|SSPE|}{|SSPINT + SSPE|} = 0.77196368$$

F 검정통계량의 값은 0.4605이고 이에 대한 p-값이 0.8291로서, 유의수준 0.05보다 크므로 귀무가설은 채택된다. 따라서, 유의수준 0.05에서 성별(암놈, 수놈)과 온도 사이의 교호작용은 종양의 성장에 통계적으로 유의한 영향을 미치고 있지 않다.

이제 두 인자간의 교호작용을 고려하지 않은 모형을 고려하여 분석하자.

〈〈 SAS 프로그램 〉〉

```
data anova;
do sex=1 to 2; do temp=1 to 3; do n=1 to 3;
input x1 x2 x3 @@; output;
end; end; end;
cards;
18.15 16.51 0.24 18.68 19.50 0.32 19.54 19.84 0.20
21.27 23.30 0.33 19.57 22.30 0.45 20.15 18.95 0.35
20.74 16.69 0.31 20.02 19.26 0.41 17.20 15.90 0.28
19.15 19.49 0.16 18.35 19.81 0.17 20.68 19.44 0.22
18.87 22.00 0.25 20.66 21.08 0.20 21.56 20.34 0.20
20.22 19.00 0.18 18.38 17.92 0.30 20.85 19.90 0.17
;
proc anova;
class sex temp;
model x1 x2 x3 = sex temp;
manova h=sex temp / printh printe;
means sex temp / alpha=0.05 lsd;

run;
```

〈〈 결과 & 해석 〉〉

1) 인자 A(성별) = SEX 의 효과에 대하여 검정!!!

Manova Test Criteria and Exact F Statistics for the Hypothesis of no Overall SEX Effect
H = Anova SS&CP Matrix for SEX E = Error SS&CP Matrix

S=1 M=0.5 N=5

Statistic	Value	F	Num DF	Den DF	Pr > F
Wilks' Lambda	0.36273445	7.0274	3	12	0.0055
Pillai's Trace	0.63726555	7.0274	3	12	0.0055
Hotelling-Lawley Trace	1.75683770	7.0274	3	12	0.0055
Roy's Greatest Root	1.75683770	7.0274	3	12	0.0055

가설을 다음과 같이 설정할 수 있다.

$$H_0: \ \alpha_1 = \alpha_2 = 0 \quad \text{v.s.} \quad H_1: \ \alpha_i \text{ 중 적어도 하나는 0이 아니다.}$$

검정통계량은 다음과 같다.

$$\Lambda_A^* = \frac{|SSPE|}{|SSPA + SSPE|} = 0.36273445$$

F 검정통계량의 값은 7.0274이고 이에 대한 p-값이 0.0055로서, 유의수준 0.05보다 작으므로 귀무가설은 기각된다. 따라서, 유의수준 0.05에서 인자 A (성별)는 종양의 성장에 통계적으로 유의한 영향을 미치고 있다.

2) 인자 B(온도 수준) = TEMP의 효과에 대하여 검정!!!

Manova Test Criteria and F Approximations for the Hypothesis of no Overall TEMP Effect
H = Anova SS&CP Matrix for TEMP E = Error SS&CP Matrix

S=2 M=0 N=5

Statistic	Value	F	Num DF	Den DF	Pr > F
Wilks' Lambda	**0.29429523**	**3.3734**	6	24	**0.0148**
Pillai's Trace	0.90559042	3.5857	6	26	0.0101
Hotelling-Lawley Trace	1.71874726	3.1510	6	22	0.0220
Roy's Greatest Root	1.10293457	4.7794	3	13	0.0186

가설을 다음과 같이 설정할 수 있다.

$$H_0: \ \beta_1 = \beta_2 = \beta_3 = 0 \quad \text{v.s.} \quad H_1: \ \beta_j \text{ 중 적어도 하나는 0이 아니다.}$$

검정통계량은 다음과 같다.

$$\Lambda_B^* = \frac{|SSPE|}{|SSPB + SSPE|} = 0.29429523$$

F 검정통계량의 값은 3.3734이고 이에 대한 p-값이 0.0148로서, 유의수준

0.05보다 작으므로 귀무가설은 기각된다. 따라서, 유의수준 0.05에서 인자 B (온도 수준)는 종양의 성장에 통계적으로 유의한 영향을 미치고 있다.

인자 A와 인자 B 두 인자 모두 귀무가설을 기각한다. 따라서 세 개의 변수에 대한 평균들의 비교시 필요하다. ($\alpha = 0.05$)

The SAS System

Analysis of Variance Procedure

T tests (LSD) for variable: X1

NOTE: This test controls the type I comparisonwise error rate not the experimentwise error rate.

Alpha= 0.05 df= 14 MSE= 1.400134
Critical Value of T= 2.14
Least Significant Difference= 1.1964

Means with the same letter are not significantly different.

T Grouping	Mean	N	SEX
A	19.8578	9	2
A	19.4800	9	1

피셔의 최소유의차 방법은 두 처리 수준들에 대한 개별적인 t-검정을 여러 번 수행하는 절차이다. 최소유의차 방법에 의하면 다음과 같은 조건일 때 두 처리 수준은 유의수준 α에서 두 모평균 사이에 차이가 있다고 판단한다.

$$| \overline{X_i} - \overline{X_j} | > LSD_\alpha$$

| 19.8578 - 19.4800 | = 0.3778 < LSD = 1.1964 이므로, 즉 두 암수(성별)에 따라 종속변수 X1의 평균적인 차이가 LSD보다 작으므로, 유의수준 0.05에서 성별에 따라, 실험 전 체중은 통계적으로 유의한 차이가 없다.

The SAS System

Analysis of Variance Procedure

T tests (LSD) for variable: X2

NOTE: This test controls the type I comparisonwise error rate not the experimentwise error rate.

Alpha= 0.05 df= 14 MSE= 2.136013
Critical Value of T= 2.14
Least Significant Difference= 1.4777

Means with the same letter are not significantly different.

T Grouping	Mean	N	SEX
A	19.8867	9	2
A	19.1389	9	1

| 19.8867 - 19.1389 | = 0.7478 < LSD=1.4777 이므로, 즉, 두 암수(성별)에 따라 종속변수 X2의 평균적인 차이가 LSD보다 작으므로, 유의수준 0.05에서 성별에 따라, 실험 후 체중은 통계적으로 유의한 차이가 없다.

The SAS System

Analysis of Variance Procedure

T tests (LSD) for variable: X3

NOTE: This test controls the type I comparisonwise error rate not the experimentwise error rate.

Alpha= 0.05 df= 14 MSE= 0.003234
Critical Value of T= 2.14
Least Significant Difference= 0.0575

Means with the same letter are not significantly different.

T Grouping	Mean	N	SEX
A	0.32111	9	1
B	0.20556	9	2

| 0.32111 - 0.20556 | = 0.11555 > LSD=0.0575이므로, 두 암수(성별)에 따라 종속변수 X3의 평균적인 차이가 LSD보다 크므로, 유의수준 0.05에서 성별에 따라, 종양의 무게는 통계적으로 유의한 차이가 있다.

The SAS System

Analysis of Variance Procedure

T tests (LSD) for variable: X1

NOTE: This test controls the type I comparisonwise error rate not the experimentwise error rate.

Alpha= 0.05 df= 14 MSE= 1.400134
Critical Value of T= 2.14
Least Significant Difference= 1.4652

Means with the same letter are not significantly different.

T Grouping	Mean	N	TEMP
A	20.3467	6	2
A			
A	19.5683	6	3
A			
A	19.0917	6	1

| 20.3467 - 19.5683 | = 0.7784 < LSD=1.4652이므로, 즉 온도 수준 2 & 3 수준에 따라 종속변수 X1의 평균적인 차이가 LSD보다 작으므로, 유의수준 0.05에서 온도의 2 & 3 수준에 따라 실험 전 체중은 통계적으로 유의한 차이가 없다.

| 19.5683 - 19.0917 | = 0.4766 < LSD=1.4652이므로, 즉 온도 수준 3 & 1 수준에 따라 종속변수 X1의 평균적인 차이가 LSD보다 작으므로, 유의수준 0.05에서 온도의 3 & 1 수준에 따라 실험 전 체중은 통계적으로 유의한 차이가 없다.

| 20.3467 - 19.0917 | = 1.255 < LSD=1.4652이므로, 즉 온도 수준 2 & 1 수준에 따라 종속변수 X1의 평균적인 차이가 LSD보다 작으므로, 유의수준 0.05에서 온도의 2 & 1 수준에 따라 실험 전 체중은 통계적으로 유의한 차이가 없다.

The SAS System

Analysis of Variance Procedure

T tests (LSD) for variable: X2

NOTE: This test controls the type I comparisonwise error rate not the experimentwise error rate.

Alpha= 0.05 df= 14 MSE= 2.136013
Critical Value of T= 2.14
Least Significant Difference= 1.8098

Means with the same letter are not significantly different.

T Grouping	Mean	N	TEMP
A	21.3283	6	2
B	19.0983	6	1
B	18.1117	6	3

| 21.3283 - 19.0983 | = 2.23 > LSD=1.8098이므로, 즉 온도 수준 2 & 1 수준에 따라 종속변수 X2의 평균적인 차이가 LSD보다 크므로, 유의수준 0.05에서 온도의 2 & 1 수준에 따라 실험 후 체중은 통계적으로 유의한 차이

가 있다.

| 19.0983 - 18.1117 | = 0.9866 < LSD=1.8098이므로, 즉 온도 수준 1 & 3 수준에 따라 종속변수 X2의 평균적인 차이가 LSD보다 작으므로, 유의수준 0.05에서 온도의 1 & 3 수준에 따라 실험 후 체중은 통계적으로 유의한 차이가 없다.

| 21.3283 - 18.1117 | = 3.2166 > LSD=1.8098이므로, 즉 온도 수준 2 & 3 수준에 따라 종속변수 X2의 평균적인 차이가 LSD보다 크므로, 유의수준 0.05에서 온도의 2 & 3 수준에 따라 실험 후 체중은 통계적으로 유의한 차이가 있다.

```
                    The SAS System
            Analysis of Variance Procedure
            T tests (LSD) for variable: X3

NOTE: This test controls the type I comparisonwise error rate not the
                experimentwise error rate.

          Alpha= 0.05 df= 14 MSE= 0.003234
              Critical Value of T= 2.14
       Least Significant Difference= 0.0704

    Means with the same letter are not significantly different.

        T Grouping        Mean        N   TEMP

                A       0.29667       6     2
                A
            B   A       0.27500       6     3
            B
            B           0.21833       6     1
```

| 0.29667 - 0.27500 | = 0.02167 < LSD=0.0704이므로, 즉 온도 수준 2 & 3 수준에 따라 종속변수 X3의 평균적인 차이가 LSD보다 작으므로, 유의수준 0.05에서 온도의 2 & 3 수준에 따라 종양의 무게는 통계적으로 유의한 차이가 없다.

| 0.27500 - 0.21833 | = 0.05667 < LSD=0.0704이므로, 즉 온도 수준 3 & 1 수준에 따라 종속변수 X3의 평균적인 차이가 LSD보다 작으므로, 유의수준 0.05에서 온도의 3 & 1 수준에 따라 종양의 무게는 통계적으로 유의한 차이가 없다.

| 0.29667 - 0.21833 | = 0.07834 > LSD=0.0704이므로, 즉 온도 수준 2 & 1 수준에 따라 종속변수 X3의 평균적인 차이가 LSD보다 크므로, 유의수준 0.05에서 온도의 2 & 1 수준에 따라 종양의 무게는 통계적으로 유의한 차이가 있다.

이번에는 이원배치 일변량 분산분석을 해보고자 한다. 다음은 그 SAS 프로그램에 대한 결과이다.

〈〈 SAS 프로그램 〉〉

```
data anova;
do sex=1 to 2; do temp=1 to 3; do n=1 to 3;
input x1 x2 x3 @@; output;
end; end; end;
cards;
18.15 16.51 0.24 18.68 19.50 0.32 19.54 19.84 0.20
21.27 23.30 0.33 19.57 22.30 0.45 20.15 18.95 0.35
20.74 16.69 0.31 20.02 19.26 0.41 17.20 15.90 0.28
19.15 19.49 0.16 18.35 19.81 0.17 20.68 19.44 0.22
18.87 22.00 0.25 20.66 21.08 0.20 21.56 20.34 0.20
20.22 19.00 0.18 18.38 17.92 0.30 20.85 19.90 0.17
;
proc anova;
class sex temp;
model x1 = sex temp sex*temp;

proc anova;
class sex temp;
model x2 = sex temp sex*temp;

proc anova;
class sex temp;
model x3 = sex temp sex*temp;

run
```

〈〈 결과물 & 해석 〉〉

The SAS System

Analysis of Variance Procedure
Class Level Information

Class Levels Values

SEX	2 1 2
TEMP	3 1 2 3

Number of observations in data set = 18

The SAS System

Analysis of Variance Procedure

Dependent Variable: X1

Source	DF	Sum of Squares	Mean Square	F Value	Pr > F
Model	5	5.73377778	1.14675556	0.71	0.6261
Error	12	19.32640000	1.61053333		
Corrected Total	17	25.06017778			

R-Square	C.V.	Root MSE	X1 Mean
0.228800	6.452159	1.26906790	19.66888889

Source	DF	Anova SS	Mean Square	F Value	Pr > F
SEX	1	0.64222222	0.64222222	0.40	0.5396
TEMP	2	4.81607778	2.40803889	1.50	0.2632
SEX*TEMP	2	0.27547778	0.13773889	0.09	0.9186

종속변수가 X1(실험 전 체중)인 이원배치 일변량 분산분석에서 SEX는 p-값이 0.5396으로 유의수준 0.05보다 크므로 실험 전 체중은 성에 따라 유의한 차이가 없다. TEMP는 p-값이 0.2632로 유의수준 0.05보다 크므로 실험 전 체중은 온도에 따라 유의한차이가 없다. SEX와 TEMP의 교호작용 SEX×TEMP는 p-값이 0.9136으로서 매우 크므로 실험 전 체중은 온도와 성의 교호작용에 따라 유의한 차이가 없음을 확인할 수 있다. R^2는 0.2280으로 약 20%의 설명이 가능하다.

The SAS System

Analysis of Variance Procedure
Class Level Information

Class	Levels	Values
SEX	2	1 2
TEMP	3	1 2 3

Number of observations in data set = 18

The SAS System

Analysis of Variance Procedure

Dependent Variable: X2

Source	DF	Sum of Squares	Mean Square	F Value	Pr > F
Model	5	38.30836111	7.66167222	3.44	0.0368
Error	12	26.69880000	2.22490000		
Corrected Total	17	65.00716111			

R-Square	C.V.	Root MSE	X2 Mean
0.589294	7.644272	1.49160987	19.51277778

Source	DF	Anova SS	Mean Square	F Value	Pr > F
SEX	1	2.51627222	2.51627222	1.13	0.3085
TEMP	2	32.58671111	16.29335556	7.32	0.0083
SEX*TEMP	2	3.20537778	1.60268889	0.72	0.5065

종속변수가 X2(실험 후 체중)인 이원배치 일변량 분산분석에서 SEX는 p-값이 0.3085으로 유의수준 0.05보다 크므로 실험 후 체중은 성에 따라 유의한 차이가 없다. TEMP는 p-값이 0.0083으로 유의수준 0.05보다 작으므로 실험 후 체중은 온도에 따라 유의한 차이가 있다. SEX와 TEMP의 교호작용 SEX×TEMP는 p-값이 0.5065으로서 유의수준 0.05보다 크므로 실험 후 체중은 온도와 성의 교호작용에 따라 유의한 차이가 없음을 확인할 수 있다. R^2는 0.589274로 약 60%의 설명이 가능하다.

The SAS System

Analysis of Variance Procedure
Class Level Information

Class	Levels	Values
SEX	2	1 2
TEMP	3	1 2 3

Number of observations in data set = 18

The SAS System

Analysis of Variance Procedure

Dependent Variable: X3

Source	DF	Sum of Squares	Mean Square	F Value	Pr > F
Model	5	0.08580000	0.01716000	5.25	0.0087
Error	12	0.03920000	0.00326667		
Corrected Total	17	0.12500000			

R-Square	C.V.	Root MSE	X3 Mean
0.686400	21.70434	0.05715476	0.26333333

Source	DF	Anova SS	Mean Square	F Value	Pr > F
SEX	1	0.06008889	0.06008889	18.39	0.0011
TEMP	2	0.01963333	0.00981667	3.01	0.0875
SEX*TEMP	2	0.00607778	0.00303889	0.93	0.4211

종속변수가 X3(종양의 무게)인 이원배치 일변량 분산분석에서 SEX는 p-값이 0.0011로 유의수준 0.05보다 매우 작으므로 종양의 무게는 성에 따라 유의한 차이가 있다. TEMP는 p-값이 0.0875로 유의수준 0.05보다 크므로 종양의 무게는 온도에 따라 유의한 차이가 없다. SEX와 TEMP의 교호작용 SEX×TEMP는 p-값이 0.4211로서 유의수준 0.05보다 크므로 실험 후 체중은 온도와 성의 교호작용에 따라 유의한 차이가 없음을 확인할 수 있다. R^2는 0.6864로 약 70%의 설명이 가능하다.

결론적으로 이원배치 일변량 분산분석을 실시한 결과, 교호작용 효과를 검정하였을 때와 같은 결론을 내릴 수 있다. 즉, 성별과 온도 수준의 교호작용은 어떠한 종속변수에도 유의한 영향을 미치지 못한다. 위 자료에서 교호작용은 고려대상이 아니다.

또한, 실험 전 체중은 두 인자수준 모두에 유의한 영향을 끼치지 못하는 변수이다. 그래서 모형(모델)에 대한 p-값 역시 크게 나와, 모형 자체가 유의하지 않다. 실험 후 체중은 인자 온도 수준에 유의한 영향을 미치는 변수이며, 종양의 무게는 인자 성별에 유의한 영향을 미치는 변수로 판정할 수 있다.

제6장

주성분 분석

6.1 서론

일반적으로 다변량 변수 자료는 변수끼리 서로 상관이 되어 있기 때문에 다변량 자료를 한번에 언급하기가 어렵고 또 변수 하나하나도 서로 연관되어 있기 때문에 해석 또한 쉽지 않다. 따라서 서로 변수들끼리 상관되어 있는 다변량 변수들의 값은 될 수 있는 한 정보의 손실이 없이 축소 요약을 하게 된다. 그 한 방법으로 주성분 분석(principal component analysis)이 있다. 즉, p개의 변수가 서로 상관되어 있는 경우 그 p개의 변수의 자료를 선형 변환시켜 서로 독립되어 있는 주성분이라는 k개의 가공변수로 줄이는 방법이 주성분 분석이다. 주성분 분석의 기준은 다음과 같다. 첫째 실제변수의 개수(p)보다 주성분의 개수(k)가 적어야 한다. 다시 말한다면 복잡한 관계가 있는 많은 변수를 이해하기 쉽게 적은 개수의 주성분으로 줄이는 것이다. 둘째로 변수를 줄여 주성분을 구하는 만드는 과정에서 기존 변수로 인한 정보의 손실(loss of information)이 적어야 한다.

여러 개의 변수를 1개 내지 2개의 주성분으로 줄인다면 그 과정에서 정보의 손실이 있을 수 있다. 따라서 가능한 한 정보의 손실은 줄이면서 이해하기 쉬운 주성분의 개수는 적게 해야 한다. 물론 변수의 개수와 주성분의 개수가 서로 같은 경우에는 정보의 손실이 없게 된다. 그러나 변수보다 주성분의 개수가 적어지는 경우에는 정보의 손실이 발생하게 된다. 마지막으로 새로 만들어지는 주성분은 변수와 달리 서로 상관되어 있지 않아야 한다. 그래야 해석이 용이하기 때문이다.

다음과 같이 가장 간단한 예를 들면서 주성분 분석의 의미를 생각해 보자. 다음은 주성분 분석의 이해를 돕기 위해 만든 6명의 국어와 수학의 가상 성적이다.

	국어	수학
1	20	20
2	30	30
3	40	40
4	50	50

5	60	60
6	70	70

이 경우 6명의 각각의 국어와 수학의 성적은 모두 같다. 성적으로 보아 1번은 꼴찌이고 6번은 1등이다. 이때 6명 각각의 성적을 이야기할 때는 일일이 국어 몇 점, 수학 몇 점이라고 이야기하지 않는다. 왜냐하면 국어와 수학의 상관계수가 1이므로 굳이 두 개의 변수(국어, 수학)를 이야기하지 않아도 두 변수를 대표하면서도 정보의 손실이 없는 성적이라는 주성분으로 위의 값을 이야기할 수 있다. 이 성적이라는 주성분은 평균이 될 수도 있고 합계가 될 수도 있다. 즉 평균을 이야기하든 합계를 이야기하든 변수인 국어와 수학을 동시에 대표할 수 있는 값이기 때문이다. 이 경우에 국어와 수학의 비중(국어와 수학 똑같이 0.707107)은 같다. 또한 이 예에서 주성분을 평균 내지 합계라고 할 수 있으며 변수가 두 개이므로 주성분이 두 개까지 될 수 있다. 그러나 이 예에서 다른 한 주성분은 비중이 없게 된다. 또 다른 예를 들어보자.

	국어	수학
1	22	20
2	23	30
3	24	40
4	25	50
5	26	60
6	27	70

이 경우는 앞에서의 예와 같이 평균을 이야기하든 합계를 이야기하든 변수인 국어와 수학을 동시에 대표할 수 있는 주성분이 된다. 그러나 국어와 수학의 비중은 다르게 된다. 즉 국어는 최대와 최소의 차이가 5점인 데 반해 수학은 50점이다. 이는 각 학생의 점수를 대표하는데 수학의 영향력이 크다는 이야기가 된다. 즉 비중이 국어보다 수학이 높다는 이야기다. (국어는 0.099504, 수학은 0.995037) 이 경우도 앞의 경우와 마찬가지로 두 번째 주성분은 비중이 없다.

마지막 예로서 다음의 경우를 보자

	국어	수학
1	40	20
2	20	30
3	60	40
4	30	50
5	50	60
6	20	70

그림에서와 같이 위의 보기보다는 좀 복잡하지만 국어와 수학의 범위를 보자. 국어는 범위가 60-20=40이고 수학은 70-20=50이다. 여기서도 국어보다 수학의 범위가 넓기 때문에 수학의 비중이 국어보다 좀 높게 나타난다. 또한 대표될 수 있는 첫 번째 주성분의 비중은 59%이고 두 번째 주성분의 비중은 41%이다. 또 첫 번째 주성분에서 국어의 비중은 -0.373238이고, 수학의 비중은 0.927736이다. 두 번째 주성분에서 국어의 비중은 0.927736이고, 수학의 비중은 0.373238이다. 따라서 첫 번째 주성분이 두 번째 주성분보다 설명력이 높고 첫 번째 주성분에서 국어보다 수학의 비중이 높다.

주성분 분석의 사용 용도

① 앞에서도 언급을 했지만 일반적으로 공부를 잘한다. 또는 성적이 좋다는 것은 국어, 수학, 영어 등 학교의 과목의 점수가 좋다는 의미이다. 따라서 모든 과목에 대한 점수들의 일차적 주성분은 성적(평균과 합계와 같은)이 되고 좀더 나아가 국어, 영어와 같은 언어 능력 또는 수학, 물리 같은 수리 능력 등이 주성분이 될 수 있다.

② 야구팀의 타율, 출루율, 방어율, 도루 성공률 등의 일차적 주성분은 그 팀의 전반적인 실력이 될 수 있다. 좀더 나아가 타력, 공격력, 수비력, 투수력 등이 주성분들이 될 수 있다.

③ 각 나라의 잘사는 척도, 즉 GNP는 그 나라의 생산량, 물가지수, 주가, 금리

등의 주성분이 된다.

④ 고고학의 인류학자들이 연도 측정을 위한 선사인류 해골 측정으로 얼굴의 길이, 눈 사이의 넓이, 눈과 코와의 길이, 입과 눈 사이의 길이 등을 종합한 값을 주성분으로 한다.

자료의 구조

자료의 형태는 전형적인 다변량 형태의 자료이다. 즉, $n \times p$인 양적자료이다.

개체 \ 변수	X_1 X_2 $\cdots$ X_p
1	
2	(n×p) 양적자료이어야 한다.
⋮	
n	

6.2 모집단의 주성분

모집단이 경우에 주성분의 주 분석 대상은 모공분산행렬 또는 모상관계수행렬이다. 따라서 이 모공분산행렬 또는 모상관계수행렬이 알려져 있다는 조건하에 모집단의 주성분 분석을 할 수 있다. 다음은 주성분을 구하기 위한 주성분 관련식이다.

$$\begin{bmatrix} C_1 \\ . \\ . \\ C_i \\ . \\ . \\ C_p \end{bmatrix} = \begin{bmatrix} a_{11} & \cdots & a_{p1} \\ & \cdots & \cdots \\ \cdots & a_{1i} & \cdots \\ a_{pi} & \cdots & \cdots \\ \cdots & & a_{1p} \\ \cdots & a_{pp} & \end{bmatrix} \begin{bmatrix} X_1 \\ . \\ . \\ . \\ . \\ . \\ X_p \end{bmatrix}$$

$$C_1 = \boldsymbol{a'}_1\boldsymbol{X}, \quad C_1 = \boldsymbol{a'}_2\boldsymbol{X}, \quad \cdots, \quad C_p = \boldsymbol{a'}_p\boldsymbol{X}$$

$$V(C_i) = V(\boldsymbol{a}_i'\boldsymbol{X}) = \boldsymbol{a}_i'\Sigma\boldsymbol{a}_i$$

$$Cov(C_i, C_k) = Cov(\boldsymbol{a}_i'\boldsymbol{X}, \ \boldsymbol{a}_k'\boldsymbol{X}) = \boldsymbol{a}_i'\Sigma\boldsymbol{a}_k$$

여기서 i번째 주성분은 $\boldsymbol{a}_i'\boldsymbol{a}_i = 1$인 상황에서 i번째 주성분의 분산 $V(C_i)$를 최대로 하는 변수들의 계수 $\boldsymbol{a}_i' = (a_{1i,} a_{2i}, \cdots, a_{\pi})$를 찾아 그것들의 선형결합인 C_i를 구하는 것이다. 또한 i번째 주성분과 j번째의 주성분의 공분산은 0이다. 즉, $Cov(C_i, C_k) = 0$. 이를 다시 정리하면 첫 번째 주성분은 $\boldsymbol{a}'_1\boldsymbol{a}_1 = 1$이 조건하에 $V(C_1) = V(\boldsymbol{a}_1'X)$을 최대로 하는 선형결합 C_1이고 두 번째 주성분은 $\boldsymbol{a}_2'\boldsymbol{a}_2 = 1$이 조건하에 $V(C_2) = V(\boldsymbol{a}_2'X)$을 최대로 하는 선형결합 C_2이다. 이 경우 두 번째 주성분은 첫 번째 주성분과는 독립이어야 한다. 첫 번째 주성분은 변수들의 전체 변동을 최대한 많이 설명하는 부분이고 두 번째 주성분은 첫 번째 주성분 다음으로 변수들의 변동을 많이 설명하는 부분이다. 이런 방법으로 세 번째 주성분은 $\boldsymbol{a}_3'\boldsymbol{a}_3 = 1$이 조건하에 $V(C_3) = V(\boldsymbol{a}_3'X)$을 최대로 하는 선형결합 C_3이다. 이 경우에는 세 번째 주성분은 첫 번째와 두 번째 주성분과는 독립이다. 이런 과정으로 k개의 주성분을 구할 수 있다. 그러나 일반적으로 p개의 변수만큼 주성분을 필요로 하지는 않는다.

정 의

공분산 행렬 Σ를 갖는 확률벡터 $\boldsymbol{X}' = [X_1, X_2, \cdots, X_p]$가 있다 하자. 공분산행렬 Σ에서 고유값을 크기순으로 나열하고 그 고유값에 대응되는 고유벡터를 다음과 같다고 하자.

$$(\lambda_1, \ \boldsymbol{e}_1), (\lambda_2, \ \boldsymbol{e}_2), \cdots, (\lambda_p, \ \boldsymbol{e}_p)$$

여기서 $\lambda_1 > \lambda_2 > \cdots > \lambda_p$ 이다. 즉 이 경우 i번째 주성분인 C_i는 공분산행렬 Σ에서 얻어지는 i번째 고유값λ_i에 대응되는 고유벡터 $\boldsymbol{e}_i$의 선형결합이다.

$$C_i = \boldsymbol{e}_i'\boldsymbol{X} = e_{1i}X_1 + e_{2i}X_2 + \cdots + e_{pi}X_p$$

또한 i번째 주성분 C_i의 분산과 C_k의 분산과의 관계는 다음과 같다.

$$V(C_i) = V(\boldsymbol{e}_i\boldsymbol{X}) = \boldsymbol{e}_i'\Sigma\boldsymbol{e}_i = \lambda_i\boldsymbol{e}'\boldsymbol{e} = \lambda_i$$

$$Cov(C_i, \ C_k) = Cov(\boldsymbol{e}_i\boldsymbol{X}', \ \boldsymbol{e}_k'\boldsymbol{X}) = \boldsymbol{e}_i'\Sigma\boldsymbol{e}_k = \lambda_k\boldsymbol{e}_{i'}\boldsymbol{e}_k = 0$$

여기서 $\Sigma\boldsymbol{e}_i = \lambda_i\boldsymbol{e}_i, \quad \boldsymbol{e}_{i'}\boldsymbol{e}_i = 1, \quad \boldsymbol{e}_i'\boldsymbol{e}_k = 0$ 이다.

참 고

라그랑주 함수

x_i들이 $g(x_1......x_n)=b$의 조건하에 어떤 함수 $f(x_1......x_n)$의 극값(최소, 최대)를 구하고자 할 때 $\Phi(x_1......x_n,\lambda)=f(x_1......x_n)-\lambda(g(x_1......x_n)-b)$와 같은 함수를 만드는 함수 Φ를 라그랑주 함수라 한다. 승수법 $\frac{\partial\Phi}{\partial x_i}=0$을 구한다.

증명

첫 번째 주성분은 $\boldsymbol{a}'\boldsymbol{a}=1$인 조건하에서 $V(\boldsymbol{a}'\boldsymbol{X})=\boldsymbol{a}'\Sigma\boldsymbol{a}$를 최대화시키는 $\boldsymbol{a}'\boldsymbol{X}$의 선형결합이므로 라그랑주 승수법을 통해 다음과 같이 구할 수 있다.

$$L=\boldsymbol{a}'\Sigma\boldsymbol{a}-\lambda(\boldsymbol{a}'\boldsymbol{a}-1)$$

L을 a에 관하여 미분한 후 0으로 놓으면

$$\frac{\partial L}{\partial \boldsymbol{a}}=2\Sigma\boldsymbol{a}-2\lambda\boldsymbol{a}=0$$

$\Sigma\boldsymbol{a}-\lambda\boldsymbol{a}=0$이는 다음과 같이 쓸 수 있다.

$$[\Sigma-\lambda\boldsymbol{I}]\boldsymbol{a}=0$$

따라서 λ는 Σ의 고유값이고 $\boldsymbol{a}$는 λ에 대한 고유벡터이다. 그러므로 λ는 고유값 중에 가장 큰 고유값 λ_1이 되고 $\boldsymbol{a}$는 그에 대응되는 고유벡터$\boldsymbol{e}_1$이 된다. 그 다음으로 두 번째 주성분을 구하는 법을 알아보자. 두 번째 주성분은 첫 번째 주성분을 구하는 조건 $\boldsymbol{a}'\boldsymbol{a}=1$인 조건에 $\boldsymbol{a}'\Sigma\boldsymbol{e}_1=Cov(\boldsymbol{a}'\boldsymbol{X},\boldsymbol{e}_1{}'\boldsymbol{X})=0$인 조건이 되어 추가된 상황하에 $V(\boldsymbol{a}'\boldsymbol{X})=\boldsymbol{a}'\Sigma\boldsymbol{a}$를 최소화하는 $\boldsymbol{a}$를 구하는 것이다. 앞에서와 같이 라그랑주 승수법을 이용한다.

$$L=\boldsymbol{a}'\Sigma\boldsymbol{a}-\lambda(\boldsymbol{a}'\boldsymbol{a}-1)-2\varphi(\boldsymbol{a}'\Sigma\boldsymbol{e}_1)$$

λ와 φ는 라그랑주 승수이다. 위 식의 $\boldsymbol{a}$에 관하여 미분하여 0으로 놓자.

$$\frac{\partial L}{\partial \boldsymbol{a}}=2\Sigma\boldsymbol{a}-2\lambda\boldsymbol{a}-2\varphi\Sigma\boldsymbol{e}_1=0$$

양변에 $\frac{1}{2}\boldsymbol{e}_1{}'$을 곱하면

$$\boldsymbol{e}_1{}'\Sigma\boldsymbol{a} - \lambda\boldsymbol{e}_1{}'\boldsymbol{a} - \phi\boldsymbol{e}_1{}'\Sigma\boldsymbol{e}_1 = 0 \tag{1}$$

가 된다.

$\Sigma\boldsymbol{a}_1 = \lambda_1\boldsymbol{a}_1$이므로 양변에 $\boldsymbol{e}_1{}'$을 곱하면 $\boldsymbol{e}_1{}'\Sigma\boldsymbol{a}_1 = \lambda\boldsymbol{e}_1{}'\boldsymbol{a}_1$이므로 앞의 두 변이 0이 되고 위의 식은 $-\varphi\boldsymbol{e}_1{}'\Sigma\boldsymbol{e}_1 = 0$이 된다. 또 여기서 $\boldsymbol{e}_1{}'\Sigma\boldsymbol{e}_1 = \lambda_1$이므로 $-\phi\lambda_1 = 0$이다. 여기서 $\lambda_1 \neq 0$이므로 $\varphi = 0$이다. 따라서 (1)식에서 $\Sigma\boldsymbol{a} - \lambda I\boldsymbol{a} = 0$이므로 $[\Sigma - \lambda I]\boldsymbol{a} = 0$이다. 따라서 λ는 두 번째 큰 고유값λ_2이며, $\boldsymbol{a}$는 λ_2에 대응되는 고유벡터$\boldsymbol{e}_2$이고 $\boldsymbol{a}'\boldsymbol{a} = 1$이므로 $\boldsymbol{e}_2{}'\boldsymbol{e}_2 = 1$이다. 또 $Cov(\boldsymbol{e}_2\boldsymbol{X}, \boldsymbol{e}_1\boldsymbol{X}) = 0$이다. 나머지 3번째 주성분, 4번째 주성분도 같은 방법으로 구할 수 있다.

Σ의 고유값과 고유벡터는 다음과 같다. 관계가 성립한다.

$$\Sigma\boldsymbol{e}_i = \lambda_i\boldsymbol{e}_i$$

이를 행렬로 쓰면 다음과 같다.

$$\Sigma P = PD_\lambda \quad \text{or} \quad \Sigma = PD_\lambda P'$$

여기서 P는 p개의 고유벡터 $\boldsymbol{e}_i$를 열들로 하는 크기 $(p\times p)$인 직교행렬이고 D_λ는 고유값을 대각원소로 하는 $p\times p$인 대각행렬이다. P를 이용하여 X에 대한 다음과 같은 직교변환을 생각해볼 때 C를 주성분이라고 한다.

$$C = P'\boldsymbol{X}$$

즉, $C_i = \boldsymbol{e}_i{}'\boldsymbol{X} = e_{1i}X_i + E_{2i}X_2 + \cdots + e_{pi}X_p$이다. C의 분산은 고유값들의 대각행렬이다.

$$V(C) = V(P'\boldsymbol{X}) = P'\Sigma P = D_\lambda$$

【예제 6.1】 확률벡터 $x = (x_1, x_2)$의 두 변수가 다음과 같은 공분산을 갖는다고 하자. 주성분 분석을 하여라.

$$\Sigma = \begin{bmatrix} 1 & \rho \\ \rho & 1 \end{bmatrix}$$

풀이

먼저 Σ의 고유값과 고유벡터를 구하면 다음과 같다.

$$\lambda_1 = 1+\rho \quad \lambda_2 = 1-\rho$$

$$\boldsymbol{e}_1{}' = \left[\frac{1}{\sqrt{2}} \ \frac{1}{\sqrt{2}}\right] \quad \boldsymbol{e}_2{}' = \left[\frac{1}{\sqrt{2}} \ -\frac{1}{\sqrt{2}}\right]$$

이를 모두 행렬로 표현하면 다음과 같다.

$$P = [\boldsymbol{e}_1 \, \boldsymbol{e}_2] = \begin{bmatrix} \frac{1}{\sqrt{2}} & \frac{1}{\sqrt{2}} \\ \frac{1}{\sqrt{2}} & -\frac{1}{\sqrt{2}} \end{bmatrix}$$

즉, $\Sigma P = PD_\lambda$ or $\Sigma = PD_\lambda P'$ 이다.

$$\begin{bmatrix} 1 & \rho \\ \rho & 1 \end{bmatrix} \begin{bmatrix} \frac{1}{\sqrt{2}} & \frac{1}{\sqrt{2}} \\ \frac{1}{\sqrt{2}} & -\frac{1}{\sqrt{2}} \end{bmatrix} = \begin{bmatrix} \frac{1}{\sqrt{2}} & \frac{1}{\sqrt{2}} \\ \frac{1}{\sqrt{2}} & -\frac{1}{\sqrt{2}} \end{bmatrix} \begin{bmatrix} 1+\rho & 0 \\ 0 & 1-\rho \end{bmatrix}$$

$$\begin{bmatrix} 1 & \rho \\ \rho & 1 \end{bmatrix} = \begin{bmatrix} \frac{1}{\sqrt{2}} & \frac{1}{\sqrt{2}} \\ \frac{1}{\sqrt{2}} & -\frac{1}{\sqrt{2}} \end{bmatrix} \begin{bmatrix} 1+\rho & 0 \\ 0 & 1-\rho \end{bmatrix} \begin{bmatrix} \frac{1}{\sqrt{2}} & \frac{1}{\sqrt{2}} \\ \frac{1}{\sqrt{2}} & -\frac{1}{\sqrt{2}} \end{bmatrix}$$

따라서 첫 번째 주성분과 두 번째 주성분은 다음과 같다.

$$C_1 = \boldsymbol{e}_1{}'\boldsymbol{X} = \left[\frac{1}{\sqrt{2}} \ \frac{1}{\sqrt{2}}\right] \begin{bmatrix} x_1 \\ x_2 = \frac{1}{\sqrt{2}}x_1 + \frac{1}{\sqrt{2}}x_2 \end{bmatrix}$$

$$C_2 = \boldsymbol{e}_2{}'\boldsymbol{X} = \left[\frac{1}{\sqrt{2}} \ -\frac{1}{\sqrt{2}}\right] \begin{bmatrix} x_1 \\ x_2 = \frac{1}{\sqrt{2}}x_1 - \frac{1}{\sqrt{2}}x_2 \end{bmatrix}$$

또 주성분 값은 x_1, x_2가 변함에 따라 다음과 같이 구할 수 있다.

x_1	x_2	c_1	c_2
1	2	$\frac{(1+2)}{\sqrt{2}}$	$\frac{(1-2)}{\sqrt{2}}$
4	3	$\frac{(4+3)}{\sqrt{2}}$	$\frac{(4-3)}{\sqrt{2}}$
…	…	…	…

또한 첫 번째 주성분 C_1의 분산을 구해보면 다음과 같다.

$$V(C_1)=\boldsymbol{e'}_1\Sigma\boldsymbol{e}_1=\left[\frac{1}{\sqrt{2}}\ \frac{1}{\sqrt{2}}\right]\begin{bmatrix}1 & \rho\\ \rho & 1\end{bmatrix}\begin{bmatrix}\frac{1}{\sqrt{2}}\\ \frac{1}{\sqrt{2}}\end{bmatrix}=\left[\frac{(1+\rho)}{\sqrt{2}}\ \frac{(1+\rho)}{\sqrt{2}}\right]\begin{bmatrix}\frac{1}{\sqrt{2}}\\ \frac{1}{\sqrt{2}}\end{bmatrix}$$

$$=1+\rho=\lambda_1$$

또 다른 방법으로 첫 번째 주성분의 분산을 구해보면 다음과 같다.

$$\begin{aligned}V(C_1) &= V(\frac{1}{\sqrt{2}}(x_1+x_2))=\frac{1}{2}V(x_1+x_2)\\ &=\frac{1}{2}[V(x_1)+2Cov(x_1x_2)+V(x_2)]\\ &=\frac{1}{2}(1+2\rho+1)=1+\rho\end{aligned}$$

이번에는 첫 번째 주성분 C_1과 두 번째 주성분 C_2의 공분산을 구해보면 다음과 같이 계산이 가능하다.

$$\begin{aligned}Cov(C_1,\ C_2) &= \boldsymbol{e}_1{}'\Sigma\boldsymbol{e}_2=\left[\frac{1}{\sqrt{2}}\ \frac{1}{\sqrt{2}}\right]\begin{bmatrix}1 & \rho\\ \rho & 1\end{bmatrix}\begin{bmatrix}\frac{1}{\sqrt{2}}\\ -\frac{1}{\sqrt{2}}\end{bmatrix}\\ &=\left[\frac{(1+\rho)}{\sqrt{2}}\ \frac{(1+\rho)}{\sqrt{2}}\right]\begin{bmatrix}\frac{1}{\sqrt{2}}\\ -\frac{1}{\sqrt{2}}\end{bmatrix}\\ &=(1+\rho-\rho-1)=0\end{aligned}$$

또는 $Cov(C_1,\ C_2)=Cov(\frac{x_1+x_2}{\sqrt{2}},\frac{x_1-x_2}{\sqrt{2}})$

$$\begin{aligned}&=\frac{1}{2}Cov(x_1+x_2,\ x_1-x_2)\\ &=\frac{1}{2}[V(x_{1})+Cov(x_1,x_2)-Cov(x_2,x_1)-V(x_2)]\end{aligned}$$

$$= \frac{1}{2}[1 + \rho - \rho - 1] = 0$$

6.3 주성분의 성질

6.3.1 주성분 C_i와 변수 X_k와의 상관관계

주성분 C_i와 변수 X_k와의 상관계수는 다음과 같이 표현할 수 있다.

$$\rho(C_i,\ X_k) = \frac{Cov(C_i\ X_k)}{\sqrt{V(C_i)V(X_k)}}$$

여기서 분자를 먼저 계산하기 위해 다음과 같은 방법으로 정리하였다.

$$Cov(C_i, X_k) = Cov(\boldsymbol{e}_i'\boldsymbol{X},\ \boldsymbol{b}_k'\boldsymbol{X}) = \boldsymbol{e}_i'\Sigma\boldsymbol{b}_k = \boldsymbol{b}_k'\Sigma\boldsymbol{e}_i$$
$$= \boldsymbol{b}_k'\lambda_i\boldsymbol{e}_i = \lambda_i e_{ki}$$

여기서 $\boldsymbol{b}_k' = [0\,0 \ldots 1 \ldots 0\,0]$ 에서 k번째만 1이고 나머지는 모두 0인 벡터이다.

분모의 주성분 분산은 그 고유값에 해당되고 변수의 분산이 σ_k^2이므로 주성분 C_i와 변수 X_k와의 상관계수는 다음과 같다.

$$\rho(C_i,\ X_k) = \frac{Cov(\lambda_i,\ e_{ki})}{\sqrt{\lambda_i}\sqrt{\sigma_k^2}} = \frac{\sqrt{\lambda_i}\,e_{ki}}{\sqrt{\sigma_k^2}}$$

6.3.2 다변량의 변이

앞에서 언급했듯이 공분산행렬은 행렬이므로 두 공분산행렬 간에는 비교가 되지 않는다. 따라서 이 둘을 비교할 수 있는 스칼라화한 값이 필요하다. 행렬을 이 스칼라화한 값을 만드는 방법으로 고유화와 일반화 분산을 배웠다. 다시 한 번 정리하면 다음과 같다.

(1) 공분산행렬의 고유화(trace)는 대각선인 분산들의 합을 말한다.

$$tr(\Sigma) = \sigma_{11} + \sigma_{22} + \cdots + \sigma_{pp}$$

이를 다시 표현하면 다음과 같이 쓸 수 있다.

$$tr(\Sigma) = tr(PD_\lambda P') = tr(PP'D_\lambda) = tr(D_\lambda) = \lambda_1 + \ldots + \lambda_p$$

(2) 공분산행렬의 일반화 분산 $|\Sigma|$ or $\det(\Sigma)$은 다음과 같이 쓸 수 있다.

$$|\Sigma| = |PD_\lambda P'| = |PP'D_\lambda| = |D_\lambda| = \lambda_1 \cdot \lambda_2 \ldots \lambda_p$$

6.3.3 설명력

첫 주성분 분산은 가장 큰 고유값인 λ_1이다. 따라서 주성분 C_1이 전체 변이에서 설명될 수 있는 설명력은 $\dfrac{\lambda_1}{\lambda_1 + \ldots + \lambda_p}$이다. Σ의 계수가 p이면 λ_1이외의 고유값은 0이므로 λ의 전체 변이가 C_1에 의해 설명될 수 있다. 그러나 C_1의 설명력이 적을 경우 다음 λ_2를 사용할 수 있다. 따라서 두 개의 주성분 C_1, C_2의 설명력은 $\dfrac{\lambda_1 + \lambda_2}{\lambda_1 + \ldots + \lambda_p}$이다. 앞 【예제 6.1】 에서의 첫 번째 주성분의 설명력은 $\dfrac{\lambda_1}{\lambda_1 + \lambda_2} = \dfrac{1+\rho}{1+\rho+1-\rho} = \dfrac{1+\rho}{2}$이고, 두 번째 주성분의 설명렬은 $\dfrac{\lambda_2}{\lambda_1 + \lambda_2} = \dfrac{1-\rho}{1+\rho+1-\rho} = \dfrac{1-\rho}{2}$이다.

6.4 상관행렬을 이용한 주성분 분석

변수의 단위가 다를 경우 변수의 단위가 큰 쪽에 분산이 크기 때문에 주성분의 설명력이 크게 된다. 따라서 이 경우에는 변수에 대해 표준화를 시킨다. 즉, 평균을 0 분산을 1로 만든다. 이 표준화가 된 변수들이 생성되는 공분산행렬은 상관계수행렬이 된다. 확률벡터 $\boldsymbol{X}' = [X_1, X_2, \ldots, X_p]$의 평균벡터와 공분산행렬은 다음과 같다.

$$\boldsymbol{\mu}_X = [\mu_1, \mu_2, \ldots, \mu_p]$$

$$\Sigma x = \begin{bmatrix} \sigma_{11} & \sigma_{12} \ldots & \sigma_{1p} \\ \sigma_{21} & \sigma_{22} \ldots & \sigma_{2p} \\ \ldots & \ldots & \ldots \\ \sigma_{p1} & \sigma_{p2} \ldots & \sigma_{pp} \end{bmatrix}$$

이를 표준화하면 $Z_i = \dfrac{X_i - \mu_i}{\sqrt{\sigma_{ii}}}$ 이므로 표준화벡터 $\boldsymbol{Z}' = [Z_1\ Z_2, \ldots, Z_p]$의 평균과 공분산행렬은 다음과 같다.

$$\boldsymbol{\mu}_Z' = [0\,0 \ldots 0]$$

$$\Sigma_z = \begin{bmatrix} 1 & \rho_{12} & \ldots & \rho_{1p} \\ \rho_{21} & 1 & \rho_{23} & \ldots \\ \ldots & \ldots & \ldots & \ldots \\ \rho_{p1} & \ldots & \ldots & 1 \end{bmatrix} = \boldsymbol{\rho}$$

여기서

$$\rho_{ij} = \frac{\sigma_{ij}}{\sqrt{\sigma_{ii}\sqrt{\sigma_{jj}}}}$$

이다. 또 여기서 $E(Z_iZ_j)$와 $Cov(Z_iZ_j)$는 다음과 같다.

$$E(Z_iZ_j) = \frac{1}{\sqrt{\sigma_{ii}}\sqrt{\sigma_{jj}}} E(X_i - \mu_i)(X_j - \mu_j) = \frac{\sigma_{ij}}{\sqrt{\sigma_{ii}}\sqrt{\sigma_{jj}}} = \rho_{ij}$$

$$Cov(Z_iZ_j) = E(Z_iZ_j) - E(Z_i)E(Z_j) = \frac{\sigma_{ij}}{\sqrt{\sigma_{ii}}\sqrt{\sigma_{jj}}} = \rho_{ij}$$

표준화된 벡터 $\boldsymbol{Z}' = [Z_1\ Z_2, \ldots, Z_p]$에 근거한 i번째 주성분 C_i는 다음과 같다.

$$C_i = e_i{}'\boldsymbol{Z} = e_{1i}Z_1 + e_{2i}Z_2 + \ldots + e_{pi}Z_p$$

또 C_i의 분산과 분산의 합은 다음과 같다.

$$V(C_i) = V(\boldsymbol{e}_i{}'\boldsymbol{Z}) = \boldsymbol{e}_i{}'\Sigma_Z\boldsymbol{e}_i = \boldsymbol{e}_i{}'\lambda_i\boldsymbol{e}_i = \lambda_i$$

$$\sum V(C_i) = \sum \lambda_i = p$$

여기서 표준화된 변수의 분산은 1이며 합은 변수의 개수와 같다.

$$V(Z_i)=1,\ \sum_{i=1}^{p} V(z_i)=p$$

앞에서 공분산행렬일 경우에 언급한 것과 비슷한 방법으로 i번째 주성분과 k번째 표준화된 변수간의 상관계수는 다음과 같다.

$$\rho(C_i,\ Z_k)=\frac{Cov(C_i, Z_k)}{\sqrt{V(C_i)V(Z_k)}}=\frac{Cov(C_i, Z_k)}{\sqrt{V(C_i)}}=\frac{Cov(\boldsymbol{e}_i{}'Z, \boldsymbol{b}_k{}'Z)}{\sqrt{\lambda_i}}$$

$$=\frac{\boldsymbol{e}_i{}'\Sigma_Z\boldsymbol{b}_k}{\sqrt{\lambda_i}}=\frac{e_{ki}{}'\lambda_i}{\sqrt{\lambda_i}}=e_{ki}\sqrt{\lambda_i}$$

상관행렬의 경우에 첫 주성분 C_i에 대한 설명률은 $\frac{\lambda_i}{\lambda_1+\lambda_2+\cdots\lambda_p}=\frac{\lambda_i}{p}$이다. 두 번째 주성분과의 설명 비율은 $\frac{\lambda_1+\lambda_2}{p}$, i번째까지의 주성분의 설명 비율은 $\frac{\sum\lambda_i}{p}$ 이다.

【예제 6.2】 공분산행렬과 상관계수행렬의 주성분 차이를 보기 위해 동일한 자료의 공분산행렬과 상관계수행렬로 주성분을 하여라.

$$\Sigma=\begin{bmatrix}1 & 4\\ 4 & 100\end{bmatrix} \qquad \rho=\begin{bmatrix}1 & 0.4\\ 0.4 & 1\end{bmatrix}$$

풀이

공분산행렬의 경우에 고유값과 고유벡터는 다음과 같다.

$$\lambda_1=100.16\ \ \lambda_1=0.84$$
$$e_1{}'=[0.040\ 0.999]\ \ e_1{}'=[0.707\ 0.707]$$

이 경우 첫 번째 주성분의 설명력은 $\frac{\lambda_1}{\lambda_1+\lambda_2}=\frac{100.16}{101}=0.992$로 99.2%이다. 두 변수의 분산의 차이가 크기 때문에 첫 번째 주성분에 비중이 크게 된다. 이번에는 상관행렬의 고유값과 고유벡터는 다음과 같다.

$$\lambda_1=1.4\quad \lambda_2=0.6$$
$$e_2{}'=[0.707-0.707]\ e_1{}'=[0.707\ 0.707]$$

이에 대한 첫 번째 주성분의 설명력은 $\frac{\lambda_1}{p}=\frac{1.4}{2}=0.7$로 70%이다,

6.5 주성분의 기하학 성질과 의미

확률벡터 $\boldsymbol{X}$가 다음과 같은 다변량 정규분포 $N_p(\mu\ \Sigma)$분포를 따른다고 하자.

$$f(X) = \frac{1}{(2\pi)^{p/2}|\sum|^{1/2}} e^{-\frac{1}{2}(X-\mu)'\Sigma^{-1}(X-\mu)}$$

여기서 위 식에서 지수부분을 다음과 같이 놓자.

$$(\boldsymbol{X}-\boldsymbol{\mu})'\Sigma^{-1}(\boldsymbol{X}-\boldsymbol{\mu}) = c^2$$

앞 3.10절에 언급했듯이 이 경우 각 축의 방향은 $\pm c\sqrt{\lambda_i}\boldsymbol{e}_i$가 된다. 여기서 λ_i와 $\boldsymbol{e_i}$는 Σ의 i번째 고유값과 고유벡터이다. 계산을 쉽게 하기 위하여 $\mu = 0$로 하자. 또 Σ^{-1}을 스펙트럼 분해를 하면 다음과 같이 된다.

$$\Sigma^{-1} = \sum_i \frac{1}{\lambda_i}\boldsymbol{e}_i'\boldsymbol{e}_i = \frac{1}{\lambda_1}\boldsymbol{e}_1'\boldsymbol{e}_1 + \ldots + \frac{1}{\lambda_p}\boldsymbol{e}_p'\boldsymbol{e}_p$$

$c^2 = \boldsymbol{X}'\Sigma^{-1}\boldsymbol{X}$ 에서 $c^2 = \frac{1}{\lambda_1}(\boldsymbol{e}_1'\boldsymbol{X})^2 + \frac{1}{\lambda_2}(\boldsymbol{e}_2'\boldsymbol{X})^2 + \ldots + \frac{1}{\lambda_p}(\boldsymbol{e}_p'\boldsymbol{X})^2$ 이다.

여기서 $C_i = \boldsymbol{e}_i'\boldsymbol{X}$ 라고 하면 $c^2 = \frac{1}{\lambda_1}C_1^2 + \frac{1}{\lambda_2}C_2^2 + \ldots + \frac{1}{\lambda_p}C_p^2$ 이다. 이 식은 $C_1\,C_2 \ldots C_p$는 방향이 $\boldsymbol{e}_1\,\boldsymbol{e}_2 \ldots \boldsymbol{e}_p$인 타원체를 나타낸다. $p=2$인 경우 $C_1 = \boldsymbol{e}_1'X$는 장축이 되고 $C_2 = \boldsymbol{e}_2'X$는 단축이 되어 서로 직교한다. 또 장축의 길이는 $c^2 = \frac{1}{\lambda_1}C_1^2 + \frac{1}{\lambda_2}C_2^2$에서 $C_2^2 = 0$인 경우 한 꼭지점에서 다른 꼭지점까지의 거리는 $C_1 = 2c\sqrt{\lambda_1}$이고 단축의 한 꼭지점에서 다른 꼭지점까지의 거리는 $2c\sqrt{\lambda_2}$이다.

【예제 6.3】 이변량의 경우 기하학적 의미

이변량의 경우 기하학적 의미를 알아보도록 하자. 먼저 $X'\Sigma^{-1}X = c^2$로 놓으면 다음과 같이 쓸 수 있다.

$$[X_1\,X_2]\begin{bmatrix}\sigma_{11} & \sigma_{12}\\ \sigma_{21} & \sigma_{22}\end{bmatrix}\begin{bmatrix}X_1\\ X_2\end{bmatrix} = c^2$$

이를 다시 쓰면

$$[X_1\ X_2]\frac{1}{[\sigma_{11}\sigma_{22}-\sigma_{12}^2]}\begin{bmatrix}\sigma_{22} & -\sigma_{12}\\ -\sigma_{21} & \sigma_{11}\end{bmatrix}\begin{bmatrix}X_1\\ X_2\end{bmatrix}$$

$$=\frac{1}{[\sigma_{11}\sigma_{22}-\sigma_{12}^2]}[\sigma_{22}X_1-\sigma_{21}X_2-X_1\sigma_{12}+\sigma_{11}X_2]\begin{bmatrix}X_1\\ X_2\end{bmatrix}$$

$$=\frac{1}{[\sigma_{11}\sigma_{22}-\sigma_{12}^2]}[\sigma_{22}X_1^2-\sigma_{21}X_1X_2-\sigma_{12}X_1X_2+\sigma_{11}X_2^2]$$

$$=\frac{1}{[\sigma_{11}\sigma_{22}-\sigma_{12}^2]}[\sigma_{22}X_1^2-2\sigma_{12}X_1X_2+\sigma_{11}X_2^2]=c^2$$

이다. 여기서 왼쪽 첫 번째 항은 상수이므로 왼쪽 두 번째 항만 보도록 하자. 두 번째 항에 양변에 $\sigma_{22}X_1^2-2\sigma_{12}X_1X_2+\sigma_{11}X_2^2=c^{*2}$에 $\sigma_{11}\sigma_{22}$를 나누면 다음과 같이 된다.

$$\frac{X_1^2}{\sigma_{11}}-2\frac{\sigma_{12}}{\sigma_{11}\sigma_{22}}X_1X_2+\frac{X_2^2}{\sigma_{22}}=c^{**2}$$

여기서 $c^{**2}=\dfrac{c^{*2}}{\sigma_{11}\sigma_{22}}$이다. 이는 축에 대해 기울어진 타원형 그래프이다.

그러면 이번에는 이에 대한 주성분 C_1과 C_2의 관계를 보도록 하자. 두 주성분과 주성분의 분산(고유값)의 관계는 다음과 같이 쓸 수 있다.

$$[C_1\ C_2]\begin{bmatrix}\lambda_1 & 0\\ 0 & \lambda_2\end{bmatrix}\begin{bmatrix}C_1\\ C_2\end{bmatrix}=c^2$$

$$[\lambda_2 C_1\ \lambda_1 C_2]\begin{bmatrix}C_1\\ C_2\end{bmatrix}=c^2$$

$$\lambda_2 C_1^2+\lambda_1 C_2^2=c^2,\quad \frac{C_1^2}{\lambda_2}+\frac{C_2^2}{\lambda_1}=\frac{c^2}{\lambda_1\lambda_2}$$

이는 주성분 축을 중심으로 한 타원 그래프이다.

6.6 표본주성분의 성질

표본주성분의 성질은 모주성분의 성질과 동일하다. 먼저 모평균 μ와 모공분산행렬이 Σ에 기초한 표본의 크기가 n이고 변수가 p인 다변량 표본을 추출하였다 하자. 그 자료 형태는 다음과 같다.

$$[\boldsymbol{X}_1 \ldots \boldsymbol{X}_n]' = \begin{bmatrix} X_{11} & X_{12} & \ldots & X_{1p} \\ X_{21} & \ldots & \ldots & X_{2p} \\ \ldots & \ldots & \ldots & \ldots \\ X_{n1} & \ldots & \ldots & X_{np} \end{bmatrix}$$

표본평균벡터, 표본공분산행렬, 표본상관행렬을 다음과 같이 각각 $\overline{\mathbf{X}}$, S, R 이라 하자.

$$\overline{\boldsymbol{X}} = [\overline{\boldsymbol{X}_1}\ \overline{\boldsymbol{X}_2} \ldots \overline{\boldsymbol{X}_p}],\quad S = \begin{bmatrix} s_{11} & s_{12} & \cdots & s_{1p} \\ s_{21} & \cdots & \cdots & s_{2p} \\ \cdots & \cdots & \cdots & \cdots \\ s_{p1} & \cdots & \cdots & s_{pp} \end{bmatrix},\quad R = \begin{bmatrix} 1 & r_{12} & \ldots & r_{1p} \\ r_{21} & \ldots & \ldots & r_{2p} \\ \ldots & \ldots & \ldots & \ldots \\ r_{p1} & \ldots & \ldots & 1 \end{bmatrix}$$

표본공분산행렬에서 고유값과 고유벡터를 각각 $\widehat{\lambda_1} > \widehat{\lambda_2} > \ldots > \widehat{\lambda_p}$, $\widehat{e_1}\,\widehat{e_2} \ldots \widehat{e_p}$ 라 하자. 모공분산 행렬Σ에 근거한 주성분과 마찬가지로 다음과 같은 주성분을 얻을 수 있다.

첫 번째 표본주성분은 $\widehat{C_1} = \widehat{\boldsymbol{e}_1}\boldsymbol{X} = \widehat{e_{11}}X_1 + \widehat{e_{21}}X_2 + \ldots + \widehat{e_{p1}}X_p$ 이며

두 번째 표본주성분은 $\widehat{C_2} = \widehat{\boldsymbol{e}_2}\boldsymbol{X} = \widehat{e_{12}}X_1 + \widehat{e_{22}}X_2 + \ldots + \widehat{e_{p2}}X_p$ 이고

따라서 i 번째 표본주성분은 $\widehat{C_i} = \widehat{\boldsymbol{e}_i}\boldsymbol{X} = \widehat{e_{1i}}X_1 + \widehat{e_{2i}}X_2 + \ldots + \widehat{e_{pi}}X_p$ 이다.

성질

※모든 성질은 모공분산 행렬의 성질과 동일하다.

1) $r(\widehat{C_i}\ X_k) = \dfrac{Cov(\widehat{C_i}\quad X_k)}{\sqrt{V(C_i)V(X_k)}} = \dfrac{\widehat{e_{ki}}\sqrt{\widehat{\lambda_i}}}{\sqrt{s_{kk}}}$

2) 다변량 변이

(1) $tr(S) = s_{11} + s_{22} + \cdots + s_{pp}$

$tr(S) = tr(\hat{P}\widehat{D_\lambda}\widehat{P'}) = tr(\hat{P}\widehat{P'}\widehat{D_\lambda}) = tr(\widehat{D_\lambda}) = \sum \widehat{\lambda_i}$

(2) $|S|$ or $\det(S)$

$|S| = |\hat{P}\widehat{D_\lambda}\widehat{P'}| = |\hat{P}\widehat{P'}\widehat{D_\lambda}| = |\widehat{D_\lambda}| = \widehat{\lambda_1}\cdot\widehat{\lambda_2}\ldots\widehat{\lambda_p}$

3) 설명력 : 주성분 i번째의 설명력 $\dfrac{\hat{\lambda}_i}{\sum \hat{\lambda}_i}$

【예제 6.4】 다음과 같은 3가지 변수의 모의 자료가 있다.(본 자료는 SAS를 통해서만이 계산이 가능하다.)

21	35	60
22	40	55
23	45	50
24	50	45
25	55	40
26	60	35

주성분 분석을 하여라.(SAS를 이용하여라.)

풀이

이 모의자료의 표본공분산행렬은 다음과 같다.

$$\boldsymbol{S} = \begin{bmatrix} 3.5 & 17.5 & -17.5 \\ 17.5 & 87.5 & -87.5 \\ -17.5 & -87.5 & 87.5 \end{bmatrix}$$

이 표본공분산행렬의 경우에 고유값과 고유벡터는 다음과 같다. 또한 이에 대한 주성분은 다음과 같다.

$$\lambda_1 = 178.5 \quad \lambda_2 = \lambda_3 = 0$$

	주성분1	주성분2	주성분3
X_1	0.14	0.99	0.
X_2	0.70	-0.10	0.71
X_3	-0.70	0.10	0.71

첫 번째 표본주성분은 $\hat{C}_1 = \hat{\boldsymbol{e}}_1 \boldsymbol{X} = 0.14X_1 + 0.70X_2 - 0.70X_3$이다. 이 경우 첫 번째 주성분의 설명력이 100%이며 두 번째 변수와 세 번째 변수의 비중이 없다.

【예제 6.5】 다음과 같은 가상 표본상관행렬이 있다.

$$R = \begin{bmatrix} 1 & 1 & -1 \\ 1 & 1 & -1 \\ -1 & -1 & 1 \end{bmatrix}$$

주성분 분석을 하여라.

풀이

이 표본상관행렬의 경우에 고유값과 주성분은 다음과 같다.

$$\lambda_1 = 3 \quad \lambda_2 = \lambda_3 = 0$$

	주성분1	주성분2	주성분3
X_1	0.577	-0.4	0.71
X_2	0.577	-0.8	0
X_3	-0.577	0.4	0.71

이 역시 첫 주성분은 $\widehat{C_1} = \widehat{e_1}\boldsymbol{X} = 0.577X_1 + 0.577X_2 - 0.577X_3$ 이며, 설명력은 100%이며 비중은 모두 같으나 세 번째 변수는 첫 번째와 두 번째와 역관계가 있다.

참고 : 이해를 돕는 간단한 주성분의 예

A B의 두 사람이 동물들을(소, 표범, 코끼리, 진돗개, 양) 선호하는 순서가 다음과 같다 하자. 이 두 사람의 동물에 대한 상관관계는 $r = 0.5$이다.

	소	표범	코끼리	진돗개	양
A	3	4	5	2	1
B	4	2	5	1	3
	7	6	10	3	4

주성분 분석을 하기 위하여 주성분 식을 다음과 같이 설정하자.

$$C = ax_1 + bx_2$$

여기서 x_1, x_2는 각 각 각 사람의 동물 선호값이고 a, b는 우리가 구하려고 하는 주성분값이다.

각 동물별 식은 다음과 같이 쓸 수 있다.

소 : $3a + 4b$

표범 : $4a + 2b$

코끼리 : $5a + 5b$

진돗개 : $2a + b$

$$양 : a+3b$$

이 다섯 동물들의 합계 평균은 $\frac{15a+15b}{5}=3a+3b=M$이며 분산은 다음과 같이 계산된다.

$$S^2=\frac{[(3a+4b)-(3a+3b)]^2+......+[(a+2b)-(3a+3b)]^2}{5}$$

$$=2(a^2+ab+b^2)$$

여기서 분산이 S^2을 크게 a, b를 결정하는 것이 주성분 분석의 한 과정이다. 따라서 다음과 같은 조건하에 S^2을 최대로 하는 a, b를 구하자.

$$\text{조건 } a^2+b^2=1$$

$$S^2=2(a^2+ab+b^2)=2(1+ab)$$

여기서 위의 식S^2에서 ab를 최대화하는 a, b를 구하기 위해 다음과 같이 F로 ab를 표현하여 $F=ab=a\sqrt{(1-a^2)}$로 쓸 수 있다.

이를 a에 대해 미분하여 0으로 놓으면 다음과 같은 a, b값을 구할 수 있다.

$$\frac{\partial F}{\partial a}=0,\ \frac{\partial F}{\partial a}=\sqrt{1-a^2}-\frac{a^2}{\sqrt{1-a^2}}=0$$

여기서 a를 구하고 위의 조건 $a^2+b^2=1$ 식에서 b를 구하면 다음과 같다.

$$a=\frac{1}{\sqrt{2}},\ b=\frac{1}{\sqrt{2}}$$

따라서 다음과 같은 첫 번째 주성분 식이 나온다.

$$C_1=\frac{1}{\sqrt{2}}x_1+\frac{1}{\sqrt{2}}x_2$$

두 번째 주성분은 첫 번째 주성분과 직교인 다음과 같은 식이 된다.

$$C_2=-\frac{1}{\sqrt{2}}x_1+\frac{1}{\sqrt{2}}x_2$$

연습문제

【1】 다음은 1984년도 LA 올림픽에서 각 종목별 각 나라별 여자 육상기록이다.

변수정의

X1 100M(초)	X2 200M(초)	X3 400M(초)	X4 800M(분)
X5 1500M(초)	X6 3000M(분)	X7 마라톤(분)	.

X1	X2	X3	X4	X5	X6	X7	국가
11.61	22.94	54.50	2.15	4.43	9.79	178.52	Argentina
11.20	22.35	51.08	1.98	4.13	9.08	152.37	Australia
11.43	23.09	50.62	1.99	4.22	9.34	159.37	Austria
11.41	23.04	52.00	2.00	4.14	8.88	157.85	Belgium
11.46	23.05	53.30	2.16	4.58	9.81	169.98	Bermuda
11.31	23.17	52.80	2.10	4.49	9.77	168.75	Brazil
12.14	24.47	55.00	2.18	4.45	9.51	191.02	Burma
11.00	22.25	50.06	2.00	4.06	8.81	149.45	Canada
12.00	24.52	54.90	2.05	4.23	9.37	171.38	Chile
11.95	24.41	54.97	2.08	4.33	9.31	168.48	China
11.60	24.00	53.26	2.11	4.35	9.46	165.42	Columbia
12.90	27.10	60.40	2.30	4.84	11.10	233.22	Cookis
11.96	24.60	58.25	2.21	4.68	10.43	171.80	Costa
11.09	21.97	47.99	1.89	4.14	8.92	158.85	Czech
11.42	23.52	53.60	2.03	4.18	8.71	151.75	Denmark
11.79	24.05	56.05	2.24	4.74	9.89	203.88	Dominican
11.13	22.39	50.14	2.03	4.10	8.92	154.23	Finland
11.15	22.59	51.73	2.00	4.14	8.98	155.27	France
10.81	21.71	48.16	1.93	3.96	8.75	157.68	GDR
11.01	22.39	49.75	1.95	4.03	8.59	148.53	FRG
11.00	22.13	50.46	1.98	4.03	8.62	149.72	GB&NI
11.79	24.08	54.93	2.07	4.35	9.87	182.20	Greece
11.84	24.54	56.09	2.28	4.86	10.54	215.08	Guatemal
11.45	23.06	51.50	2.01	4.14	8.98	156.37	Hungary
11.95	24.28	53.60	2.10	4.32	9.98	188.03	India
11.85	24.24	55.34	2.22	4.61	10.02	201.28	Indonesia
11.43	23.51	53.24	2.05	4.11	8.89	149.38	Ireland
11.45	23.57	54.90	2.10	4.25	9.37	160.48	Israel
11.29	23.00	52.01	1.96	3.98	8.63	151.82	Italy

11.73	24.00	53.73	2.09	4.35	9.20	150.50	Japan
11.73	23.88	52.70	2.00	4.15	9.20	181.05	Kenya
11.96	24.49	55.70	2.15	4.42	9.62	164.65	Korea
12.25	25.78	51.20	1.97	4.25	9.35	179.17	DPRKorea
12.03	24.96	56.10	2.07	4.38	9.64	174.68	Luxembou
12.23	24.21	55.09	2.19	4.69	10.46	182.17	Malasiya
11.76	25.08	58.10	2.27	4.79	10.90	261.13	Mauritius
11.89	23.62	53.76	2.04	4.25	9.59	158.53	Mexico
11.25	22.81	52.38	1.99	4.06	9.01	152.48	Netherlands
11.55	23.13	51.60	2.02	4.18	8.76	145.48	NZealand
11.58	23.31	53.12	2.03	4.01	8.53	145.48	Norway
12.25	25.07	56.96	2.24	4.84	10.69	233.00	Guinea
11.76	23.54	54.60	2.19	4.60	10.16	200.37	Philippi
11.13	22.21	49.29	1.95	3.99	8.97	160.82	Poland
11.81	24.22	54.30	2.09	4.16	8.84	151.20	Portugal
11.44	23.46	51.20	1.92	3.96	8.53	165.45	Rumania
12.30	25.00	55.08	2.12	4.52	9.94	182.77	Singapore
11.80	23.98	53.59	2.05	4.14	9.02	162.60	Spain
11.16	22.82	51.79	2.02	4.12	8.84	154.48	Sweden
11.45	23.31	53.11	2.02	4.07	8.77	153.42	Switzerl
11.22	22.62	52.50	2.10	4.38	9.63	177.87	Taipei
11.75	24.46	55.80	2.20	4.72	10.28	168.45	Thailand
11.98	24.44	56.45	2.15	4.37	9.38	201.08	Turkey
10.79	21.83	50.62	1.96	3.95	8.50	142.72	USA
11.06	22.19	49.19	1.89	3.87	8.45	151.22	USSR
12.74	25.85	58.73	2.33	5.81	13.04	306.00	WSamoa

1) 공분산행렬과 상관행렬을 구하고 그것을 이용하여 고유값, 고유벡터를 구하고 주성분 분석을 하여라.
2) 공분산행렬과 상관행렬에 의해 구해진 주성분 분석의 각 주성분의 설명력과 주성분의 개수를 정하고 공분산행렬과 상관행렬에 의해 구해진 주성분 분석들을 비교하여라.

[2] 다음은 48명의 면접대상자를 대상으로 변수 15개의 점수를 매긴 값이다.

변수정의

X1	X2	X3	X4	X5
FL(응시원서)	APP(외모)	AA(학문적능력)	LA(호감도)	SC(자신감)
X6	**X7**	**X8**	**X9**	**X10**
LC(명석함)	HON(정직성)	SMS(영업능력)	EXP(경력)	DRV(추진력)
X11	**X12**	**X13**	**X14**	**X15**
AMB(일에대한열정)	GSP(이해력)	POT(잠재능력)	KJ(적극성)	SUIT(적응력)

x1	x2	x3	x4	x5	x6	x7	x8	x9	x10	x11	x12	x13	x14	x15
6	7	2	5	8	7	8	8	3	8	9	7	5	7	10
9	10	5	8	10	9	9	10	5	9	9	8	8	8	10
7	8	3	6	9	8	9	7	4	9	9	8	6	8	10
5	6	8	5	6	5	9	2	8	4	5	8	7	6	5
6	8	8	8	4	4	9	2	8	5	5	8	8	7	7
7	7	7	6	8	7	10	5	9	6	5	8	6	6	6
9	9	8	8	8	8	8	8	10	8	10	8	9	8	10
9	9	9	8	9	9	8	8	10	9	10	9	9	9	10
9	9	7	8	8	8	8	5	9	8	9	8	8	8	10
4	7	10	2	10	10	7	10	3	10	10	10	9	3	10
4	7	10	0	10	8	3	9	5	9	10	8	10	2	5
4	7	10	4	10	10	7	8	2	8	8	10	10	3	7
6	9	8	10	5	4	9	4	4	4	5	4	7	6	8
8	9	8	9	6	3	8	2	5	2	6	6	7	5	6
4	8	8	7	5	4	10	2	7	5	3	6	6	4	6
6	9	6	7	8	9	8	9	8	8	7	6	8	6	10
8	7	7	7	9	5	8	6	6	7	8	6	6	7	8
6	8	8	4	8	8	6	4	3	3	6	7	2	6	4
6	7	8	4	7	8	5	4	4	2	6	8	3	5	4
4	8	7	8	8	9	10	5	2	6	7	9	8	8	9
3	8	6	8	8	8	10	5	3	6	7	8	8	5	8
9	8	7	8	9	10	10	10	3	10	8	10	8	10	8
7	10	7	9	9	9	10	10	3	9	9	10	9	10	8
9	8	7	10	8	10	10	10	2	9	7	9	9	10	8
6	9	7	7	4	5	9	3	2	4	4	4	4	5	4
7	8	7	8	5	4	8	2	3	4	5	6	5	5	6
2	10	7	9	8	9	10	5	3	5	6	7	6	4	5
6	3	5	3	5	3	5	0	0	3	3	0	0	5	0
4	3	4	3	3	0	0	0	0	4	4	0	0	5	0

4	6	5	6	9	4	10	3	1	3	3	2	2	7	3
5	5	4	7	8	4	10	3	2	5	5	3	4	8	3
3	3	5	7	7	9	10	3	2	5	3	7	5	5	2
2	3	5	7	7	9	10	3	2	2	3	6	4	5	2
3	4	6	4	3	3	8	1	1	3	3	3	2	5	2
6	7	4	3	3	0	9	0	1	0	2	3	1	5	3
9	8	5	5	6	6	8	2	2	2	4	5	6	6	3
4	9	6	4	10	8	8	9	1	3	9	7	5	3	2
4	9	6	6	9	9	7	9	1	2	10	8	5	5	2
10	6	9	10	9	10	10	10	10	10	8	10	10	10	10
10	6	9	10	9	10	10	10	10	10	10	10	10	10	10
10	7	8	0	2	1	2	0	10	2	0	3	0	0	10
10	3	8	0	1	1	0	0	10	0	0	0	0	0	10
3	4	9	8	2	4	5	3	6	2	1	3	3	3	8
7	7	7	6	9	8	8	6	8	8	10	8	8	6	5
9	6	10	9	7	7	10	2	1	5	5	7	8	4	5
9	8	10	10	7	9	10	3	1	5	7	9	9	4	4
0	7	10	3	5	0	10	0	0	2	2	0	0	0	0
0	6	10	1	5	0	10	0	0	2	2	0	0	0	0

1) 공분산행렬과 상관행렬을 구하고 그것을 이용하여 고유값, 고유벡터를 구하고 주성분 분석을 하여라.
2) 공분산행렬과 상관행렬에 의해 구해진 주성분 분석의 각 주성분의 설명력과 주성분의 개수를 정하고 공분산행렬과 상관행렬에 의해 구해진 주성분 분석들을 비교하여라.

【SAS 프로그램 예제】

【SAS 예6.1】 다음 자료는 1986년 《포브스》 500에 나와 있는 800개의 기업을 알파벳으로 나열한 후 계통 추출로 10개 중 하나를 추출한 표본들이다. 《포브스》 500은 800개의 기업목록이 있었으나 그중에 상위 500개만을 언급하고 있다. 총 기업수는 79개이며 변수는 다음과 같이 8개이다.

1. Company : 회사명
2. Assets : 회사의 자산 총액(백만$)
3. Sales : 판매 총액(백만$)
4. Market_Value : 회사의 시가(時價)(백만$)
5. Profits : 총 이윤(백만$)
6. Cash_Flow : 현금 유출입(백만$)
7. Employees : 종업원 수(천명)
8. Sector : : 회사의 분야

energy(에너지 분야)	finance(금융 분야)	transportation(운송 분야)
hitech(첨단기술 분야)	manufacturing(제조업 분야)	communication(통신 분야)
medical(의학 분야)	retail(소매업)	other(기타)

① 주어진 자료에서 표본상관행렬과 표본공분산행렬을 구하고 ② 각각의 주성분 분석을 하여라. ③ 각각의 경우에 주성분의 개수를 결정. 결정된 주성분의 의미를 해석하고, 주성분 분석 결과를 요약하라. ③ 또 선택된 주성분간의 관계를 해석하여라.

변수정의

자산총액	판매총액	회사시가	회사이윤	현금유출입	종업원수
(X1 : assets)	(X2 : sales)	(X3 : market)	(X4 : profits)	(X5 : cash)	(X6 : employees)

Company	Assets	Sales	Market Value	Profits	Cash_Flow	Employees	sector
Air Products	2687	1870	1890	145.7	352.2	18.2	Other
Allied Signal	13271	9115	8190	-279.0	83.0	143.8	Other
American Electric Power	13621	4848	4572	485.0	898.9	23.4	Energy
American Savings Bank FSB	3614	367	90	14.1	24.6	1.1	Finance
AMR	6425	6131	2448	345.8	682.5	49.5	Transportation
Apple Computer	1022	1754	1370	72.0	119.5	4.8	HiTech
Armstrong World Industries	1093	1679	1070	100.9	164.5	20.8	Manufacturing
Bally Manufacturing	1529	1295	444	25.6	137.0	19.4	Other
Bank South	2788	271	304	23.5	28.9	2.1	Finance
Bell Atlantic	19788	9084	10636	1092.9	2576.8	79.4	Communication
H&R Block	327	542	959	54.1	72.5	2.8	Finance
Brooklyn Union Gas	1117	1038	478	59.7	91.7	3.8	Energy
California First Bank	5401	550	376	25.6	37.5	4.1	Finance
CBI Industries	1128	1516	430	-47.0	26.7	13.2	Manufacturing
Central Illinois Public Service	1633	701	679	74.3	135.9	2.8	Energy
Cigna	44736	16197	4653	-732.5	-651.9	48.5	Finance
Cleveland Electric Illuminating	5651	1254	2002	310.7	407.9	6.2	Energy
Columbia Gas System	5835	4053	1601	-93.8	173.8	10.8	Energy
Community Psychiatric Centers	278	205	853	44.8	50.5	3.8	Medical
Continental Telecom	5074	2557	1892	239.9	578.3	21.9	Communication
Crown Cork & Seal	866	1487	944	71.7	115.4	12.6	Other
Dayton-Hudson	4418	8793	4459	283.6	456.5	128.0	Retail
Digital Equipment	6914	7029	7957	400.6	754.7	87.3	HiTech
Dillard Department Stores	862	1601	1093	66.9	106.8	16.0	Retail
Dreyfus	401	176	1084	55.6	57.0	0.7	Finance
Eg&G	430	1155	1045	55.7	70.8	22.5	HiTech
Ex-Cell-O	799	1140	683	57.6	89.2	15.4	Other
First American	4789	453	367	40.2	51.4	3.0	Finance
First Empire State	2548	264	181	22.2	26.2	2.1	Finance
First Tennessee National	5249	527	346	37.8	56.2	4.1	Finance
Florida Progress	3494	1653	1442	160.9	320.3	6.4	Energy
Fruehauf	1804	2564	483	70.5	164.9	26.6	Manufacturing
General Electric	26432	28285	33172	2336.0	3562.0	304.0	HiTech
Giant Food	623	2247	797	57.0	93.8	18.6	Retail
Great A&P Tea	1608	6615	829	56.1	134.0	65.0	Retail
Halliburton	4662	4781	2988	28.7	371.5	66.2	Manufacturing
Hewlett-Packard	5769	6571	9462	482.0	792.0	83.0	HiTech
Hospital Corp of America	6259	4152	3090	283.7	524.5	62.0	Medical
Idaho Power	1654	451	779	84.8	130.4	1.6	Energy
IBM	52634	50056	95697	6555.0	9874.0	400.2	HiTech
IU International	999	1878	393	-173.5	-108.1	23.3	Transportation
Kansas Power & Light	1679	1354	687	93.8	154.6	4.6	Energy
Kroger	4178	17124	2091	180.8	390.4	164.6	Retail
Liz Claiborne	223	557	1040	60.6	63.7	1.9	Other
LTV	6307	8199	598	-771.5	-524.3	57.5	Manufacturing
Marine Corp	3720	356	211	26.6	34.8	2.4	Finance
May Department Stores	3442	5080	2673	235.4	361.5	77.3	Retail
Mellon Bank	33406	3222	1413	201.7	246.7	15.8	Finance
Mesa Petroleum	1257	355	181	167.5	304.0	0.6	Energy
Montana Power	1743	597	717	121.6	172.4	3.5	Energy
National City	12505	1302	702	108.4	131.4	9.0	Finance
NCR	3940	4317	3940	315.2	566.3	62.0	HiTech
Norstar Bancorp	8998	882	988	93.0	119.0	7.4	Finance
Norwest	21419	2516	930	107.6	164.7	15.6	Finance
Owens-Corning Fiberglas	2366	3305	1117	131.2	256.5	25.2	Manufacturing
Pan Am	2448	3484	1036	48.8	257.1	25.4	Transportation
Peoples Energy	1440	1617	639	81.7	126.4	3.5	Energy
Phillips Petroleum	14045	15636	2754	418.0	1462.0	27.3	Energy
PPG Industries	4084	4346	3023	302.7	521.7	37.5	Manufacturing
Public Service Co of New Mexico	3010	749	1120	146.3	209.2	3.4	Energy
Republic Airlines	1286	1734	361	69.2	145.7	14.3	Transportation
AH Robins	707	706	275	61.4	77.8	6.1	Medical
San Diego Gas & Electric	3086	1739	1507	202.7	335.2	4.9	Energy
Shared Medical Systems	252	312	883	41.7	60.6	3.3	Medical
Southeast Banking	11052	1097	606	64.9	97.6	7.0	Finance
Sovran Financial	9672	1037	829	92.6	118.2	8.2	Finance
Stop & Shop Cos	1112	3689	542	30.3	96.9	43.5	Retail
Supermarkets General	1104	5123	910	63.7	133.3	48.5	Retail
Telex	478	672	866	67.1	101.6	5.4	HiTech
Textron	10348	5721	1915	223.6	322.5	49.5	Manufacturing
TWA	2769	3725	663	-208.4	12.4	29.1	Transportation

Turner	752	2149	101	11.1	15.2	2.6	Manufacturing
United Financial Group	4989	518	53	-3.1	-0.3	0.8	Finance
United Technologies	10528	14992	5377	312.7	710.7	184.8	Manufacturing
Valero Energy	1995	2662	341	34.7	100.7	2.3	Energy
Warner Communications	2286	2235	2306	195.3	219.0	8.0	Other
Western Air Lines	952	1307	309	35.4	92.8	10.3	Transportation
Wickes Cos	2957	2806	457	40.6	93.5	50.0	Retail
FW Woolworth	2535	5958	1921	177.0	288.0	118.1	Retail

〈 SAS 프로그램 〉

```
data pc;
input x1-x6 type $;
 label x1='assets' x2='sales' x3='market' x4='profits' x5='cash' x6='employees';
cards;
 2687   1870   1890    145.7    352.2   18.2   Other
13271   9115   8190   -279.0     83.0  143.8   Other
13621   4848   4572    485.0    898.9   23.4   Energy
 3614    367     90     14.1     24.6    1.1   Finance
 6425   6131   2448    345.8    682.5   49.5   Transportation
 1022   1754   1370     72.0    119.5    4.8   HiTech
 1093   1679   1070    100.9    164.5   20.8   Manufacturing
 1529   1295    444     25.6    137.0   19.4   Other
 2788    271    304     23.5     28.9    2.1   Finance
19788   9084  10636   1092.9   2576.8   79.4   Communication
  327    542    959     54.1     72.5    2.8   Finance
 1117   1038    478     59.7     91.7    3.8   Energy
 5401    550    376     25.6     37.5    4.1   Finance
 1128   1516    430    -47.0     26.7   13.2   Manufacturing
 1633    701    679     74.3    135.9    2.8   Energy
44736  16197   4653  - 732.5   -651.9   48.5   Finance
                 :
11052   1097    606     64.9     97.6    7.0   Finance
 9672   1037    829     92.6    118.2    8.2   Finance
 1112   3689    542     30.3     96.9   43.5   Retail
 1104   5123    910     63.7    133.3   48.5   Retail
  478    672    866     67.1    101.6    5.4   HiTech
10348   5721   1915    223.6    322.5   49.5   Manufacturing
 2769   3725    663   -208.4     12.4   29.1   Transportation
  752   2149    101     11.1     15.2    2.6   Manufacturing
 4989    518     53     -3.1     -0.3    0.8   Finance
10528  14992   5377    312.7    710.7  184.8   Manufacturing
 1995   2662    341     34.7    100.7    2.3   Energy
 2286   2235   2306    195.3    219.0    8.0   Other
  952   1307    309     35.4     92.8   10.3   Transportation
 2957   2806    457     40.6     93.5   50.0   Retail
 2535   5958   1921    177.0    288.0  118.1   Retail
;

proc princomp cov out=Covcomp;
var x1-x6;

proc princomp out=Rcomp;
var x1-x6;

proc print data=Covcomp;
proc print data=Rcomp;

run;
```

다음은 변수들에 대한 평균과 표준편차를 구한 결과이다.

Simple Statistics

	X1	X2	X3	X4	X5	X6
Mean	5940.531646	4178.291139	3269.74684	209.8392405	400.934177	37.59746835
StD	9156.784079	7011.633173	11303.54525	796.9770377	1205.529154	64.50420176

1) (표본)공분산행렬

Covariance Matrix

	X1	X2	X3	
X1	83846694.7	47926038.2	70611772.9	assets
X2	47926038.2	49162999.7	69657736.0	sales
X3	70611772.9	69657736.0	127770135.2	market
X4	4391043.9	4547469.4	8722179.2	profits
X5	7074767.5	7226382.9	13221835.7	cash
X6	351058.2	417925.9	596582.7	employees

	X4	X5	X6	
X1	4391043.9	7074767.5	351058.2	assets
X2	4547469.4	7226382.9	417925.9	sales
X3	8722179.2	13221835.7	596582.7	market
X4	635172.4	949998.6	39178.6	profits
X5	949998.6	1453300.5	61168.5	cash
X6	39178.6	61168.5	4160.8	employees

변수들의 분산값을 보면, 최소 4160.8에서 최대 127770135.2까지의 값을 갖는다. 즉, 그 차이가 매우 큼을 확인할 수 있다.

공분산행렬을 이용하여 주성분을 구할 경우의 문제점은 ① **변수들의 측정단위**에 따라서 그 변수들의 분산이 크게 달라질 수 있기 때문에, 변수들간에 존재하는 상관구조에 관계없이 가장 큰 분산을 갖는 변수가 가장 중요한 변수로 해석될 수 있는 경우가 발생할 수 있다. ② 또한, 변수들의 측정단위가 같다고 하더라도 **분산이 상대적으로 작은 변수의 중요도가 작아**지는 일이 발생된다고 생각할 수 있다.

위의 공분산행렬은 ①, ② 모두에 속하는 경우이다. 즉, 변수 X1 - X5는 측정단위가 (백만)으로 동일하나 X6은 측정단위가 (천 명)이다. 또한 고려되는 변수들의 분산 간에 차이가 심하므로, 변수들을 표준화하여 주성분을 구하는 것이 바람직하다.

2) (표본)상관행렬

Correlation Matrix

	X1	X2	X3	X4	X5	X6	
X1	1.0000	0.7465	0.6822	0.6017	0.6409	0.5944	assets
X2	0.7465	1.0000	0.8789	0.8138	0.8549	0.9240	sales
X3	0.6822	0.8789	1.0000	0.9682	0.9703	0.8182	market
X4	0.6017	0.8138	0.9682	1.0000	0.9888	0.7621	profits
X5	0.6409	0.8549	0.9703	0.9888	1.0000	0.7866	cash
X6	0.5944	0.9240	0.8182	0.7621	0.7866	1.0000	employees

변수 회사이윤(X4)과 현금유출입(X5)이 관관계가 거의 1에 가까움을 확인할 수 있다.

회사시가(X3)와 회사이윤(X4), 회사시가(X3)와 현금유출입(X5), 판매총액(X2)과 종업원수(X6)는 0.9 이상의 높은 양의 상관관계를 나타내고 있다. 무엇보다, 음의 상관관계를 가지는 것은 없다.

∴ (표본)공분산행렬은 변수들의 측정 단위의 문제와, 각 변수들의 분산이 그 차이가 심하기 때문에 올바른 결과를 기대하기 어려우므로, **(표본)상관행렬로서 주성분을 구하도록 한다.**

Eigenvalues of the Correlation Matrix

	Eigenvalue	Difference	Proportion	Cumulative
PRIN1	5.03865	4.52177	0.839775	0.83978
PRIN2	0.51688	0.15790	0.086147	0.92592
PRIN3	0.35898	0.30948	0.059830	0.98575
PRIN4	0.04950	0.02039	0.008251	0.99400
PRIN5	0.02911	0.02224	0.004852	0.99885
PRIN6	0.00687	.	0.001145	1.00000

표본상관행렬로부터 구한 고유값을 보면, 첫 번째 주성분의 분산은 $\hat{\lambda}_1 = 5.03865$ 으로서 전체표본분산에 대한 설명 비율은

$$\frac{\hat{\lambda}_1}{p} = \frac{5.03865}{6} = 0.839775 \fallingdotseq 0.84$$

즉, 84%이고,

두 번째 주성분의 분산은 $\widehat{\lambda_2} = 0.51688$ 으로서 전체표본분산에 대한 설명 비율은

$$\frac{\widehat{\lambda_2}}{p} = \frac{0.51688}{6} = 0.086146 \cdots \fallingdotseq 0.086$$

8.6%로서 그다지 크지 못하다.

세 번째 주성분의 분산은 $\widehat{\lambda_3} = 0.35898$ 으로서 전체표본분산에 대한 설명 비율은

$$\frac{\widehat{\lambda_3}}{p} = \frac{0.35898}{6} = 0.05983 \fallingdotseq 0.06$$

6%이며,

네 번째, 다섯 번째, 여섯 번째의 분산은 전체표본분산에 대한 설명 비율이 거의 0%에 가깝다.

1보다 큰 고유값의 개수는 1개이고, 이 한 개의 주성분으로 전체 변동의 84%가 설명이 가능하다. 고유값이 1보다 큰 것으로 결정한다면, 이 자료에 대한 전체 변동에 대한 설명은 84%에서 만족해야 한다. 물론 고유값이 1보다 큰 것으로 주성분을 결정하는 경우는 너무 적은 개수의 주성분을 보유하게 되는 경향이 있어서, 1보다 약간 작더라도 포함시키기도 하나, 위의 경우는 0.5 정도로서 포함시키지 않는 것이 더 좋다고 생각된다. 또한, 누적비율로 주성분을 선택할 때 일반적으로 누적비율이 70 - 80%가 되도록 주성분을 선택함으로 이 84%의 설명력이 전체변동을 설명하는 데 부족하지 않다고 판단된다.

∴ 즉, 6가지 변수에 대해 1개의 주성분으로 요약한다.

고유벡터를 선형계수로 하는 주성분을 고려하자.

	Eigenvectors						
	PRIN1	PRIN2	PRIN3	PRIN4	PRIN5	PRIN6	
X1	0.340361	0.849199	0.339183	0.204977	0.076946	0.005925	assets
X2	0.423289	0.170126	-.379263	-.783302	-.005759	0.185600	sales
X3	0.433509	-.190170	0.192284	0.070853	-.843701	-.148596	market
X4	0.419658	-.363695	0.323992	0.155617	0.260663	0.703193	profits
X5	0.427893	-.285278	0.267316	-.121496	0.452331	-.666859	cash
X6	0.397298	-.009842	-.726438	0.548109	0.098316	-.065233	employees

∴ 제 1 (표본)주성분

$$\widehat{C_1} = \widehat{e_1}'Z = 0.340361Z_1 + 0.423289Z_2 + 0.433509Z_3 + 0.419658Z_4 + 0.427893Z_5 + 0.397298Z_6$$

표본주성분과 변수들간의 상관계수를 계산하여 보자.

$$r(\widehat{C_i}, Z_k) = \widehat{e_{ki}}\sqrt{\widehat{\lambda_i}}$$

$$r(\widehat{C_1}, Z_1) = \widehat{e_{11}}\sqrt{\widehat{\lambda_1}} = 0.340361 \times \sqrt{5.03865} = 0.764006\cdots$$

$$r(\widehat{C_1}, Z_2) = \widehat{e_{21}}\sqrt{\widehat{\lambda_1}} = 0.423289 \times \sqrt{5.03865} = 0.950154\cdots$$

$$\vdots$$

SAS에서 코르(corr) 옵션으로 구한 결과는 다음과 같다. (부분발췌)

〈 첫 번째 주성분과 변수들간의 상관계수 〉

	PRIN1	X1	X2	X3	X4	X5	X6
PRIN1	1.00000	0.76401	0.95015	0.97309	0.94200	0.96049	0.89181
	0.0	0.0001	0.0001	0.0001	0.0001	0.0001	0.0001

첫 번째 주성분과 변수 X2, X3, X4, X5는 0.9 이상의 높은 양의 상관관계를 가지고 있고, 또한, X1과 X6도 높은 양의 상관관계를 가지고 있다. 그러므로 6개의 변수모두 첫 번째 주성분에 거의 동일한 영향을 미치는 중요한 변수라고 할 수 있다. 또, p-값을 살펴본 결과 모두 유의한 상관계수들이다.

선택된 주성분의 의미

첫 번째 주성분

$$\widehat{C_1} = \widehat{e_1}'Z = 0.340361Z_1 + 0.423289Z_2 + 0.433509Z_3 + 0.419658Z_4 + 0.427893Z_5 + 0.397298Z_6$$

은, 여섯 개의 변수에 대해 거의 동일한 가중치를 갖는 선형결합 형태임을 알 수 있다. 즉, 첫 번째 주성분에 대응되는 고유벡터들의 값이 거의 비슷한 양의 값으로 적재되어 있다. 그러므로 첫 번째 주성분은 '*일반적인 기업 성분*'을 나타내는 **종합적인 지표**라고 할 수 있을 것이다.

위의 추정된 표본주성분에 대해 주성분 점수를 얻어보자.(여기서는 79개의 기업에 대해 그 기업의 개별 기업보다는 기업의 시장에서의 분야별로 알아봄으로써 어떤 분야의 기업이 높은지 알아보고자 하였다.)

〈 SAS 프로그램 〉

```
data pca;
input x1-x6 type $;
 label x1='assets' x2='sales' x3='market' x4='profits' x5='cash' x6='employees';
cards;
 2687   1870   1890    145.7   352.2    18.2   Other
13271   9115   8190   -279.0    83.0   143.8   Other
13621   4848   4572    485.0   898.9    23.4   Energy
 3614    367     90     14.1    24.6     1.1   Finance
 6425   6131   2448    345.8   682.5    49.5   Transportation
                 ⋮
1995   2662    341    34.7   100.7     2.3   Energy
2286   2235   2306   195.3   219.0     8.0   Other
 952   1307    309    35.4    92.8    10.3   Transportation
2957   2806    457    40.6    93.5    50.0   Retail
2535   5958   1921   177.0   288.0   118.1   Retail
;

proc princomp out=Rcomp;
var x1-x6;

proc sort;by prin1;
proc print;
id type; var prin1 x1-x6;
run;
```

〈 SAS 결과물 〉

TYPE	PRIN1	X1	X2	X3	X4	X5	X6
Medical	-0.96248	278	205	853	44.8	50.5	3.8
Finance	-0.96190	401	176	1084	55.6	57.0	0.7
Medical	-0.95697	252	312	883	41.7	60.6	3.3
Other	-0.93480	223	557	1040	60.6	63.7	1.9
Finance	-0.93131	2548	264	181	22.2	26.2	2.1
Finance	-0.92971	327	542	959	54.1	72.5	2.8
Finance	-0.91561	2788	271	304	23.5	28.9	2.1
Medical	-0.90586	707	706	275	61.4	77.8	6.1
Transpor	-0.90347	999	1878	393	-173.5	-108.1	23.3
Finance	-0.89996	3614	367	90	14.1	24.6	1.1
Manufact	-0.89401	752	2149	101	11.1	15.2	2.6
HiTech	-0.88662	478	672	866	67.1	101.6	5.4
Finance	-0.87383	3720	356	211	26.6	34.8	2.4
Energy	-0.87292	1117	1038	478	59.7	91.7	3.8
Manufact	-0.86686	1128	1516	430	-47.0	26.7	13.2
Energy	-0.86345	1654	451	779	84.8	130.4	1.6
Finance	-0.86089	4989	518	53	-3.1	-0.3	0.8
Energy	-0.84916	1633	701	679	74.3	135.9	2.8
Transpor	-0.84167	952	1307	309	35.4	92.8	10.3
Energy	-0.80793	1257	355	181	167.5	304.0	0.6
Energy	-0.80772	1743	597	717	121.6	172.4	3.5
Finance	-0.80551	4789	453	367	40.2	51.4	3.0
Other	-0.80127	799	1140	683	57.6	89.2	15.4
Energy	-0.79774	1440	1617	639	81.7	126.4	3.5
Finance	-0.78240	5401	550	376	25.6	37.5	4.1
Energy	-0.77973	1679	1354	687	93.8	154.6	4.6
Finance	-0.77753	5249	527	346	37.8	56.2	4.1
HiTech	-0.77652	1022	1754	1370	72.0	119.5	4.8
Other	-0.76834	866	1487	944	71.7	115.4	12.6
Energy	-0.76671	1995	2662	341	34.7	100.7	2.3
HiTech	-0.76400	430	1155	1045	55.7	70.8	22.5
Other	-0.74919	1529	1295	444	25.6	137.0	19.4
Retail	-0.74053	862	1601	1093	66.9	106.8	16.0
Transpor	-0.74027	1286	1734	361	69.2	145.7	14.3
Retail	-0.71558	623	2247	797	57.0	93.8	18.6
Energy	-0.71054	3010	749	1120	146.3	209.2	3.4
Manufact	-0.66017	1093	1679	1070	100.9	164.5	20.8
Transpor	-0.65570	2769	3725	663	-208.4	12.4	29.1
Manufact	-0.58297	1804	2564	483	70.5	164.9	26.6
Manufact	-0.56867	6307	8199	598	-771.5	-524.3	57.5
Energy	-0.56003	3494	1653	1442	160.9	320.3	6.4
Energy	-0.54945	3086	1739	1507	202.7	335.2	4.9
Other	-0.54465	2286	2235	2306	195.3	219.0	8.0
Finance	-0.52044	8998	882	988	93.0	119.0	7.4
Finance	-0.48770	9672	1037	829	92.6	118.2	8.2
Other	-0.48375	2687	1870	1890	145.7	352.2	18.2
Energy	-0.48104	5835	4053	1601	-93.8	173.8	10.8
Retail	-0.47973	1112	3689	542	30.3	96.9	43.5
Finance	-0.47062	11052	1097	606	64.9	97.6	7.0
Transpor	-0.46838	2448	3484	1036	48.8	257.1	25.4
Manufact	-0.43718	2366	3305	1117	131.2	256.5	25.2
Retail	-0.42346	2957	2806	457	40.6	93.5	50.0
Energy	-0.3737	5651	1254	2002	310.7	407.9	6.2
Finance	-0.3533	12505	1302	702	108.4	131.4	9.0
Retail	-0.3180	1104	5123	910	63.7	133.3	48.5
Communic	-0.2008	5074	2557	1892	239.9	578.3	21.9
Retail	-0.1145	1608	6615	829	56.1	134.0	65.0
Manufact	0.0228	4084	4346	3023	302.7	521.7	37.5
Manufact	0.0484	4662	4781	2988	28.7	371.5	66.2
Finance	0.1121	21419	2516	930	107.6	164.7	15.6
Retail	0.1827	3442	5080	2673	235.4	361.5	77.3
HiTech	0.2242	3940	4317	3940	315.2	566.3	62.0
Medical	0.2364	6259	4152	3090	283.7	524.5	62.0
Manufact	0.2577	10348	5721	1915	223.6	322.5	49.5
Transpor	0.3492	6425	6131	2448	345.8	682.5	49.5
Retail	0.3676	2535	5958	1921	177.0	288.0	118.1
Energy	0.6101	13621	4848	4572	485.0	898.9	23.4
Finance	0.6987	33406	3222	1413	201.7	246.7	15.8
Retail	0.8830	4418	8793	4459	283.6	456.5	128.0
HiTech	0.9202	6914	7029	7957	400.6	754.7	87.3
HiTech	0.9373	5769	6571	9462	482.0	792.0	83.0
Other	1.0431	13271	9115	8190	-279.0	83.0	143.8
Energy	1.3960	14045	15636	2754	418.0	1462.0	27.3
Finance	1.4179	44736	16197	4653	-732.5	-651.9	48.5
Retail	1.4340	4178	17124	2091	180.8	390.4	164.6
Manufact	1.9749	10528	14992	5377	312.7	710.7	184.8
Communic	2.5881	19788	9084	10636	1092.9	2576.8	79.4
HiTech	7.2462	26432	28285	33172	2336.0	3562.0	304.0
HiTech	16.9868	52634	50056	95697	6555.0	9874.0	400.2

이 주성분의 값은 앞에서 이야기한 대로 일반적인 것을 나타내는 종합적인 지표라 할 수 있다. 이는 주성분 값이 클수록 기업의 매출을 포함한 전반적인 크기 또한 크다 할 수 있겠다.

에너지(energy) 분야에 속하는 기업들은 총 15개로서, 단 두 기업만이 양의 주성분 점수를 얻었다. 이 두 기업의 점수는 각각 0.6101과 1.396이며, 그 외의 기업은 -0.3737 ~ -0.87292 까지 음의 주성분 점수를 얻었다. 금융(finance) 분야에 속하는 기업들은 총 17개로서, 단 세 기업만이 양의 주성분 점수를 얻었다. 이 세 기업의 점수는 각각 0.1121, 0.6987, 1.4179이며, 그 외의 기업은 -0.3533~ -0.9619 까지 음의 주성분 점수를 얻었다. 운송(transfer) 분야에 속하는 기업들은 총 6개로서, 단 한 기업만이 양의 주성분 점수를 얻었다. 이 기업의 점수는 0.3492이며, 그 외의 기업은 -0.46838~ -0.90347 까지 음의 주성분 점수를 얻었다. 의학(medical) 분야에 속하는 기업들은 총 4개로서, 단 한 기업만이 양의 주성분 점수를 얻었다. 이 기업의 점수는 0.2364이며, 그 외의 기업은 -0.9 이상의 음의 주성분 점수를 얻었다. 기타(other) 분야에 속하는 기업들은 총 7개로서, 단 한 기업만이 양의 주성분 점수를 얻었다. 이 기업의 점수는 1.0431이며, 그 외의 기업은 -0.48375 ~ -0.9348 까지 음의 주성분 점수를 얻었다.

소매업(retail)에 속하는 기업들은 총 10개로서, 네 개의 기업은 0.1827 ~1.434 까지 양의 주성분 점수를 얻었고, 여섯 개의 기업은 -0.1145 ~ -0.74053 까지 음의 주성분 점수를 얻었다.

제조업(manufacturing) 분야에 속하는 기업들은 총 10개로서, 네 개의 기업은 0.0228 ~1.9749 까지 양의 주성분 점수를 얻었고, 여섯 개의 기업은 -0.43728 ~-0.89401 까지 음의 주성분 점수를 얻었다. 통신(communication) 분야에 속하는 기업들은 총 2개로서, 한 개의 기업은 2.5881이라는 양의 주성분 점수를 얻었고, 나머지 한 개의 기업은 -0.2008이라는 음의 주성분 점수를 얻었다.

첨단기술(hitech) 분야에 속하는 기업들은 총 8개로서, 세 개의 기업이 -0.764~-0.88662 까지 음의 주성분 점수를 얻었고, 다섯 개의 기업은 0.2242~ 16.9868이라는 양의 주성분 점수를 얻었다.

♡ 참고 ♡

▷ 1차 산업 농업, 임업, 광업, 수산업

▷ 2차 산업 제조 => 제조업 분야, 에너지 분야

▷ 3차 산업 수송, 판매, 서비스, 상업, 금융, 사무 => 운송 분야, 금융 분야, 소매업, 의학 분야

▷ 4차 산업 정보, 통신, 교육 => 통신 분야, 첨단산업
▷ 5차 산업 고위전문직, 연구개발직 =>

그러므로 첫 번째 주성분에 의하여 얻어진 주성분 점수를 살펴본 결과 의학분야와 에너지 분야, 운송 분야, 금융 분야, 기타, 제조업 분야와 소매업에 속하는 기업들과 같이, 2차와 3차 산업 분야의 기업들에 대해, 고려된 6가지 변수들은 낮은 영향을 끼치는 '종합지표'임을 알 수 있다.

그러나 첨단기술 분야와 통신 분야에 속하는 기업들과 같이, 4차와 5차 산업 분야의 기업들에 대해, 고려된 6가지 변수들은 높은 영향을 끼치는 '종합지표'임을 알 수 있다. 단, 통신 분야의 기업이 단 두 개뿐으로서, 4차 산업에 대해 6가지 변수들이 높은 영향을 끼친다고 말하기에는 약간 부족한 감이 없지 않다. 참고로, 첫 번째 주성분에 의해 얻어진 주성분 점수는 첨단기술 분야에 속하는 두 기업들의 점수는 16.9868, 7.2462 로서 매우 크며, 통신 분야에 속하는 한 기업의 점수는 2.5881로 큰 편이다.

결과 요약

- 이 문제의 자료에 있어서는 공분산으로 주성분을 고려하기보다는 변수들을 표준화하여 주성분을 구하는, 상관계수로 주성분을 고려하여 구하는 것이 타당하다.
- 한 개의 주성분으로 전체 변동의 84%가 설명이 가능하다.
- **제1주성분**은 일반적인 기업의 성분을 나타내는 종합적인 지표이다.
  ⇔ 6개 변수의 가중치가 거의 동일하게 얻어졌다.

- 6개의 고려된 변수는 2·3차 산업에 속하는 기업들에 대해서는 낮은 영향을 끼치는 기업성분이며 4·5차 산업에 속하는 기업들에 대해서는 높은 영향을 끼치는 기업성분으로 판단된다.

선택된 주성분들은 서로가 독립인지를 알아보기 위해 산점도를 고려해 보고자 했으나, 위의 자료는 한 개의 주성분이 구해졌으므로 고려하지 않았다.

제7장

인자분석

7.1 서론
7.2 인자분석모형
7.3 모형의 성질
7.4 상관계수 행렬에 근거한 인자분석
7.5 인자적 재행렬의 추정방법
7.6 인자의 개수 결정
7.7 인자의 회전
7.8 인자의 점수
7.9 주성분 분석과의 관계

7.1 서론

인자분석(factor analysis)은 상호 연관된 많은 변수들 간에 공분산관계 또는 상관관계를 소수 몇 개의 가상적이고 잠재적인 인자(latent factor)로 표현하는 방법이다. 이 인자분석은 처음 골턴(골턴, 1888)이 보이지 않는 인간의 지능을 측정하고 이와 관련한 변수를 발견하기 위하여 여러 변수들 간에 공통으로 존재하는 인간지능에 관련된 인자를 처음으로 언급하였고, 그 뒤 스피어먼(Spearman, 1904)에 의해 골턴이 제안한 하나의 인자를 갖는 경우의 인자분석을 수리적으로 제안하였다. 그 뒤를 이어서 서스턴(Thurstone, 1947)은 한 개 이상의 여러 개의 공통인자를 포함하는 모형까지 확대하였으며, 로리(Lawley, 1940)은 최우추정법을 통해 공통인자를 구하는 방법을 연구하였다. 또 바틀릿(Bartlett, 1953), 하우(Howe, 1955) 그리고 하먼(Harman, 1967) 등에 의하여 여러 가지 인자 분석에 대한 방법이 논의되었다. 즉, 인자분석은 주어진 변수들에서 잠재적인 공통인자들의 선형 결합으로 나타내고, 이들 공통인자들 가운데 변수에 대한 설명 비율이 높은 m개의 인자만 선택하여 전체 변동을 설명하고자 하는 것이 주요 목적이다.

7.2 인자분석 모형

7.2.1 모형

다변량 정규확률벡터 $\boldsymbol{x}' = (x_1, x_2, \ldots, x_p)$의 평균벡터를 $\boldsymbol{\mu}' = (\mu_1, \mu_2, \ldots, \mu_p)$라고 하고, 이 확률변수들에 대한 공분산행렬을 Σ라고 하자. 인자분석 모형은 각 변수 x_i에 공통적으로 영향을 미치는 잠재적인 공통인자(common factor) F_j와 각 개별 변수에만 영향을 끼치는 특정인자(specific factor) ε_i와의 선형결합으로 표현된다. 따라서 m개의 공통인자가 있을 때 변수와 공통인자 사이의 직교인자모형은 다음과 같다.

$$x_1 - \mu_1 = l_{11}F_1 + l_{12}F_2 + \ldots + l_{1m}F_m + \epsilon_1$$
$$x_2 - \mu_2 = l_{21}F_1 + l_{22}F_2 + \ldots + l_{2m}F_m + \epsilon_2$$
$$\cdots \quad \cdots \quad \cdots$$
$$x_p - \mu_p = l_{p1}F_1 + l_{p2}F_2 + \ldots + l_{pm}F_m + \epsilon_p$$

따라서 기본적인 인자분석 모형을 벡터와 행렬로 표현하면

$$\boldsymbol{x} - \boldsymbol{\mu} = \boldsymbol{LF} + \boldsymbol{\epsilon}$$

이다.

여기서

x_i : i번째 변수

μ_i : i번째 변수 x_i의 평균

F_j : 공통인자(common factor) - 전체 변수에 공통으로 영향을 미치는 잠재변수

ϵ_i : 특정인자(specific factor) 또는 유일인자(unique factor) - 유일하게 i번째 변수에만 영향을 미치는 잠재변수

l_{ij} : i번째 변수 x_i에 관한 j번째 인자 F_j의 인자적재량(factor loading)

$L = \begin{bmatrix} l_{11} \ldots l_{1m} \\ \ldots \ldots \ldots \\ l_{p1} \ldots l_{pm} \end{bmatrix}$: 인자적 재행렬(factor loading matrix), 또는 인자패턴행렬 (factor pattern matrix)

하나의 인자의 경우의 예

스피어먼(1904)은 33명의 학생들로부터 얻은 6과목 성적에서 다음과 같은 상관행렬을 구하였다.

	Classic	French	English	Mathematics	Discrimonation	Music
Classic	1					
French	0.83	1				
English	0.78	0.67	1			
Mathematics	0.70	0.67	0.64	1		
Discrimination	0.66	0.65	0.54	0.45	1	
Music	0.63	0.58	0.51	0.51	0.40	1

스피어먼은 이 6과목에 공통적으로 영향을 미치는 하나의 인자를 찾아내어 수리적인 형태로 표현하였는데 다음과 같다.

$$x_i - \mu_i = l_i F + \epsilon_i$$

F : 모든 x에 걸쳐 공통적인 변수

ϵ_i : x_i에만 관계되는 특수한 변수

μ_i : i번째 변수 x_i의 평균

l_i : i번째 변수 x_i에 관한 인자 F의 인자적재량(factor loading)

여기서 유일한 인자인 F는 모든 과목에 공통적으로 영향을 미치는 잠재변수로 일반지능이 될 수 있다.

	F
x1	0.85050
x2	0.74727
x3	0.67596
x4	0.40169
x5	0.20344
x6	-0.58281

여러 개의 인자의 경우의 예

다음은 켄들(Kendall, 1980)의 책에서 인용한 자료로 앞의 주성분 분석의 예를 다시 사용하였다. 즉 48명에게 15개의 변수에 대한 면접을 실시한 점수이다. 각 변수에 대해 최상의 점수를 얻으면 10점 최악의 경우에는 0점을 처리하였다. 각 변수 내용은 다음과 같다.

X1	X2	X3	X4	X5
FL(응시원서)	APP(외모)	AA(학문적능력)	LA(호감도)	SC(자신감)
X6	**X7**	**X8**	**X9**	**X10**
LC(명석함)	HON(정직성)	SMS(영업능력)	EXP(경력)	DRV(추진력)
X11	**X12**	**X13**	**X14**	**X15**
AMB(일에대한열정)	GSP(이해력)	POT(잠재능력)	KJ(적극성)	SUIT(적응력)

x1	x2	x3	x4	x5	x6	x7	x8	x9	x10	x11	x12	x13	x14	x15
6	7	2	5	8	7	8	8	3	8	9	7	5	7	10
9	10	5	8	10	9	9	10	5	9	9	8	8	8	10
7	8	3	6	9	8	9	7	4	9	9	8	6	8	10
5	6	8	5	6	5	9	2	8	4	5	8	7	6	5
6	8	8	8	4	4	9	2	8	5	5	8	8	7	7
7	7	7	6	8	7	10	5	9	6	5	8	6	6	6
9	9	8	8	8	8	8	8	10	8	10	8	9	8	10
9	9	9	8	9	9	8	8	10	9	10	9	9	9	10
9	9	7	8	8	8	8	5	9	8	9	8	8	8	10
4	7	10	2	10	10	7	10	3	10	10	10	9	3	10

.

중간생략

.

x1	x2	x3	x4	x5	x6	x7	x8	x9	x10	x11	x12	x13	x14	x15
10	6	9	10	9	10	10	10	10	10	8	10	10	10	10
10	6	9	10	9	10	10	10	10	10	10	10	10	10	10
10	7	8	0	2	1	2	0	10	2	0	3	0	0	10
10	3	8	0	1	1	0	0	10	0	0	0	0	0	10
3	4	9	8	2	4	5	3	6	2	1	3	3	3	8
7	7	7	6	9	8	8	6	8	8	10	8	8	6	5
9	6	10	9	7	7	10	2	1	5	5	7	8	4	5
9	8	10	10	7	9	10	3	1	5	7	9	9	4	4
0	7	10	3	5	0	10	0	0	2	2	0	0	0	0
0	6	10	1	5	0	10	0	0	2	2	0	0	0	0

다음은 변수 15개에 대한 상관계수행렬이다. 첫 번째로 상관계수가 0.7 이상 높은 것들을 골라보면 X5(자신감), X6(명석함), X8(영업능력), X10(추진력), X11(야망), X12(이해력), X13(가능성) 등이 서로 상관이 높다. 이것들의 특징을 한

인자로 묶을 수 있다. 즉 이를 한마디로 이야기 한다는 것은 쉽지는 않지만 전반적으로 적극적이고 자신감이 있는 '사회적 능력' 인자로 볼 수 있다. 두 번째로 상관계수가 높은 경우로 0.5 이상을 보면 X1(지원서 형태), X9(경험), X15(적응력)등을 볼 수 있다. 이는 두 번째 인자로 전반적인 '경험'과 관련된 인자로 볼 수 있다. 이런 연관이 있는 인자를 상관계수행렬(공분산행렬)을 통해 비슷하게 영향을 주는 인자를 찾아내는 것이다.

	X1	X2	X3	X4	X5	X6	X7	X8	X9	X10	X11	X12	X13	X14	X15
X1	1.00000	0.23881	0.04404	0.30631	0.09214	0.22843	-0.10675	0.26879	0.54838	0.34558	0.28464	0.33820	0.36745	0.46721	0.58592
X2	0.23881	1.00000	0.12342	0.37961	0.43077	0.37126	0.35369	0.47750	0.14092	0.34055	0.54964	0.50630	0.50738	0.28409	0.38421
X3	0.04404	0.12342	1.00000	0.00159	0.00111	0.07682	-0.03027	0.04584	0.26559	0.09352	0.04407	0.19750	0.29003	-0.32332	0.14002
X4	0.30631	0.37961	0.00159	1.00000	0.30244	0.48277	0.64541	0.34691	0.14072	0.39316	0.34656	0.50281	0.60551	0.68516	0.32696
X5	0.09214	0.43077	0.00111	0.30244	1.00000	0.80755	0.41009	0.81637	0.01513	0.70434	0.84212	0.72111	0.67182	0.48246	0.25028
X6	0.22843	0.37126	0.07682	0.48277	0.80755	1.00000	0.35584	0.82569	0.14720	0.69752	0.75754	0.88285	0.77732	0.52684	0.41614
X7	0.10675	0.35369	-0.03027	0.64541	0.41009	0.35584	1.00000	0.23125	0.15594	0.28018	0.21461	0.38582	0.41566	0.44825	0.00276 -
X8	0.26879	0.47750	0.04584	0.34691	0.81637	0.82569	0.23125	1.00000	0.23261	0.81093	0.85960	0.76597	0.73490	0.54934	0.54828
X9	0.54838	0.14092	0.26559	0.14072	0.01513	0.14720	-0.15594	0.23261	1.00000	0.33723	0.19548	0.29927	0.34834	0.21495	0.69264
X10	0.34558	0.34055	0.09352	0.39316	0.70434	0.69752	0.28018	0.81093	0.33723	1.00000	0.78032	0.71407	0.78840	0.61281	0.62255
X11	0.28464	0.54964	0.04407	0.34656	0.84212	0.75754	0.21461	0.85960	0.19548	0.78032	1.00000	0.78387	0.76887	0.54713	0.43477
X12	0.33820	0.50630	0.19750	0.50281	0.72111	0.88285	0.38582	0.76597	0.29927	0.71407	0.78387	1.00000	0.87583	0.54941	0.52782
X13	0.36745	0.50738	0.29003	0.60551	0.67182	0.77732	0.41566	0.73490	0.34834	0.78840	0.76887	0.87583	1.00000	0.53940	0.57387
X14	0.46721	0.28409	-0.32332	0.68516	0.48246	0.52684	0.44825	0.54934	0.21495	0.61281	0.54713	0.54941	0.53940	1.00000	0.39580
X15	0.58592	0.38421	0.14002	0.32696	0.25028	0.41614	0.00276	0.54828	0.69264	0.62255	0.43477	0.52782	0.57387	0.39580	1.00000

다음은 SAS의 결과로 주축인자법에 의한 배리맥스 회전된 4개의 인자적 재행렬로서 인자분석의 결과이다.

		Factor1	Factor2	Factor3	Factor4
X1	Form of letter of application	0.13593	0.71712	0.09030	-0.10226
X2	Appearance	0.43067	0.16378	0.29533	0.12123
X3	Academic ability	0.06897	0.13455	0.00651	0.67468
X4	Likeability	0.22675	0.24196	0.83856	-0.08174
X5	Self-confidence	0.91363	-0.09222	0.16435	-0.07537
X6	Lucidity	0.83360	0.12023	0.27515	0.01514
X7	Honesty	0.24410	-0.21633	0.76889	-0.01713
X8	Salesmanship	0.90397	0.22858	0.08251	-0.06655
X9	Experience	0.08464	0.78882	-0.04147	0.19436
X10	Drive	0.76035	0.36605	0.17532	-0.04957
X11	Ambition	0.90369	0.18199	0.10080	-0.05638
X12	Grasp	0.79037	0.27454	0.34670	0.15203
X13	Portential	0.73187	0.34783	0.43744	0.24826
X14	Keenness	0.42320	0.38646	0.53467	-0.61218
X15	Suitability	0.36611	0.78010	0.07525	0.09024

이 경우 첫 번째 추정된 인자적재는 사회에서 일하는 데 사람의 능력을 나타내는 자신감, 명석함, 영업능력, 추진력, 야망, 이해력, 가능성(X5, X6, X8, X10, X11, X12, X13)이 0.8 이상의 높은 값을 갖고 있다. 따라서 첫 번째 인자는 '사회적 능력'이라고 볼 수 있다. 두 번째 추정된 인자적재는 사회경험을 해본 경험치를 나타내는 지원서, 경험, 어울림(X1, X9, X15)이 높은 값을 나타내고 있다. 따라서 두 번째 인자는 사람의 '경험'을 나타내는 요인이라고 볼 수 있다. 세 번째 추정된 인자적재는 사람의 인간적인 요인을 표현하는 호감도, 정직성(X4, X7)이 0.5 이상의 값을 갖고 있다. 마지막으로 네 번째 추정된 인자적재는 수학능력(X3)이 높은 값을 갖은 것으로 보아, '수학능력'이라고 볼 수 있다.

7.2.2 가정

위와 같이 여러 개의 인자모형에서는 $\boldsymbol{F}$와 $\boldsymbol{\epsilon}$에 대해 다음과 같은 가정들이 필요하다.

① F_j들은 서로 독립이고, 평균이 0, 분산이 1이다.

$$E(F_j) = 0,\ \ Var(F_j) = 1$$
$$Cov(F_j, F_k) = 0 \quad (j \neq k), \quad j,k = 1,2,\ldots,m$$
$$E(F) = 0_{m \times 1}, \qquad Cov(\boldsymbol{F}) = E(\boldsymbol{F}\boldsymbol{F}') = \boldsymbol{I}_{m \times m}$$

② ϵ_i들은 서로 독립이고, 평균이 0, 분산이 $\boldsymbol{\psi}$이다.

$$E(\epsilon_i) = 0 \quad V(\varepsilon_i) = \Psi_i$$
$$Cov(\epsilon_i, \epsilon_j) = 0 \quad (i \neq j) \quad i,j = 1,2,\ldots,p$$
$$E(\boldsymbol{\epsilon}) = \boldsymbol{0}_{p \times 1} \quad Cov(\boldsymbol{\epsilon}) = \boldsymbol{\psi}_{p \times p} = \begin{bmatrix} \psi_1 & 0 & \ldots & 0 \\ 0 & \psi_2 & \ldots & 0 \\ 0 & 0 & \ldots & \psi_p \end{bmatrix}$$

③ $\boldsymbol{F}$와 $\boldsymbol{\epsilon}$은 서로 독립이다.

$$Cov(\boldsymbol{F}, \boldsymbol{\epsilon}) = E(\boldsymbol{F}\boldsymbol{\epsilon}') = \boldsymbol{0}_{m \times p}$$

또한 확률벡터 $\boldsymbol{X}$와 공통인자벡터 $\boldsymbol{F}$간의 관계를 알아보도록 하자.

$$\begin{aligned} Cov(\boldsymbol{X},\boldsymbol{F}) &= E[(\boldsymbol{X}-\boldsymbol{\mu})\boldsymbol{F}'] = E[(\boldsymbol{LF}+\boldsymbol{\epsilon})\boldsymbol{F}'] \\ &= E[\boldsymbol{LFF}'+\boldsymbol{\epsilon F}'] = \boldsymbol{L}E(\boldsymbol{FF}') + E(\boldsymbol{\epsilon F}') = \boldsymbol{L} \end{aligned}$$

그리고 공분산행렬 Σ를 공통인자행렬로 표현할 수 있다. 즉

$$\begin{aligned} \Sigma &= E[(\boldsymbol{X}-\boldsymbol{\mu})(\boldsymbol{X}-\boldsymbol{\mu})'] = E[(\boldsymbol{LF}+\boldsymbol{\epsilon})(\boldsymbol{LF}+\boldsymbol{\epsilon})'] \\ &= E[\boldsymbol{LFF}'\boldsymbol{L}'+\boldsymbol{LF\epsilon}'+\boldsymbol{\epsilon F}'\boldsymbol{L}'+\boldsymbol{\epsilon\epsilon}'] \\ &= \boldsymbol{L}E(\boldsymbol{FF}')\boldsymbol{L}'+\boldsymbol{L}E(\boldsymbol{F\epsilon}')+E(\boldsymbol{\epsilon F}')\boldsymbol{L}'+E(\boldsymbol{\epsilon\epsilon}') \\ &= \boldsymbol{LL}'+\boldsymbol{\psi} \end{aligned}$$

이를 다시 표현하면 다음과 같다.

$$\begin{bmatrix} \sigma_1^2 & \sigma_{12} & \dots & \sigma_{1p} \\ \sigma_{12} & \dots & \dots & \sigma_{2p} \\ \dots & \dots & \dots & \dots \\ \sigma_{1p} & \dots & \dots & \sigma_p^2 \end{bmatrix} = \begin{bmatrix} l_{11} & l_{12} & \dots & l_{1m} \\ l_{21} & \dots & \dots & l_{2m} \\ \dots & \dots & \dots & \dots \\ l_{p1} & \dots & \dots & l_{pm} \end{bmatrix} \begin{bmatrix} l_{11} & l_{21} & \dots & l_{p1} \\ l_{12} & \dots & \dots & l_{p2} \\ \dots & \dots & \dots & \dots \\ l_{1m} & \dots & \dots & l_{mp} \end{bmatrix} + \begin{bmatrix} \psi_1 & 0 & \dots & 0 \\ 0 & \psi_2 & \dots & 0 \\ \dots & \dots & \dots & \dots \\ 0 & 0 & \dots & \psi_p \end{bmatrix}$$

$$= \begin{bmatrix} \sum_{j=1}^m l_{1j}^2+\psi_1 & \sum_{j=1}^m l_{1j}l_{2j} & \dots & \sum_{j=1}^m l_{1j}l_{pj} \\ \sum_{j=1}^m l_{2j}l_{1j} & \sum_{j=1}^m l_{2j}^2+\psi_2 & \dots & \sum_{j=1}^m l_{2j}l_{pj} \\ \dots & \dots & \dots & \dots \\ \sum_{j=1}^m l_{pj}l_{1j} & \sum_{j=1}^m l_{pj}l_{2j} & \dots & \sum_{j=1}^m l_{pj}^2+\psi_p \end{bmatrix}$$

7.3 모형의 성질

위의 공분산행렬에서 분산과 공분산을 다음과 같이 적재량과 특수분산으로 표현할 수 있다.

$$\Sigma = Cov(\boldsymbol{X}) = \boldsymbol{LL}' + \boldsymbol{\Psi}$$

$$= \begin{cases} Var(x_i) = \sum_{j=1}^{m} l_{ij}^2 + \psi_i \\ Cov(x_i, x_k) = \sum_{j=1}^{m} l_{ij}\, l_{kj} \end{cases}$$

$h_i^2 = \sum_{j=1}^{m} l_{ij}^2$를 m개의 공통인자$(F_1, F_2, \ldots, F_m)$에 근거한 변수 x_i의 공통성(Communality) 또는 공통분산(Common Variance)라 부른다. 이는 i번째 변수를 공통인자가 종합적으로 설명하는 부분이다. 즉, x_i의 분산 중에 m개의 공통인자가 설명하는 부분을 말한다. ψ_i는 변수 x_i에만 관련된 특수분산(specific variance)이다. 따라서 공통성 또는 공통분산이 커지면 특수분산은 적어지고 반대로 공통성이 적어지면 특수분산은 커지게 된다. 또한 $\sum_{i=1}^{p} l_{ij}^2$를 j번째 인자에 의해 설명되는 분산이라고 한다.

【예제 7.1】 다음과 같은 공분산행렬을 2개의 인자적 재행렬과 특수분산으로 나눌 수 있다.

$$\Sigma = \begin{bmatrix} 11 & 1 & 24 \\ 1 & 8 & 1 \\ 24 & 1 & 60 \end{bmatrix} = \begin{bmatrix} 1 & 3 \\ -2 & 1 \\ 3 & 7 \end{bmatrix} \begin{bmatrix} 1 & -2 & 3 \\ 3 & 1 & 7 \end{bmatrix} + \begin{bmatrix} 1 & 0 & 0 \\ 0 & 3 & 0 \\ 0 & 0 & 2 \end{bmatrix}$$

여기서 첫 번째 분산인 σ_{11}을 다음과 같이 표현 할 수 있다.

$$\sigma_{11} = 1^2 + 3^2 + 1 = 11$$

따라서 σ_{11}의 공통성과 특수분산은 다음과 같다. 또

$$\sigma_{11}\text{의 공통성} = 1^2 + 3^2 = 10 \quad \text{특수분산} = 1$$

한 첫 번째 인자에 의해 설명되는 분산은 $(1)^2 + (-2)^2 + (3)^2 = 14$이다.

그러므로 전체변수의 분산에서 m개의 공통인자에 의해 설명되는 비율은 다음과 같다.

$$\frac{h_1^2+h_2^2+\ldots+h_p^2}{\sigma_1^2+\sigma_2^2+\ldots+\sigma_p^2}=\frac{\sum_{i=1}^{p}h_i^2}{\sum_{i=1}^{p}\sigma_i^2}$$

또 전체변수의 분산에서 j번째 공통인자 F_j에 의해 설명되는 비율은 다음과 같다.

$$\frac{l_{1j}^2+l_{2j}^2+\ldots+l_{pj}^2}{\sigma_1^2+\sigma_2^2+\ldots+\sigma_p^2}=\frac{\sum_{i=1}^{p}l_{ij}^2}{\sum_{i=1}^{p}\sigma_i^2}$$

성질

1) 인자적 재행렬은 유일하지 않다. G를 $m\times m$인 직교행렬이다.

$$G'G=GG'=I_m$$

이를 적재행렬과 공통인자 사이에 삽입하여 다음과 같이 쓸 수 있다.

$$x-\mu=LF+\epsilon=LGG'F+\epsilon=L^*F^*+\epsilon$$

여기서 $L^*=LG,\quad F^*=G'F$이다.

따라서

$$\Sigma=L^*L^{*'}+\psi=(LG)(G'L')+\psi=LL'+\psi.$$

이다. 이러므로 직교행렬에 따른 다양한 인자적 재행렬을 얻을 수 있다.

2) 다양한 척도에 따른 결과는 다음과 같다.

$$x-\mu_x=L_xF_x+\epsilon_x$$
$$y=D_jx$$

여기서 D_j는 x에 대해 그의 척도를 변경시키는 척도행렬이라 하자. 이는 대각선 값만 있는 대각행렬이다. y를 인자모형 형태로 쓰면 다음과 같다.

$$Y=D_jX=D_jL_XF_X+D_j\epsilon_X+D_X\mu_X$$

따라서 y의 공분산행렬은 다음과 같이 정리할 수 있다.

$$\Sigma_Y=D_j\Sigma D_j'=D_j(L_XL_X'+\psi_X)D_j'=D_XL_XL_X'D_X'+D_j\psi_XD_j'=L_YL_Y'+\psi_Y$$

여기서

$$L_Y = D_X L_X, \quad \psi_Y = D_j \psi_X D_j'$$

이다. 따라서 인자분석에서 변수를 재척도화했을 때 대응되는 인자적 재행렬과 특수분산행렬에 동일한 척도를 행하면 되기 때문에 척도에 대한 불변성을 가지고 있다.

인자적 재행렬과 특수분산행렬

$\Sigma = LL' + \psi$이므로 인자분석은 Σ에서 L과 ψ를 구해야 하는 것이다. 먼저 Σ에서 알고 있는 원소의 개수는 $\frac{p(p+1)}{2}$이다. 그러면 구하여야 할 원소의 개수는 몇 개인가? 먼저 L의 원소의 개수 $p \times m$, ψ의 원소의 개수 p, 또한 L에서 앞에 L뿐 아니라 뒤에서 곱해도 (LL') 그대로 유지되어야 하므로 $\frac{m(m-1)}{2}$개의 원소가 추가되어야 한다. 즉, 총 구해야 할 원소의 개수는 $p \times m + p + \frac{m(m-1)}{2}$이다. 따라서 알고 있는 원소 개수 $\frac{p(p+1)}{2}$에 구하여야 될 원소 개수 $p \times m + p + \frac{m(m-1)}{2}$간의 차이에 따라 해가 달라질 수 있다. 이 차이가 같을 경우, 즉 알고 있는 원소의 개수와 구하고자 하는 원소의 개수가 같을 경우는 유일한 해를 구할 수 있다. 그러나 알고 있는 원소의 개수가 구하고자 하는 원소의 개수보다 많은 경우에는 방정식의 수가 미지수보다 많으므로 근사적으로 구할 수밖에 없고 반대로 적은 경우에는 무한이 많은 해가 존재한다.

7.4 상관계수행렬에 근거한 인자분석

먼저 확률벡터 $\boldsymbol{x}' = [x_1\, x_2 \ldots x_p]$를 표준화시킨 표준화확률벡터 $\boldsymbol{z}' = [z_1\, z_2 \ldots z_p]$를 이용한다.

여기서 $z_i = \dfrac{x_i - \mu_i}{\sigma_i}$ 이다. 이 p개의 표준화된 확률벡터에 근거한 m개 공통 인자 사이의 관계는 다음과 같다.

$$\boldsymbol{z} = \boldsymbol{LF} + \boldsymbol{\epsilon}$$

$Cov(\boldsymbol{z})$는 앞에서와 마찬가지 식으로 다음과 같은 결과를 얻는다.

$$Cov(\boldsymbol{z}) = \boldsymbol{\rho} = \boldsymbol{LL}' + \boldsymbol{\psi}$$

이를 다시 정리하면 다음과 같다.

$$\begin{bmatrix} 1 & \rho_{12} \dots & \rho_{1p} \\ \rho_{21} & 1 \dots & \rho_{2p} \\ \dots & \dots \dots & \dots \\ \rho_{p1} & \dots \dots & 1 \end{bmatrix} = \begin{bmatrix} l_{11} & l_{12} \dots & l_{1m} \\ l_{12} & \dots \dots & l_{2m} \\ \dots & \dots \dots & \dots \\ l_{p1} & \dots \dots & l_{pm} \end{bmatrix} \begin{bmatrix} l_{11} & l_{21} \dots & l_{p1} \\ l_{12} & \dots \dots & l_{p2} \\ \dots & \dots \dots & \dots \\ l_{1m} & \dots \dots & l_{mp} \end{bmatrix} + \begin{bmatrix} \psi_1 & 0 \dots & 0 \\ 0 & \psi_2 \dots & 0 \\ \dots & \dots \dots & \dots \\ 0 & 0 \dots & \psi_p \end{bmatrix}$$

$$V(Z_i) = 1 = \left\{ l_{i1}^2 + l_{i2}^2 + \dots + l_{im}^2 \right\} + \psi_i = \sum_{j=1}^{m} l_{ij}^2 + \psi_i = h_i^2 + \psi_i, \ \sum_{i=1}^{p} V(Z_i) = p$$

앞에서 $Cov(\boldsymbol{x},\boldsymbol{F}) = \boldsymbol{l}$이라고 했으므로 역시 같은 방법으로 $Cov(\boldsymbol{z},\boldsymbol{F}) = \boldsymbol{l}$이다. 따라서 z_i와 F_j간의 공분산은 다음과 같다.

$$Cov(Z_{i,} F_j) = l_{ij}$$

전체 변수의 분산에서 m개의 공통인자에 의해 설명되는 비율은 다음과 같다.

$$\frac{h_1^2 + h_2^2 + \dots + h_m^2}{p} = \frac{\sum_{i=1}^{m} h_i^2}{p}$$

전체 변수의 분산에서 j번째 공통인자 F_j에 의해 설명되는 비율은 다음과 같다.

$$\frac{l_{1j}^2 + l_{2j}^2 + \dots + l_{pj}^2}{p} = \frac{\sum_{i=1}^{p} l_{ij}^2}{p}$$

7.5 인자적 재행렬의 추정방법

주어진 자료를 인자분석 모형에 적용하여 인자적 재행렬인 L을 구하기 위한 추정방법으로 주성분 방법, 주축인자법, 최소자승법, 최대우도법, 센트로이드(Centroid)법 등이 있다. 여기서는 가장 많이 사용하는 방법으로 알려진 공분산행렬 또는 상관계수행렬의 고유값과 고유벡터를 이용하여 측정하는 주성분 분석법과 주축인자법을 소개하고 관측값 $\boldsymbol{x}$가 다변량 정규분포를 따른다는 가정하에 인자적 재행렬을 구하는 방법인 최우추정법을 소개하기로 한다.

7.5.1 주성분 분석법(Principal Component Method)

이는 공분산행렬 또는 상관계수행렬을 이용하여 인자적 재행렬을 추정하는 방법으로 공분산행렬과 상관계수행렬을 통한 추출방법은 유사하므로 여기서는 상관행렬을 중심으로 언급하고자 한다. 상관계수행렬과 인자적 재행렬의 관계는 다음과 같다.

$$\rho = LL' + \psi$$

여기서 ψ을 0에 근사하다고 하고 ρ의 고유값과 고유벡터를 다음과 같다고 하자.

$$(\lambda_1, e_1)(\lambda_2, e_2)\ldots\ldots(\lambda_p, e_p),\ \lambda_1 > \lambda_2 > \ldots\ldots > \lambda_p$$

ρ에 대해 분광분해하면 다음과 같다.

$$\rho = \lambda_1 e_1 e_1' + \lambda_2 e_2 e_2' + \ldots + \lambda_m e_m e_m' + \ldots + \lambda_p e_p e_p'$$

여기서 m개의 주성분으로만 변수들의 상관구조가 설명될 수 있다면 다음과 같이 다시 쓸 수 있다.

$$\begin{aligned}\rho &= \lambda_1 e_1 e_1' + \lambda_2 e_2 e_2' + \ldots + \lambda_m e_m e_m' \\ &= \left[\sqrt{\lambda_1}\,e_1\ \sqrt{\lambda_2}\,e_2 \ldots \sqrt{\lambda_m}\,e_m\right]\begin{bmatrix}\sqrt{\lambda_1}\,e_1' \\ \sqrt{\lambda_2}\,e_2' \\ \ldots \\ \sqrt{\lambda_m}\,e_m'\end{bmatrix} = LL'\end{aligned}$$

따라서 인자적 재행렬 L은 다음과 같다.

$$L = \left[\sqrt{\lambda_1}\, e_1 \ \sqrt{\lambda_2}\, e_2 \ldots \ \sqrt{\lambda_m}\, e_m \right]$$

위의 식에서 상관계수행렬이 근거한 j번째 공통인자 F_j에 의해 설명되는 부분은

$$l_{1j}^2 + l_{2j}^2 + \ldots + l_{pj}^2 = (\sqrt{\lambda_j}\, e_j)'(\sqrt{\lambda_j}\, e_j) = \lambda_j$$

이다.

따라서 상관계수행렬에 근거한 j번째 공통인자 F_j에 대해 설명되는 비율은 $\frac{\lambda_i}{p}$ 이며 m번째까지 공통인자에 의해 설명되는 비율은 $\frac{\sum_{i=1}^{n} \lambda_i}{p}$ 이다.

7.5.2 주축인자법(Principal Factor Method)

인자분석은 기존 변수들이 아닌 적은 몇 개의 인자로 표현하는 기법이므로 모든 변수를 대상으로 인자적재를 추정하는 것보다 공통성을 대상으로 인자적재를 구하는 것이 선호가 된다. 주성분 분석 방법과 원리는 비슷한 방법으로 상관행렬에 근거하여 인자적 재행렬을 구하는 경우에 상관행렬의 대각선에 1 대신에 공통인자분산이 상관추정값 $\widehat{h_i^2}$으로 대치한 후 이를 LL'으로 근사시킨다. 즉 축소된 상관행렬(Reduced Correlation Matrix)을 R^*라고 할 때 $R^* = LL'$을 만족시키는 L을 찾는 것이다. 그러나 공통성이 사전에 알려져 있지 않으므로 공통성의 초기 측정값 또는 특정분산의 추정값을 미리 지정한 다음 공통성을 반복 측정하게 된다. 그 과정은 다음과 같다.

$$\hat{\rho} = R = \hat{L}\widehat{L'} + \hat{\psi}$$

$$R^{(0)} = R - \hat{\psi} = \begin{bmatrix} 1 & r_{12} & r_{13} & \cdots & r_{1p} \\ r_{12} & 1 & r_{23} & \cdots & r_{2p} \\ \cdots & \cdots & \cdots & \cdots & \cdots \\ r_{1p} & r_{2p} & \cdots & \cdots & 1 \end{bmatrix} - \begin{bmatrix} \widehat{\psi_1} & 0 & \cdots & 0 \\ 0 & \widehat{\psi_2} & \cdots & 0 \\ \cdots & \cdots & \cdots & \cdots \\ 0 & \cdots & \cdots & \widehat{\psi_p} \end{bmatrix} = \begin{bmatrix} h_1^{2(0)} & r_{12} & \ldots \\ r_{12} & h_2^{2(0)} & \ldots \\ \cdots & \cdots & \cdots \\ \ldots & \ldots & h_p^{2(0)} \end{bmatrix}$$

공통성의 초기 추정치로 $h_i^{2(0)}$라 정한다.

이 표본상관에서 다음과 같은 인자적 재행렬 $L^{(0)}$ 을 얻을 수 있다.

$$R^{(0)} = L^{(0)}L^{(0)'} = [\sqrt{\lambda_1^0}\,e_1^0 \quad \sqrt{\lambda_2^0}\,e_2^0 \cdots \sqrt{\lambda_m^0}\,e_m^0] \begin{bmatrix} \sqrt{\lambda_1^0}\,e_1^0 \\ \sqrt{\lambda_2^0}\,e_2^0 \\ \vdots \\ \sqrt{\lambda_m^0}\,e_m^0 \end{bmatrix}$$

또 $L^{(0)}$에서 다음과 같은 첫 번째 공통성 $h_i^{2(1)}$을 구할 수 있다.

$$h_i^{2(1)} = \sum_{j=1}^{m} l_{ij}^{2(0)}$$

따라서 표본상관행렬에서 대각원소 대신에 $h_i^{2(1)}$을 사용한 상관행렬을 $R^{(1)}$이라 하자.

$$R^{(1)} = \begin{bmatrix} h_1^{2(1)} & r_{12} & \ldots \\ r_{12} & h_2^{2(1)} & \ldots \\ \ldots & \ldots & h_p^{2(1)} \end{bmatrix} = L^{(1)}L^{(1)'}$$

여기서 다시 $L^{(1)}$을 구하고 여기서 두 번째 공통성$h_i^{2(2)}$를 구할 수 있다. 이 과정을 n번 반복하여 구한 공통성을 $h_i^{2(n)}$이라고 하고 그 전 공통성을 $h_i^{2(n-1)}$라 하면 $h_i^{2(n)}$과 $h_i^{2(n-1)}$과의 차이가 거의 없을 때까지 반복하여 마지막으로 $h_i^{2(n)}$으로 대치시킨 축약 상관행렬 $R^{(n)}$에서 L을 구하는 방법이 주축인자법이다. 일반적으로 축약 상관행렬을 얻을 때 사용되는 초기 공통성은 x_i와 나머지 모든 변수들 간의 다중상관계수의 제곱(Squared Multiple Correlation)을 많이 사용하는데 이는 공통성 h_i^2의 하한 값으로 알려져 있다.

7.5.3 최대우도법(Maximum Likelihood Method)

이 방법은 확률벡터 $\boldsymbol{x}$가 다변량 정규분포를 따른다는 가정하에서 인자적 재행렬을 구하는 방법이다. $\boldsymbol{x}' = (x_1, \ldots, x_p)$를 인자모형 $\boldsymbol{x}_i = LF_i + \epsilon_i$의 모델이 성립하고, $\boldsymbol{x}'$는 $N_p(\mu, \Sigma)$를 따르는 다변량 정규분포를 하며 여기서 $\Sigma = LL' + \psi$라 하자. $\boldsymbol{x}'$의 우도함수는

$$L(\boldsymbol{\mu},\Sigma)=f(x_1,x_2,\ldots,x_n)=\Pi_{i=1}^{n}(2\pi)^{-\frac{p}{2}}|\Sigma|^{-\frac{1}{2}}\exp\left\{-\frac{1}{2}(\boldsymbol{x}_i-\boldsymbol{\mu})'\Sigma^{-1}(\boldsymbol{x}_i-\boldsymbol{\mu})\right\}$$

이다.

이때 L과 ψ의 최대우도 추정량은 위의 우도함수를 각각 최대로 하는 값이 된다. 따라서 이 최대우도 추정량을 구하기 위해 이 식에서 우도함수에 자연로그를 취하면 다음과 같다.

$$\begin{aligned}\ln L(\boldsymbol{\mu},\Sigma)&=-\frac{1}{2}pn\ln(2\pi)-\frac{1}{2}n\ln|\Sigma|-\frac{1}{2}\Sigma(\boldsymbol{x}_i-\boldsymbol{\mu})'\Sigma^{-1}(\boldsymbol{x}_i-\boldsymbol{\mu})\\&=-\frac{1}{2}pn\ln(2\pi)-\frac{1}{2}n\ln|\Sigma|-\frac{1}{2}tr(B\Sigma^{-1})-\frac{1}{2}n(\overline{\boldsymbol{x}}-\boldsymbol{\mu})'\Sigma^{-1}(\overline{\boldsymbol{x}}-\boldsymbol{\mu})\end{aligned}$$

여기서 $B=\Sigma(\boldsymbol{x}_i-\overline{\boldsymbol{x}})(\boldsymbol{x}_i-\overline{\boldsymbol{x}})'$이다.

위 식에서 Σ 대신에 $LL'+\psi$로 바꾸면

$$\begin{aligned}\ln L(\boldsymbol{\mu},LL'+\psi)=&-\frac{1}{2}pn\ln(2\pi)-\frac{1}{2}n\ln|LL'+\psi|-\frac{1}{2}tr(B(LL'+\psi)^{-1})\\&-\frac{1}{2}n(\overline{\boldsymbol{x}}-\boldsymbol{\mu})'(LL'+\psi)^{-1}(\overline{\boldsymbol{x}}-\boldsymbol{\mu})\end{aligned}$$

즉, 이 식을 최대로 하는 L과 ψ값을 반복하여 추정하는 것이 최우추정법이다. 이 경우에 인자적 재행렬 L에 직교행렬을 곱하게 되면 다양한 인자적 재행렬 L이 나오므로 유일하게 결정이 되지 않기 때문에 $L'\psi^{-1}L=\triangle$라는 조건하에 위의 우도함수를 최대화하는 $\hat{L}$과 $\hat{\psi}$를 찾게 된다. 따라서 최대우도 추정량 $\hat{L}$과 $\hat{\psi}$은 수치해석적인 방법으로 초기값을 사용하여 반복해 얻는다. 역시 이 경우에도 초기값으로 다중상관계수의 제곱(SMC)을 사용하는데 최우추정법에서는 반복하는 과정에서 공통성 측정치값 1이 넘거나 특정분산 ψ_i이 음수일 경우가 발생할 수 있다. 이런 경우를 헤이우드(Heywood)라 하는데 이는 공통성의 초기값이 적절치 않거나 인자개수나 모형이 부적절한 경우에 발생한다. 이런 경우는 다른 추정방법을 사용하여 결과를 비교하는 것이 바람직하다.

7.6 인자의 개수 결정

7.6.1 누적비율에 따른 인자개수 결정

총 변동에 대한 m개 인자의 누적비율이 80-90%가 넘는 경우의 인자개수로 인자수를 결정한다.

7.6.2 고유근의 크기가 1보다 큰 경우

주성분 분석에서의 주성분의 개수를 구하는 경우와 마찬가지로 특히 표본상관행렬을 근거로 인자분석을 할 경우 표본상관행렬의 고유값이 1보다 큰 경우의 인자의 개수를 선택하는 방법이다. 표본상관행렬에서 고유값의 합은 변수의 경우의 합과 같으므로 고유값들의 평균은 1이 된다. 1보다 큰 고유값은 다른 고유값들의 고유값들은 빼앗아오는 상황이 되므로 적어도 고유값이 1 이상 되는 경우를 기준으로 인자의 개수를 결정할 수 있다.

또한 표본공분산의 경우에 카시에르(Kasier)는 고유값의 전체 고유값의 평균값보다 큰 경우를 인자개수로 택하였고 졸리프(Joliffe)는 전체 평균값에 0.7을 곱한 값보다 큰 인자개수를 인자 수로 결정하였다.

7.6.3 스크리(Scree) 그래프

이 방법은 앞장에서 언급된 주성분 분석에서와 같은 방법으로 결정된다. 즉 표본상관행렬의 고유값과 그 대응되는 순서를 2차원상의 그림으로 인자개수를 결정하는 방법이다. 즉, 세로축에는 고유값을 가로축에는 고유값 크기대로 번호를 기입하여 그래프로 고유값을 크기순으로 그렸기 때문에 스크리 그래프는 항상 하강 곡선이 된다. 이 하강 곡선에서 급강하하는, 다시 말해 갑자기 고유값이 적어지는 직전의 고유값의 개수가 인자의 개수가 된다. 다음 그림은 인자의 개수를 구하기 위한 스크리 그래프의 예로 3번째 고유값부터 급강하를 하고 있다. 이 경우의 인자의 개수는 3개로 정하면 된다.

```
4 + 1
  |
  |
  |
  |
  |           2
  |
2 +
  |                3
  |
  |
  |
  |
  |
0 +                       4
  |                           5     6     7     8
  |                                              9    10    11
  +------+------+------+------+------+------+------+------+------+------+------+------+------+------+------+------+------+------+------+------+------+------+------+
  0      1      2      3      4      5      6      7      8      9     10     11     12     13     14     15
```

7.6.4 우도비 검정을 통한 인자개수 결정

이 방법은 앞서 인자적재를 추정방법 중 하나인 최우추정법을 이용하여 인자의 개수를 정하는 방법이다. 확률벡터 $\boldsymbol{x}$가 다변량 정규분포를 따르는 경우에 사용가능한데, 이 경우는 표본의 개수가 많은 경우에 좋은 결과를 얻는다고 알려져 있다. 이 검정법은 앞의 두 방법과 달리 점정을 통해 얻어져 명확하다는 장점이 있다. 그러나 위의 방법들보다 많은 인자 개수가 얻어지는 경향이 있으므로 앞의 두 방법과 비교하는 것이 바람직하다.

이 방법은 다음과 같은 가설을 세우고 검정 결과에 따라 귀무가설 H_0을 채택하면 인자모형의 인자개수가 m개면 충분하다는 뜻이고 대립가설을 채택하면 인자개수가 m개보다 더 필요하다는 의미이다. 즉, $m=0$에서부터 적당한 m에 대하여 기각될 때까지 계속적으로 m을 증가시켜나가는 방법이다.

$$H_o:\ \Sigma = LL' + \psi \quad H_1:\ \Sigma \neq LL' + \psi$$

표본공분산 행렬 $S = \hat{L}\hat{L}' + \hat{\psi}$이 $\Sigma = LL' + \psi$의 최대우도 추정치이면 우도비 검정 T^*는 다음과 같다.

$$T^* = (n-1-(2p+4m+5)/6)\ln\frac{|\hat{L}\hat{L}'+\hat{\psi}|}{|S|}$$

여기서 n과 $n-p$가 충분히 크면 검정통계량은 자유도가 $\nu=((p-q)^2-p-q)/2$인 χ^2분포에 근사한다. 따라서 α의 유의수준에 의해

$$(n-1-(2p+4m+5)/6)\ln\frac{|\hat{L}\hat{L}'+\hat{\psi}|}{|S|} > \chi^2_{\nu=((p-q)^2-p-q)/2}(\alpha)$$

이면 H_0을 기각한다.

7.7 인자의 회전

일반적으로 초기 인자패턴행렬의 결과를 가지고 의미를 부여하기란 쉽지가 않다. 즉, 각 인자들의 중심으로 축에 몰려 있지 않고 각 인자들간에 해석 가능한 인자성분들이 섞여 있기 때문이다. 다시 언급하면 인자성분이 0 혹은 ±1에 가깝도록 변경시키므로 직교회전을 시켜 좀더 쉽게 해석이 가능하도록 하는 것이 인자의 회전이다. 즉, 회전방법에는 독립성을 유지하여 직교회전한 직교회전과 독립성보다도 인자의 해석을 쉽게 하기 위한 사각회전이 있다.

앞 인자분석에서 언급한 것처럼 인자적 재행렬 L은 유일하지 않기 때문에 어떤 직교행렬을 곱해도 그 의미는 변하지 않는다. 즉, $\Sigma=LL'+\psi$에서 직교행렬G를 L 사이에 곱하여 새로운 인자적 재행렬을 만들 수 있다.

$$\Sigma = LGG'L'+\psi = L^*L^{*'}+\psi$$

여기서 $L^*=LG$이거나 $L^*=G'L'$이며 L와 L^*는 동일한 공분산행렬 Σ를 형성한다.

여기서 초기 두 인자의 축 $(F_1\,F_2)$를 일정한 각도 θ만큼 회전시켜 얻는 새로운 인자의 두 축 $(F_1^*\,F_2^*)$를 구하기 위해 직교회전을 하게 되는데 회전각도 θ만큼을 회전했을 때 사용할 수 있는 각각 시계바늘방향회전과 시계바늘반대방향회전의 직교행렬 G는 다음과 같다.

$$G = \begin{bmatrix} \cos\theta & \sin\theta \\ -\sin\theta & \cos\theta \end{bmatrix}$$

$$G' = \begin{bmatrix} \cos\theta & -\sin\theta \\ \sin\theta & \cos\theta \end{bmatrix}$$

따라서 새로운 i번째 변수의 인자적재($l_{i1}^* \, l_{i2}^*$)는 초기 인자적재($l_{i1} \, l_{i2}$)를 θ만큼 회전시키는 것이므로 다음과 같은 관계가 된다.

$$(l_{i1}^* \, l_{i2}^*) = (l_{i1} \, l_{i2})G = (l_{i1}\cos\theta - l_{i2}\sin\theta, l_{i1}\sin\theta + l_{i2}\cos\theta)$$

$m \times m$의 직교변환행렬 G를 이용하여 얻어진 인자적 재행렬을 L^*라 할 때 초기 인자적 재행렬과의 관계는 다음과 같다.

$$L^* = LG$$

여기서 $G'G = GG' = I_m$이다.

세부적인 l_{ij}^*와 $l_{ij}(j = 1, 2, \cdots, m)$과의 관계는 다음과 같이 직교행렬의 원소들의 선형결합이다.

$$l_{ij}^* = l_{i1}g_{ij} + l_{i2}g_{2j} + \ldots + l_{im}g_{mi}$$

여기서 g_{ij}는 G의 (ij)번째 원소이다.

따라서 i번째 공통성h_i^*는 다음과 같고 직교변환을 해도 아무런 변화가 없다.

$$\sum_{j=1}^{m} l_{ij}^{*2} = \sum_{j=1}^{m} l_{ij}^2$$

또한 새로운 인자를 얻기 위해서는 직교회전을 해야 하는데 그 기준을 얻기 위해 p개의 공통성의 제곱의 합을 이용해야 한다.

$$\sum_{i=1}^{p} [\sum_{j=1}^{m} l_{ij}^{*2}]^2 = \sum_{i=1}^{p}\sum_{j=1}^{m} l_{ij}^4 + 2\sum_{i=1}^{p}\sum_{k>j}^{m}\sum^{m} l_{ij}^2 l_{ik}^2$$

여기서 퍼거슨(Ferguson, 1954)은 우측 두 번째 항을 최소로 하는 직교행렬 G를 노이하우스와 리글리(Neuhaus & Wrigley, 1954)는 우측 첫 번째 항을 최대로 하는 직교행렬 G를 구했다. 이는 좌측은 변함없는 고정 값이기 때문에 우측 두 번째를 최소화하는 것이나 우측 첫 번째를 최대화 하는 것이나 같다.

카시에르(Kaiser, 1958)는 인자적 재행렬의 각 열을 중심으로 각 열에서 인자적재의 제곱의 분산 V_j^*의 합 V^*을 최대가 되는 직교행렬 G를 선택하는 방법을 제안하고 있다. 즉 j번째 인자적재제곱의 분산은 다음과 같다.

$$V^* = \sum_{j=1}^{m} V_j^*$$

여기서

$$V_j^* = \frac{1}{p}\sum_{i=1}^{p}(l_{ij}^{*2})^2 - \frac{1}{p^2}\{\sum_{i=1}^{p}(l_{ij}^{*2})\}^2$$

이다. 이를 배리맥스(Varimax)라고 한다. 어떤 변수를 한 인자에 가능한 큰 적재값을 알게 하고 나머지는 적은 적재값을 갖도록 하는 것으로 즉 사운더스(Saunders, 1960)는 인자적재들이 척도를 최대로 하는 G를 구하는 방법이다. 이를 쿼티맥스(Quartimax)라 한다. 하먼(Harmam, 1960)은 배리맥스, 쿼티맥스의 선형결합을 최대가 되게 하는 오소맥스(Orthomax) 방법을 제안하였다. 즉

$$\alpha \cdot Q + \beta \cdot V$$

가 최대가 되도록 α, β를 구하는 것이다. 이는 $\sum_{i=1}^{m}(\sum b_{ij}^4 - \frac{r}{p}(\sum_{j=1}^{p} b_{jt}^2)^2)$을 최대로 하는 것과 같다. 여기서 $r = \frac{\beta}{\alpha+\beta}$이며 $r=0$이면 쿼티맥스, $r=1$이면 배리맥스, $\alpha=\beta=0.5$이면 비쿼티맥스(Biquartimax), $r=\frac{q}{2}$이면 이쿠아맥스(Equamax)라고 한다.

7.8 인자의 점수

인자분석은 인자를 구하고 해석하는데 주요 목적이 있다. 그러나 각 개체의 개개별 인자값 또한 궁금할 수 있다. 즉, 변수의 개수 p개보다 더 낮은 공통인자의 개수 m개에 개체 개개별 인자값을 알 수 있다. 이를 통해 각 개체에 대한 인자의 영향력을 알 수 있다. 이를 인자점수라 한다. 이 인자점수를 구하는 방법으로 톰슨(1951)이 제안한 회귀적 방법과 바틀릿에 의해 제안된 특수분산

을 최소화하는 가중회귀적 방법 등이 있다.

회귀적 방법

톰슨(1951)이 제안한 방법으로 것으로 인자점수를 관찰된 변수들의 값으로부터 회귀적 방법으로 추정하는 것이다. 인자모형이 일반적인 $x = LF + \epsilon$의 경우에서 인자적 재행렬 L과 특정분산행렬 ψ가 알려져 있다고 간주한다. 또한 x와 F간의 공분산 $Cov(x,F)$는 다음과 같이 표현이 가능하다.

$$Cov(x,F) = \begin{bmatrix} Var(x) & Cov(x,F) \\ Cov(F,x') & Var(F) \end{bmatrix} = \begin{bmatrix} LL' + \psi & L \\ L' & I_m \end{bmatrix}$$

여기서 위 식의 공분산 행렬이 다변량 정규분포를 따른다고 가정하여 x가 주어진 F의 평균과 분산을 구하면 다음과 같다.

$$E(F|x) = L'\Sigma^{-1}x = L'(LL' + \psi)^{-1}x$$

$$V(F \mid x) = I - L'\rho^{-1} = I - L'(LL' + \psi)^{-1}L$$

따라서 관찰치 벡터가 $\boldsymbol{x}_j$인 경우 최우추정을 통해 $\hat{L}$과 $\hat{\psi}$을 구하면 j번째 인자점수는 다음과 같다.

$$\hat{\boldsymbol{f}}_j = \hat{L}'(\hat{L}\hat{L}' + \hat{\psi})^{-1}\boldsymbol{x}_{ij} \qquad j = 1, \ldots, n$$

만일 인자가 직교변환행렬 G에 의해 회전되었다면 추정된 인자적 재행렬은 $L^* = \hat{L}G$ 이므로 인자점수는 $\hat{\boldsymbol{f}}_j^* = G'\boldsymbol{f}_i$가 된다.

가중회귀방법

바틀릿(1937)는 가중회귀를 통한 인자점구를 구하는 방법을 연구하였다. 회귀방법에서와 같이 인자모형이 일반적인 $x = LF + \epsilon$의 경우에서 인자적 재행렬 L과 특정분산행렬 ψ가 알려져 있다고 간주한다. 다음과 같은 인자점수를 구한다.

$$\hat{\boldsymbol{f}} = (\hat{L}'\hat{\psi}^{-1}\hat{L}')^{-1}\hat{L}\hat{\psi}^{-1}(\boldsymbol{x} - \hat{\boldsymbol{\mu}})$$

7.9 주성분 분석과의 관계

주성분 분석은 수직 직교 변환을 근거로 전체변이를 소수 몇 개의 주성분으로 설명하고자 하는 분산 중심의 수학적 기법이면 인자분석은 변수들간의 상관관계 내지 공분산 중심으로 확률오차와 유사한 특수인자를 고려하는 확률통계모형을 가정하여 인자를 구하는 기법이다.

또 주성분 분석은 선형관계를 구하지만 인자분석은 오차구조를 포함하는 선형구조로 되어 있다. 주성분 분석은 척도불변성이 성립하지 않지만 인자분석은 척도불변성이다. 주성분의 분산은 주성분에 대응되는 공분산행렬의 고유값이지만 인자의 분산은 모두 1이다.

연습문제

【1】 앞에서든 48명의 면접대상자를 대상으로 변수 15개의 점수를 매긴 값의 예에서 자기가 직접 SAS 프로그램을 실행하여 인자분석을 하여라(표본상관행렬을 근거로). 즉 적당한 인자 개수를 추정하고 3가지 추정방법을 통해 인자적재행렬을 구하라. 또 다양한 방법으로 회전하고 해석을 하여라. 마지막으로 각 학생별 인자점수를 구하고 해석하여라.

X1 FL(응시원서)	X2 APP(외모)	X3 AA(학문적능력)	X4 LA(호감도)	X5 SC(자신감)
X6 LC(명석함)	X7 HON(정직성)	X8 SMS(영업능력)	X9 EXP(경력)	X10 DRV(추진력)
X11 AMB(일에대한열정)	X12 GSP(이해력)	X13 POT(잠재능력)	X14 KJ(적극성)	X15 SUIT(적응력)

x1	x2	x3	x4	x5	x6	x7	x8	x9	x10	x11	x12	x13	x14	x15
6	7	2	5	8	7	8	8	3	8	9	7	5	7	10
9	10	5	8	10	9	9	10	5	9	9	8	8	8	10
7	8	3	6	9	8	9	7	4	9	9	8	6	8	10
5	6	8	5	6	5	9	2	8	4	5	8	7	6	5
6	8	8	8	4	4	9	2	8	5	5	8	8	7	7
7	7	7	6	8	7	10	5	9	6	5	8	6	6	6
9	9	8	8	8	8	8	8	10	8	10	8	9	8	10
9	9	9	8	9	9	8	8	10	9	10	9	9	9	10
9	9	7	8	8	8	8	5	9	8	9	8	8	8	10
4	7	10	2	10	10	7	10	3	10	10	10	9	3	10
4	7	10	0	10	8	3	9	5	9	10	8	10	2	5
4	7	10	4	10	10	7	8	2	8	8	10	10	3	7
6	9	8	10	5	4	9	4	4	4	5	4	7	6	8
8	9	8	9	6	3	8	2	5	2	6	6	7	5	6
4	8	8	7	5	4	10	2	7	5	3	6	6	4	6
6	9	6	7	8	9	8	9	8	8	7	6	8	6	10

8	7	7	7	9	5	8	6	6	7	8	6	6	7	8
6	8	8	4	8	8	6	4	3	3	6	7	2	6	4
6	7	8	4	7	8	5	4	4	2	6	8	3	5	4
4	8	7	8	8	9	10	5	2	6	7	9	8	8	9
3	8	6	8	8	8	10	5	3	6	7	8	8	5	8
9	8	7	8	9	10	10	10	3	10	8	10	8	10	8
7	10	7	9	9	9	10	10	3	9	9	10	9	10	8
9	8	7	10	8	10	10	10	2	9	7	9	9	10	8
6	9	7	7	4	5	9	3	2	4	4	4	4	5	4
7	8	7	8	5	4	8	2	3	4	5	6	5	5	6
2	10	7	9	8	9	10	5	3	5	6	7	6	4	5
6	3	5	3	5	3	5	0	0	3	3	0	0	5	0
4	3	4	3	3	0	0	0	0	4	4	0	0	5	0
4	6	5	6	9	4	10	3	1	3	3	2	2	7	3
5	5	4	7	8	4	10	3	2	5	5	3	4	8	3
3	3	5	7	7	9	10	3	2	5	3	7	5	5	2
2	3	5	7	7	9	10	3	2	2	3	6	4	5	2
3	4	6	4	3	3	8	1	1	3	3	3	2	5	2
6	7	4	3	3	0	9	0	1	0	2	3	1	5	3
9	8	5	5	6	6	8	2	2	2	4	5	6	6	3
4	9	6	4	10	8	8	9	1	3	9	7	5	3	2
4	9	6	6	9	9	7	9	1	2	10	8	5	5	2
10	6	9	10	9	10	10	10	10	10	8	10	10	10	10
10	6	9	10	9	10	10	10	10	10	10	10	10	10	10
10	7	8	0	2	1	2	0	10	2	0	3	0	0	10
10	3	8	0	1	1	0	0	10	0	0	0	0	0	10
3	4	9	8	2	4	5	3	6	2	1	3	3	3	8
7	7	7	6	9	8	8	6	8	8	10	8	8	6	5
9	6	10	9	7	7	10	2	1	5	5	7	8	4	5
9	8	10	10	7	9	10	3	1	5	7	9	9	4	4
0	7	10	3	5	0	10	0	0	2	2	0	0	0	0
0	6	10	1	5	0	10	0	0	2	2	0	0	0	0

【2】 앞 장 주성분 분석의 1984년도 LA 올림픽에서 각 종목별 각 나라별 여자 육상기록으로 SAS 프로그램을 실행하여 인자분석을 하여라(표본상관행렬을 근거로). 즉 적당한 인자 개수를 추정하고 3가지 추정방법을 통해 인자적 재행렬을 구하라. 마지막으로 각 나라별 인자점수를 구하고 해석하여라.

【3】 아래 자료는 앞장 주성분 분석의 1984년도 LA 올림픽에서 각 종목별 각 나라별 여자 육상기록에서 100m 달리는 데 걸리는 시간으로 다시 환산한 자료이다. 이를 SAS프로그램을 실행하여 인자분석을 하여라(표본상관행렬을 근거로). 즉, 적당한 인자 개수를 추정하고 3가지 추정방법을 통해 인자적 재행렬을 구하라. 마지막으로 각 나라별 인자점수를 구하라. 이 자료의 분석결과와 【2】에서의 분석결과를 비교하여라.

변수정의

X1 100M(초)	X2 200M(초)	X3 400M(초)	X4 800M(분)
X5 1500M(초)	X6 3000M(분)	X7 마라톤(분)	·

8.61	8.72	7.34	6.20	5.64	5.11	3.94	Argentin
8.93	8.95	7.83	6.73	6.05	5.51	4.62	Australi
8.75	8.66	7.90	6.70	5.92	5.35	4.41	Austria
8.76	8.68	7.69	6.67	6.04	5.63	4.46	Belgium
8.73	8.68	7.50	6.17	5.46	5.10	4.14	Bermuda
8.84	8.63	7.58	6.35	5.57	5.12	4.17	Brazil
8.24	8.17	7.27	6.12	5.62	5.26	3.68	Burma
9.09	8.99	7.99	6.67	6.16	5.68	4.71	Canada
8.33	8.16	7.29	6.50	5.91	5.34	4.10	Chile
8.37	8.19	7.28	6.41	5.77	5.37	4.17	China
8.62	8.33	7.51	6.32	5.75	5.29	4.25	Columbia
7.75	7.38	6.62	5.80	5.17	4.50	3.02	Cookis
8.36	8.13	6.87	6.03	5.34	4.79	4.09	Costa
9.02	9.10	8.34	7.05	6.04	5.61	4.43	Czech
8.76	8.50	7.46	6.57	5.98	5.74	4.63	Denmark
8.48	8.32	7.14	5.95	5.27	5.06	3.45	Dominica
8.98	8.93	7.98	6.57	6.10	5.61	4.56	Finland
8.97	8.85	7.73	6.67	6.04	5.57	4.53	France
9.25	9.21	8.31	6.91	6.31	5.71	4.46	GDR
9.08	8.93	8.04	6.84	6.20	5.82	4.73	FRG
9.09	9.04	7.93	6.73	6.20	5.80	4.70	GB&NI
8.48	8.31	7.28	6.44	5.75	5.07	3.86	Greece

8.45	8.15	7.13	5.85	5.14	4.74	3.27	Guatemal
8.73	8.67	7.77	6.63	6.04	5.57	4.50	Hungary
8.37	8.24	7.46	6.35	5.79	5.01	3.74	India
8.44	8.25	7.23	6.01	5.42	4.99	3.49	Indonesi
8.75	8.51	7.51	6.50	6.08	5.62	4.71	Ireland
8.73	8.49	7.29	6.35	5.88	5.34	4.38	Israel
8.86	8.70	7.69	6.80	6.28	5.79	4.63	Italy
8.53	8.33	7.44	6.38	5.75	5.43	4.67	Japan
8.53	8.38	7.59	6.67	6.02	5.43	3.88	Kenya
8.36	8.17	7.18	6.20	5.66	5.20	4.27	Korea
8.16	7.76	7.81	6.77	5.88	5.35	3.93	DPRKorea
8.31	8.01	7.13	6.44	5.71	5.19	4.03	Luxembou
8.18	8.26	7.26	6.09	5.33	4.78	3.86	Malasiya
8.50	7.97	6.88	5.87	5.22	4.59	2.69	Mauritiu
8.41	8.47	7.44	6.54	5.88	5.21	4.44	Mexico
8.89	8.77	7.64	6.70	6.16	5.55	4.61	Netherla
8.66	8.65	7.75	6.60	5.98	5.71	4.83	NZealand
8.64	8.58	7.53	6.57	6.23	5.86	4.83	Norway
8.16	7.98	7.02	5.95	5.17	4.68	3.02	Guinea
8.50	8.50	7.33	6.09	5.43	4.92	3.51	Philippi
8.98	9.00	8.12	6.84	6.27	5.57	4.37	Poland
8.47	8.26	7.37	6.38	6.01	5.66	4.65	Portugal
8.74	8.53	7.81	6.94	6.31	5.86	4.25	Rumania
8.13	8.00	7.26	6.29	5.53	5.03	3.85	Singapor
8.47	8.34	7.46	6.50	6.04	5.54	4.33	Spain
8.96	8.76	7.72	6.60	6.07	5.66	4.55	Sweden
8.73	8.58	7.53	6.60	6.14	5.70	4.58	Switzerl
8.91	8.84	7.62	6.35	5.71	5.19	3.95	Taipei
8.51	8.18	7.17	6.06	5.30	4.86	4.17	Thailand
8.35	8.18	7.09	6.20	5.72	5.33	3.50	Turkey
9.27	9.16	7.90	6.80	6.33	5.88	4.93	USA
9.04	9.01	8.13	7.05	6.46	5.92	4.65	USSR
7.85	7.74	6.81	5.72	4.30	3.83	2.30	WSamoa

【SAS 프로그램 예제】

【SAS 예 7.1】 1955년도 14개 국가에 대한 10개 변수에 대한 자료이다. 다음 물음에 답하여라.

X1 = 국민 일인당 GNP ($) X2 = 교역량 (백만 $) X3 = 국민일인당 전력생산순위 (오름차순)	X8 = 국방비 (백만 $) X9 = GNP 대비 국방비 (%) X10 = 국제법 인정 여부 (1=안정, 0=불안정)

X4 = 국가안정도 (폭동, 쿠데타, 잦은 파업 등 고려, 1=안정, 0=불안정)
X5 = 반대집단에 대한 자유도 (0=정치적 반대집단 불허, 1=제한적 반대집단 허용, 2=반대집단 허용)
X6 = 외국과의 마찰 (1=심각한 마찰, 0=마찰 없음)
X7 = U.N.에서 미국과의 협력 정도 (미국측 찬성 % - 미국측 반대 %)

국 가	X1	X2	X3	X4	X5	X6	X7	X8	X9	X10
Brazil	91	2,729	7	0	2	0	69.1	148	2.8	0
Burma	51	407	4	0	1	0	-9.5	74	6.9	0
China	58	349	11	0	0	1	-41.7	3054	8.7	0
Cuba	359	1,169	3	0	1	0	64.3	53	2.4	0
Egypt	134	923	5	1	1	1	-15.4	158	6.0	1
India	70	2,689	10	0	2	0	-28.6	410	1.9	1
Indonesia	129	1,601	8	0	1	0	-21.4	267	6.7	0
Israel	515	415	2	1	2	1	42.9	33	2.7	1
Jordan	70	83	1	0	1	1	8.3	29	25.7	0
Netherlands	707	5,395	6	1	2	0	52.3	468	6.1	1
Poland	468	1,892	9	0	0	1	-41.7	220	1.5	0
U.S.S.R.	749	6,530	13	1	0	1	-41.7	34,000	20.4	0
U.K.	998	18,677	12	1	2	1	69.0	3,934	7.8	0
U.S.A.	2,334	26,836	14	1	2	1	100.0	40,641	12.2	1

1) ① 표본상관행렬을 근거로 주성분 방법에 의하여 고유값을 추정하고, 적절

한 인자개수를 구하여라. ② 인자적 재행렬을 추정하고 해석하여라. ③ 인자를 배리맥스방법에 의하여 회전시켜 그 결과를 구하고 해석하라. ④ 각 국가에 대하여 인자점수를 추정하고 처음 두 인자의 축에 표시하여라.

2) 위의 동일한 표본상관행렬에서 주축인자법과 최대우도법을 이용하여 위의 과정을 동일하게 구하라.

(1) 주성분 방법

〈 SAS 프로그램 〉

```
data pca;
input nation $ x1-x10;
cards;
Brazil        91  2729  7 0 2 0  69.1    148  2.8 0
Burma         51   407  4 0 1 0  -9.5     74  6.9 0
China         58   349 11 0 0 1 -41.7   3054  8.7 0
Cuba         359  1169  3 0 1 0  64.3     53  2.4 0
Egypt        134   923  5 1 1 1 -15.4    158  6.0 1
India         70  2689 10 0 2 0 -28.6    410  1.9 1
Indonesia    129  1601  8 0 1 0 -21.4    267  6.7 0
Israel       515   415  2 1 2 1  42.9     33  2.7 1
Jordan        70    83  1 0 1 1   8.3     29 25.7 0
Netherlands  707  5395  6 1 2 0  52.3    468  6.1 1
Poland       468  1892  9 0 0 1 -41.7    220  1.5 0
U.S.S.R.     749  6530 13 1 0 1 -41.7  34000 20.4 0
U.K.         998 18677 12 1 2 1  69.0   3934  7.8 0
U.S.A.      2334 26836 14 1 2 1 100.0  40641 12.2 1
;

proc factor simple corr scree msa nfact=4 rotate=varimax heywood preplot plot score out=pca1;
var x1-x10;

proc plot data=pca1;
plot factor2*factor1='star'/vref=0 href=0;

proc print data=pca1;

run;
```

〈 SAS 결과 〉

Means and Standard Deviations from 14 observations

	X1	X2	X3	X4	X5
Mean	480.928571	4978.21429	7.5	0.42857143	1.21428571
Std Dev	616.322276	7929.00026	4.18330013	0.51355259	0.80178373

	X6	X7	X8	X9	X10
Mean	0.57142857	14.7071429	5963.5	7.98571429	0.35714286
Std Dev	0.51355259	49.6965324	13402.5583	7.13430037	0.49724516

14개 국가의 10개 변수에 대한 표본평균과 표본표준편차가 구해진 결과이다.

Correlations

	X1	X2	X3	X4	X5	X6	X7	X8	X9	X10
X1	1.00000	0.92548	0.54907	0.62008	0.31090	0.35934	0.58211	0.79012	0.17056	0.34020
X2	0.92548	1.00000	0.66026	0.54607	0.39972	0.29997	0.58890	0.70699	0.17187	0.22177
X3	0.54907	0.66026	1.00000	0.25064	-0.10320	0.25064	-0.06662	0.65719	0.06444	-0.01849
X4	0.62008	0.54607	0.25064	1.00000	0.32026	0.45833	0.35824	0.48563	0.15297	0.55943
X5	0.31090	0.39972	-0.10320	0.32026	1.00000	*-0.32026*	0.74456	-0.06822	-0.28317	0.56505
X6	0.35934	0.29997	0.25064	0.45833	-0.32026	1.00000	-0.11440	0.38402	0.44330	0.04303
X7	0.58211	0.58890	-0.06662	0.35824	0.74456	-0.11440	1.00000	0.18161	-0.11320	0.24176
X8	0.79012	0.70699	0.65719	0.48563	-0.06822	0.38402	0.18161	1.00000	0.47347	0.13727
X9	0.17056	0.17187	0.06444	0.15297	-0.28317	0.44330	-0.11320	0.47347	1.00000	-0.23914
X10	0.34020	0.22177	-0.01849	0.55943	0.56505	0.04303	0.24176	0.13727	-0.23914	1.00000

상관계수 중 X1(국민일인당 GNP)과 X2(교역량) 사이에 가장 높은 양의 상관관계가 존재하며, X5(반대집단에 대한 자유도)와 X6(국외마찰) 사이에 가장 낮은 음의 상관관계가 존재함을 확인할 수 있다.

Kaiser's Measure of Sampling Adequacy: Over-all MSA = **0.53407928**

X1	X2	X3	X4	X5
0.594810	0.585690	0.431177	0.857035	0.450710

X6	X7	X8	X9	X10
0.625022	0.532328	0.594714	0.292504	0.363225

SAS 옵션 중 'MSA'에 의한 결과물로서, 이 옵션에 의한 Kaiser의 MSA (Measure of Sampling Adequacy)가 0.5 이상인 경우는 변수의 수가 충분하다는 것이고, 0.5 이하이면 더 많은 변수가 필요하다는 것을 뜻한다.

위의 자료에 대한 Kaiser의 MSA가 0.534이므로 분석에 사용된 변수의 수는 적당하다.

Prior Communality Estimates: ONE

Eigenvalues of the Correlation Matrix: Total = 10 Average = 1

	1	2	3	4	5
Eigenvalue	4.2162	2.4333	1.1563	0.9528	0.5391
Difference	1.7829	1.2770	0.2035	0.4137	0.2415
Proportion	*0.4216*	*0.2433*	*0.1156*	*0.0953*	0.0539
Cumulative	0.4216	0.6650	0.7806	0.8759	0.9298

	6	7	8	9	10
Eigenvalue	0.2976	0.2642	0.0842	0.0417	0.0146
Difference	0.0334	0.1800	0.0425	0.0271	
Proportion	0.0298	0.0264	0.0084	0.0042	0.0015
Cumulative	0.9595	0.9859	0.9944	0.9985	1.0000

4 factors will be retained by the NFACTOR criterion.

주성분 방법에 의하여 표본상관행렬에서 10개의 고유값이 추정되었고 그 합은 10이 된다.

첫 번째 추정된 고유값은 $\hat{\lambda_1} = 4.2162$이므로 표준화 변수의 총 분산에 대한 공통인자 F_1의 설명 부분은 4.2162이며, 첫 번째 공통인자 F_1에 의하여 설명되는 비율은

$$\frac{\hat{\lambda_1}}{p} = \frac{4.2162}{10} = 0.42162 \quad \text{=>} \quad \text{약 } 42\%\text{이다.}$$

두 번째 추정된 고유값은 $\hat{\lambda_2} = 2.4333$이므로 표준화 변수의 총 분산에 대한 공통인자 F_2의 설명 부분은 2.4333이며, 두 번째 공통인자 F_2에 의하여 설명되는 비율은

$$\frac{\hat{\lambda_2}}{p} = \frac{2.4333}{10} = 0.24333 \quad \text{=>} \quad \text{약 } 24\%\text{이다.}$$

세 번째 추정된 고유값은 $\hat{\lambda_3} = 1.1563$이므로 표준화 변수의 총 분산에 대한 공통인자 F_3의 설명 부분은 1.1563이며, 세 번째 공통인자 F_3에 의하여 설명되는 비율은

$$\frac{\hat{\lambda_3}}{p} = \frac{1.1563}{10} = 0.11563 \quad \text{=>} \quad \text{약 } 12\%\text{이다.}$$

네 번째 추정된 고유값은 $\hat{\lambda_4} = 0.9528$이므로 표준화 변수의 총 분산에 대한 공통인자 F_4의 설명 부분은 0.9528이며, 네 번째 공통인자 F_4에 의하여 설명되는 비율은

$$\frac{\hat{\lambda_4}}{p} = \frac{0.9528}{10} = 0.09528 \quad \text{=>} \quad \text{약 } 10\%\text{이다.}$$

이 네 개의 공통인자에 의하여 총 분산에 대해 설명되는 **누적 설명 비율**은

$$\sum_{j=1}^{m} \frac{\hat{\lambda_j}}{p} = \frac{4.2162 + 2.4333 + 1.1563 + 0.9528}{10} = 0.87586 \quad \text{=>} \quad \text{약 } 88\%\text{이다.}$$

1 이상의 고유값은 3개로서, 이미 3개의 공통인자로 78%의 설명이 가능하지만, 네 번째의 고유값은 1보다는 약간 작으나 다섯 번째 고유값과 비교하여 큰 차이를 보이므로 **네 개의 공통인자를 선택**하는 것이 적절할 것으로 판단된다.

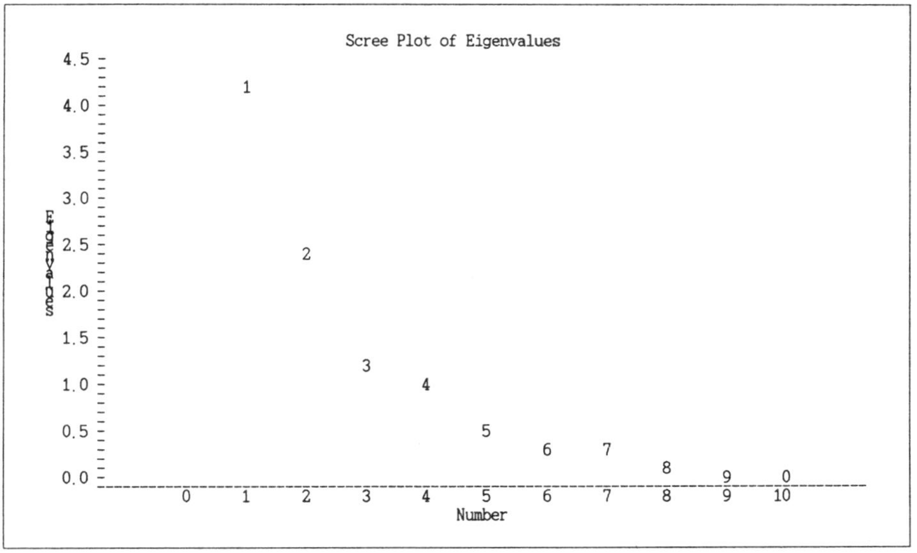

고유값에 대한 스크리 그래프는 표본상관행렬에서 추정된 고유값 $\hat{\lambda}_i$을 수직축에, 인자의 수를 수평축으로 나타낸 그래프에 근거하여 적합한 인자의 수를 결정하는 방법이다. 스크리 그래프 검정에 의한 인자의 수를 결정하는 기준은 곡선의 기울기가 급격히 변하는 지점에 대응되는 인자 수를 분석에 필요한 인자의 수로 결정하는 것이다.

스크리 그래프에 의하면 인자의 수가 증가할수록 대응되는 고유값은 감소하는 경향을 나타내는데 초기에는 급격히 감소하다가 점점 감소 폭이 작아지고 있다. 인자의 수가 네 개인 지점에서 기울기의 큰 변화가 일어나고 있음을 알 수 있다. 그러므로 스크리 그래프 검정 기준에서 보유할 인자의 수는 네 개가 된다고 판단된다.

결론적으로 네 개의 공통인자에 의해 자료가 요약될 수 있으며, 총 분산 중 약 88%의 설명이 가능하다.

Factor Pattern

	FACTOR1	FACTOR2	FACTOR3	FACTOR4
X1	0.95440	-0.00382	-0.12520	0.03022
X2	0.93171	0.01095	-0.28099	0.05435
X3	0.58788	-0.40000	-0.46488	-0.45912
X4	0.75544	0.08596	0.48941	-0.11208
X5	0.38851	0.84661	-0.01077	0.13773
X6	0.42261	-0.57113	0.50099	0.00603
X7	0.55900	0.61256	-0.16339	0.46084
X8	0.80055	-0.42386	-0.12872	-0.00589
X9	0.23869	-0.62759	0.23762	0.57617
X10	0.42557	0.52354	0.50517	-0.40270

$$
\begin{array}{cccc} F_1 & F_2 & F_3 & F_4 \end{array}
$$

$$
\hat{L}=\begin{pmatrix}
0.95440 & -0.00382 & -0.12520 & 0.03022 \\
0.93171 & 0.01095 & -0.28099 & 0.05435 \\
0.58788 & -0.40000 & -0.46488 & -0.45912 \\
0.75544 & 0.08596 & 0.48941 & -0.11208 \\
0.38851 & 0.84661 & -0.01077 & 0.13773 \\
0.42261 & -0.57113 & 0.50099 & 0.00603 \\
0.55900 & 0.61256 & -0.16339 & 0.46084 \\
0.80055 & -0.42386 & -0.12872 & -0.00589 \\
0.23869 & -0.62759 & 0.23762 & 0.57617 \\
0.42557 & 0.52354 & 0.50517 & -0.40270
\end{pmatrix}
$$

공통인자의 수를 네 개로 하였을 때, 주성분 방법에 의하여 추정된 인자적 재행렬이다. 추정된 인자적 재행렬은 공통인자와 변수와의 상관계수를 의미한다.

첫 번째 인자의 추정된 인자적재를 살펴보면, 모두 양(+)으로 0.2~0.9 까지의 값을 갖는다. 그러므로 첫 번째 인자는 '전반적인 국력'을 나타내는 종합적인 지표로서 판단되며, 변수 X1, X2에 가장 큰 양의 값이 적재되어 있고, 변수 X9에 가장 작은 양의 값이 적재되어 있다.

두 번째 인자의 추정된 인자적재를 살펴보면, X1, X3, X6, X8, X9는 음의 값을 가지고 있고, X2, X4, X5, X7, X10은 양의 값을 갖는다. X5, X7에 양의 큰 값이, X6, X9에 음의 큰 값이 적재되어 있지만, 두 번째 인자가 나타내는 것을 파악하기가 어렵다. 그러므로 인자점수를 고려해 보는 것이 좋을 듯하다.

세 번째 인자의 추정된 인자적재를 살펴보면, X1, X2, X3, X5, X7, X8은 음의 값을 가지고 있고, X4, X6, X9, X10은 양의 값을 갖는다. X3에 음의 큰 값이, X4, X6, X10에 양의 큰 값이 적재되어 있지만, 세 번째 인자가 나타내는 것을 파악하기는 어렵다. 인자점수를 고려하자.

네 번째 인자의 추정된 인자적재를 살펴보면, X3, X4, X8, X10은 음의 값을 가지고 있고, X1, X2, X5, X6, X7, X9은 양의 값을 갖는다. X3, X10에 음의 큰 값이, X7, X9에 양의 큰 값이 적재되어 있지만, 네 번째 인자가 나타내는 것을 파악하기는 어렵다. 인자점수를 고려하자.

〈〈 네 개의 공통인자에 대해 각각 인자점수 〉〉

첫 번째 인자 점수

NATION	FACTOR1	X1	X2	X3	X4	X5	X6	X7	X8	X9	X10
Jordan	-1.50641	70	83	1	0	1	1	8.3	29	25.7	0
Israel	-1.11556	515	415	2	1	2	1	42.9	33	2.7	1
Egypt	-0.77212	134	923	5	1	1	1	-15.4	158	6.0	1
Burma	-0.59370	51	407	4	0	1	0	-9.5	74	6.9	0
Cuba	-0.56886	359	1169	3	0	1	0	64.3	53	2.4	0
Netherla	-0.36180	707	5395	6	1	2	0	52.3	468	6.1	1
Brazil	-0.24770	91	2729	7	0	2	0	69.1	148	2.8	0
Indonesi	-0.02758	129	1601	8	0	1	0	-21.4	267	6.7	0
India	0.07992	70	2689	10	0	2	0	-28.6	410	1.9	1
China	0.27967	58	349	11	0	0	1	-41.7	3054	8.7	0
Poland	0.33833	468	1892	9	0	0	1	-41.7	220	1.5	0
U.K.	0.95105	998	18677	12	1	2	1	69.0	3934	7.8	0
U.S.S.R.	1.20901	749	6530	13	1	0	1	-41.7	34000	20.4	0
U.S.A.	2.33574	2334	26836	14	1	2	1	100.0	40641	12.2	1

선진국가, 즉 미국, 이전 소비에트 연방, 영국, 폴란드, 중국 등의 인자점수는 높고, 아랍권 국가들의 점수는 낮은 것으로 판단되므로, **첫 번째 인자는 '전반적인 국력'을 나타내는 인자**임을 확인할 수 있다.

두 번째 인자 점수

NATION	FACTOR2	X1	X2	X3	X4	X5	X6	X7	X8	X9	X10
China	-1.56121	58	349	11	0	0	1	-41.7	3054	8.7	0
Poland	-1.48392	468	1892	9	0	0	1	-41.7	220	1.5	0
U.S.S.R.	-1.25941	749	6530	13	1	0	1	-41.7	34000	20.4	0
Egypt	-0.83071	134	923	5	1	1	1	-15.4	158	6.0	1
India	-0.48791	70	2689	10	0	2	0	-28.6	410	1.9	1
Indonesi	-0.34758	129	1601	8	0	1	0	-21.4	267	6.7	0
Burma	0.00221	51	407	4	0	1	0	-9.5	74	6.9	0
Israel	0.42531	515	415	2	1	2	1	42.9	33	2.7	1
Jordan	0.48777	70	83	1	0	1	1	8.3	29	25.7	0
Cuba	0.83019	359	1169	3	0	1	0	64.3	53	2.4	0
Netherla	0.85373	707	5395	6	1	2	0	52.3	468	6.1	1
U.K.	0.94210	998	18677	12	1	2	1	69.0	3934	7.8	0
Brazil	1.05653	91	2729	7	0	2	0	69.1	148	2.8	0
U.S.A.	1.37290	2334	26836	14	1	2	1	100.0	40641	12.2	1

두 번째 인자 점수는, X7 (미국과의 협력 정도)에 의한 영향이 뚜렷하게 나타나고 있다. 즉, 미국측 입장의 찬성이 클수록 인자점수는 높게 나타나며, 반대가 클수록 인자점수는 낮아진다. 그러므로 **두 번째 인자는 'U.N.에서 미국과의 협력 정도를 나타내는 성분'**으로 생각할 수 있다.

세 번째 인자 점수

NATION	FACTOR3	X1	X2	X3	X4	X5	X6	X7	X8	X9	X10
Brazil	-1.06437	91	2729	7	0	2	0	69.1	148	2.8	0
Cuba	-1.04435	359	1169	3	0	1	0	64.3	53	2.4	0
Indonesi	-0.92159	129	1601	8	0	1	0	-21.4	267	6.7	0
Burma	-0.89022	51	407	4	0	1	0	-9.5	74	6.9	0
Jordan	-0.82905	70	83	1	0	1	1	8.3	29	25.7	0
China	-0.48786	58	349	11	0	0	1	-41.7	3054	8.7	0
Poland	-0.28352	468	1892	9	0	0	1	-41.7	220	1.5	0
U.S.S.R.	-0.14401	749	6530	13	1	0	1	-41.7	34000	20.4	0
U.K.	-0.08088	998	18677	12	1	2	1	69.0	3934	7.8	0
India	0.50931	70	2689	10	0	2	0	-28.6	410	1.9	1
U.S.A.	0.65386	2334	26836	14	1	2	1	100.0	40641	12.2	1
Netherla	1.00210	707	5395	6	1	2	0	52.3	468	6.1	1
Egypt	1.78146	134	923	5	1	1	1	-15.4	158	6.0	1
Israel	1.79914	515	415	2	1	2	1	42.9	33	2.7	1

세 번째 인자점수는 X4(국가안정도)과 X10(국제법 인정 여부)에 대해 뚜렷한 경향을 나타내고 있다. 즉, 국가가 불안정하고, 국제법 인정이 잘 되지 않는 나라일수록 인자점수는 낮게 나타나고, 국가가 안정적이고 국제법 인정이 잘 되는 나라일수록 인자점수는 높게 나타난다. 그러므로 **세 번째 인자는 '국가 안정도와 국제법 인정에 대한 성분'**으로 생각할 수 있다.

네 번째 인자 점수

NATION	FACTOR4	X1	X2	X3	X4	X5	X6	X7	X8	X9	X10
India	-1.72430	70	2689	10	0	2	0	-28.6	410	1.9	1
Brazil	-0.87831	91	2729	7	0	2	0	69.1	148	2.8	0
Indonesi	-0.69645	129	1601	8	0	1	0	-21.4	267	6.7	0
Netherla	-0.51983	707	5395	6	1	2	0	52.3	468	6.1	1
Cuba	-0.46279	359	1169	3	0	1	0	64.3	53	2.4	0
Poland	-0.41907	468	1892	9	0	0	1	-41.7	220	1.5	0
Burma	-0.33232	51	407	4	0	1	0	-9.5	74	6.9	0
China	0.05323	58	349	11	0	0	1	-41.7	3054	8.7	0
Israel	0.20167	515	415	2	1	2	1	42.9	33	2.7	1
Egypt	0.21636	134	923	5	1	1	1	-15.4	158	6.0	1
U.K.	0.22001	998	18677	12	1	2	1	69.0	3934	7.8	0
U.S.A.	0.54510	2334	26836	14	1	2	1	100.0	40641	12.2	1
U.S.S.R.	1.47610	749	6530	13	1	0	1	-41.7	34000	20.4	0
Jordan	2.32059	70	83	1	0	1	1	8.3	29	25.7	0

네 번째 인자점수는 X6(외국과의 마찰)과 X9(GNP 대비 국방비)에 대해 뚜렷한 경향을 나타내고 있다. 즉, 외국과의 마찰이 없고, 국방비가 적을수록 인자점수는 낮게 나타났고, 외국과의 마찰이 크고, 국방비가 클수록 인자점수는 높게 나타났다. 그러므로 네 **번째 인자점수는 '외국과의 마찰과 국방비에 대한 성분'**으로 생각할 수 있다.

```
Variance explained by each factor

FACTOR1   FACTOR2   FACTOR3   FACTOR4
4.216233  2.433316  1.156303  0.952770
```

표준화 변수의 전체분산 중 x공통인자 각각이 설명하는 부분을 나타내고 있다.

$$F_1 => \widehat{l_{11}^2} + \widehat{l_{21}^2} + \cdots + \widehat{l_{10 \cdot 1}^2} = 0.95440^2 + 0.93171^2 + \cdots + 0.42557^2 = 4.216233$$

$$F_2 => \widehat{l_{12}^2} + \widehat{l_{22}^2} + \cdots + \widehat{l_{10 \cdot 2}^2} = (-0.00382)^2 + 0.01095^2 + \cdots + 0.52354^2$$
$$= 2.433316$$

$$F_3 => \widehat{l_{13}^2} + \widehat{l_{23}^2} + \cdots + \widehat{l_{10 \cdot 3}^2} = (-0.12520)^2 + (-0.28099)^2 + \cdots + 0.50517^2$$
$$= 1.156303$$

$$F_4 => \widehat{l_{14}^2} + \widehat{l_{24}^2} + \cdots + \widehat{l_{10 \cdot 4}^2} = 0.03022^2 + 0.05435^2 + \cdots + (-0.40270)^2$$
$$= 0.952770$$

```
Final Communality Estimates: Total = 8.758623

      X1        X2        X3        X4        X5
0.927478  0.950117  0.932504  0.830164  0.886767

      X6        X7        X8        X9       X10
0.755813  0.926782  0.837139  0.839283  0.872577
```

각 변수의 분산에 대하여 공통성의 추정치를 나타내고 있다.

$$\widehat{h_1^2} = \widehat{l_{11}^2} + \widehat{l_{12}^2} + \widehat{l_{13}^2} + \widehat{l_{14}^2} = 0.95440^2 + (-0.00382)^2 + (-0.12520)^2 + 0.03022^2$$
$$= 0.927478$$
$$\vdots$$
$$\widehat{h_{10}^2} = \widehat{l_{10 \cdot 1}^2} + \widehat{l_{10 \cdot 2}^2} + \widehat{l_{10 \cdot 3}^2} + \widehat{l_{10 \cdot 4}^2} = 0.42557^2 + 0.52354^2 + 0.50517^2 + (-0.40270)^2$$
$$= 0.872577$$

> 일반적으로 최초인자 추출 후 각 변수들의 공통성 추정치는 적어도 0.4 이상이 되어야 인자를 사용하는 데 적합한 것으로 알려져 있다.

위 결과에 의하면 각 변수의 공통성이 0.4보다 매우 크기 때문에 네 개 공통인자를 포함한 인자모형이 적합한 것으로 판단된다.

결론적으로 다음과 같은 결과를 낼 수 있다.

첫 번째 인자 *'전반적인 국력'*	두 번째 인자 *'U.N.에서 미국과의 협력 정도를 나타내는 성분'*
세 번째 인자 *'국가 안정도와 국제법 인정에 대한 성분'*	네 번째 인자 *'외국과의 마찰과 국방비에 대한 성분'*

인자를 배리맥스 방법에 의하여 회전

Rotation Method: Varimax

Orthogonal Transformation Matrix

	1	2	3	4
1	0.75335	0.41694	0.42313	0.28211
2	-0.32408	0.66983	0.31113	-0.59118
3	-0.48716	-0.16543	0.72344	0.46036
4	-0.30017	0.59171	-0.44810	0.59915

이는 배리맥스 회전에 사용된 직교변환행렬 G이다.

Rotated Factor Pattern

	FACTOR1	FACTOR2	FACTOR3	FACTOR4
X1	0.77216	0.43396	0.29852	0.23197
X2	0.81893	0.47445	0.17001	0.15958
X3	0.93680	-0.21758	-0.00629	-0.08677
X4	0.33647	0.22527	0.75068	0.32045
X5	-0.01778	0.81234	0.35829	-0.31333
X6	0.25759	-0.28567	0.36085	0.69111
X7	0.16387	0.94309	0.10242	-0.00354
X8	0.80493	0.06768	0.11637	0.41364
X9	0.09449	-0.01925	-0.18055	0.89296
X10	0.02571	0.20626	0.88888	-0.19817

$$
\begin{array}{c} \\ \widehat{L^*} = \end{array}
\begin{array}{cccc} F_1^* & F_2^* & F_3^* & F_4^* \end{array}
$$

$$
\widehat{L^*} = \begin{pmatrix}
0.77216 & 0.43396 & 0.29852 & 0.23197 \\
0.81893 & 0.47445 & 0.17001 & 0.15958 \\
0.93680 & -0.21758 & -0.00629 & -0.08677 \\
0.33647 & 0.22527 & 0.75068 & 0.32045 \\
-0.01778 & 0.81234 & 0.35829 & -0.31333 \\
0.25759 & -0.28567 & 0.36085 & 0.69111 \\
0.16387 & 0.94309 & 0.10242 & -0.00354 \\
0.80493 & 0.06768 & 0.11637 & 0.41364 \\
0.09449 & -0.01925 & -0.18055 & 0.89296 \\
0.02571 & 0.20626 & 0.88888 & -0.19817
\end{pmatrix}
$$

회전된 인자적 재행렬을 보면, 첫 번째 인자에 대하여 X1, X2, X3, X8들이 높은 적재를 갖고 있으므로, 첫 번째 인자는 '전반적인 국력'을 나타낸다고 할 수 있다. 두 번째 인자에 대해서는 X7이 가장 높은 양의 적재를 갖고 있다. 그러므로 두 번째 인자는 '미국과의 협력 정도를 나타내는 성분'을 나타낸다. 세 번째 인자에 대해서는 X4와 X10이 높은 양의 적재를 가지고 있다. 그러므로 세 번째 인자는 '국가 안정도와 국제법 인정 여부를 나타내는 성분'을 나타낸다. 네 번째 인자에 대해서는 X6과 X9가 높은 양의 적재를 가지고 있다. 그러므로 네 번째 인자는 '외국과의 마찰과 국방비를 나타내는 성분'을 나타낸다.

```
               Variance explained by each factor

              FACTOR1   FACTOR2   FACTOR3   FACTOR4
             3.008714  2.189937  1.786894  1.773080

        Final Communality Estimates: Total = 8.758623

              X1         X2         X3         X4         X5
        0.927478   0.950117   0.932504   0.830164   0.886767

              X6         X7         X8         X9        X10
        0.755813   0.926782   0.837139   0.839283   0.872577
```

회전한 후 인자적재에서 구한 공통성은 회전하기 전 인자적재에서 얻은 공통성과 같음을 알 수 있다. 따라서 인자를 회전할 때 공통성은 변하지 않으며, 공통인자 각각의 전체분산에 대한 설명 부분은 회전할 때 변하지만, 공통인자들 모두가 전체분산에 대해 설명 부분은 변하지 않았다.

∴ 회전전의 인자 해석을 할 때는, 어떤 변수들은 양의 부호를 갖고, 나머지 변수들은 음의 부호를 갖거나 또는 그 적재되어 있는 값이 비슷하여 판단하기가 어려웠다. 또한 네 개의 인자에 대해 특정 변수와의 큰 관련이 있어 어떤 인자가 어떤 변수에 어떻게 영향을 미치고 있는지를 판단하기는 어려웠다. 그러나 회전 후에는 네 개의 각 인자에 대하여, **몇 개의 변수는 매우 높은 인자적재를 갖고 나머지 변수는 매우 낮은 인자적재를 갖는 결과를 얻을 수 있고, 또한 각 변수에 대하여 하나의 인자에는 높은 인자적재를 갖고 나머지 인자들에는 매우 낮은 인자적재를 갖는다.**

배리맥스도 위에서와 같은 동일한 결론을 갖는다.

첫 번째 인자 *'전반적인 국력'*	두 번째 인자 *'U.N.에서 미국과의 협력 정도를 나타내는 성분'*
세 번째 인자 *'국가 안정도와 국제법 인정에 대한 성분'*	네 번째 인자 *'외국과의 마찰과 국방비에 대한 성분'*

프리플롯(preplot)과 플롯(plot)옵션에 의해 그려지는 회전전의 인자패턴과 회전후의 인자패턴을 그려보자.

$$(X_1 = A, X_2 = B, X_3 = C, X_4 = D,\ X_5 = E, X_6 = F, X_7 = G, X_8 = H,\ X_9 = I, X_{10} = J)$$

회전 전 FACTOR1 and FACTOR2

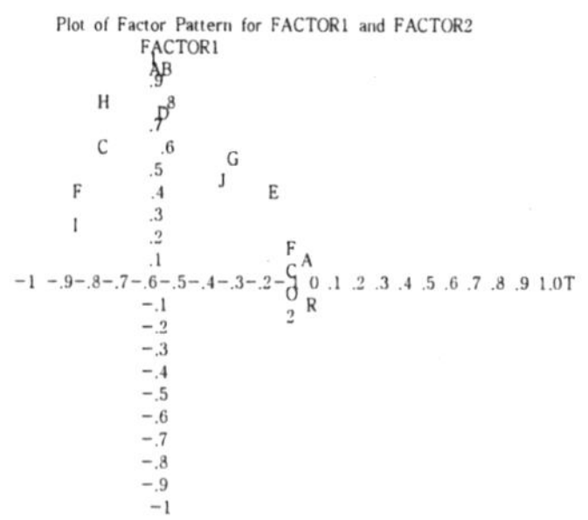

회전 후 FACTOR1 and FACTOR2

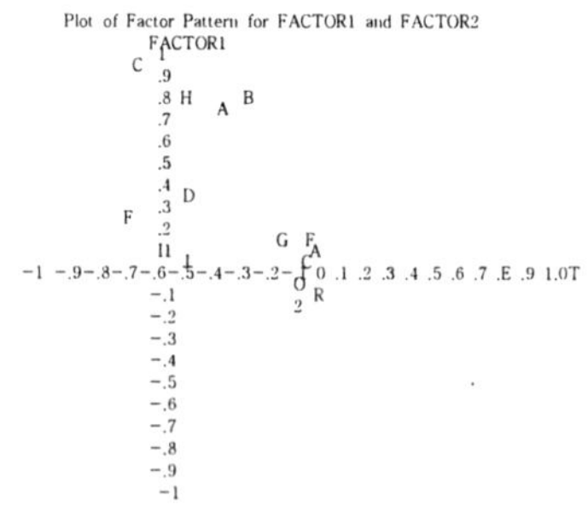

회전 전 FACTOR1 and FACTOR3

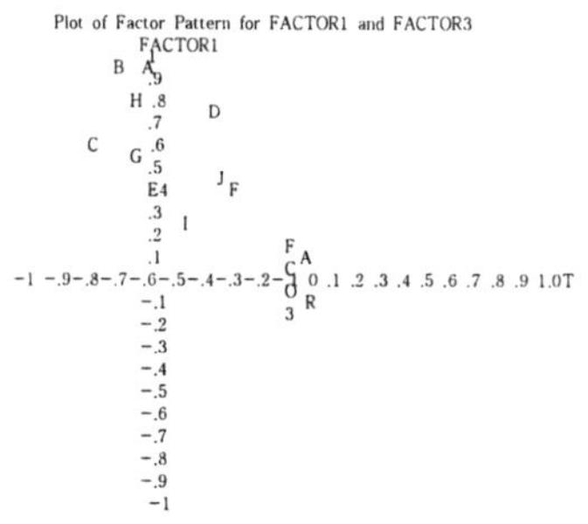

회전 후 FACTOR1 and FACTOR3

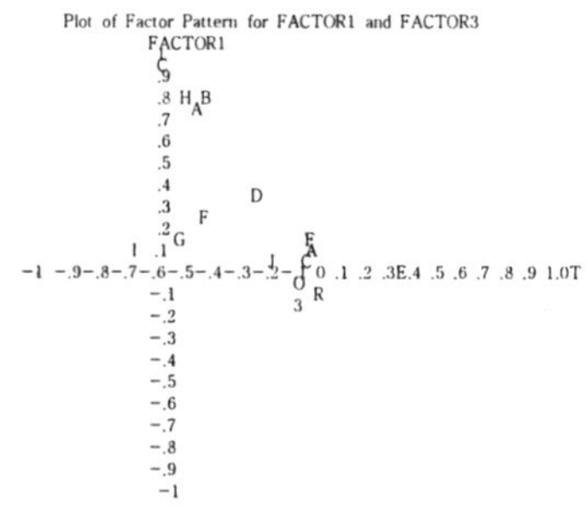

회전 전 FACTOR1 and FACTOR4	회전 후 FACTOR1 and FACTOR4
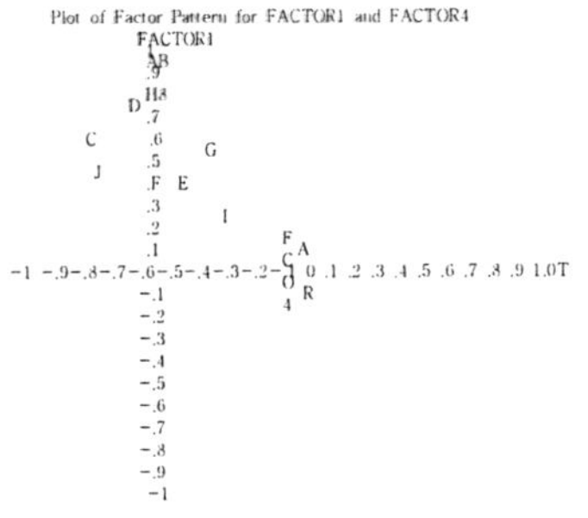	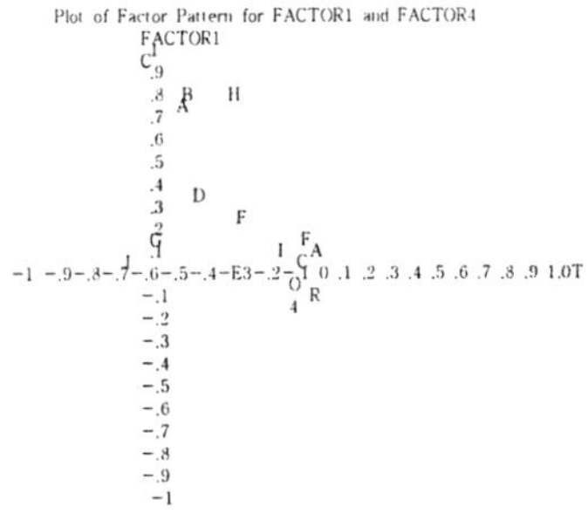

회전 전 FACTOR2 and FACTOR3	회전 후 FACTOR2 and FACTOR3
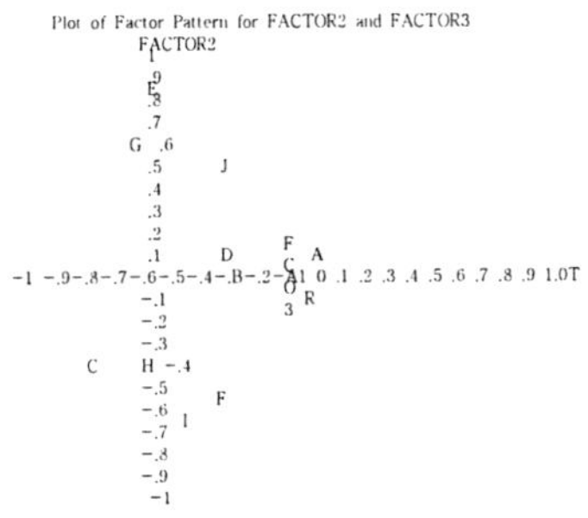	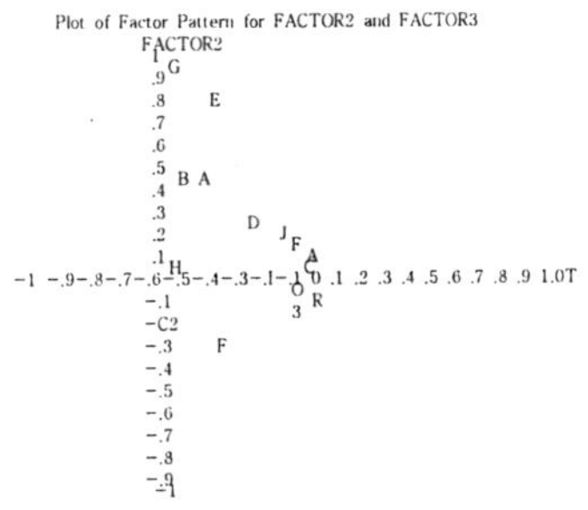

회전 전 FACTOR2 and FACTOR4	회전 후 FACTOR2 and FACTOR4
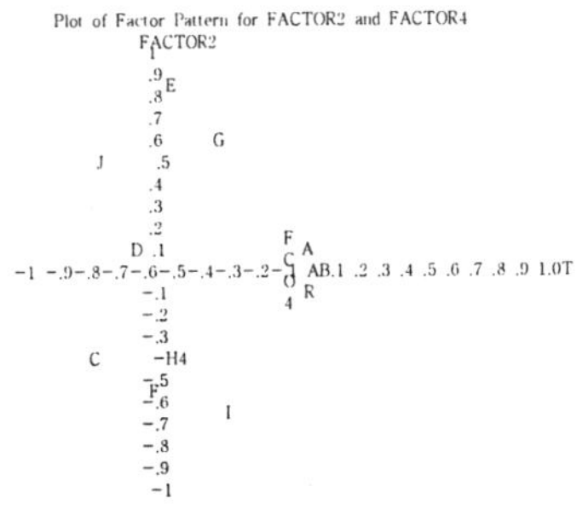	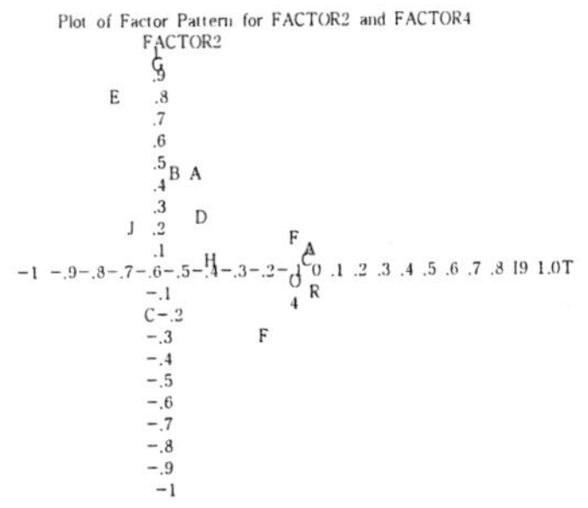

회전 전 FACTOR3 and FACTOR4	회전 후 FACTOR3 and FACTOR4
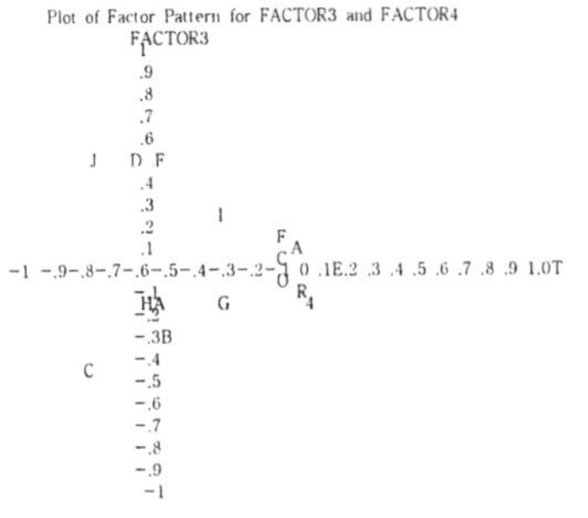	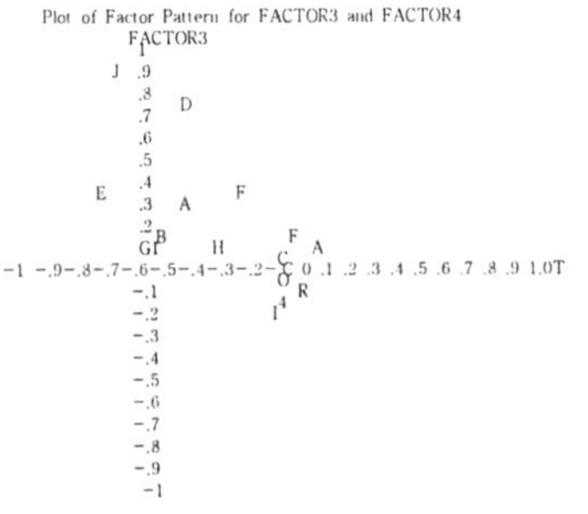

각 국가에 대하여 인자점수를 추정

Standardized Scoring Coefficients

	FACTOR1	FACTOR2	FACTOR3	FACTOR4
X1	0.21427	0.13001	0.00275	0.03394
X2	0.26628	0.16910	-0.10646	-0.01801
X3	0.49882	-0.27060	-0.06707	-0.33728
X4	-0.04735	-0.04126	0.44572	0.15403
X5	-0.08219	0.35854	0.07573	-0.09737
X6	-0.06140	-0.18336	0.27999	0.37029
X7	-0.05805	0.53348	-0.18453	0.11333
X8	0.25558	-0.02275	-0.05162	0.10160
X9	-0.15540	0.17467	-0.17860	0.62538
X10	-0.07965	-0.13617	0.61511	-0.15084

회귀적 방법에 의하여 추정된 표준화 인자점수계수를 표준화 변수의 선형결합계수로 사용하면 각 관측치에 대하여 인자점수를 구할 수 있다. 회전된 인자적 재행렬의 추정치로부터 인자점수함수는 다음과 같다.

$$\widehat{f_1} = 0.21427z_1 + 0.26628z_2 + 0.49882z_3 - 0.04735z_4 - 0.08219z_5 - 0.06140z_6 - 0.05805z_7 + 0.25558z_8 - 0.15540z_9 - 0.07965z_{10}$$

$$\widehat{f_2} = 0.13001z_1 + 0.16910z_2 - 0.27060z_3 - 0.04126z_4 + 0.35854z_5 - 0.18336z_6 + 0.53348z_7 - 0.02275z_8 + 0.17467z_9 - 0.13617z_{10}$$

$$\widehat{f_3} = 0.00275z_1 - 0.10646z_2 - 0.06707z_3 + 0.44572z_4 + 0.07573z_5 + 0.27999z_6 - 0.18453z_7 - 0.05162z_8 - 0.17860z_9 + 0.61511z_{10}$$

$$\hat{f}_4 = 0.03394z_1 - 0.01801z_2 - 0.33728z_3 + 0.15403z_4 - 0.09737z_5$$
$$+ 0.37029z_6 + 0.11333z_7 + 0.10160z_8 + 0.62538z_9 - 0.15084z_{10}$$

첫 번째 인자점수는 전력생산순위(z3)가 높을수록 큰 값을 갖는다. 두 번째 인자점수는 미국과의 협력 정도(z7)가 높을수록 큰 값을 갖는다. 세 번째 인자점수는 국제법 인정 여부(z10)가 안정적일수록 큰 값을 갖는다. 네 번째 인자점수는 국방비(z9)가 높을수록 큰 값을 갖는다.

각 국가에 대한 인자점수

OBS	NATION	X1	X2	X3	X4	X5	X6	X7	X8	X9	X10	FACTOR1	FACTOR2	FACTOR3	FACTOR4
1	Brazil	91	2729	7	0	2	0	69.1	148	2.8	0	-0.24770	1.05653	-1.06437	-0.87831
2	Burma	51	407	4	0	1	0	-9.5	74	6.9	0	-0.59370	0.00221	-0.89022	-0.33232
3	China	58	349	11	0	0	1	-41.7	3054	8.7	0	0.27967	-1.56121	-0.48786	0.05323
4	Cuba	359	1169	3	0	1	0	64.3	53	2.4	0	-0.56886	0.83019	-1.04435	-0.46279
5	Egypt	134	923	5	1	1	1	-15.4	158	6.0	1	-0.77212	-0.83071	1.78146	0.21636
6	India	70	2689	10	0	2	0	-28.6	410	1.9	1	0.07992	-0.48791	0.50931	-1.72430
7	Indonesi	129	1601	8	0	1	0	-21.4	267	6.7	0	-0.02758	-0.34758	-0.92159	-0.69645
8	Israel	515	415	2	1	2	1	42.9	33	2.7	1	-1.11556	0.42531	1.79914	0.20167
9	Jordan	70	83	1	0	1	1	8.3	29	25.7	0	-1.50641	0.48777	-0.82905	2.32059
10	Netherla	707	5395	6	1	2	0	52.3	468	6.1	1	-0.36180	0.85373	1.00210	-0.51983
11	Poland	468	1892	9	0	0	1	-41.7	220	1.5	0	0.33833	-1.48392	-0.28352	-0.41907
12	U.S.S.R.	749	6530	13	1	0	1	-41.7	34000	20.4	0	1.20901	-1.25941	-0.14401	1.47610
13	U.K.	998	18677	12	1	2	1	69.0	3934	7.8	0	0.95105	0.94210	-0.08088	0.22001
14	U.S.A.	2334	26836	14	1	2	1	100.0	40641	12.2	1	2.33574	1.37290	0.65386	0.54510

14개 국가에 대해 인자점수가 처음 두 공통인자 공간의 어느 위치에 있는가를 시각적으로 알아보자

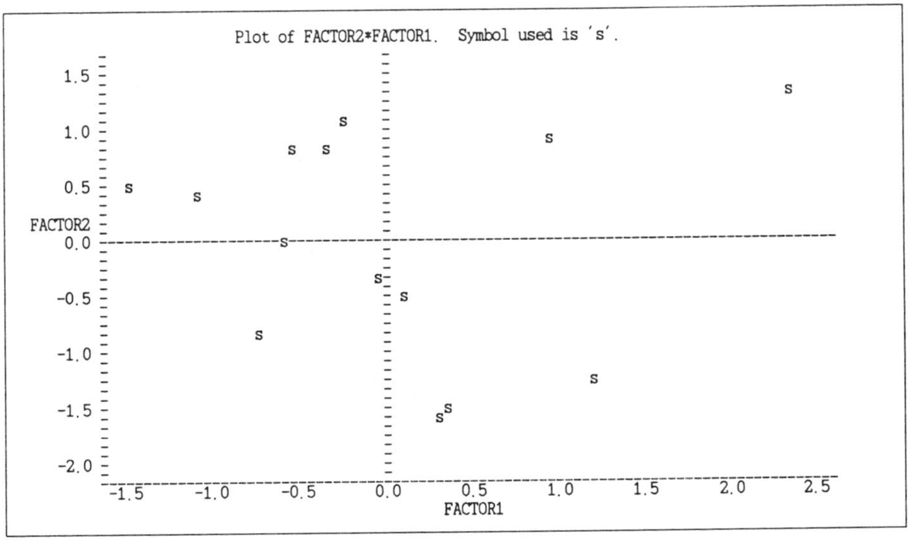

첫 번째, 두 번째 인자점수 모두 음수와 양수에 걸쳐 넓게 퍼져 있다. 국력이 약할수록(인자1) 미국과의 협력 정도(인자2)가 강한 나라 비율이 높음을 확인할 수 있다.

(2) 주축인자법

〈 SAS 프로그램 〉

```
data pca;
input nation $ x1-x10;
cards;
Brazil        91  2729   7 0 2 0  69.1    148  2.8 0
Burma         51   407   4 0 1 0 -9.5      74  6.9 0
China         58   349  11 0 0 1 -41.7   3054  8.7 0
Cuba         359  1169   3 0 1 0  64.3     53  2.4 0
Egypt        134   923   5 1 1 1 -15.4    158  6.0 1
India         70  2689  10 0 2 0 -28.6    410  1.9 1
Indonesia    129  1601   8 0 1 0 -21.4    267  6.7 0
Israel       515   415   2 1 2 1  42.9     33  2.7 1
Jordan        70    83   1 0 1 1  8.3      29 25.7 0
Netherlands  707  5395   6 1 2 0  52.3    468  6.1 1
Poland       468  1892   9 0 0 1 -41.7    220  1.5 0
U.S.S.R.     749  6530  13 1 0 1 -41.7  34000 20.4 0
U.K.         998 18677  12 1 2 1  69.0   3934  7.8 0
U.S.A.      2334 26836  14 1 2 1 100.0  40641 12.2 1
;

proc factor simple corr scree msa nfact=4 priors=smc method=prinit rotate=varimax preplot plot
heywood score out=pca1;
var x1-x10;

proc plot data=pca1;
plot factor2*factor1='star'/vref=0 href=0;

proc print data=pca1;

run;
```

```
Kaiser's Measure of Sampling Adequacy: Over-all MSA = 0.53407928

      X1        X2        X3        X4        X5
0.594810  0.585690  0.431177  0.857035  0.450710

      X6        X7        X8        X9       X10
0.625022  0.532328  0.594714  0.292504  0.363225
```

위의 자료에 대한 Kaiser의 MSA가 0.534이므로 분석에 사용된 변수의 수는 적당하다.

Prior Communality Estimates: SMC

X1	X2	X3	X4	X5
0.967163	0.969080	0.888675	0.631701	0.905445

X6	X7	X8	X9	X10
0.615489	0.894726	0.895697	0.726071	0.816712

각 변수의 다른 변수들과의 다중상관계수의 자승 SMC!!!

Preliminary Eigenvalues: Total = 8.31075897 Average = 0.8310759

	1	2	3	4	5
Eigenvalue	4.0933	2.2622	0.9194	0.7745	0.2957
Difference	1.8311	1.3428	0.1449	0.4788	0.1142
Proportion	0.4925	0.2722	0.1106	0.0932	0.0356
Cumulative	0.4925	0.7647	0.8754	0.9686	1.0041

	6	7	8	9	10
Eigenvalue	0.1815	0.0189	-0.0384	-0.0892	-0.1073
Difference	0.1626	0.0573	0.0508	0.0181	
Proportion	0.0218	0.0023	-0.0046	-0.0107	-0.0129
Cumulative	1.0260	1.0283	1.0236	1.0129	1.0000

4 factors will be retained by the NFACTOR criterion.

Eigenvalues of the *Reduced Correlation Matrix*:
Total = 7.98141823 Average = 0.79814182

	1	2	3	4	5
Eigenvalue	4.0730	2.2104	0.9421	0.7567	0.1977
Difference	1.8626	1.2683	0.1854	0.5590	0.0873
Proportion	0.5103	0.2769	0.1180	0.0948	0.0248
Cumulative	0.5103	0.7873	0.9053	1.0001	1.0249

	6	7	8	9	10
Eigenvalue	0.1105	0.0318	-0.0590	-0.0799	-0.2019
Difference	0.0787	0.0907	0.0210	0.1220	
Proportion	0.0138	0.0040	-0.0074	-0.0100	-0.0253
Cumulative	1.0387	1.0427	1.0353	1.0253	1.0000

주축인자 방법에 의한 인자분석 결과는 주성분 방법과 차이가 난다. 이 방법에서 축소된 표본상관행렬에서 구한 고유값의 합은 7.98다. 주성분 방법에서 추정된 고유값의 합이 10이었으나 반복 주축인자 방법에서 8.31인 이유는 **주성분 방법에서는 전체분산에 대하여 인자분석을 수행하지만, 반복 주축인자 방법에서는 공통인자에 의하여 설명되는 분산만을 분석대상**으로 하였기 때문이다.

비율(proportion)과 누적(cumulative)에 의하면, 4개의 인자로 모든 표준화 변수들의 공통분산이 설명된다.

∴ **인자의 수는 주성분에서 구한** 4개로 결정하도록 한다.

결론 : 네 개의 공통인자에 의해 자료가 요약될 수 있다.

인자적 재행렬을 추정

Factor Pattern

	FACTOR1	FACTOR2	FACTOR3	FACTOR4
X1	0.95327	-0.03557	-0.07447	0.05044
X2	0.94079	-0.02629	-0.25767	0.01193
X3	0.59296	-0.47158	-0.33197	-0.52907
X4	0.70955	0.07259	0.43647	0.02461
X5	0.39273	0.81293	-0.07290	-0.01202
X6	0.37047	-0.48166	0.37803	0.17540
X7	0.57387	0.62282	-0.28736	0.38775
X8	0.76409	-0.42790	-0.01772	0.02312
X9	0.20073	-0.50459	0.14543	0.41433
X10	0.42326	0.51216	0.56321	-0.34650

$$\begin{matrix} & F_1 & F_2 & F_3 & F_4 \end{matrix}$$
$$\hat{L}=\begin{pmatrix} 0.95327 & -0.03557 & -0.07447 & 0.05044 \\ 0.94079 & -0.02629 & -0.25767 & 0.01193 \\ 0.59296 & -0.47158 & -0.33197 & -0.52907 \\ 0.70955 & 0.07259 & 0.43647 & 0.02461 \\ 0.39273 & 0.81293 & -0.07290 & -0.01202 \\ 0.37047 & -0.48166 & 0.37803 & 0.17540 \\ 0.57387 & 0.62282 & -0.28736 & 0.38775 \\ 0.76409 & -0.42790 & -0.01772 & 0.02312 \\ 0.20073 & -0.50459 & 0.14543 & 0.41433 \\ 0.42326 & 0.51216 & 0.56321 & -0.34650 \end{pmatrix}$$

주성분에서의 인자적 재행렬과 비교해 보자.

$$\begin{matrix} & F_1 & F_2 & F_3 & F_4 \end{matrix}$$
$$\hat{L}=\begin{pmatrix} 0.95327 & -0.03557 & -0.07447 & 0.05044 \\ 0.94079 & -0.02629 & -0.25767 & 0.01193 \\ 0.59296 & -0.47158 & -0.33197 & -0.52907 \\ 0.70955 & 0.07259 & 0.43647 & 0.02461 \\ 0.39273 & 0.81293 & -0.07290 & -0.01202 \\ 0.37047 & -0.48166 & 0.37803 & 0.17540 \\ 0.57387 & 0.62282 & -0.28736 & 0.38775 \\ 0.76409 & -0.42790 & -0.01772 & 0.02312 \\ 0.20073 & -0.50459 & 0.14543 & 0.41433 \\ 0.42326 & 0.51216 & 0.56321 & -0.34650 \end{pmatrix}$$

주축인자법에 의한 인자적 재행렬

$$\begin{matrix} & F_1 & F_2 & F_3 & F_4 \end{matrix}$$
$$\hat{L}=\begin{pmatrix} 0.95440 & -0.00382 & -0.12520 & 0.03022 \\ 0.93171 & 0.01095 & -0.28099 & 0.05435 \\ 0.58788 & -0.40000 & -0.46488 & -0.45912 \\ 0.75544 & 0.08596 & 0.48941 & -0.11208 \\ 0.38851 & 0.84661 & -0.01077 & 0.13773 \\ 0.42261 & -0.57113 & 0.50099 & 0.00603 \\ 0.55900 & 0.61256 & -0.16339 & 0.46084 \\ 0.80055 & -0.42386 & -0.12872 & -0.00589 \\ 0.23869 & -0.62759 & 0.23762 & 0.57617 \\ 0.42557 & 0.52354 & 0.50517 & -0.40270 \end{pmatrix}$$

주성분에 의한 인자적 재행렬

주축 인자법에 의하여 추정된 인자적재 값은 주성분 방법에 의하여 추정된 것과는 **약간** 다르다.

첫 번째 인자의 추정된 인자적재를 보면, 모두 양으로서 10개 변수의 종합적인 지표를 나타내고 있다고 판단된다. 따라서 첫 번째 인자는 '전반적인 국력'을 나타낸다.

두 번째 인자의 추정된 인자적재를 보면, X5와 X7에 큰 양의 적재를 가지고 있고, 음의 적재를 보이는 변수 중에서, 국방비(X9)에 큰 음의 적재를 가지고 있다. 두 번째 인자가 나타내는 것을 파악하기는 어렵다. 인자점수를 고려하자.

세 번째 인자의 추정된 인자적재를 보면, X10에 큰 양의 적재를 가지고 있고, X3에 큰 음의 적재를 가지고 있다. 세 번째 인자가 나타내는 것을 파악하기는 어렵다. 인자점수를 고려하자.

네 번째 인자의 추정된 인자적재를 보면, X9에 큰 양의 적재를 가지고 있고, X3에 큰 음의 적재를 가지고 있다. 네 번째 인자가 나타내는 것을 파악하기는 어렵다. 인자점수를 고려하자.

《 네 개의 공통인자에 대해 각각 인자점수 》

첫 번째 인자 점수

NATION	FACTOR1	X1	X2	X3	X4	X5	X6	X7	X8	X9	X10
Jordan	-1.37664	70	83	1	0	1	1	8.3	29	25.7	0
Israel	-1.32937	515	415	2	1	2	1	42.9	33	2.7	1
Burma	-0.96893	51	407	4	0	1	0	-9.5	74	6.9	0
Egypt	-0.95811	134	923	5	1	1	1	-15.4	158	6.0	1
Cuba	-0.87852	359	1169	3	0	1	0	64.3	53	2.4	0
Brazil	-0.22924	91	2729	7	0	2	0	69.1	148	2.8	0
Indonesi	0.13368	129	1601	8	0	1	0	-21.4	267	6.7	0
Netherla	0.14943	707	5395	6	1	2	0	52.3	468	6.1	1
Poland	0.38387	468	1892	9	0	0	1	-41.7	220	1.5	0
India	0.42894	70	2689	10	0	2	0	-28.6	410	1.9	1
China	0.66711	58	349	11	0	0	1	-41.7	3054	8.7	0
U.S.S.R.	0.99348	749	6530	13	1	0	1	-41.7	34000	20.4	0
U.K.	1.03221	998	18677	12	1	2	1	69.0	3934	7.8	0
U.S.A.	1.95207	2334	26836	14	1	2	1	100.0	40641	12.2	1

선진국가, 즉 미국, 이전 소비에트 연방, 영국, 폴란드, 중국 등의 인자점수는 높고, 아랍권 국가들의 점수는 낮은 것으로 판단되므로, **첫 번째 인자는 '전반적인 국력'을 나타내는 인자**임을 확인할 수 있다. 나머지 인자점수는 다음과 같다.

두 번째 인자 점수

NATION	FACTOR2	X1	X2	X3	X4	X5	X6	X7	X8	X9	X10
China	-1.32537	58	349	11	0	0	1	-41.7	3054	8.7	0
Poland	-1.28750	468	1892	9	0	0	1	-41.7	220	1.5	0
U.S.S.R.	-1.22152	749	6530	13	1	0	1	-41.7	34000	20.4	0
India	-0.88515	70	2689	10	0	2	0	-28.6	410	1.9	1
Indonesi	-0.66156	129	1601	8	0	1	0	-21.4	267	6.7	0
Egypt	-0.39676	134	923	5	1	1	1	-15.4	158	6.0	1
Burma	-0.01143	51	407	4	0	1	0	-9.5	74	6.9	0
Jordan	0.24556	70	83	1	0	1	1	8.3	29	25.7	0
Israel	0.30207	515	415	2	1	2	1	42.9	33	2.7	1
Netherla	0.36405	707	5395	6	1	2	0	52.3	468	6.1	1
Brazil	0.98925	91	2729	7	0	2	0	69.1	148	2.8	0
Cuba	1.11355	359	1169	3	0	1	0	64.3	53	2.4	0
U.K.	1.12821	998	18677	12	1	2	1	69.0	3934	7.8	0
U.S.A.	1.64661	2334	26836	14	1	2	1	100.0	40641	12.2	1

세 번째 인자 점수

NATION	FACTOR3	X1	X2	X3	X4	X5	X6	X7	X8	X9	X10
India	-1.72432	70	2689	10	0	2	0	-28.6	410	1.9	1
Brazil	-1.29850	91	2729	7	0	2	0	69.1	148	2.8	0
Netherla	-0.90660	707	5395	6	1	2	0	52.3	468	6.1	1
Indonesi	-0.59960	129	1601	8	0	1	0	-21.4	267	6.7	0
China	-0.34181	58	349	11	0	0	1	-41.7	3054	8.7	0
Cuba	-0.21370	359	1169	3	0	1	0	64.3	53	2.4	0
Poland	0.05236	468	1892	9	0	0	1	-41.7	220	1.5	0
U.K.	0.14541	998	18677	12	1	2	1	69.0	3934	7.8	0
Burma	0.25739	51	407	4	0	1	0	-9.5	74	6.9	0
Israel	0.27033	515	415	2	1	2	1	42.9	33	2.7	1
Egypt	0.63115	134	923	5	1	1	1	-15.4	158	6.0	1
U.S.A.	0.90875	2334	26836	14	1	2	1	100.0	40641	12.2	1
Jordan	1.20922	70	83	1	0	1	1	8.3	29	25.7	0
U.S.S.R.	1.60992	749	6530	13	1	0	1	-41.7	34000	20.4	0

네 번째 인자 점수

NATION	FACTOR4	X1	X2	X3	X4	X5	X6	X7	X8	X9	X10
Brazil	-1.02146	91	2729	7	0	2	0	69.1	148	2.8	0
Cuba	-0.99995	359	1169	3	0	1	0	64.3	53	2.4	0
Burma	-0.82691	51	407	4	0	1	0	-9.5	74	6.9	0
Indonesi	-0.65457	129	1601	8	0	1	0	-21.4	267	6.7	0
Jordan	-0.62380	70	83	1	0	1	1	8.3	29	25.7	0
China	-0.53871	58	349	11	0	0	1	-41.7	3054	8.7	0
U.K.	-0.46014	998	18677	12	1	2	1	69.0	3934	7.8	0
Poland	-0.45119	468	1892	9	0	0	1	-41.7	220	1.5	0
U.S.S.R.	-0.33288	749	6530	13	1	0	1	-41.7	34000	20.4	0
U.S.A.	0.82793	2334	26836	14	1	2	1	100.0	40641	12.2	1
India	0.94328	70	2689	10	0	2	0	-28.6	410	1.9	1
Egypt	1.35992	134	923	5	1	1	1	-15.4	158	6.0	1
Netherla	1.37971	707	5395	6	1	2	0	52.3	468	6.1	1
Israel	1.39876	515	415	2	1	2	1	42.9	33	2.7	1

Variance explained by each factor

FACTOR1	FACTOR2	FACTOR3	FACTOR4
4.072979	2.210399	0.942117	0.756738

표준화 변수의 전체분산 중 공통인자 각각이 설명하는 부분을 나타내고 있다.

$$F_1 => \widehat{l_{11}^2} + \widehat{l_{21}^2} + \cdots + \widehat{l_{10 \cdot 1}^2} = \widehat{\lambda_1} = 4.072979$$

$$F_2 => \widehat{l_{12}^2} + \widehat{l_{22}^2} + \cdots + \widehat{l_{10 \cdot 2}^2} = \widehat{\lambda_2} = 2.210399$$

$$F_3 => \widehat{l_{13}^2} + \widehat{l_{23}^2} + \cdots + \widehat{l_{10 \cdot 3}^2} = \widehat{\lambda_3} = 0.942117$$

$$F_4 => \widehat{l_{14}^2} + \widehat{l_{24}^2} + \cdots + \widehat{l_{10 \cdot 4}^2} = \widehat{\lambda_4} = 0.756738$$

```
Final Communality Estimates: Total = 7.982232

       X1        X2        X3        X4        X5
 0.918082  0.952320  0.964117  0.699847  0.820542

       X6        X7        X8        X9       X10
 0.542910  0.950160  0.767790  0.487731  0.878732
```

각 변수의 분산에 대하여 공통성의 추정치를 나타내고 있다.

$$\widehat{h_1^2} = \widehat{l_{11}^2} + \widehat{l_{12}^2} + \widehat{l_{13}^2} + \widehat{l_{14}^2} = 0.928082$$

$$\vdots$$

$$\widehat{h_{10}^2} = \widehat{l_{10\cdot1}^2} + \widehat{l_{10\cdot2}^2} + \widehat{l_{10\cdot3}^2} + \widehat{l_{10\cdot4}^2} = 0.878732$$

다음과 같은 결론을 갖는다.

첫 번째 인자 *'전반적인 국력'*	두 번째 인자 *'U.N. 에서 미국과의 협력 정도를 나타내는 성분'*
세 번째 인자 *'외국과의 마찰과 국방비에 대한 성분'*	네 번째 인자 *'국가 안정도와 국제법 인정에 대한 성분'*

인자를 배리맥스 방법에 의하여 회전

```
              Orthogonal Transformation Matrix

                   1          2          3          4
     1       0.68782    0.50548    0.34096    0.39388
     2      -0.37966    0.60515   -0.58129    0.38956
     3      -0.39690   -0.32629    0.42063    0.74771
     4      -0.47459    0.52136    0.60739   -0.36610
```

배리맥스 회전에 사용된 직교변환행렬 G이다.

```
              Rotated Factor Pattern

      FACTOR1  FACTOR2  FACTOR3  FACTOR4
X1   0.67480  0.51093  0.34501  0.28748
X2   0.75368  0.54994  0.23492  0.16329
X3   0.96974 -0.15316  0.01531 -0.00468
X4   0.27556  0.27301  0.39828  0.62510
X5  -0.00388  0.70798 -0.37660  0.42126
X6   0.20440 -0.13611  0.67184  0.17673
X7   0.08829  0.96290 -0.05173  0.11184
X8   0.68408  0.14513  0.51585  0.11255
X9   0.07528 -0.03533  0.67459 -0.16045
X10  0.03759  0.15947 -0.12696  0.91421
```

$$\widehat{L}^{*}=\begin{array}{c} \begin{matrix} F_1 & \quad F_2 & \quad F_3 & \quad F_4 \end{matrix} \\ \begin{pmatrix} 0.67480 & 0.51093 & 0.34501 & 0.28748 \\ 0.75368 & 0.54994 & 0.23492 & 0.16329 \\ 0.96974 & -0.15316 & 0.01531 & -0.00468 \\ 0.27556 & 0.27301 & 0.39828 & 0.62510 \\ -0.00388 & 0.70798 & -0.37660 & 0.42126 \\ 0.20440 & -0.13611 & 0.67184 & 0.17673 \\ 0.08829 & 0.96290 & -0.05173 & 0.11184 \\ 0.68408 & 0.14513 & 0.51585 & 0.11255 \\ 0.07528 & -0.03533 & 0.67459 & -0.16045 \\ 0.03759 & 0.15947 & -0.12696 & 0.91421 \end{pmatrix} \end{array}$$

```
            Variance explained by each factor

         FACTOR1   FACTOR2   FACTOR3   FACTOR4
        2.564363  2.156159  1.666242  1.595468

      Final Communality Estimates: Total = 7.982232

          X1        X2        X3        X4        X5
    0.918082  0.952320  0.964117  0.699847  0.820542

          X6        X7        X8        X9       X10
    0.542910  0.950160  0.767790  0.487731  0.878732
```

위는 다음과 같은 결론을 갖는다.

첫 번째 인자 *'전반적인 국력'*	두 번째 인자 *'U.N.에서 미국과의 협력 정도를 나타내는 성분'*
세 번째 인자 *'외국과의 마찰과 국방비에 대한 성분'*	네 번째 인자 *'국제법 인정에 대한 성분'*

각 국가에 대하여 인자점수를 추정

Standardized Scoring Coefficients

	FACTOR1	FACTOR2	FACTOR3	FACTOR4
X1	0.76009	-0.71059	-0.40871	0.41816
X2	-0.43560	1.01144	1.06379	-0.38496
X3	1.16475	-0.55360	-1.13749	0.15225
X4	-0.06995	-0.06281	0.29433	0.24964
X5	-0.05616	-0.14086	-0.27355	0.08215
X6	-0.14406	-0.03593	0.27465	0.03226
X7	0.12061	0.79556	-0.45921	-0.16328
X8	-0.43055	0.29451	0.71927	-0.30101
X9	0.23612	-0.11034	-0.06669	0.10562
X10	0.06062	0.02379	-0.27044	0.77872

회귀적 방법에 의하여 추정된 표준화 인자점수계수를 표준화 변수의 선형결합계수로 사용하면 각 관측치에 대하여 인자점수를 구할 수 있다. 회전된 인자적 재행렬의 추정치로부터 인자점수함수는 다음과 같다.

$$\hat{f}_1^* = 0.76009z_1 - 0.43560z_2 + 1.16475z_3 - 0.06995z_4 - 0.05616z_5 - 0.14406z_6 + 0.12061z_7 - 0.43055z_8 + 0.23612z_9 + 0.06062z_{10}$$

$$\hat{f}_2^* = -0.71059z_1 + 1.01144z_2 - 0.55360z_3 - 0.06281z_4 - 0.14086z_5 - 0.03593z_6 + 0.79556z_7 + 0.29451z_8 - 0.11034z_9 + 0.02379z_{10}$$

$$\hat{f}_3^* = -0.40871z_1 + 1.06379z_2 - 1.13749z_3 + 0.29433z_4 - 0.27355z_5 + 0.27465z_6 - 0.45921z_7 + 0.71927z_8 - 0.06669z_9 - 0.27044z_{10}$$

$$\hat{f}_4^* = 0.41816z_1 - 0.38496z_2 + 0.15225z_3 + 0.24964z_4 + 0.08215z_5 + 0.03226z_6 - 0.16328z_7 - 0.30101z_8 + 0.10562z_9 + 0.77872z_{10}$$

각 국가에 대한 인자점수

OBS	NATION	X1	X2	X3	X4	X5	X6	X7	X8	X9	X10	FACTOR1	FACTOR2	FACTOR3	FACTOR4
1	Brazil	91	2729	7	0	2	0	69.1	148	2.8	0	-0.22924	0.98925	-1.29850	-1.02146
2	Burma	51	407	4	0	1	0	-9.5	74	6.9	0	-0.96893	-0.01143	0.25739	-0.82691
3	China	58	349	11	0	0	1	-41.7	3054	8.7	0	0.66711	-1.32537	-0.34181	-0.53871
4	Cuba	359	1169	3	0	1	0	64.3	53	2.4	0	-0.87852	1.11355	-0.21370	-0.99995
5	Egypt	134	923	5	1	1	1	-15.4	158	6.0	1	-0.95811	-0.39676	0.63115	1.35992
6	India	70	2689	10	0	2	0	-28.6	410	1.9	1	0.42894	-0.88515	-1.72432	0.94328
7	Indonesi	129	1601	8	0	1	0	-21.4	267	6.7	0	0.13368	-0.66156	-0.59960	-0.65457
8	Israel	515	415	2	1	2	1	42.9	33	2.7	1	-1.32937	0.30207	0.27033	1.39876
9	Jordan	70	83	1	0	1	1	8.3	29	25.7	0	-1.37664	0.24556	1.20922	-0.62380
10	Netherla	707	5395	6	1	2	0	52.3	468	6.1	1	0.14943	0.36405	-0.90660	1.37971
11	Poland	468	1892	9	0	0	1	-41.7	220	1.5	0	0.38387	-1.28750	0.05236	-0.45119
12	U.S.S.R.	749	6530	13	1	0	1	-41.7	34000	20.4	0	0.99348	-1.22152	1.60992	-0.33288
13	U.K.	998	18677	12	1	2	1	69.0	3934	7.8	0	1.03221	1.12821	0.14541	-0.46014
14	U.S.A.	2334	26836	14	1	2	1	100.0	40641	12.2	1	1.95207	1.64661	0.90875	0.82793

(3) 최대우도법

가정 : p차원 확률벡터 $\boldsymbol{X}$는 평균벡터가 μ이고 공분산행렬이 $\sum$인 다변량 정규분포를 따라야 한다.

〈 SAS 프로그램 〉

```
data pca;
input nation $ x1-x10;
cards;
Brazil        91  2729  7 0 2 0  69.1   148  2.8 0
Burma         51   407  4 0 1 0  -9.5    74  6.9 0
China         58   349 11 0 0 1 -41.7  3054  8.7 0
Cuba         359  1169  3 0 1 0  64.3    53  2.4 0
Egypt        134   923  5 1 1 1 -15.4   158  6.0 1
India         70  2689 10 0 2 0 -28.6   410  1.9 1
Indonesia    129  1601  8 0 1 0 -21.4   267  6.7 0
Israel       515   415  2 1 2 1  42.9    33  2.7 1
Jordan        70    83  1 0 1 1   8.3    29 25.7 0
Netherlands  707  5395  6 1 2 0  52.3   468  6.1 1
Poland       468  1892  9 0 0 1 -41.7   220  1.5 0
U.S.S.R.     749  6530 13 1 0 1 -41.7 34000 20.4 0
U.K.         998 18677 12 1 2 1  69.0  3934  7.8 0
U.S.A.      2334 26836 14 1 2 1 100.0 40641 12.2 1
;

proc factor simple corr scree msa nfact=4 priors=smc method=ml rotate=varimax preplot
plot heywood score out=pca1;
var x1-x10;

proc plot data=pca1;
plot factor2*factor1='star'/vref=0 href=0;

proc print data=pca1;

run;
```

고유값을 추정

Kaiser's Measure of Sampling Adequacy: Over-all MSA = 0.53407928

X1	X2	X3	X4	X5
0.594810	0.585690	0.431177	0.857035	0.450710

X6	X7	X8	X9	X10
0.625022	0.532328	0.594714	0.292504	0.363225

위의 자료에 대한 Kaiser의 MSA가 0.534이므로 분석에 사용된 변수의 수는 적당하다.

Prior Communality Estimates: SMC

X1	X2	X3	X4	X5
0.967163	0.969080	0.888675	0.631701	0.905445

X6	X7	X8	X9	X10
0.615489	0.894726	0.895697	0.726071	0.816712

각 변수의 다른 변수들과의 다중상관계수의 자승 SMC!!!

Preliminary Eigenvalues: Total = 105.863128 Average = 10.5863128

	1	2	3	4	5
Eigenvalue	75.5062	18.1886	5.3062	4.9104	1.9942
Difference	57.3176	12.8824	0.3959	2.9161	0.4414
Proportion	0.7132	0.1718	0.0501	0.0464	0.0188
Cumulative	0.7132	0.8851	0.9352	0.9816	1.0004

	6	7	8	9	10
Eigenvalue	1.5528	0.1515	-0.3727	-0.6663	-0.7078
Difference	1.4014	0.5242	0.2935	0.0415	
Proportion	0.0147	0.0014	-0.0035	-0.0063	-0.0067
Cumulative	1.0151	1.0165	1.0130	1.0067	1.0000

4 factors will be retained by the NFACTOR criterion.

Squared Canonical Correlations

FACTOR1	FACTOR2	FACTOR3	FACTOR4
1.000000	1.000000	1.000000	0.988393

Eigenvalues of the Weighted Reduced Correlation Matrix:
Total = 85.1532138 Average = 12.1647448

	1	2	3	4	5
Eigenvalue	.	.	.	85.1532	1.0976
Difference	.	.	.	84.0556	0.6107
Proportion	.	.	.	1.0000	0.0129
Cumulative	.	.	.	1.0000	1.0129

	6	7	8	9	10
Eigenvalue	0.4869	0.0510	-0.3178	-0.5129	-0.8047
Difference	0.4359	0.3688	0.1951	0.2918	
Proportion	0.0057	0.0006	-0.0037	-0.0060	-0.0094
Cumulative	1.0186	1.0192	1.0155	1.0094	1.0000

```
Significance tests based on 14 observations:

① Test of H0: No common factors.
      vs HA: At least one common factor.

   Chi-square = 93.753   df = 45   Prob>chi**2 = 0.0001

② Test of H0: 4 Factors are sufficient.
      vs HA: More factors are needed.

   Chi-square = 9.545   df = 11   Prob>chi**2 = 0.5717

Chi-square without Bartlett's correction = 20.121405734
Akaike's Information Criterion = -1.878594266
Schwarz's Bayesian Criterion = -8.908224892
Tucker and Lewis's Reliability Coefficient = 1.1221089296
```

고려된 인자의 수 네 개가 인자모형에 적합한지를 검정하여 보자.
단, 자유도가 양수가 되기 위한 공통인자의 수는

$$m < \frac{1}{2}(2p+1-\sqrt{8p+1}) = 0.5\times(2\times10+1-\sqrt{8\times10+1}) = 6$$

이므로, 여섯 개 이하의 검정만 가능하다.

① H_0: 공통인자가 필요없다 v.s. H_1: 최소한 하나의 공통인자가 필요하다. 검정통계량의 p-값이 0.0001로서 매우 작으므로, 귀무가설은 기각되며 최소한 하나의 공통인자는 필요하다.

② H_0: 공통인자가 네 개이면 충분하다 v.s. H_1: 더 많은 공통인자가 필요하다. 검정통계량의 p-값이 0.5717로서 매우 크므로, 귀무가설은 채택되며 네 개의 공통인자는 표본상관행렬의 대부분을 설명하는 데 적합하다.

결론적으로 네 개의 공통인자에 의해 자료가 요약될 수 있다.

인자적 재행렬 추정

Factor Pattern

	FACTOR1	FACTOR2	FACTOR3	FACTOR4
X1	0.52659	0.32236	0.29352	-0.72493
X2	0.48734	0.57789	0.29543	-0.54604
X3	0.28914	0.47333	0.83208	0.00000
X4	0.60858	-0.02783	0.10558	-0.39072
X5	0.65241	0.45236	-0.60806	0.00000
X6	0.04387	-0.21921	0.41068	-0.40612
X7	0.34409	0.49944	-0.48374	-0.52345
X8	0.31101	0.17967	0.57955	-0.54662
X9	-0.23733	-0.03896	0.18207	-0.36567
X10	0.93330	-0.31888	-0.16513	0.00000

$$\hat{L} = \begin{pmatrix} 0.52659 & 0.32236 & 0.29352 & -0.72493 \\ 0.48734 & 0.57789 & 0.29543 & -0.54604 \\ 0.28914 & 0.47333 & 0.83208 & 0.00000 \\ 0.60858 & -0.02783 & 0.10558 & -0.39072 \\ 0.65241 & 0.45236 & -0.60806 & 0.00000 \\ 0.04387 & -0.21921 & 0.41068 & -0.40612 \\ 0.34409 & 0.49944 & -0.48374 & -0.52345 \\ 0.31101 & 0.17967 & 0.57955 & -0.54662 \\ -0.23733 & -0.03896 & 0.18207 & -0.36567 \\ 0.93330 & -0.31888 & -0.16513 & 0.00000 \end{pmatrix}$$

(열: F_1, F_2, F_3, F_4)

주축인자법과 주성분에서의 인자적 재행렬과 비교해 보자.

$$\hat{L} = \begin{pmatrix} 0.95327 & -0.03557 & -0.07447 & 0.05044 \\ 0.94079 & -0.02629 & -0.25767 & 0.01193 \\ 0.59296 & -0.47158 & -0.33197 & -0.52907 \\ 0.70955 & 0.07259 & 0.43647 & 0.02461 \\ 0.39273 & 0.81293 & -0.07290 & -0.01202 \\ 0.37047 & -0.48166 & 0.37803 & 0.17540 \\ 0.57387 & 0.62282 & -0.28736 & 0.38775 \\ 0.76409 & -0.42790 & -0.01772 & 0.02312 \\ 0.20073 & -0.50459 & 0.14543 & 0.41433 \\ 0.42326 & 0.51216 & 0.56321 & -0.34650 \end{pmatrix}$$

(열: F_1, F_2, F_3, F_4)

주축인자법에 의한 인자적 재행렬

$$\hat{L} = \begin{pmatrix} 0.95440 & -0.00382 & -0.12520 & 0.03022 \\ 0.93171 & 0.01095 & -0.28099 & 0.05435 \\ 0.58788 & -0.40000 & -0.46488 & -0.45912 \\ 0.75544 & 0.08596 & 0.48941 & -0.11208 \\ 0.38851 & 0.84661 & -0.01077 & 0.13773 \\ 0.42261 & -0.57113 & 0.50099 & 0.00603 \\ 0.55900 & 0.61256 & -0.16339 & 0.46084 \\ 0.80055 & -0.42386 & -0.12872 & -0.00589 \\ 0.23869 & -0.62759 & 0.23762 & 0.57617 \\ 0.42557 & 0.52354 & 0.50517 & -0.40270 \end{pmatrix}$$

(열: F_1, F_2, F_3, F_4)

주성분에 의한 인자적 재행렬

최대우도법에 의하여 추정된 인자적 재행렬은 다른 방법에 의한 것과는 차이가 나고 있다.

첫 번째 인자의 추정된 인자적재를 보면, X9를 제외하고는 모두 양으로서 변수의 종합적인 지표를 나타내고 있다고 판단된다. 따라서 첫 번째 인자는 '전반적인 국력'을 나타낸다.

두 번째 인자의 추정된 인자적재를 보면, X2, X7에는 큰 양의 적재를 가지고 있고, X10에는 음의 적재를 가지고 있는 변수 중에서 큰 음의 적재를 가지고 있다. 정확한 판단은 어려우나, '교역량과 미국과의 협력을 나타내는 성분'으로 생각할 수 있다. 인자점수를 고려하자.

세 번째 인자의 추정된 인자적재를 보면, X3에 큰 양의 적재를 가지고 있고, X5에 음의 적재를 가지고 있는 변수 중에서 큰 음의 적재를 가지고 있다. 정확한 판단은 어렵지만, '전력 생산순위를 나타내는 성분'으로 생각할 수 있다. 인자점수를 고려하자.

네 번째 인자의 추정된 인자적재를 보면, X3, X5, X10에 0의 적재를 가지고 있고, 그 외의 변수는 모두 음의 적재를 가지고 있다. X1에 대해 큰 음의 적재를 가지고 있다. 인자점수를 고려하자.

《 네 개의 공통인자에 대해 각각 인자점수 》

첫 번째 인자 점수

NATION	FACTOR1	X1	X2	X3	X4	X5	X6	X7	X8	X9	X10
Jordan	-1.56025	70	83	1	0	1	1	8.3	29	25.7	0
Israel	-1.24438	515	415	2	1	2	1	42.9	33	2.7	1
Cuba	-1.07662	359	1169	3	0	1	0	64.3	53	2.4	0
Burma	-0.84638	51	407	4	0	1	0	-9.5	74	6.9	0
Egypt	-0.69920	134	923	5	1	1	1	-15.4	158	6.0	1
Netherla	-0.28587	707	5395	6	1	2	0	52.3	468	6.1	1
Brazil	0.03109	91	2729	7	0	2	0	69.1	148	2.8	0
Indonesi	0.10858	129	1601	8	0	1	0	-21.4	267	6.7	0
Poland	0.19417	468	1892	9	0	0	1	-41.7	220	1.5	0
India	0.65083	70	2689	10	0	2	0	-28.6	410	1.9	1
China	0.66113	58	349	11	0	0	1	-41.7	3054	8.7	0
U.S.S.R.	1.15587	749	6530	13	1	0	1	-41.7	34000	20.4	0
U.K.	1.24718	998	18677	12	1	2	1	69.0	3934	7.8	0
U.S.A.	1.66386	2334	26836	14	1	2	1	100.0	40641	12.2	1

선진국가, 즉 미국, 이전 소비에트 연방, 영국, 폴란드, 중국 등의 인자점수는 높고, 아랍권 국가들의 점수는 낮은 것으로 판단되므로, **첫 번째 인자는 '전반적인 국력'을 나타내는 인자**임을 확인할 수 있다. 나머지 인자점수는 다음과 같다.

두 번째 인자 점수

NATION	FACTOR2	X1	X2	X3	X4	X5	X6	X7	X8	X9	X10
China	-1.67713	58	349	11	0	0	1	-41.7	3054	8.7	0
Egypt	-1.07038	134	923	5	1	1	1	-15.4	158	6.0	1
U.S.S.R.	-1.03293	749	6530	13	1	0	1	-41.7	34000	20.4	0
Poland	-0.99854	468	1892	9	0	0	1	-41.7	220	1.5	0
India	-0.76818	70	2689	10	0	2	0	-28.6	410	1.9	1
Indonesi	-0.31502	129	1601	8	0	1	0	-21.4	267	6.7	0
Burma	0.03995	51	407	4	0	1	0	-9.5	74	6.9	0
Jordan	0.41802	70	83	1	0	1	1	8.3	29	25.7	0
Netherla	0.45638	707	5395	6	1	2	0	52.3	468	6.1	1
Cuba	0.53344	359	1169	3	0	1	0	64.3	53	2.4	0
Israel	0.64240	515	415	2	1	2	1	42.9	33	2.7	1
Brazil	0.75407	91	2729	7	0	2	0	69.1	148	2.8	0
U.K.	1.37593	998	18677	12	1	2	1	69.0	3934	7.8	0
U.S.A.	1.64201	2334	26836	14	1	2	1	100.0	40641	12.2	1

세 번째 인자 점수

NATION	FACTOR3	X1	X2	X3	X4	X5	X6	X7	X8	X9	X10
Brazil	-1.15859	91	2729	7	0	2	0	69.1	148	2.8	0
U.K.	-1.07865	998	18677	12	1	2	1	69.0	3934	7.8	0
Indonesi	-0.79080	129	1601	8	0	1	0	-21.4	267	6.7	0
Burma	-0.72278	51	407	4	0	1	0	-9.5	74	6.9	0
Jordan	-0.65445	70	83	1	0	1	1	8.3	29	25.7	0
Cuba	-0.64312	359	1169	3	0	1	0	64.3	53	2.4	0
China	-0.47491	58	349	11	0	0	1	-41.7	3054	8.7	0
U.S.S.R.	-0.38171	749	6530	13	1	0	1	-41.7	34000	20.4	0
Poland	-0.36332	468	1892	9	0	0	1	-41.7	220	1.5	0
India	0.99100	70	2689	10	0	2	0	-28.6	410	1.9	1
Netherla	1.19365	707	5395	6	1	2	0	52.3	468	6.1	1
Israel	1.23551	515	415	2	1	2	1	42.9	33	2.7	1
U.S.A.	1.35106	2334	26836	14	1	2	1	100.0	40641	12.2	1
Egypt	1.49711	134	923	5	1	1	1	-15.4	158	6.0	1

네 번째 인자 점수

NATION	FACTOR4	X1	X2	X3	X4	X5	X6	X7	X8	X9	X10
India	-2.15187	70	2689	10	0	2	0	-28.6	410	1.9	1
Brazil	-1.49751	91	2729	7	0	2	0	69.1	148	2.8	0
U.K.	-0.59603	998	18677	12	1	2	1	69.0	3934	7.8	0
Indonesi	-0.45556	129	1601	8	0	1	0	-21.4	267	6.7	0
Netherla	-0.37702	707	5395	6	1	2	0	52.3	468	6.1	1
Israel	-0.10750	515	415	2	1	2	1	42.9	33	2.7	1
Egypt	0.00151	134	923	5	1	1	1	-15.4	158	6.0	1
Burma	0.05886	51	407	4	0	1	0	-9.5	74	6.9	0
China	0.16173	58	349	11	0	0	1	-41.7	3054	8.7	0
Jordan	0.60679	70	83	1	0	1	1	8.3	29	25.7	0
Cuba	0.77413	359	1169	3	0	1	0	64.3	53	2.4	0
U.S.S.R.	1.09552	749	6530	13	1	0	1	-41.7	34000	20.4	0
Poland	1.14527	468	1892	9	0	0	1	-41.7	220	1.5	0
U.S.A.	1.34167	2334	26836	14	1	2	1	100.0	40641	12.2	1

Variance explained by each factor

	FACTOR1	FACTOR2	FACTOR3	FACTOR4
Weighted	46.789547	24.606968	17.801623	85.153214
Unweighted	2.538829	1.300302	2.045623	1.847782

표준화 변수의 전체분산 중 공통인자 각각이 설명하는 부분을 나타내고 있다.

$$F_1 => \widehat{l_{11}^2} + \widehat{l_{21}^2} + \cdots + \widehat{l_{10\cdot 1}^2} = 2.538829$$

$$F_2 => \widehat{l_{12}^2} + \widehat{l_{22}^2} + \cdots + \widehat{l_{10\cdot 2}^2} = 1.300302$$

$$F_3 => \widehat{l_{13}^2} + \widehat{l_{23}^2} + \cdots + \widehat{l_{10\cdot 3}^2} = 2.045623$$

$$F_4 => \widehat{l_{14}^2} + \widehat{l_{24}^2} + \cdots + \widehat{l_{10\cdot 4}^2} = 1.847782$$

각 공통인자에 의하여 설명되는 전체 표준화된 표본분산의 비율

$$F_1 => \frac{\widehat{l_{11}^2} + \widehat{l_{21}^2} + \cdots + \widehat{l_{10 \cdot 1}^2}}{10} = 0.2538829 \; => \text{약 } 25\%$$

$$F_2 => \frac{\widehat{l_{12}^2} + \widehat{l_{22}^2} + \cdots + \widehat{l_{10 \cdot 2}^2}}{10} = 0.1300302 \; => \text{약 } 13\%$$

$$F_3 => \frac{\widehat{l_{13}^2} + \widehat{l_{23}^2} + \cdots + \widehat{l_{10 \cdot 3}^2}}{10} = 0.2045623 \; => \text{약 } 20\%$$

$$F_4 => \frac{\widehat{l_{14}^2} + \widehat{l_{24}^2} + \cdots + \widehat{l_{10 \cdot 4}^2}}{10} = 0.1847782 \; => \text{약 } 18\%$$

네 개의 공통인자에 의하여 총 분산에 대해 설명되는 **누적 설명 비율**은 약 76%이다.

```
Final Communality Estimates and Variable Weights
Total Communality: Weighted = 174.35135   Unweighted = 7.732536
                    X1         X2         X3         X4         X5
 Communality   0.992898   0.956895   1.000000   0.534959   1.000000
 Weight      140.80417   23.200201    .         2.150517    .
                    X6         X7         X8         X9        X10
 Communality   0.383563   0.875846   0.763668   0.224708   1.000000
 Weight        1.622385   8.053097   4.231034   1.289949    .
```

각 변수의 분산에 대하여 공통성의 최대우도 추정치를 나타내고 있다.

$$\widehat{h_1^2} = \widehat{l_{11}^2} + \widehat{l_{12}^2} + \widehat{l_{13}^2} + \widehat{l_{14}^2} = 0.992898$$

$$\vdots$$

$$\widehat{h_{10}^2} = \widehat{l_{10 \cdot 1}^2} + \widehat{l_{10 \cdot 2}^2} + \widehat{l_{10 \cdot 3}^2} + \widehat{l_{10 \cdot 4}^2} = 1.000001261 \; => 1$$

공통성이 큰 변수에 더 큰 가중치를 부여하면서 반복적으로 추정하는 과정에서 공통성의 추정치가 $\widehat{h_i^2} > 1$ 혹은 특정분산의 추정치가 음수 $\widehat{\psi}_i < 0$인 **헤이우드 상황**이 발생한 경우이다. 위의 자료에 대해서는 $\widehat{h_3^2}, \widehat{h_5^2}, \widehat{h_{10}^2}$에 대해 1 이상이 추정되어서 1로 대체하였다.

위와 같은 동일한 결론을 갖는다.

첫 번째 인자 *'전반적인 국력'*	두 번째 인자 *'U.N.에서 미국과의 협력 정도를 나타내는 성분'*
세 번째 인자 *'국제법 인정에 대한 성분'*	네 번째 인자 *'첫 번째 인자와 대비되는 성분'*

∴ 네 개의 공통인자에 의하여 총 분산에 대해 설명되는 **누적 설명 비율**은 약 76%이다.

인자를 배리맥스 방법에 의하여 회전

Orthogonal Transformation Matrix

	1	2	3	4
1	0.33734	0.25146	0.86580	-0.27085
2	0.55063	0.57518	-0.49180	-0.35228
3	0.76345	-0.53476	-0.02922	0.36100
4	-0.01188	-0.56566	-0.08757	-0.81989

배리맥스 회전에 사용된 직교변환행렬 G이다.

Rotated Factor Pattern

	FACTOR1	FACTOR2	FACTOR3	FACTOR4
X1	0.58785	0.57094	0.35229	0.44414
X2	0.71464	0.60583	0.17692	0.21877
X3	0.99342	-0.10000	-0.00677	0.05532
X4	0.27522	0.30158	0.57173	0.20343
X5	0.00494	0.74941	0.36015	-0.55557
X6	0.21245	-0.10494	0.16935	0.54656
X7	0.02799	0.92857	0.11227	-0.01460
X8	0.65280	0.18083	0.21184	0.50985
X9	0.04183	0.02739	-0.15962	0.44354
X10	0.01318	0.13957	0.96970	-0.20006

$$\hat{L}^* = \begin{pmatrix} 0.58785 & 0.57094 & 0.35229 & 0.44414 \\ 0.71464 & 0.60583 & 0.17692 & 0.21877 \\ 0.99342 & -0.10000 & -0.00677 & 0.05532 \\ 0.27522 & 0.30158 & 0.57173 & 0.20343 \\ 0.00494 & 0.74941 & 0.36015 & -0.55557 \\ 0.21245 & -0.10494 & 0.16935 & 0.54656 \\ 0.02799 & 0.92857 & 0.11227 & -0.01460 \\ 0.65280 & 0.18083 & 0.21184 & 0.50985 \\ 0.04183 & 0.02739 & -0.15962 & 0.44354 \\ 0.01318 & 0.13957 & 0.96970 & -0.20006 \end{pmatrix} \quad (F_1, F_2, F_3, F_4)$$

```
                    Variance explained by each factor

                        FACTOR1   FACTOR2   FACTOR3   FACTOR4
            Weighted   62.553097 61.709190 19.274563 30.814502
            Unweighted  2.392925  2.281743  1.663999  1.393869

              Final Communality Estimates and Variable Weights
      Total Communality: Weighted = 174.35135   Unweighted = 7.732536

                          X1         X2         X3         X4         X5
      Communality   0.992898   0.956895   1.000000   0.534959   1.000000
      Weight       140.80417  23.200201    .         2.150517    .

                          X6         X7         X8         X9        X10
      Communality   0.383563   0.875846   0.763668   0.224708   1.000000
      Weight        1.622385   8.053097   4.231034   1.289949    .
```

다음과 같은 결론을 내릴 수 있다.

첫 번째 인자 *'전반적인 국력'*	두 번째 인자 *'U.N.에서 미국과의 협력 정도를 나타내는 성분'*
세 번째 인자 *'국제법 인정에 대한 성분'*	네 번째 인자 *'외국과의 마찰과 반대집단 허용의 대비를 나타내는 성분'*

각 국가에 대한 인자점수

```
                 Standardized Scoring Coefficients

                   FACTOR1    FACTOR2    FACTOR3    FACTOR4
         X1        0.01407    0.67019    0.10375    0.97140
         X2        0.00175    0.08318    0.01288    0.12056
         X3        0.99673   -0.46625   -0.08585   -0.67570
         X4        0.00012    0.00552    0.00085    0.00800
         X5        0.12858    0.75252   -0.31371   -0.98711
         X6        0.00009    0.00433    0.00067    0.00627
         X7        0.00058    0.02768    0.00428    0.04012
         X8        0.00032    0.01518    0.00235    0.02201
         X9        0.00007    0.00310    0.00048    0.00449
         X10      -0.04646   -0.55200    1.10547   -0.02838
```

회귀적 방법에 의하여 추정된 표준화 인자점수계수를 표준화 변수의 선형결합계수로 사용하면 각 관측치에 대하여 인자점수를 구할 수 있다. 회전된 인자적 재행렬의 추정치로부터 인자점수함수는 다음과 같다.

$$\hat{f}_1^* = 0.01407z_1 + 0.00175z_2 + 0.99673z_3 + 0.00012z_4 + 0.12858z_5$$

$$+\,0.00009z_6+0.00058z_7+0.00032z_8+0.00007z_9-0.04646z_{10}$$

$$\hat{f}_2^*=0.67019z_1+0.08318z_2-0.46625z_3+0.00552z_4+0.75252z_5$$

$$+\,0.00433z_6+0.02768z_7+0.01518z_8+0.00310z_9-0.55200z_{10}$$

$$\hat{f}_3^*=0.10375z_1+0.01288z_2-0.08585z_3+0.00085z_4-0.31371z_5$$

$$+\,0.00067z_6+0.00428z_7+0.00235z_8+0.00048z_9+1.10547z_{10}$$

$$\hat{f}_4^*=0.97140z_1+0.12056z_2-0.67570z_3+0.00800z_4-0.98711z_5$$

$$+\,0.00627z_6+0.04012z_7+0.02201z_8+0.00449z_9-0.02838z_{10}$$

각 국가에 대한 인자점수

OBS	NATION	X1	X2	X3	X4	X5	X6	X7	X8	X9	X10	FACTOR1	FACTOR2	FACTOR3	FACTOR4
1	Brazil	91	2729	7	0	2	0	69.1	148	2.8	0	0.03109	0.75407	-1.15859	-1.49751
2	Burma	51	407	4	0	1	0	-9.5	74	6.9	0	-0.84638	0.03995	-0.72278	0.05886
3	China	58	349	11	0	0	1	-41.7	3054	8.7	0	0.66113	-1.67713	-0.47491	0.16173
4	Cuba	359	1169	3	0	1	0	64.3	53	2.4	0	-1.07662	0.53344	-0.64312	0.77413
5	Egypt	134	923	5	1	1	1	-15.4	158	6.0	1	-0.69920	-1.07038	1.49711	0.00151
6	India	70	2689	10	0	2	0	-28.6	410	1.9	1	0.65083	-0.76818	0.99100	-2.15187
7	Indonesi	129	1601	8	0	1	0	-21.4	267	6.7	0	0.10858	-0.31502	-0.79080	-0.45556
8	Israel	515	415	2	1	2	1	42.9	33	2.7	1	-1.24438	0.64240	1.23551	-0.10750
9	Jordan	70	83	1	0	1	1	8.3	29	25.7	0	-1.56025	0.41802	-0.65445	0.60679
10	Netherla	707	5395	6	1	2	0	52.3	468	6.1	1	-0.28587	0.45638	1.19365	-0.37702
11	Poland	468	1892	9	0	0	1	-41.7	220	1.5	0	0.19417	-0.99854	-0.36332	1.14527
12	U.S.S.R.	749	6530	13	1	0	1	-41.7	34000	20.4	0	1.15587	-1.03293	-0.38171	1.09552
13	U.K.	998	18677	12	1	2	1	69.0	3934	7.8	0	1.24718	1.37593	-1.07865	-0.59603
14	U.S.A.	2334	26836	14	1	2	1	100.0	40641	12.2	1	1.66386	1.64201	1.35106	1.34167

제8장

정준상관분석

8.1 서론

8.2 모집단 정준상관분석

8.3 정준구조행렬

8.4 표본 정준상관분석

8.5 변수군간의 상관검정

8.1 서론

정준상관분석은 호텔링(Hotelling)이 1935년에 처음으로 소개한 것으로, 적어도 2개 이상의 변수를 가진 두 변수군의 선형상관관계를 분석하는 다변량 기법의 하나이다. 즉, 독립변수군 $X_1,\ X_2,\ \ldots,\ X_p$과 종속변수군 $Y_1\cdot\ Y_2,\ \ldots,\ Y_q$ 사이의 상관구조를 설명하는 변수들의 선형결합을 찾는 방법으로 계산상의 어려움이나, 결과 해석의 어려움, 이론적 구조에 대한 이해의 부족 등으로 인하여 많이 이용하지 않았지만 다른 다변량 기법과 같이 최근의 통계 패키지의 발달에 따라 많이 이용되고 있는 중요한 기법이다.

종속변수가 2개 이상인 다중회귀 모형으로도 생각할 수 있으며 상관분석을 확장한 것으로 회귀분석, 판별분석, 주성분 분석, 인자분석 등에 연관이 많다. 예를 들어 헬스클럽에서 운동하는 사람을 대상으로 두 개의 변수군 즉, 신체변수군(키, 몸무게, 허리둘레)과 운동변수군(턱걸이, 윗몸일으키기, 허리굽히기) 사이에 관계를 좀더 세밀하게 측정하고 싶을 경우 정준상관분석을 이용한다. 구체적으로 이야기하면 한 변수군이 다른 변수군에 의한 어느 정도 예측이 되며 설명력은 얼마 정도인가? 또 어떤 한 변수가 그 변수가 속한 변수군에서 어느 정도의 설명력을 가지고 있나, 또 어떤 한 변수가 그 변수가 속하지 않은 다른 변수군을 얼마나 예측하고 설명하는가, 두 변수군 간의 관계를 어느 정도 설명하는가를 알기 위하여 정준상관분석을 한다.

8.2 모집단 정준상관분석

독립변수군 $\boldsymbol{X}=(X_1,\ X_2,\ \ldots,\ X_p)$와 종속변수군 $\boldsymbol{Y}=(Y_1\cdot\ Y_2,\ \ldots,\ Y_q)$가 있다고 하자. 이 경우 각각의 평균과 공분산 행렬은 다음과 같이 표시한다.

$$\boldsymbol{\mu}_X' = E(\boldsymbol{X}) = E(\mu_{X_1},\ \mu_{X_2},\ \ldots,\mu_{X_p})$$
$$\boldsymbol{\mu}_Y' = E(\boldsymbol{Y}) = E(\mu_{Y_1},\ \mu_{Y_2},\ \ldots,\mu_{Y_p})$$

$$\Sigma_{XX} = Cov(\boldsymbol{X}) = E(\boldsymbol{X}-\boldsymbol{\mu}_X)(\boldsymbol{X}-\boldsymbol{\mu}_X)'$$
$$\Sigma_{YY} = Cov(\boldsymbol{Y}) = E(\boldsymbol{Y}-\boldsymbol{\mu}_Y)(\boldsymbol{Y}-\boldsymbol{\mu}_Y)'$$
$$\Sigma_{XY} = \Sigma_{YX}' = Cov(\boldsymbol{X},\boldsymbol{Y}) = E(\boldsymbol{X}-\boldsymbol{\mu}_X)(\boldsymbol{Y}-\boldsymbol{\mu}_Y)'$$

따라서 두 변수군의 공분산행렬은 다음과 같이 표시할 수 있다.

Var.	$X_1 X_2 \cdots X_p$	$Y_1 Y_2 \cdots Y_q$
X_1 X_2 $\vdots$ X_p	Σ_{xx}	Σ_{xy}
Y_1 Y_2 $\vdots$ Y_q	Σ_{yx}	Σ_{yy}

여기서 벡터 $\boldsymbol{Y}$와 $\boldsymbol{X}$를 포함하는 변수벡터를 $\boldsymbol{U}$라 하면 $\boldsymbol{U}$에 대한 평균과 분산은 다음과 같다.

$$\boldsymbol{U} = (\boldsymbol{X} \ \ \boldsymbol{Y})$$
$$\boldsymbol{\mu}_U = E(\boldsymbol{U}) = \begin{bmatrix} E(\boldsymbol{X}) \\ E(\boldsymbol{Y}) \end{bmatrix} = \begin{bmatrix} \boldsymbol{\mu}_X \\ \boldsymbol{\mu}_Y \end{bmatrix}$$
$$\Sigma_U = E[(\boldsymbol{U}-\boldsymbol{\mu}_u)(\boldsymbol{U}-\boldsymbol{\mu}_u)'] = \begin{bmatrix} Cov(\boldsymbol{X}) & Cov(\boldsymbol{X},\boldsymbol{Y}) \\ Cov(\boldsymbol{Y},\boldsymbol{X}) & Cov(\boldsymbol{Y}) \end{bmatrix} = \begin{bmatrix} \Sigma_{XX} & \Sigma_{XY} \\ \Sigma_{YX} & \Sigma_{YY} \end{bmatrix}$$

두 변수군 사이의 연관관계는 두 집단간의 공분산행렬인Σ_{XY}의 값들을 보면 대략적으로 파악할 수 있다. 그러나 p와 q가 매우 큰 경우 Σ_{XY}를 통한 변수군 $\boldsymbol{X}$와 변수군 $\boldsymbol{Y}$의 정보를 얻어내기가 쉽지 않다. 따라서 차원 축소의 개념으로 선형변환을 통한 해석이 가능하다. 여기서 독립변수군은 $\boldsymbol{V}$로 종속변수군은 $\boldsymbol{W}$로 다음과 같이 선형결합으로 표시할 수 있다.

$$V = \boldsymbol{\alpha}_i'\boldsymbol{X} = \alpha_1 X_1 + \alpha_2 X_2 + \ldots + \alpha_p X_p$$
$$W = \boldsymbol{\beta}_i'\boldsymbol{Y} = \beta_1 Y_1 + \beta_2 Y_2 + \ldots + \beta_q Y_q$$

두 변수군의 선형결합 V와 W의 상관계수를 최대화시키는 계수벡터 $\boldsymbol{\alpha}$, $\boldsymbol{\beta}$를 구하는 것이 정준상관분석이다.

$$\rho(V, W) = \frac{\boldsymbol{\alpha}' \Sigma_{XY} \boldsymbol{\beta}}{\sqrt{(\boldsymbol{\alpha}' \Sigma_{XX} \boldsymbol{\alpha})(\boldsymbol{\beta}' \Sigma_{YY} \boldsymbol{\beta})}}$$

즉, 위의 두 변수군의 선형결합의 상관계수$\rho(V, W)$를 최대화하는 $\boldsymbol{\alpha}$, $\boldsymbol{\beta}$를 구하는 것이 정준상관분석이다. 그런데 어떤 경우에도 적용되는 일반성을 두기 위해서 다음과 같은 가정을 둔다.

$$E(V) = E(W) = 0 \quad V(V) = V(W) = 1$$

먼저 두 변수군의 선형결합의 상관계수 $\rho(V, W)$를 최대화하는 첫 벡터 $\boldsymbol{\alpha}_1$, $\boldsymbol{\beta}_1$를 첫 번째 모정준계수라 하고, 첫 번째 모정준계수로 이루어진 선형결합인 $V_1 = \boldsymbol{\alpha}_1' \boldsymbol{X}$, $W_1 = \boldsymbol{\beta}_1' \boldsymbol{Y}$를 첫 번째 모정준변수라 한다. 이 첫 번째 정준변수의 상관계수, 즉 $\rho_1 = \rho(V_1, W_1)$을 첫 번째 모정준상관계수라 한다.
첫 번째 (V_1, W_1)과 서로 독립인 상황하에 $\rho(V, W)$를 최대로 하는 $\boldsymbol{\alpha}_2$, $\boldsymbol{\beta}_2$를 두 번째 모정준계수라 하고, 이 두 번째 모정준계수로 이루어진 변수 $V_2 = \boldsymbol{\alpha}_2' \boldsymbol{X}$ $W_2 = \boldsymbol{\beta}_2' \boldsymbol{Y}$를 두 번째 모정준변수라 부른다. 또 이 두 번째 모정준변수와의 상관계수 $\rho_2 = \rho(V_2, W_2)$를 두 번째 모정준상관계수라 한다.
X의 변수가 p개 Y의 변수의 개수가 q개이므로 상관계수의 개수는 (p,q) 중에 적은 것만큼 정준상관계수가 가능하다. 즉, $i = \min(p,q)$이면 $\rho_1^2 \geqq \rho_2^2 \geqq \ldots \geqq \rho_i^2$이다.

정 리

$V = \boldsymbol{\alpha}' \boldsymbol{X}$와 $W = \boldsymbol{\beta}' \boldsymbol{Y}$ 사이의 상관계수를 최대하시키는 $\boldsymbol{\alpha}$와 $\boldsymbol{\beta}$값은 다음과 같다.

$$\boldsymbol{\alpha}' = \boldsymbol{e}_1' \Sigma_{XX}^{-1/2} \quad \boldsymbol{\beta}' = \boldsymbol{f}_1' \Sigma_{YY}^{-1/2}$$

따라서 첫 번째 정준변수 W_1와 V_1은 다음과 같다.

$$V_1 = \boldsymbol{e}_1' \Sigma_{XX}^{-1/2} \boldsymbol{X} \quad W_1 = \boldsymbol{f}_1' \Sigma_{YY}^{-1/2} \boldsymbol{Y}$$

이 된다.
따라서 k번째 정준변수 V_k와 W_k는 다음과 같다.

$$V_k = \boldsymbol{e}_k' \Sigma_{XX}^{-1/2} \boldsymbol{X} \quad W_k = \boldsymbol{f}_k' \Sigma_{YY}^{-1/2} \boldsymbol{Y}$$

여기서 $\boldsymbol{e}_1$는 다음 식에서 생성이 되는 고유값 λ_1에 의한 고유벡터이다.

$$|\Sigma_{XX}^{-1/2}\Sigma_{XY}\Sigma_{YY}^{-1}\Sigma_{YX}\Sigma_{XX}^{-1/2}-\lambda\mathbf{I}|=0$$

또 여기서 $\boldsymbol{f}_1$은 다음 식에서 생성이 되는 가장 큰 고유값λ_1에 대한 고유벡터이다.

$$|\Sigma_{YY}^{-1/2}\Sigma_{YX}\Sigma_{XX}^{-1}\Sigma_{XY}\Sigma_{YY}^{-1/2}-\lambda\mathbf{I}|=0$$

여기서 모정준변수는 다음과 같은 성질을 가진다.

$V(V_i)=V(W_i)=1$

$Corr(V_i, W_i)=\rho_i^*=\sqrt{\lambda_i}$

$Cov(V_i, V_j)=Corr(V_i, V_j)=0 \quad i\neq j$

$Cov(W_i, W_j)=Corr(W_i, W_j)=0 \quad i\neq j$

$Cov(V_i, W_j)=Corr(V_i, W_j)=0 \quad i\neq j$

표준화된 정준변수

각 변수별 측정치의 단위가 다를 경우 분산의 차이가 클 수가 있다. 이 경우 앞의 모든 다변량 분석에서와 같이 표준화할 필요가 있다. 즉, X와 Y를 표준화하여 X^*와 Y^*로 변환하였다면 다음과 같이 상관계수행렬을 구할 수 있다.

$$Cov(X^*, Y^*)=Corr(X, Y)=\rho_{UU}=\begin{bmatrix}\rho_{XX}\,\rho_{XY}\\ \rho_{YX}\,\rho_{YY}\end{bmatrix}$$

따라서 k번째 정준상관변수는 다음과 같다.

$$V_k=\boldsymbol{e}_k{}'\rho_{XX}^{-1/2}\boldsymbol{X}^* \quad W_k=\boldsymbol{f}_k{}'\rho_{YY}^{-1/2}\boldsymbol{Y}^*$$

여기서 $\boldsymbol{e}_k{}'$는 다음 식에서 생성되는 k번째 고유값 λ_k의 대한 고유벡터이다.

$$|\rho_{XX}^{-1/2}\rho_{XY}\rho_{YY}^{-1}\rho_{YX}\rho_{XX}^{-1/2}-\lambda\mathbf{I}|=0$$

또 $\boldsymbol{f}_k^*$은 다음 식에서 생성이 되는 k번째 고유값 λ_k에 대한 고유벡터이다.

$$|\rho_{YY}^{-1/2}\rho_{YX}\rho_{XX}^{-1}\rho_{YX}\rho_{XY}^{-1/2}-\lambda\mathbf{I}|=0$$

8.3 정준구조행렬

여기서는 정준변수와 실제변수(독립변수, 종속변수) 사이의 관계를 알아보고자 한다. 정준적재행렬은 각 변수군의 정준변수와 변수군 내 변수 사이의 상관관계를 말하는 것으로 서로 상관관계가 높으면 정준변수 내에 있는 변수가 정준변수에 큰 영향을 미친다. 또 정준교차행렬은 어느 한 변수군의 정준변수와 다른 변수군의 변수간의 상관관계를 나타내는 것으로 상관관계가 높으면 어느 한 변수군의 변수가 다른 집단의 정준변수에 역할이 크다고 볼 수 있다.

정준적재행렬을 계산하기 위하여 다음과 같은 정의를 다시 한 번 사용하자. 독립변수의 선형결합인 정준변수 V_i는 다음과 같이 쓸 수 있다.

$$V_1 = \boldsymbol{\alpha}_1{}'\boldsymbol{X} = \alpha_{11}X_1 + \alpha_{21}X_2 + ... + \alpha_{p1}X_p$$
$$V_2 = \boldsymbol{\alpha}_2{}'\boldsymbol{X} = \alpha_{12}X_2 + \alpha_{22}X_2 + ... + \alpha_{p2}X_p$$
$$\cdots$$
$$V_p = \boldsymbol{\alpha}_p{}'\boldsymbol{X} = \alpha_{1p}X_1 + \alpha_{2p}X_2 + ... + \alpha_{pp}X_p$$

종속변수의 선형결합인 정준변수 W_i는 다음과 같이 쓸 수 있다.

$$W_1 = \boldsymbol{\beta}_1{}'\boldsymbol{Y} = \beta_{11}Y_1 + \beta_{21}Y_2 + ... + \beta_{q1}Y_p$$
$$W_2 = \boldsymbol{\beta}_2{}'\boldsymbol{Y} = \beta_{12}Y_1 + \beta_{22}Y_2 + ... + \beta_{q2}Y_p$$
$$\cdots$$
$$W_q = \boldsymbol{\beta}_q{}'\boldsymbol{Y} = \beta_{1q}Y_1 + \beta_{2q}Y_2 + ... + \beta_{qq}Y_p$$

각 정준계수벡터를 다음과 같이 행렬 A와 B로 다시 쓸 수 있다.

$$A_{p\times p} = [\boldsymbol{\alpha}_1, ..., \boldsymbol{\alpha}_p]' \quad B_{q\times q} = [\boldsymbol{\beta}_1, ..., \boldsymbol{\beta}_q]'$$

따라서 각 정준변수벡터는 다음과 같다.

$$V_{p\times 1} = AX \quad W_{q\times 1} = BY$$

여기서 $\boldsymbol{V}$와 $\boldsymbol{X}$와의 관계를 알아보자. 특히, i번째 정준변수 V_i와 k번째 변수 X_k간의 단순상관계수인 정준적재는 다음과 같다.

$$\rho(V_i, X_k) = \frac{Cov(V_i, X_k)}{\sqrt{V(V_i)V(X_k)}} = \frac{Cov(V_i, X_k)}{\sigma_{xk}}$$

여기서 $V(V_i) = 1$이기 때문이다. 따라서 $\rho(V_i, X_k) = Cov(V_i, \sigma_{xk}^{-1} X_k)$이다. 따라서 k번째 X_k에 대한 표준편차의 역수 $\frac{1}{\sigma_k}$를 k번째 원소로 하는 p차원 직각행렬 $D_X^{-1/2}$를 다음과 같이 정의하자.

$$D_X^{-1/2} = \begin{bmatrix} \frac{1}{\sigma_{x1}} & \cdots & 0 \\ \cdots & \cdots & \cdots \\ 0 & \cdots & \frac{1}{\sigma_{xp}} \end{bmatrix}$$

따라서 정준변수벡터 $\boldsymbol{V}$와 변수벡터 $\boldsymbol{X}$의 상관행렬은 다음과 같다.

$$\rho(\boldsymbol{V}, \boldsymbol{X}) = Corr(\boldsymbol{V}, \boldsymbol{X}) = Cov(\boldsymbol{V}, D_X^{-1/2}\boldsymbol{X}) = Cov(\boldsymbol{AX}, D_X^{-1/2}\boldsymbol{X}) = \boldsymbol{A}\Sigma_{XX} D_X^{-1/2}$$

동일하게 정준변수벡터 $\boldsymbol{W}$와 변수벡터 $\boldsymbol{Y}$와의 상관계수를 구하면 다음과 같다.

$$\rho(\boldsymbol{W}, \boldsymbol{Y}) = Corr(\boldsymbol{W}, \boldsymbol{Y}) = Cov(\boldsymbol{W}, D_Y^{-1/2}\boldsymbol{Y}) = Cov(\boldsymbol{BY}, D_Y^{-1/2}\boldsymbol{Y}) = \boldsymbol{B}\Sigma_{YY} D_Y^{-1/2}$$

여기서 k번째 Y_k에 대한 표준편차의 역수 $\frac{1}{\sigma_k}$를 k번째 원소로 하는 q차원 직각행렬 $D_Y^{-1/2}$은 다음과 같이 정의한다.

$$D_Y^{-1/2} = \begin{bmatrix} \frac{1}{\sigma_{y1}} & \cdots & 0 \\ \cdots & \cdots & \cdots \\ 0 & \cdots & \frac{1}{\sigma_{yq}} \end{bmatrix}$$

여기서 $\boldsymbol{X}$와 $\boldsymbol{Y}$가 표준화된 것을 $\boldsymbol{X}^*$와 $\boldsymbol{Y}^*$로 표시하면 Σ_{XX}는 ρ_{XX}를 Σ_{YY}는 ρ_{YY}로 $D_X^{-1/2}$와 $D_y^{-1/2}$는 $\mathbf{I}$로 바뀐다. 따라서 $\boldsymbol{V}$와 $\boldsymbol{X}^*$, $\boldsymbol{W}$와 $\boldsymbol{Y}^*$간의 상관계수행렬은 다음과 같다.

$$\rho(\boldsymbol{V}, \boldsymbol{X}^*) = \boldsymbol{A}^*\rho_{XX} \quad \rho(\boldsymbol{W}, \boldsymbol{W}^*) = \boldsymbol{B}^*\rho_{YY}$$

여기서 $A^*= AD_X^{-1/2}$ $B^*= BD_Y^{-1/2}$이다.

정준교차행렬은 앞에서 언급한 대로 한 변수군의 정준변수와 다른 변수군 내의 변수간의 상관관계를 나타낸다. 먼저 V_i와 Y_k의 상관관계를 구해보자. 다음과 같은 식이 가능하다.

$$\rho(V_i, Y_k) = \frac{Cov(V_i, Y_k)}{\sqrt{V(V_i)V(Y_k)}} = \frac{Cov(V_i, Y_k)}{\sigma_{Yk}}$$

이는 앞선 정준적재행렬과 동일한 계산방법으로 정준변수벡터 $\boldsymbol{V}$와 다른 변수 벡터 $\boldsymbol{Y}$간의 정준교차행렬은 다음과 같이 쓸 수 있다.

$$\rho(\boldsymbol{V}, \boldsymbol{Y}) = Corr(\boldsymbol{V}, \boldsymbol{Y}) = Cov(\boldsymbol{AX}, D_Y^{-1/2}\boldsymbol{Y}) = \boldsymbol{A}\Sigma_{XY}D_Y^{-1/2}$$

또 동일하게 다음과 같다.

$$\rho(\boldsymbol{W}, \boldsymbol{X}) = Corr(\boldsymbol{W}, \boldsymbol{X}) = Cov(\boldsymbol{BY}, D_X^{-1/2}X) = \boldsymbol{B}\Sigma_{YX}D_X^{-1/2}$$

또한 모든 변수들이 $\boldsymbol{X}^*$와 $\boldsymbol{Y}^*$로 표준화되어 있다면 정준교차행렬을 다음과 같다.

$$\rho(\boldsymbol{V}, \boldsymbol{Y}^*) = \mathrm{A}^*\rho_{XY} \quad \rho(\boldsymbol{W}, \boldsymbol{X}^*) = \mathrm{B}^*\rho_{YX}$$

8.4 표본 정준상관분석

모집단의 정준상관분석인 경우에는 모든 모수를 안다고 가정을 한다. 그러나 실제에서는 모수를 대부분 모르는 경우가 많다. 따라서 표본으로 모수를 추정하여 사용하여야 한다. 본 절에서는 모수 대신에 표본을 통해 모수를 추정하여 정주상관분석을 하고자 한다. 모집단과 같이 독립변수군 $\boldsymbol{X}= (X_1, X_2, \ldots, X_p)$와 종속변수군 $\boldsymbol{Y}= (Y_1, Y_2, \ldots, Y_q)$가 있다고 하자. 이 경우 각각의 표본평균벡터와 표본 공분산행렬은 다음과 같이 표시한다.

$$\overline{\boldsymbol{X}}' = E(\boldsymbol{X}) = E(\overline{X_1}, \overline{X_2}, \ldots, \overline{X_p})$$

$$\overline{\boldsymbol{Y}}' = E(\boldsymbol{Y}) = E(\overline{Y_1},\ \overline{Y_2},\ \ldots, \overline{Y_p})$$

$$S_{XX} = Cov(\boldsymbol{X}) = E(\boldsymbol{X}-\overline{\boldsymbol{X}})(\boldsymbol{X}-\overline{\boldsymbol{X}})'$$

$$S_{YY} = Cov(\boldsymbol{Y}) = E(\boldsymbol{Y}-\overline{\boldsymbol{Y}})(\boldsymbol{Y}-\overline{\boldsymbol{Y}})'$$

$$S_{XY} = S_{YX}' = Cov(\boldsymbol{X},\boldsymbol{Y}) = E(\boldsymbol{X}-\overline{\boldsymbol{X}})(\boldsymbol{y}-\overline{\boldsymbol{Y}})'$$

모집단과 동일하게 다음과 같이 정준변수를 정의할 수 있다.

$$\widehat{V} = \widehat{\boldsymbol{\alpha}}_i' \boldsymbol{X} = \widehat{\alpha}_1 X_1 + \widehat{\alpha}_2 X_2 + \ldots + \widehat{\alpha}_p X_p$$

$$\widehat{W} = \widehat{\boldsymbol{\beta}}_i' \boldsymbol{Y} = \widehat{\beta}_1 Y_1 + \widehat{\beta}_2 Y_2 + \ldots + \widehat{\beta}_q Y_q$$

두 변수군의 선형결합 $\widehat{V}$와 $\widehat{W}$의 상관계수를 최대화시키는 계수벡터 $\widehat{\boldsymbol{\alpha}}, \widehat{\boldsymbol{\beta}}$를 구하는 것이 표본정준상관분석이다.

$$\rho(\widehat{V}, \widehat{W}) = \frac{\widehat{\boldsymbol{\alpha}}' S_{XY} \widehat{\boldsymbol{\beta}}}{\sqrt{(\widehat{\boldsymbol{\alpha}}' S_{XX} \widehat{\boldsymbol{\alpha}})(\widehat{\boldsymbol{\beta}}' S_{YY} \widehat{\boldsymbol{\beta}})}}$$

즉, 위의 두 변수군의 선형결합의 상관계수$\rho(\widehat{V}, \widehat{W})$를 최대화하는 $\widehat{\boldsymbol{\alpha}}$, $\widehat{\boldsymbol{\beta}}$를 구하는 것이 정준상관분석이다. 그런데 어떤 경우에도 적용되는 일반성을 두기 위해서 다음과 같은 가정을 둔다.

$$E(\widehat{V}) = E(\widehat{W}) = 0 \quad V(\widehat{V}) = V(\widehat{W}) = 1$$

먼저 두 변수군의 선형결합의 상관계수 $\rho(\widehat{V}, \widehat{W})$를 최대화하는 첫 벡터 $\widehat{\boldsymbol{\alpha}_1}$, $\widehat{\boldsymbol{\beta}_1}$의 선형결합인 $\widehat{V_1} = \widehat{\boldsymbol{\alpha}_1}' \boldsymbol{X}$, $\widehat{W_1} = \widehat{\boldsymbol{\beta}_1}' \boldsymbol{Y}$를 첫 번째 표본정준변수라 한다. 이 첫 번째 정준변수에 근거인 상관계수, 즉 $\widehat{\rho_1} = \rho(\widehat{V_1}, \widehat{W_1})$을 첫 번째 표본정준상관계수라 한다. 첫 번째 $(\widehat{V_1}, \widehat{W_1})$과 서로 독립인 상황하에 $\rho(\widehat{V}, \widehat{W})$를 최대로 하는 $\widehat{\boldsymbol{\alpha}_2}$, $\widehat{\boldsymbol{\beta}_2}$를 두 번째 표본정준계수라 하고 이 두 번째 표본정준계수로 이루어진 변수 $\widehat{V_2} = \widehat{\boldsymbol{\alpha}_2}' \boldsymbol{X}$ $\widehat{W_2} = \widehat{\boldsymbol{\beta}_2}' \boldsymbol{Y}$를 두 번째 표본정준변수라 부른다. 또 이 두 번째 표본정준변수와의 상관계수 $\widehat{\rho_2} = \rho(\widehat{V_2}, \widehat{W_2})$를 두 번째 표본정준상관계수라 한다.

정 리

$\widehat{V}=\widehat{\alpha}'\boldsymbol{X}$와 $\widehat{W}=\widehat{\beta}'\boldsymbol{Y}$사이의 상관계수를 최대화시키는 벡터 $\boldsymbol{\alpha}$와 $\boldsymbol{\beta}$값은 다음과 같다.

$$\widehat{\alpha}'=\widehat{e_1}'S_{XX}^{-1/2} \quad \widehat{\beta}'=\widehat{\boldsymbol{f}}_1'S_{YY}^{-1/2}$$

따라서 첫 번째 정준변수 $\widehat{W}_1$와 $\widehat{V}_1$은 다음과 같다.

$$\widehat{V}_1=\widehat{e_1}'S_{XX}^{-1/2}\boldsymbol{X} \quad \widehat{W}_1=\widehat{\boldsymbol{f}}_1'S_{YY}^{-1/2}\boldsymbol{Y}$$

이 된다.

따라서 k번째 정준변수 $\widehat{V}_k$와 $\widehat{W}_k$는 다음과 같다.

$$\widehat{V}_k=\widehat{\boldsymbol{e}_k}'S_{XX}^{-1/2}\boldsymbol{X} \quad \widehat{W}_k=\widehat{\boldsymbol{f}}_k'S_{YY}^{-1/2}\boldsymbol{Y}$$

여기서 $\widehat{e_1}$는 다음 식에서 생성이 되는 고유값 $\widehat{\lambda}_1$에 의한 고유벡터이다.

$$|\mathrm{S}_{\mathrm{XX}}^{-1/2}\mathrm{S}_{\mathrm{XY}}\mathrm{S}_{\mathrm{YY}}^{-1}\mathrm{S}_{\mathrm{YX}}\mathrm{S}_{\mathrm{XX}}^{-1/2}-\hat{\lambda}\mathbf{I}|=0$$

또 여기서 $\widehat{\boldsymbol{f}}_1$은 다음 식에서 생성이 되는 가장 큰 고유값 $\widehat{\lambda}_1$에 대한 고유벡터이다.

$$|\mathrm{S}_{\mathrm{YY}}^{-1/2}\mathrm{S}_{\mathrm{YX}}\mathrm{S}_{\mathrm{XX}}^{-1}\mathrm{S}_{\mathrm{XY}}\mathrm{S}_{\mathrm{YY}}^{-1/2}-\hat{\lambda}\mathbf{I}|=0$$

표준화된 정준변수

모집단에서와 같이 표본도 변수의 다를 경우에 표준화가 필요하다. X와 Y를 표준화하여 X^*와 Y^*로 변환하였다면 다음과 같이 상관계수행렬을 구할 수 있다.

$$\widehat{Cov}(X^*, Y^*)=\widehat{Corr}(X, Y)=R_{UU}=\begin{bmatrix} R_{XX} & R_{XY} \\ R_{YX} & R_{YY} \end{bmatrix}$$

따라서 k번째 표본 정준상관변수는 다음과 같다.

$$\widehat{V}_k=\widehat{\boldsymbol{e}_k}'R_{XX}^{-1/2}\boldsymbol{X}^* \quad \widehat{W}_k=\widehat{\boldsymbol{f}}_k'R_{YY}^{-1/2}\boldsymbol{Y}^*$$

여기서 $\widehat{\boldsymbol{e}_k}'$을 다음 식에서 생성되는 k번째 고유값 $\widehat{\lambda}_k$의 대한 고유벡터이다.

$$|\mathrm{R}_{\mathrm{XX}}^{-1/2}\mathrm{R}_{\mathrm{XY}}\mathrm{R}_{\mathrm{YY}}^{-1}\mathrm{R}_{\mathrm{YX}}\mathrm{R}_{\mathrm{XX}}^{-1/2}-\hat{\lambda}\mathbf{I}|=0$$

또 $\widehat{\boldsymbol{f}}_k'$은 다음 식에서 생성이 되는 k번째 고유값 $\widehat{\lambda}_k$에 대한 고유벡터이다.

$$|\mathrm{R}_{YY}^{-1/2}\mathrm{R}_{YX}\mathrm{R}_{XX}^{-1}\mathrm{R}_{YX}\mathrm{R}_{XY}^{-1/2}-\hat{\lambda}\mathrm{I}|=0$$

표본 정준적재행렬과 표본 정준교차행렬

여기서도 모집단의 경우와 거의 비슷하다. 다음과 같이 표본 정준계수벡터를 다음과 같이 행렬 A와 B로 다시 쓸 수 있다.

$$\widehat{A_{p\times p}}=[\widehat{\boldsymbol{\alpha}_1},\dots,\widehat{\boldsymbol{\alpha}_p}]' \quad \widehat{B_{q\times q}}=[\widehat{\boldsymbol{\beta}_1},\dots,\widehat{\boldsymbol{\beta}_q}]'$$

따라서 각 정준변수벡터는 다음과 같다.

$$\widehat{V_{p\times 1}}=\hat{A}X \quad \widehat{W_{q\times 1}}=\hat{B}Y$$

여기서 $\boldsymbol{V}$와 $\boldsymbol{X}$와의 관계를 알아보자. 특히, i번째 정준변수 V_i와 k번째 변수 X_k간의 단순상관계수인 정준적재는 다음과 같다.

$$\rho(\widehat{V_i},\widehat{X_k})=\frac{Cov(\widehat{V_i},X_k)}{\sqrt{V(\widehat{V_i})V(X_k)}}=\frac{Cov(\widehat{V_i},X_k)}{s_{xk}}$$

따라서 표본정준변수벡터 $\widehat{\boldsymbol{V}}$와 변수벡터 $\boldsymbol{X}$의 상관행렬은 다음과 같다.

$$R(\widehat{\boldsymbol{V}},X)=Cov(\hat{\boldsymbol{A}}\widehat{V},\widehat{D_X^{-1/2}}\boldsymbol{X})=\hat{\boldsymbol{A}}S_{XX}\widehat{D_X^{-1/2}}$$

여기서 k번째 X_k에 대한 표준편차의 역수 $\frac{1}{s_k}$를 k번째 원소로 하는 p차원 직각행렬 $\widehat{D_X^{-1/2}}$은 다음과 같이 정의한다.

$$\widehat{D_X^{-1/2}}=\begin{bmatrix}\frac{1}{s_{x1}} & \dots & 0\\ \dots & \dots & \dots\\ 0 & \dots & \frac{1}{s_{xp}}\end{bmatrix}$$

동일하게 표본정준변수벡터 $\widehat{\boldsymbol{W}}$와 변수벡터 $\boldsymbol{Y}$와의 상관계수를 구하면 다음과 같다.

$$R(\widehat{\boldsymbol{W}},Y)=Cov(\hat{\boldsymbol{B}}\boldsymbol{Y},\widehat{D_Y^{-1/2}}\boldsymbol{Y})=\hat{\boldsymbol{B}}S_{YY}\widehat{D_Y^{-1/2}}$$

여기서 $\boldsymbol{X}$와 $\boldsymbol{Y}$가 표준화된 것을 $\boldsymbol{X}^*$와 $\boldsymbol{Y}^*$로 표시하면 S_{XX}는 R_{XX}를 S_{YY}

는 R_{YY}로 $\widehat{D_X^{-1/2}}$와 $\widehat{D_y^{-1/2}}$는 I로 바뀐다. 따라서 $\hat{V}$와 X^*, $\widehat{W}$와 Y^*간의 상관계수행렬은 다음과 같다.

$$R(\hat{V}, X^*) = \widehat{A^*} R_{XX} \quad R(\widehat{W}, Y^*) = \widehat{B^*} R_{YY}$$

여기서 $\widehat{A^*} = \hat{A}\widehat{D_X^{-1/2}}$ $\widehat{B^*} = \hat{B}\widehat{D_Y^{-1/2}}$이다.

표본정준교차행렬은 앞에서 언급한 대로 한 변수군의 정준변수와 다른 변수군 내의 변수간의 상관관계를 나타낸다.

이는 앞선 정준적재행렬과 동일한 계산방법으로 정준변수벡터 $\hat{V}$와 다른 변수벡터 Y간의 정준교차행렬은 다음과 같이 쓸 수 있다.

$$R(\hat{V}, Y) = Cov(\hat{A}X, \widehat{D_Y^{-1/2}}Y) = \hat{A}S_{XY}\widehat{D_Y^{-1/2}}$$

또 동일하게 다음과 같다.

$$\rho(\widehat{W}, X) = Cov(\hat{B}Y, \widehat{D_X^{-1/2}}X) = \hat{B}S_{YX}\widehat{D_X^{-1/2}}$$

또한 모든 변수들이 X^*와 Y^*로 표준화되어 있다면 표본 정준교차행렬은 다음과 같다.

$$R(\hat{V}, Y^*) = \widehat{A^*} R_{XY} \quad R(\widehat{W}, X^*) = \widehat{B^*} R_{YX}$$

8.5 변수군간의 상관검정

만일 두 변수군 X와 Y 사이에 상관이 없다면, 즉 두 변수군의 공분산행렬이 $\Sigma_{xy} = 0$이 되는 경우로 정준상관계수들은 모두 0이 되기 때문에 정준상관분석을 수행할 필요가 없다. 따라서 정준분석을 할 때 두 변수군 사이에 상관관계가 유의한지를 통계적으로 검정할 필요가 있다. 검정시 두 변수군에 대하여 요구되는 가정은 변수벡터가 다변량 정규분포를 따른다는 것이다. 또한 표본의 크기가 충분히 큰 대표본인 경우에 적용이 가능하다.

귀무가설과 대립가설은 다음과 같다.

$$H_0 : \Sigma_{xy} = 0 \quad v.s \quad H_1 : \Sigma_{yx} \neq 0$$

우도비인 윅스(Wilks) Λ는 다음과 같이 표시된다.

$$\Lambda = (1 - \hat{\rho}_2^{*2})$$

또 우도비 Λ의 함수인 F-검정통계량은 다음과 같다.

$$F^* = \frac{[(1 - \Lambda^{1/3}) / pq]}{[\Lambda^{1/3} / \{ms - (pq/2) + 1\}]}$$

이는 귀무가설이 사실일 때 F는 다음과 같은 분자의 자유도가 pq이고 분모의 자유도가 $ms - (pq/2) + 1$인 F분포에 근사한다. 또 여기서 m과 s는 다음과 같다.

$$m = n - 1.5 - (p + q) / 2, \ \ s = \sqrt{p^2q^2 - 4} \ / \ \sqrt{p^2 + q^2 - 5}$$

따라서 검정통계량 F^*이 유의수준 α에서 얻어지는 기각치 $F(\alpha, pq, ms - (pq/2) + 1)$보다 크면 귀무가설을 기각한다. 이 경우에 정준상관분석이 가능하다. 기각이 채택이 되는 경우에는 정준상관분석이 의미가 없다.

연습문제

【1】 다음은 워(Waugh, 1942) 자료로 육류소비에 관한 1921년부터 1940년도까지의 자료이다. 먼저 두 변수군간의 상관계수행렬이 0인지를 검정하고 정준상관계수를 구하여라. 또 각 변수를 표준화하였을 때 정준상관계수를 구하라. 마지막으로 정준적재행렬과 정준교차행렬을 구하여라.

변수정의

X1	X2	Y1	Y2
소고기 가격	돼지 가격	1인당 소고기소비량	1인당 돼지고기소비량

년도	X1	X2	Y1	Y2
1921	8.41	8.73	55.7	65.0
1922	8.68	9.26	59.2	65.9
1923	8.22	6.60	59.8	74.5
1924	8.24	7.23	59.9	74.7
1925	8.64	10.04	60.0	67.3
1926	7.63	9.95	60.7	64.6
1927	9.50	8.32	54.9	68.2
1928	11.41	7.56	49.0	71.3
1929	10.49	7.93	49.8	69.8
1930	9.84	8.51	48.9	67.0
1931	9.20	7.03	48.5	68.3
1932	10.58	6.05	46.7	70.6
1933	8.92	6.48	51.4	69.9
1934	9.52	6.55	55.8	64.2
1935	12.76	11.53	53.5	48.6
1936	9.47	10.62	58.8	55.6

1937	11.37	9.93	55.3	55.9
1938	10.10	8.70	54.5	58.3
1939	9.88	6.66	54.5	64.4
1940	9.91	5.42	55.2	72.5

【2】 다음은 아미타지(Armitage, 1971) 자료로 지정된 기간에 부모와 자녀 3명의 폐렴대해 나타나는 일종의 검사 숫자이다. 먼저 두 변수군간의 상관계수행렬이 0인지를 검정하고 정준상관계수를 구하여라. 또 각 변수를 표준화하였을 때 정준상관계수를 구하라. 마지막으로 정준적재행렬과 정준교차행렬을 구하여라.

변수정의

X1	X2	Y1	Y2	Y3
부	모	자녀1	자녀2	자녀3

X1	X2	Y1	Y2	Y3
5	7	6	25	19
11	8	11	33	35
3	12	19	6	21
3	19	12	17	17
10	9	15	11	17
9	0	6	9	5
11	7	7	15	13
10	5	8	13	17
5	4	3	18	10
1	9	4	16	8
5	5	10	16	20
7	3	13	17	18
6	3	5	7	3
9	6	6	14	10
2	2	6	15	8
0	2	10	16	21
3	2	0	3	14
6	2	4	7	20

【SAS 프로그램 예제】

【SAS 예 8.1】 다음은 남서부 대학의 오른손잡이인 심리학과 학생 40명을 표본으로 삼았다. 즉, 어휘, 유사성, 벽돌 그림, 그림완성에 대한 하부 테스트들을 주제로 삼았다. 조사자들은 이 주제들의 뇌 크기를 제한하기 위해 MRI를 이용했다. 성과 신체 치수의 정보 또한 포함한다. 조사자들은 두 명의 몸무게와 한 명의 키에 대해서 신뢰성을 이유로 밝히지 않았다. 또한 조사자들은 주제들에 대한 뇌의 크기를 정하기 위해 MRI를 이용했다)

Y : 종속변수	Weight : 몸무게	Height : 키		
X : 독립변수	FSIQ : 총 IQ	VIQ : 언어 IQ	PIQ : 행동 IQ	MRI :총 픽셀수

먼저 두 변수군간에 상관관계가 없는지 ($H_0 : \Sigma_{yx} = 0$)를 검정하고 표본정준상관계수를 구하여라. 표준화된 자료로 표본정준변수를 구하고 표본정준적재행렬과 표본정준교차행렬을 구하라.

Gender	FSIQ	VIQ	PIQ	Weight	Height	MRI_Count
Female	133	132	124	118	64.5	816932
Male	140	150	124	?	72.5	1001121
Male	139	123	150	143	73.3	1038437
Male	133	129	128	172	68.8	965353
Female	137	132	134	147	65.0	951545
Female	99	90	110	146	69.0	928799
Female	138	136	131	138	64.5	991305
Female	92	90	98	175	66.0	854258
Male	89	93	84	134	66.3	904858
Male	133	114	147	172	68.8	955466
Female	132	129	124	118	64.5	833868
Male	141	150	128	151	70.0	1079549
Male	135	129	124	155	69.0	924059
Female	140	120	147	155	70.5	856472
Female	96	100	90	146	66.0	878897
Female	83	71	96	135	68.0	865363
Female	132	132	120	127	68.5	852244
Male	100	96	102	178	73.5	945088
Female	101	112	84	136	66.3	808020
Male	80	77	86	180	70.0	889083

Male	83	83	86	?	?	892420
Male	97	107	84	186	76.5	905940
Female	135	129	134	122	62.0	790619
Male	139	145	128	132	68.0	955003
Female	91	86	102	114	63.0	831772
Male	141	145	131	171	72.0	935494
Female	85	90	84	140	68.0	798612
Male	103	96	110	187	77.0	1062462
Female	77	83	72	106	63.0	793549
Female	130	126	124	159	66.5	866662
Female	133	126	132	127	62.5	857782
Male	144	145	137	191	67.0	949589
Male	103	96	110	192	75.5	997925
Male	90	96	86	181	69.0	879987
Female	83	90	81	143	66.5	834344
Female	133	129	128	153	66.5	948066
Male	140	150	124	144	70.5	949395
Female	88	86	94	139	64.5	893983
Male	81	90	74	148	74.0	930016
Male	89	91	89	179	75.5	935863

〈프로그램〉

```
data can;
input FSIQ VIQ PIQ Weight Height MRI;
cards;
133  132  124  118  64.5   816932
140  150  124   .   72.5  1001121
139  123  150  143  73.3  1038437
133  129  128  172  68.8   965353
137  132  134  147  65.0   951545

  ⋮

133  129  128  153  66.5   948066
140  150  124  144  70.5   949395
 88   86   94  139  64.5   893983
 81   90   74  148  74.0   930016
 89   91   89  179  75.5   935863
;

proc cancorr simple c red;
var FSIQ VIQ PIQ MRI;
with Weight Height;
run;
```

〈SAS 결과〉

```
                         Means and Standard Deviations

       4 'VAR' Variables
       2 'WITH' Variables
      38 Observations

                    Variable            Mean            Std Dev

                    FSIQ          113.552632          23.815391
                    VIQ           112.131579          22.939605
                    PIQ           111.342105          22.597867
                    MRI               906754              72562
                    WEIGHT        151.052632          23.478509
                          HEIGHT       68.421053           3.993790
```

5개 변수들의 평균과 표준편차의 단순 요약통계값이다. 변수들의 측정단위가 서로 다르고, 변수들의 표준편차의 크기가 서로 큰 차이가 있기 때문에 정준상관분석을 실시할 때에는 원래 변수보다는 표준화 변수를 이용하는 것이 바람직하다고 생각된다.

```
                    Correlations Among the Original Variables

                  Correlations Among the 'VAR' Variables  ↦ ①

                   FSIQ           VIQ           PIQ           MRI
      FSIQ        1.0000        0.9451        0.9344        0.3337
      VIQ         0.9451        1.0000        0.7760        0.3003
      PIQ         0.9344        0.7760        1.0000        0.3778
      MRI         0.3337        0.3003        0.3778        1.0000

                  Correlations Among the 'WITH' Variables  ↦ ②

                                WEIGHT        HEIGHT
                  WEIGHT        1.0000        0.6996
                  HEIGHT        0.6996        1.0000

    Correlations Between the 'VAR' Variables and the 'WITH' Variables  ↦ ③

                                WEIGHT        HEIGHT
                  FSIQ         -0.0515       -0.1184
                  VIQ          -0.0761       -0.1190
                  PIQ           0.0025       -0.0932
                  MRI           0.5134        0.5884
```

①은 독립변수들의 집단인 독립변수군 내 표본상관행렬 R_{xx}를 의미한다.

②는 종속변수들의 집단인 종속변수군 내 표본상관행렬 R_{yy}를 의미한다.

③은 두 변수군간 표본상관행렬 R_{yx}를 의미한다.

독립변수군 내 표본상관행렬에서 가장 큰 표본상관계수는 FSIQ와 VIQ 사이의 0.9451이고, FSIQ와 PIQ 사이의 0.9344이다. 종속변수군의 몸무게(Weight)와 키(Height) 사이의 표본상관계수는 0.6996으로서 보통 이상으로 얻어졌다. 두 변수군간 표본상관행렬에서 가장 큰 표본상관계수는 MRI와 몸무게 사이의 0.5134와, MRI와 키 사이의 0.5884로서 보통 이상으로 얻어졌다.

귀무가설 $H_0: \Sigma_{xy} = 0$를 검정

```
            Test of H0: The canonical correlations in the
               current row and all that follow are zero

          Likelihood
             Ratio      Approx F     Num DF     Den DF     Pr > F
     1   0.47799335      3.5712          8         64     0.0018  ②
     2   0.96593671      0.3879          3         33     0.7624  ③

              Multivariate Statistics and F Approximations
                       S=2     M=0.5     N=15

Statistic                      Value          F     Num DF    Den DF  Pr > F
Wilks' Lambda             0.47799335     3.5712          8        64  0.0018  ①
Pillai's Trace            0.53921373     3.0453          8        66  0.0056
Hotelling-Lawley Trace    1.05608073     4.0923          8        62  0.0006
Roy's Greatest Root       1.02081622     8.4217          4        33  0.0001
```

♧ 두 개 변수군 Y와 X 사이에 상관관계가 없다면 두 변수군간 공분산행렬은 $\Sigma_{xy} = 0$이 되는 경우로 정준상관계수들은 모두 0이 되기 때문에 정준상관분석을 수행할 필요가 없다. 따라서 정준분석을 검정할 때 변수군 사이에 유의한 상관관계가 존재하는지 여부를 통계적으로 검정할 필요가 있다.

①의 결과

가설은 다음과 같이 세울 수 있다.

$$H_0: \Sigma_{xy} = 0 \quad v.s \quad H_1: \Sigma_{xy} \neq 0$$

윅스에 의하여 제안된 우도비인 윅스 Λ는 0.47799335이며, 우도비 Λ의 함수인 F-검정통계량은 3.5712이다. 검정통계량에 대한 p-값은 0.0018으로서 **귀무가설을 강력하게 기각**한다. 그러므로 **두 개 변수군 사이에 유의한 상관관계가 존재**한다.

정준상관계수에 대한 유의성 검정 결과

②의 결과

가설은 다음과 같이 세울 수 있다.

$$H_0^{(1)}: \rho_1^* = \rho_2^* = 0 \quad v.s. \quad H_1^{(1)}: \text{적어도 하나의 } \rho_i^* \neq 0$$

검정통계량은 $\Lambda = \prod_{i=1}^{2}(1-\widehat{\rho_i^{*2}}) = (1-0.505150)\times(1-0.034063) = 0.477993924$ 이다. (아래의 정준변수의 결과에서 $\widehat{\rho_1^{*2}} = 0.505150$ $\widehat{\rho_2^{*2}} = 0.034063$)

따라서 검정통계량의 값은 $F^* = 3.5712$ 이다. 결론적으로 p-값이 0.0018이므로 귀무가설을 매우 강하게 기각할 수는 있다.

③의 결과

가설은 다음과 같이 세울 수 있다

$$H_0^{(2)}: \rho_2^* = 0 \quad v.s. \quad H_1^{(2)}: \rho_2^* \neq 0$$

검정통계량은 $\Lambda = (1-\widehat{\rho_2^{*2}}) = (1-0.034063) = 0.965937$

이다. (아래의 정준변수의 결과에서 $\widehat{\rho_2^{*2}} = 0.034063$)

따라서 검정통계량의 값은 $F^* = 0.3879$ 이다. 결론적으로 p-값이 0.7624이므로 귀무가설을 기각할 수 없다. 따라서 **두 번째 정준상관계수는 두 변수군의 연관성을 파악하는 데 유의하지 않다.**(이제부터 첫 번째 정준상관계수만이 고려될 것이다.)

표본정준상관계수

Canonical Correlation Analysis

	Canonical Correlation	Adjusted Canonical Correlation	Approx Standard Error	Squared Canonical Correlation
1	0.710739	0.677184	0.081353	0.505150
2	0.184562	0.050583	0.158799	0.034063

위에서 두 표준화 변수군에서 유도된 정준변수 짝 사이의 상관계수인 표본정준상관계수를 의미한다.

$$Corr(\widehat{W}_1, \widehat{V}_1) = \hat{\rho}_1^* = 0.710739 \qquad Corr(\widehat{W}_2, \widehat{V}_2) = \hat{\rho}_2^* = 0.184562$$

첫 번째 표본정준상관계수는 0.710739로 높으나, 두 번째 표본정준상관계수는 0.184562로 비교적 작은 값을 갖는다. 따라서 첫 번째 정준변수 짝이 두 변수군의 연관관계를 설명 하는데 크게 기여를 하고, 두 번째 정준변수 짝은 기여도가 작다고 판단할 수 있다.

따라서 '**두 번째 정준상관변수들의 짝은 두 변수군 사이의 연관성에 대한 정보는 작기 때문에 첫 번째 정준변수짝만을 분석대상**'으로 삼게 된다.

표준화 변수에 대한 표본정준변수

〈 표본정준계수 〉

Standardized Canonical Coefficients for the 'VAR' Variables

	V1	V2
FSIQ	3.1997	-9.4600
VIQ	-1.9826	4.4583
PIQ	-1.9893	5.9906
MRI	1.1260	-0.0953

독립변수의 군에서 유도된 **표본정준변수**를 의미한다.

$$\widehat{V}_1 = 3.1997FSIQ^* - 1.9826\,VIQ^* - 1.9893PIQ^* + 1.1260MRI^*$$

첫 번째 표본정준변수 $\widehat{V}_1$는 FSIQ(총 IQ)에 가장 큰 가중치를 두고 있다. 첫 번째 표본정준변수에 대해 작은 영향을 끼치는 변수는 없으며, VIQ(언어 IQ)와 PIQ(행동 IQ)는 첫 번째 표본정준변수와 음의 관계를 가지고 있다. 그러므로 총 IQ와 MRI는 $\widehat{V}_1$을 증가시키는 변수이며, 언어 IQ와 행동 IQ는 $\widehat{V}_1$를 감소시키는 변수이다.

《 표본정준적재 》

Correlations Between the 'VAR' Variables and Their Canonical Variables

	V1	V2
FSIQ	-0.1572	0.3196
VIQ	-0.1641	0.1377
PIQ	-0.1126	0.5746
MRI	0.8469	0.3496

독립변수군에서 유도된 정준변수와 그 군의 변수 사이의 상관관계를 나타내는 **표본정준적재**값을 의미한다.

$r(\widehat{V}_1, FSIQ^*) = -0.1572$	$r(\widehat{V}_1, VIQ^*) = -0.1641$
$r(\widehat{V}_1, PIQ^*) = -0.1126$	$r(\widehat{V}_1, MRI^*) = 0.8469$

첫 번째 표본정준변수 $\widehat{V}_1$은 MRI 변수와 가장 높은 양의 상관관계를 가지고 있다. FSIQ 변수에 대해 표본정준계수의 결과와 상반되는 결과가 나왔다. 정준계수는 변수들의 다중공선성의 영향으로 기대했던 부호와 반대의 결과가 나오게 되었다.

∴ 《표본정준계수와 표본정준적재》의 결과를 종합하면 표본정준변수 $\widehat{V}_1$의 값은 MRI가 클수록 큰 값을 갖게 된다. 따라서 $\widehat{V}_1$의 값이 클수록 '**18 MRI에 찍히는 픽셀의 수**'가 많은 사람을 의미한다고 할 수 있다.

《 표본정준계수 》

```
Standardized Canonical Coefficients for the 'WITH' Variables

                         W1             W2

          WEIGHT       0.1823         1.3876
          HEIGHT       0.8639        -1.1011
```

종속변수군에서 유도된 **표본정준변수**를 의미한다.

$$\widehat{W_1} = 0.1823\, Weight^* + 0.8639 Height^*$$

두 번째 표본정준변수 $\widehat{W_1}$는 변수 키(Height)에 가장 큰 가중치를 두고 있다. 또한 두 변수 모두 양의 부호를 가지고 있으므로, $\widehat{W_1}$를 증가시키는 변수들이다.

《 표본정준적재 》

```
Correlations Between the 'WITH' Variables and Their Canonical Variables

                         W1             W2

          WEIGHT       0.7867         0.6173
          HEIGHT       0.9915        -0.1303
```

둘째 아들의 군에서 유도된 정준변수와 그 변수군의 변수 사이의 상관관계를 나타내는 **표본정준적재**값을 의미한다.

$r(\widehat{W_1},\ Weight^*) = 0.7867$	$r(\widehat{W_1},\ Height^*) = 0.9915$

두 번째 표본정준변수 $\widehat{W_1}$는 키 변수에 가장 높은 상관관계(거의 1에 가까운)를 가지고 있다. 또한 몸무게 변수도 비교적 높은 상관관계(약 0.8)를 가지고 있다. 두 변수 모두 양의 부호를 가지고 있다.

∴ 《표본정준계수와 표본정준적재》의 결과를 종합하면 표본정준변수 $\widehat{W_1}$의 값은 키가 클수록 양의 큰 값을 갖게 된다. 따라서 $\widehat{W_1}$의 값이 클수록 '키'가 큰 사람을 의미한다.

〈표본정준교차〉

Correlations Between the 'VAR' Variables and
the Canonical Variables of the 'WITH' Variables

	W1	W2
FSIQ	-0.1117	0.0590
VIQ	-0.1167	0.0254
PIQ	-0.0800	0.1061
MRI	0.6019	0.0645

종속변수군에서 유도된 표본정준변수와 독립변수군의 변수들 사이의 상관관계인 **표본정준교차적재값**을 나타내고 있다.

$r(\widehat{W}_1, FSIQ^*) = -0.1117$	$r(\widehat{W}_1, VIQ^*) = -0.1167$
$r(\widehat{W}_1, PIQ^*) = -0.0800$	$r(\widehat{W}_1, MRI^*) = 0.6019$

종속변수군에서 유도된 첫 번째 표본정준변수 $\widehat{W}_1$는 독립변수군의 MRI 변수와 가장 큰 상관관계(0.6019)에 있음을 알 수 있다.

∴ $\widehat{W}_1$의 값이 클수록 '키'가 큰 사람을 의미하므로, 키가 큰 사람일수록 '18 MRI에 **찍히는 픽셀의** 수'는 증가한다.

Correlations Between the 'WITH' Variables and
the Canonical Variables of the 'VAR' Variables

	V1	V2
WEIGHT	0.5592	0.1139
HEIGHT	0.7047	-0.0240

독립변수군에서 유도된 표본정준변수와 종속변수군의 변수들 사이의 상관관계인 **표본정준교차**값을 나타내고 있다.

$r(\widehat{V}_1, Weight^*) = 0.5592$	$r(\widehat{V}_1, Height^*) = 0.7047$

독립변수군에서 유도된 첫 번째 표본정준변수 $\widehat{V}_1$는 종속변수군의 키에 높은

양의 상관관계(0.7047)를 보이고 있다.

∴ $\widehat{V}_1$의 값이 클수록 '18 MRI에 **찍히는 픽셀의 수**'가 많은 사람을 의미하므로, 픽셀의 수가 많을수록 '**키**'가 큰 사람을 의미한다.

중복계수

Canonical Redundancy Analysis

Standardized Variance of the 'WITH' Variables Explained by

	① Their **Own** Canonical Variables			② The **Opposite** Canonical Variables	
	Proportion	Cumulative Proportion	Canonical R-Squared	Proportion	Cumulative Proportion
1	0.8010	0.8010	0.5052	0.4046	0.4046
2	0.1990	1.0000	0.0341	0.0068	0.4114

①의 결과는 종속변수군의 전체분산 중 그 군의 표본정준변수에 의하여 설명되어 지는 비율을 의미한다.

$R_1^2(Y^* \mid \widehat{W}_1) = 0.8010$	$R_2^2(Y^* \mid \widehat{W}_2) = 0.1990$

종속변수군 Y^*의 전체분산 중 첫 번째 표본정준변수 $\widehat{W}_1$에 의하여 설명되는 비율은 0.8010이고 두 번째 표본정준변수 $\widehat{W}_2$에 의하여 설명되는 비율은 0.1990이다. 즉, 첫 번째 표본정준변수만으로도 80%의 설명이 가능하다.

②의 결과는 종속변수군 Y^*의 전체분산 중 독립변수군 X^*의 개별 표본정준변수에 의하여 설명되는 비율을 의미한다.

$R_1^2(Y^* \mid \widehat{V}_1) = 0.4046$	$R_2^2(Y^* \mid \widehat{V}_2) = 0.0068$

종속변수군 Y^*의 전체분산 중 독립변수군의 첫 번째 표본정준변수 $\widehat{V}_1$에 의하여 설명되는 비율은 0.4046이고, 두 번째 표본정준변수 $\widehat{V}_2$에 의하여 설명되는

비율은 0.0068이다. 즉, $\widehat{V}_2$에 의하여 설명되는 비율은 거의 없다. 또한 종속변수 군의 전체분산 중 독립변수군에 의하여 설명되는 비율은 0.4114이다.

Standardized Variance of the 'VAR' Variables Explained by

	① Their **Own** Canonical Variables			② The **Opposite** Canonical Variables	
	Proportion	Cumulative Proportion	Canonical R-Squared	Proportion	Cumulative Proportion
1	**0.1954**	0.1954	0.5052	**0.0987**	0.0987
2	0.1434	0.3388	0.0341	0.0049	0.1036

①의 결과는 독립변수군의 전체분산 중 그 군의 표본정준변수에 의하여 설명되어 지는 비율을 의미한다.

$R_1^2(X^* \mid \widehat{V}_1) = 0.1954$	$R_2^2(X^* \mid \widehat{V}_2) = 0.1434$

독립변수군 X^*의 전체분산 중 첫 번째 표본정준변수 $\widehat{V}_1$에 의하여 설명되는 비율은 0.1954이고, 두 번째 표본정준변수 $\widehat{V}_2$에 의하여 설명되는 비율은 0.1434이다.

②의 결과는 독립변수군 X^*의 전체분산 중 종속변수군 Y^*의 개별 표본정준변수에 의하여 설명되는 비율을 의미한다.

$R_1^2(X^* \mid \widehat{W}_1) = 0.0987$	$R_2^2(X^* \mid \widehat{W}_2) = 0.0049$

독립변수군 X^*의 전체분산 중 종속변수군의 첫 번째 표본정준변수 $\widehat{W}_1$에 의하여 설명되는 비율은 0.0987이고, 두 번째 표본정준변수 $\widehat{W}_2$에 의하여 설명되는 비율은 0.0049이다. 즉, $\widehat{W}_1$, $\widehat{W}_2$에 의하여 설명되는 비율은 거의 없다. 또한 독립변수군의 전체분산 중 종속변수의 군에 의하여 설명되는 비율은 0.1036이다.

제9장

판별분석 및 분류분석

9.1 서론

예를 들어 어느 한 고객이 어느 백화점에서 신용카드를 신청했다고 하자. 이 경우 백화점은 그의 소득과 신용에 따라 이 고객에게 신용카드를 발급해야 할 것인가 말아야 할 것인가를 결정해야 한다. 이 경우 기존 고객들을 대상으로 신용불량자로 또는 우량신용자로 판별할 수 있는 판별함수를 구해야 한다. 이 분석 방법을 판별분석이라고 하고, 새로운 고객을 어느 집단에 분류할 것인가를 —즉 불량자인가 우량자인가—결정하는 방법을 분류분석이라 한다.

9.2 자료의 구조

전형적인 다변량 자료에 각 개체별로 하나의 질적 변수가 필요하다. 이 변수가 분류의 대상이 된다. 예를 들어 합격, 불합격과 같은 두 개 이상의 서로 배반적인 질적변수가 있어야 한다.

변수 \ 개체	X_1 X_2 $\cdots$ X_p	집단변수
1 2 3 $\vdots$ n	$(n \times p)$ 양적자료	질적변수

9.3 기본개념

어느 한 개체가 그에 가장 가까운 집단으로(즉, 그 개체가 집단중심과 거리가 최소가 되도록) 분류되도록 판별함수를 찾아 분류한다.

9.3.1 확률밀도함수의 비 및 사후확률에 대한 방법

두 개의 집단의 경우(G_1, G_2)

두 집단의 확률밀도를 $f_1(\boldsymbol{x})$와 $f_2(\boldsymbol{x})$라 하고 $\boldsymbol{x}$들의 전체집합인 표본공간을 Ω라 하면, 표본공간의 부분집합 R_1은 g_1에 속하는 관측치 $\boldsymbol{x}$들의 영역이고 $R_2 = \Omega - R_1$은 G_2에 속하는 $\boldsymbol{x}$들의 영역이다. R_1과 R_2는 서로 배반적이고 배타적인 영역이다.

어떤 관찰값 $\boldsymbol{x}_0$에 대하여 다음과 같은 결론이 가능하다.

$$\frac{f_1(\boldsymbol{x}_0)}{f_2(\boldsymbol{x}_0)} > 1 \text{이면 } \boldsymbol{x}_0\text{를 부분집합 } G_1\text{에 분류하고}$$

$$\frac{f_1(\boldsymbol{x}_0)}{f_2(\boldsymbol{x}_0)} < 1 \text{이면 } \boldsymbol{x}_0\text{를 부분집합 } G_2\text{에 분류한다.}$$

관측치가 G_1에 속하는데 G_2로 오분류될 확률은 $p(2 \mid 1)$, 또 G_2에 속하는데 G_1으로 오분류될 확률은 $p(1 \mid 2)$라 하자. 또 집단 G_1과 G_2가 속하게 될 사전확률은 각각 p_1과 p_2라 하자. $p_1 + p_2 = 1$이다.

$$p(G_1\text{에 속한다고 옳게 분류됨}) = p(1 \mid 1)p_1$$

$$p(G_1\text{에 속한다고 잘못 분류됨}) = p(1 \mid 2)p_2$$

$$p(G_2\text{에 속한다고 옳게 분류됨}) = p(2 \mid 2)p_2$$

$$p(G_2\text{에 속한다고 잘못 분류됨}) = p(2 \mid 1)p_1$$

따라서 전체 오분류확률(Total Probability of Misclassification) 다음과 같다.

$$TPM = p(2 \mid 1)p_1 + p(1 \mid 2)p_2$$

전체 오분류확률을 최소화하는 분류방법은 다음과 같다.

$$\frac{f_1(\boldsymbol{x}_0)}{f_2(\boldsymbol{x}_0)} > \frac{p_2}{p_1} \text{이면 } \boldsymbol{x}_0\text{를 부분집합 } G_1\text{에 분류하고}$$

$$\frac{f_1(\boldsymbol{x}_0)}{f_2(\boldsymbol{x}_0)} < \frac{p_2}{p_1} \text{이면 } \boldsymbol{x}_0\text{를 부분집합 } G_2\text{에 분류한다.}$$

비용을 고려할 경우 G_1에 속하는 개체를 G_2로 오분류하는 경우의 비용을

$c(2 \mid 1)$ 또 G_2에 속하는데 G_1에 오분류하는 경우의 비용을 $c(1 \mid 2)$라 하면 다음과 같이 표현할 수 있다.

		분류	
		G_1	G_2
실제 모집단	G_1	0	c(2|1)
	G_2	c(1|2)	0

이 경우 오분류비용의 기대값(Expected Cost of Misclassification)은 다음과 같다.

$$ECM = c(2 \mid 1)p(2 \mid 1)p_1 + c(1 \mid 2)p(1 \mid 2)p_2$$

이 경우 오분류비용의 기대값을 최소화하는 분류비용은 다음과 같이 계산된다.

$$\frac{f_1(\boldsymbol{x}_0)}{f_2(\boldsymbol{x}_0)} > \frac{c(1 \mid 2)p_2}{c(2 \mid 1)p_1}$$ 이면 $\boldsymbol{x}_0$를 부분집합 G_1에 분류하고

$$\frac{f_1(\boldsymbol{x}_0)}{f_2(\boldsymbol{x}_0)} < \frac{c(1 \mid 2)p_2}{c(2 \mid 1)p_1}$$ 이면 $\boldsymbol{x}_0$를 부분집합 G_2에 분류한다.

정 의

오분류비용의 기대값을 최소화하는 분류영역 R_1과 R_2는 다음의 부등식을 만족하는 표본 $\boldsymbol{x}$의 영역이다.

$$R_1 = \left\{ \boldsymbol{x} : \frac{f_1(\boldsymbol{x})}{f_2(\boldsymbol{x})} \geq \frac{c(1|2)p_2}{c(2|1)p_1} \right\} \text{ 과 } R_2 = \left\{ \boldsymbol{x} : \frac{f_1(\boldsymbol{x})}{f_2(\boldsymbol{x})} < \frac{c(1|2)p_2}{c(2|1)p_1} \right\}$$

증명

$$ECM = p_1\, c(2|1) \int_{R_2} f_1(\boldsymbol{x})\, d\boldsymbol{x} + p_2\, c(1|2) \int_{R_1} f_2(\boldsymbol{x})\, d\boldsymbol{x}$$

여기서 모든 영역에서 발생할 확률은 1이므로 다음과 같이 표현이 가능하다.

$$1 = \int_{\Omega} f_1(\boldsymbol{x})\, d\boldsymbol{x} = \int_{R_1} f_1(\boldsymbol{x})\, d\boldsymbol{x} + \int_{R_2} f_2(\boldsymbol{x})\, d\boldsymbol{x}$$

이 식에서 우변 두 항 중 첫째항을 왼쪽으로 넘겨 ECM를 다시 다음과 같이 된다.

$$\begin{aligned} ECM &= p_1\, c(2\,|\,1)\left\{1 - \int_{R_1} f_1(\boldsymbol{x})\, d\boldsymbol{x}\right\} + p_2\, c(1\,|\,2) \int_{R_1} f_2(\boldsymbol{x})\, d\boldsymbol{x} \\ &= \int_{R_1} [c(1\,|\,2)\, p_2\, f_2(\boldsymbol{x}) - c(2\,|\,1)\, p_1\, f_1(\boldsymbol{x})]\, d\boldsymbol{x} + c(2\,|\,1)\, p_1 \end{aligned}$$

여기서 R_1이 $p_2\, c(1\,|\,2) f_2(\boldsymbol{x}) - p_1 c(2\,|\,1) f_1(\boldsymbol{x}) \le 0$이 $\boldsymbol{x}$의 영역이라면 ECM은 최소가 될 것이다. 따라서 다음과 같은 결과가 성립한다.

$$R_1 = \left\{\boldsymbol{x} :\ \frac{f_1 \boldsymbol{x})}{f_2(\boldsymbol{x})} \ge \frac{c(1\,|\,2)p_2}{c(2\,|\,1)p_1}\right\}$$

9.4 다변량 정규모집단의 경우의 분류(두 집단의 경우)

이제 다변량 정규모집단의 경우에 분류방법에 대해 알아보자. 여기서는 두 집단의 경우만 생각하기로 한다.

9.4.1 공분산행렬이 같은 경우($\Sigma = \Sigma_1 = \Sigma_2$)

공분산행렬이 같은 경우이 집단 i의 분포함수는 다음과 같이 쓸 수 있다.

$$G_i \ :\ f_i(\boldsymbol{x}) = \frac{1}{(2\pi)^{p/2}|\Sigma|^{1/2}} exp[-\frac{1}{2}(\boldsymbol{x}-\boldsymbol{\mu}_i)'\Sigma^{-1}(\boldsymbol{x}-\boldsymbol{\mu}_i)]\ ,\ i = 1,2$$

따라서 최소 오분류비용의 기대값에 따른 영역 R_1과 R_2는 다음과 같이 정의할 수 있다.

$$\begin{aligned} L(\boldsymbol{x}) &= \ln\left\{\frac{f_1(\boldsymbol{x})}{f_2(\boldsymbol{x})}\right\} = \ln f_1(\boldsymbol{x}) - \ln f_2(\boldsymbol{x}) \\ &= -\frac{1}{2}(\boldsymbol{x}-\boldsymbol{\mu}_1)'\Sigma^{-1}(\boldsymbol{x}-\boldsymbol{\mu}_1) + \frac{1}{2}(\boldsymbol{x}-\boldsymbol{\mu}_2)'\Sigma^{-1}(\boldsymbol{x}-\boldsymbol{\mu}_2) \end{aligned}$$

$$= (\boldsymbol{\mu}_1 - \boldsymbol{\mu}_2)' \Sigma^{-1} \boldsymbol{x} - \frac{1}{2}(\boldsymbol{\mu}_1 - \boldsymbol{\mu}_2)' \Sigma^{-1} (\boldsymbol{\mu}_1 + \boldsymbol{\mu}_2)$$

$$R_1 = \left\{ \boldsymbol{x} \mid (\boldsymbol{\mu}_1 - \boldsymbol{\mu}_2)' \Sigma^{-1} \boldsymbol{x} - \frac{1}{2}(\boldsymbol{\mu}_1 - \boldsymbol{\mu}_2)' \Sigma^{-1} (\boldsymbol{\mu}_1 + \boldsymbol{\mu}_2) \geq \ln\left[\left(\frac{c(1 \mid 2)}{c(2 \mid 1)} \right) \left(\frac{p_2}{p_1} \right) \right] \right\}$$

$$R_2 = \Omega - R_1$$

그러므로 여기서 $L(\boldsymbol{x})$를 최소 오분류비용의 기대값에 따른 선형판별함수라 한다.

$$L(\boldsymbol{x}) = (\boldsymbol{\mu}_1 - \boldsymbol{\mu}_2)' \Sigma^{-1} \boldsymbol{x} - \frac{1}{2}(\boldsymbol{\mu}_1 - \boldsymbol{\mu}_2)' \Sigma^{-1} (\boldsymbol{\mu}_1 + \boldsymbol{\mu}_2)$$

위의 선형판별함수는 모집단의 경우가 된다. 그러나 표본의 경우는 모수의 추정량을 사용하게 된다. 즉, 두 집단의 표본평균벡터와 표본공분산행렬은 다음과 같이 정의된다.

$$\widehat{\boldsymbol{\mu}_1} = \overline{\boldsymbol{x}_1} = \frac{1}{n_1} \sum^{n_1} \boldsymbol{x}_{1j} \quad \widehat{\boldsymbol{\mu}_2} = \overline{\boldsymbol{x}_2} = \frac{1}{n_2} \sum^{n_2} \boldsymbol{x}_{2j}$$

$$S_1^2 = \frac{1}{n_1 - 1} \sum_{j=1}^{n_1} (\boldsymbol{x}_{1j} - \overline{\boldsymbol{x}_1})(\boldsymbol{x}_{1j} - \overline{\boldsymbol{x}_1})' \quad S_2^2 = \frac{1}{n_2 - 1} \sum_{j=1}^{n_2} (\boldsymbol{x}_{2j} - \overline{\boldsymbol{x}_2})(\boldsymbol{x}_{2j} - \overline{\boldsymbol{x}_2})'$$

여기서 두 공분산이 같다고 가정하였기 때문에 두 공분산행렬 대신에 다음과 같은 합동표본공분산을 사용할 수 있다.

$$S_p = \frac{(n_1 - 1)S_1 + (n_2 - 1)S_2}{n_1 + n_2 - 2}$$

따라서 표본선형판별함수는 다음과 같이 표현할 수 있다.

$$\hat{L}(\boldsymbol{x}_0) = (\overline{\boldsymbol{x}_1} - \overline{\boldsymbol{x}_2})' S_p^{-1} \boldsymbol{x} - \frac{1}{2}(\overline{\boldsymbol{x}_1} - \overline{\boldsymbol{x}_2})' S_p^{-1} (\overline{\boldsymbol{x}_1} + \overline{\boldsymbol{x}_2})$$

새로운 관측치 $\boldsymbol{x}_0$에 대하여

$$\hat{L}(\boldsymbol{x}_0) \geq \ln\left[\left(\frac{c(1 \mid 2)}{c(2 \mid 1)} \right) \left(\frac{p_2}{p_1} \right) \right]$$ 이면 $\boldsymbol{x}_0$을 G_1으로 분류하고

$$\hat{L}(\boldsymbol{x}_0) < \ln\left[\left(\frac{c(1 \mid 2)}{c(2 \mid 1)}\right)\left(\frac{p_2}{p_1}\right)\right] \text{이면 } \boldsymbol{x}_0\text{을 } G_2\text{으로 분류한다.}$$

비용이 동일한 경우는

$$\hat{L}(\boldsymbol{x}_0) \geqq \ln\left(\frac{p_2}{p_1}\right) \text{이면 } \boldsymbol{x}_0\text{을 } G_1\text{으로 분류하고}$$

$$\hat{L}(\boldsymbol{x}_0) < \ln\left(\frac{p_2}{p_1}\right) \text{이면 } \boldsymbol{x}_0\text{을 } G_2\text{으로 분류한다.}$$

9.4.2 공분산행렬이 다른 경우 ($\Sigma_1 \neq \Sigma_2$)

공분산행렬이 다른 경우 집단 i의 분포함수는 다음과 같이 쓸 수 있다.

$$G_i \ : f_i(\boldsymbol{x}) = \frac{1}{(2\pi)^{p/2}|\Sigma_i|^{1/2}} \exp\left\{-\frac{1}{2}(\boldsymbol{x}-\boldsymbol{\mu}_i)' \Sigma_i^{-1}(\boldsymbol{x}-\boldsymbol{\mu}_i)\right\} i = 1,2$$

이 경우 최소 오분류비용의 기대값에 따른 영역 R_1과 R_2 는 다음과 같이 정의할 수 있다.

$$\begin{aligned} Q(\boldsymbol{x}) &= \ln\left\{\frac{f_1(\boldsymbol{x})}{f_2(\boldsymbol{x})}\right\} = \ln f_1(\boldsymbol{x}) - \ln f_2(\boldsymbol{x}) \\ &= -\frac{1}{2} ln \frac{|\Sigma_1|}{|\Sigma_2|} - \frac{1}{2}(\boldsymbol{x}-\boldsymbol{\mu}_1)'\Sigma_1^{-1}(\boldsymbol{x}-\boldsymbol{\mu}_1) + \frac{1}{2}(\boldsymbol{x}-\boldsymbol{\mu}_2)'\Sigma_2^{-1}(\boldsymbol{x}-\boldsymbol{\mu}_2) \\ &= -\frac{1}{2}\boldsymbol{x}'(\Sigma_1^{-1} - \Sigma_2^{-1})\boldsymbol{x} + (\boldsymbol{\mu}_1'\Sigma_1^{-1} - \boldsymbol{\mu}_2'\Sigma_2^{-1})\boldsymbol{x} - k \end{aligned}$$

여기서 $k = \frac{1}{2} ln(\frac{|\Sigma_1|}{|\Sigma_2|}) + \frac{1}{2}(\boldsymbol{\mu}_1'\Sigma_1^{-1}\boldsymbol{\mu}_1 - \boldsymbol{\mu}_2'\Sigma_2^{-1}\boldsymbol{\mu}_2)$이다.

$$R_1 = \left\{\boldsymbol{x} \mid -\frac{1}{2}\boldsymbol{x}'(\Sigma_1^{-1} - \Sigma_2^{-1})\boldsymbol{x} + (\boldsymbol{\mu}_1'\Sigma_1^{-1} - \boldsymbol{\mu}_2'\Sigma_2^{-1})\boldsymbol{x} - k \geqq \ln\left[\left(\frac{c(1|2)}{c(2|1)}\right)\left(\frac{p_2}{p_1}\right)\right]\right\}$$

$$R_2 = \Omega - R_1$$

그러므로 여기서 $Q(\boldsymbol{x})$를 최소 오분류비용의 기대값에 따른 이차판별함수라 한다.

$$Q(\boldsymbol{x}) = -\frac{1}{2}\boldsymbol{x}'(\Sigma_1^{-1} - \Sigma_2^{-1})\boldsymbol{x} + (\boldsymbol{\mu}_1{}'\Sigma_1^{-1} - \boldsymbol{\mu}_2{}'\Sigma_2^{-1})\boldsymbol{x} - k$$

여기서 $k = \frac{1}{2}\ln\left(\frac{|\Sigma_1|}{|\Sigma_2|}\right) + \frac{1}{2}(\boldsymbol{\mu}_1{}'\Sigma_1^{-1}\boldsymbol{\mu}_1 - \boldsymbol{\mu}_2{}'\Sigma_2^{-1}\boldsymbol{\mu}_2)$이다.

여기서도 위의 이차판별함수는 모집단의 경우가 된다. 그러나 표본의 경우는 모수의 추정량을 사용하게 된다. 즉 두 집단의 표본평균벡터와 표본공분산행렬은 다음과 같이 정의된다.

$$\widehat{\boldsymbol{\mu}_1} = \overline{\boldsymbol{x}_1} = \frac{1}{n_1}\sum^{n_1}\boldsymbol{x}_{1j} \quad \widehat{\boldsymbol{\mu}_2} = \overline{\boldsymbol{x}_2} = \frac{1}{n_2}\sum^{n_2}\boldsymbol{x}_{2j}$$

$$S_1^2 = \frac{1}{n_1 - 1}\sum_{j=1}^{n_1}(\boldsymbol{x}_{1j} - \overline{\boldsymbol{x}_1})(\boldsymbol{x}_{1j} - \overline{\boldsymbol{x}_1})' \quad S_2^2 = \frac{1}{n_2 - 1}\sum_{j=1}^{n_2}(\boldsymbol{x}_{2j} - \overline{\boldsymbol{x}_2})(\boldsymbol{x}_{2j} - \overline{\boldsymbol{x}_2})'$$

따라서 표본 이차분류함수는 다음과 같다.

$$\widehat{Q}(\boldsymbol{y}) = -\frac{1}{2}\boldsymbol{x}'(S_1^{-1} - S_2^{-1})\boldsymbol{x} + (\overline{\boldsymbol{x}}_1{}'S_1^{-1} - \overline{\boldsymbol{x}_2}{}'S_2^{-1})\boldsymbol{x} - k$$

여기서 $k = \frac{1}{2}\ln\left(\frac{|S_1|}{|S_2|}\right) + \frac{1}{2}(\overline{\boldsymbol{x}_1}{}'S_1^{-1}\overline{\boldsymbol{x}_1} - \overline{\boldsymbol{x}_2}{}'S_2^{-1}\overline{\boldsymbol{x}_2})$이다.

새로운 관측치 $\boldsymbol{y}_0$에 대하여

$\widehat{Q}(\boldsymbol{y}_0) \geq \ln\left[\left(\frac{c(1 \mid 2)}{c(2 \mid 1)}\right)\left(\frac{p_2}{p_1}\right)\right]$ 이면 $\boldsymbol{y}_0$을 G_1으로 분류하고

$\widehat{Q}(\boldsymbol{y}_0) < \ln\left[\left(\frac{c(1 \mid 2)}{c(2 \mid 1)}\right)\left(\frac{p_2}{p_1}\right)\right]$ 이면 $\boldsymbol{y}_0$을 G_2으로 분류한다.

비용이 동일한 경우

$\widehat{Q}(\boldsymbol{y}_0) \geq \ln\left(\frac{p_2}{p_1}\right)$이면 $\boldsymbol{y}_0$을 G_1으로 분류하고

$\widehat{Q}(\boldsymbol{y}_0) < \ln\left(\frac{p_2}{p_1}\right)$이면 $\boldsymbol{y}_0$을 G_2으로 분류한다.

9.5 세 집단 이상의 경우

G_i의 확률밀도함수를 $f_i(\boldsymbol{x})$, G_i에 속할 확률을 p_i, G_i에 속하는 관측치를 G_j로 오분류하는 조건부의 확률은 $p(j \mid i)$, 오분류 비용은 $c(j \mid i)$라 하자. G_i에 속하는 관측치를 다른 집단으로 c분류하는 조건을 오분류비용의 기대값은 다음과 같다.

$$ECM(i) = \sum_{j \neq i}^{g} p(j \mid i) c(j \mid i)$$

따라서 전체 집단의 조건부 오분류비용의 기대값 ECM은 다음과 같다.

$$\begin{aligned} ECM &= p_1 ECM(1) + p_2 ECM(2) + \cdots + p_g ECM(g) \\ &= p_1\left(\sum_{j=2}^{g} p(j|1)\, c(j|1)\right) + p_2\left(\sum_{\substack{k=1 \\ j \neq 2}}^{g} p(j|2)\, c(j|2)\right) + \cdots + p_g\left(\sum_{\substack{j=1 \\ j \neq g}}^{g-1} p(j|g)\, c(j|g)\right) \\ &= \sum_{i=1}^{g} p_i \left(\sum_{\substack{j=1 \\ j \neq i}}^{g} p(j|i)\, c(j|i)\right) \end{aligned}$$

따라서 오분류비용의 기대값을 최소로 하는 분류기준 결과는 관측치 $\boldsymbol{x}$에 대한

$$\sum_{\substack{i=1 \\ i \neq j}}^{g} p_i f_i(\boldsymbol{x})\, c(k|i)$$

를 최소로 해주는 모집단 G_j, $j = 1, 2, \ldots, g$에 $\boldsymbol{x}$를 분류하는 것이다.

정 의

오분류비용이 동일한 경우의 전체오분류확률은 최소로 하는 분류기준은 다음과 같다.
$p_j f_j(\boldsymbol{x}) > p_i f_i(\boldsymbol{x})$ 또는 $\ln p_j f_j(x) > \ln p_i f_i(x)$이면 $\boldsymbol{x}$는 집단 G_i에 분류한다.

다변량 정규분포에서 오분류비용이 동일하고 공분산 행렬이 같을 경우

$$(\Sigma = \Sigma_1 = \Sigma_2 =, \cdots, = \Sigma_g)$$

두 집단의 경우와 마찬가지로 공분산행렬이 같은 경우 이 집단 i의 분포함수는 다음과 같이 쓸 수 있다.

$$G_i \; : \; f_i(\boldsymbol{x}) = \frac{1}{(2\pi)^{p/2}|\Sigma|} exp[-\frac{1}{2}(\boldsymbol{x}-\boldsymbol{\mu}_i)'\Sigma^{-1}(\boldsymbol{x}-\boldsymbol{\mu}_i)] \;, \; i = 1,2,\cdots,g$$

i번째 다변량 정규분포함수에 사전확률 p_i를 곱한 자연대수를 취한 것을 $L_i(\boldsymbol{x})$라 하자.

$$L_i(\boldsymbol{x}) = \ln p_i f_i(\boldsymbol{x})$$

$$L_i(\boldsymbol{x}) = -\frac{1}{2}ln|\Sigma| - \frac{p}{2}ln(2\pi) - \frac{1}{2}(\boldsymbol{x}-\boldsymbol{\mu}_i)'\Sigma^{-1}(\boldsymbol{x}-\boldsymbol{\mu}_i) + \ln p_j$$

$$= -\frac{1}{2}ln|\Sigma| - \frac{p}{2}ln(2\pi) - \frac{1}{2}\boldsymbol{x}'\Sigma^{-1}\boldsymbol{x} + \boldsymbol{\mu}_i'\Sigma^{-1}\boldsymbol{x} - \frac{1}{2}\boldsymbol{\mu}_i\Sigma^{-1}\boldsymbol{\mu}_i + \ln p_j$$

여기서 모든 집단에 공통되는 부분$-\frac{1}{2}ln|\Sigma| - \frac{p}{2}ln(2\pi) - \frac{1}{2}\boldsymbol{x}'\Sigma^{-1}\boldsymbol{x}$를 빼면

$$L_i(\boldsymbol{x}) = \boldsymbol{\mu}_i'\Sigma^{-1}\boldsymbol{x} - \frac{1}{2}\boldsymbol{\mu}_i\Sigma^{-1}\boldsymbol{\mu}_i + \ln p_j$$

여기서 $\boldsymbol{\mu}_i$와 Σ를 $\overline{\boldsymbol{x}_j}$와 합동공분산 S_p로 대치하면 다음과 같은 추정량 $\widehat{L_j}(\boldsymbol{x})$를 구할 수 있다.

$$L_j(x) = \overline{\boldsymbol{x}_i}'S_p^{-1}\boldsymbol{x} - \frac{1}{2}\overline{\boldsymbol{x}_i}S^{-1}\overline{\boldsymbol{x}_i} + \ln p_j$$

따라서 전체오분류확률을 최소화하는 분류기준은 모든 $\widehat{L_i}(\boldsymbol{x}) \quad i = 1, \ldots, g$값 중 가장 큰 $\widehat{L_i}(\boldsymbol{x})$값에 근거한 $\boldsymbol{x}$는 G_i로 분류된다.

$$\widehat{L_j}(\boldsymbol{x}) = \text{최대값}(\widehat{L_1}(\boldsymbol{x}),\; \widehat{L_2}(\boldsymbol{x}), \ldots,\; \widehat{L_g}(\boldsymbol{x}))$$

다변량 정규분포에서 오분류비용이 동일하고 공분산 행렬이 다른 경우

$$(\Sigma_1 \neq \Sigma_j, \quad i,j = 1,2,\cdots,g)$$

두 집단의 경우와 마찬가지로 공분산행렬이 다른 경우 이 집단 i의 분포함수

는 다음과 같이 쓸 수 있다.

$$G_i : f_i(\boldsymbol{x}) = \frac{1}{(2\pi)^{p/2}|\Sigma|^{1/2}} \exp\left\{-\frac{1}{2}(\boldsymbol{x}-\boldsymbol{\mu}_i)' \Sigma_i^{-1}(\boldsymbol{x}-\boldsymbol{\mu}_i)\right\} i = 1, 2, \cdots, g$$

$$Q_i(\boldsymbol{x}) = \ln p_i f_i(\boldsymbol{x})$$

$$Q_i(\boldsymbol{x}) = -\frac{1}{2} ln|\Sigma_i| - \frac{p}{2} ln(2\pi) - \frac{1}{2}(\boldsymbol{x}-\boldsymbol{\mu}_i)'\Sigma_i^{-1}(\boldsymbol{x}-\boldsymbol{\mu}_i) + \ln p_j$$

여기서 $\boldsymbol{\mu}_i$와 S_i를 $\overline{\boldsymbol{x}_j}$와 공분산 S_i로 대치하고 공통적으로 들어 있는 두 번째 항목인 $-\frac{p}{2}ln(2\pi)$를 제외하면 다음과 같은 추정량 $\widehat{Q}_j(\boldsymbol{x})$를 구할 수 있다.

$$\widehat{Q}_i(\boldsymbol{x}) = -\frac{1}{2} ln|S_i| - \frac{1}{2}(\boldsymbol{x}-\overline{\boldsymbol{x}}_i)'S_i^{-1}(\boldsymbol{x}-\overline{\boldsymbol{x}}_i) + \ln p_j$$

따라서 전체오분류확률을 최소화하는 분류기준은 모든 $\widehat{Q}_i(\boldsymbol{x})$ $i = 1, \ldots, k$ 값 중 가장 큰 $Q_i(\boldsymbol{x})$값에 근거한 $\boldsymbol{x}$는 G_i로 분류된다.

$$\widehat{Q}_j(\boldsymbol{x}) = \text{최대값}(\widehat{Q}_1(\boldsymbol{x}),\ \widehat{Q}_2(\boldsymbol{x}), \ldots,\ \widehat{Q}_k(\boldsymbol{x}))$$

사후확률에 대해 언급해 보자. 즉, $\boldsymbol{x}_0$가 주어졌을 때 집단 j에 속할 확률은 베이스 정리에 다음과 같이 계산된다.

$$q_j(\boldsymbol{x}_0) = p(G_i|\boldsymbol{x}_0) = \frac{p(\boldsymbol{x}_0 \mid G_j)p_j}{\sum_{i=1}^{k} p(\boldsymbol{x}_0 \mid G_i)p_i} = \frac{p_i f_j(\boldsymbol{x}_0)}{\sum_{j=1}^{k} p_i f_i(\boldsymbol{x}_0)}$$

SAS에서는 일반화된 제곱거리(generalized squared distance) $(D_i^2(\boldsymbol{x}))$을 다음과 같이 정의한다.

$$\widehat{D}_i^2(\boldsymbol{x}) = (\boldsymbol{x}-\overline{\boldsymbol{x}_i})'S_i^{-1}(\boldsymbol{x}-\overline{\boldsymbol{x}_i}) + \ln|S_i| - 2\ln p_i \text{(공분산행렬이 같은 경우)}$$

$$\widehat{D}_i^2(\boldsymbol{x}) = (\boldsymbol{x}-\overline{\boldsymbol{x}_i})'S_p^{-1}(\boldsymbol{x}-\overline{\boldsymbol{x}_i}) - 2\ln p_i \text{(공분산행렬이 다른 경우)}$$

따라서 $\widehat{D}_i^2(\boldsymbol{x})$를 최소로 하는 모집단으로 $\boldsymbol{x}$를 분류한다. 그런데 이 분류법은 사후확률을 최대로 하는 분류법과 결과가 동일하다. SAS에서는 사후확률과 함께 분류결과를 출력해 주는데 $\boldsymbol{x}$가 모집단 G_i에 속할 사후확률은

$$P(i\,|\boldsymbol{x}) = \frac{\exp\{-0.5D_i^2(\boldsymbol{x})\}}{\sum_{i=1}^{g}\exp\{-0.5D_i^2(\boldsymbol{x})\}}$$

이며 $P(i\,|\boldsymbol{x})$가 최대가 되는 모집단으로 $\boldsymbol{x}$ 를 분류한다.

9.6 공분산행렬의 동일성 검정

집단의 수가 두 개 이상일 때 각 집단을 구분하기 위하여 사용되는 선형 혹은 이차분류함수를 결정하기 위해서는 우선 각 집단의 공분산행렬이 동일한지 여부를 통계적으로 검정하여야 한다. 이에 대한 가설검정은 다음과 같다.

$$H_0:\ \Sigma_1 = \Sigma_2 = \cdots = \Sigma_k$$

v.s.

H_1: 적어도 두 개 이상의 공분산행렬이 같지 않다

검정통계량은 $M = \sum_i^k n_i \ln|S_p| - \sum_i^k n_i \ln S_i$ 이고 $M^* = MC^{-1}$는 n_i가 커짐에 따라 자유도가 $v = 0.5(k-1)p(p+1)$ 인 카이자승분포로 근사하게 됨을 보였다. 여기서 C^{-1}은 다음과 같다.

$$C^{-1} = 1 - \frac{2p^2+3p-1}{6(p+1)(k+1)}\left(\sum_{i=1}^{k}\frac{1}{n_i} - \frac{1}{N}\right)$$

따라서 $M^* > \chi^2_{\alpha,v}$ 이면 모든 집단의 공분산행렬이 동일하다는 귀무가설 H_0을 기각하게 된다. 그러므로 귀무가설이 기각되는 경우에는 이차판별함수를 귀무가설이 채택되는 경우에는 선형판별함수를 사용한다.

9.7 판별함수의 평가

만약 전체오분류율이 알려져 있을 경우 최적 오분류율 OER(Optimum Error

Rate)는 다음과 같다.

$$OER = \sum_{i=1}^{g} p_i \sum_{j \neq i}^{g} p(j|i) = \sum_{i=1}^{g} p_i \sum_{\substack{i=1 \\ i \neq j}}^{g} \int_{R_i} f_i(\boldsymbol{x})\, d\boldsymbol{x}$$

그러나 이는 모집단으로부터 발생되는 분류영역 R_i을 사용하고 있으나 실제는 구하기가 쉽지 않다. 따라서 이 OER의 추정량인 AER(Actual Error Rate)를 얻게 된다.

$$AER = \sum_{i=1}^{g} p_i \sum_{\substack{i=1 \\ i \neq j}}^{g} \int_{\hat{R}_i} f_i(\boldsymbol{x})\, d\boldsymbol{x}$$

그러나 이 경우도 $f(\boldsymbol{x})$가 알려져 있는 경우에만 구할 수 있다. 이를 해결하기위해 분포하고 상관이 없는 단순오분류율(APER: Apparent Error Rate)를 사용하게 된다. 이 계산은 두 집단인 경우 다음과 같이 계산할 수 있다.

		분류된 집단	
		G_1	G_2
소속 집단	G_1	n_{11}	n_{12}
	G_2	n_{21}	n_{22}

$$APER = \frac{n_{12} + n_{21}}{n}$$

여기서 $n = n_{11} + n_{12} + n_{22} + n_{21}$이다.

이 단순 오분류율을 계산하는 방법은 매우 간편하다는 장점이 있으나 실질 오분류인 AER을 과소 추정하는 경향이 있다. 따라서 다음과 같은 조건에서 사용되어질 때 정확한 오분류율이 계산될 것이다. 먼저 표본의 크기가 커야 하며 분류함수를 추정하는데 사용된 자료를 이용하여 다시 표본분류함수의 오분류율을 계산하여야 한다. 또 다른 분류함수 평가방법으로는 라첸브러치 홀드아웃(Lachenbruch's Holdout) 방법이라 불리는 교차타당성(crossvalidation)이 있다.

9.8 단계적 판별분석

판별분석을 하는 데 독립변수의 개수가 너무 많은 경우 많은 독립변수를 사용하면 자료를 수집, 분석하고 변수들의 변화를 관리하는 데 많은 시간과 노력이 필요하므로 가능한 범위 내에서 정보의 손실이 없이 적은 수의 독립변수를 포함시켜 함수의 형태를 단순화하는 것이 좋다. 따라서 단계적 판별분석이 필요하며 변수를 선택하는 방법과 선택기준에 따라 그 방법이 다양하다. 변수 선택하는 방법에서는 독립변수의 수를 유의한 것부터 단계적으로 증가시켜 나가는 전진선택법(Forward Selection), 이 경우는 변수가 한번 포함되면 제외될 수 없다. 독립변수의 수를 유의하지 않은 것부터 단계별로 줄여나가는 후진소거법(Backward elimination), 이 경우도 한번 제외된 변수는 다시는 추가 될 수 없다. 그리고 독립변수의 수를 단계적으로 상황에 따라서 증감시켜나가는 단계별 증감법(Stepwise Selection)이 있다. 이 경우는 상황에 따라 변수가 제외되기도 하고 포함되기도 한다. 또 단계별 변수선택 과정에서 변수를 선택하거나 제외할 때 일반적으로 사용되는 검정법은 F-검정법과 우도비 검정법이 있다.

9.81 F-검정법

변수가 개수가 p인 두 개의 모집단인 경우를 생각해 보자. 이 경우에 마할라노비스의 거리함수는 다음과 같이 정의하였다.

$$D_p^2 = (\overline{\boldsymbol{x}_1} - \overline{\boldsymbol{x}_2}) S_p^{-1} (\overline{\boldsymbol{x}_1} - \overline{\boldsymbol{x}_2})$$

여기에 대한 가설 검정은 다음과 같이 된다.

H_o: 가설검정은 추가된 변수에 대해 더 이상 집단간에 차이가 없다.
$(D_p^2 = D_{p+1}^2)$

v.s

H_1: 가설검정은 추가된 변수에 대해 더 이상 집단간에 차이가 있다.
$(D_p^2 \neq D_{p+1}^2)$

위의 귀무가설을 검정하기 위한 검정통계량과 근사분포는 다음과 같다.

$$F^* = \frac{(n-p-2)(n_1 n_2)(D_{p+1}^2 - D_p^2)}{n(n-2) + n_1 n_2 D_p^2} \quad \sim F(1, n-p-2)$$

여기서 $n = n_1 + n_2$이다. 따라서 검정통계량의 값이 해당되는 분자의 자유도가 1이고 분모의 자유도가 $n-p-2$인 값보다 크면 귀무가설을 기각하게 된다. 즉, 더 변수를 추가해야 한다. 이에 대한 p-값은 다음과 같다. 즉, p-값이 유의수준 α보다 적으면 귀무가설을 기각하고 크면 채택한다.

$$p-\text{값} \;=\; P(F(1, n-p-2) > F^*)$$

9.8.2 우도비 검정법

일반적으로 집단이 3 이상인 경우 각 집단의 $p+1$번째의 변수가 판별분석의 목적면에서 유의한지 여부를 결정하기 위해 위의 F-검정의 가설과 동일한 가설에 대한 검정통계량과 근사분포는 다음과 같다.

$$F^* = \frac{(n-g-p)(1-\Lambda)}{(g-1)\Lambda} \quad \sim \quad F(g-1, n-p-g)$$

여기서 Λ는 윅스의 Λ로 이 값이 크다는 것은 집단 내의 분산이 크다는 뜻이며 상대적으로 집단간 차이가 없다는 것이다. 따라서 검정통계량의 값이 해당되는 분자의 자유도가 $g-1$이고 분모의 자유도가 $n-p-q$인 값보다 크면 귀무가설을 기각하게 된다. 즉, 더 변수를 추가해야 한다. 이에 대한 p-값은 다음과 같다. 즉, p-값이 유의수준 α보다 적으면 귀무가설을 기각하고 크면 채택한다.

$$p-\text{값} \;=\; P(F(g-1, n-p-g) > F^*)$$

연습문제

【1】 다음은 유명한 피셔의 붓꽃자료이다. 총 3개의 집단(각 집단마다 50개의 자료)으로 나뉘며 판별변수로는 다음과 같이 네 개가 있다. 다음 물음에 답하라.

변수정의

종속변수	1	2	3	
품종	Setosa	Versicolor	Virginica	
독립변수	sepal length	sepal width	petal length	petal width
변수	X1	X2	X3	X4

1	5.1	3.5	1.4	0.2	2	7.0	3.2	4.7	1.4	3	6.3	3.3	6.0	2.5
1	4.9	3.0	1.4	0.2	2	6.4	3.2	4.5	1.5	3	5.8	2.7	5.1	1.9
1	4.7	3.2	1.3	0.2	2	6.9	3.1	4.9	1.5	3	7.1	3.0	5.9	2.1
1	4.6	3.1	1.5	0.2	2	5.5	2.3	4.0	1.3	3	6.3	2.9	5.6	1.8
1	5.0	3.6	1.4	0.2	2	6.5	2.8	4.6	1.5	3	6.5	3.0	5.8	2.2
1	5.4	3.9	1.7	0.4	2	5.7	2.8	4.5	1.3	3	7.6	3.0	6.6	2.1
1	4.6	3.4	1.4	0.3	2	6.3	3.3	4.7	1.6	3	4.9	2.5	4.5	1.7
1	5.0	3.4	1.5	0.2	2	4.9	2.4	3.3	1.0	3	7.3	2.9	6.3	1.8
1	4.4	2.9	1.4	0.2	2	6.6	2.9	4.6	1.3	3	6.7	2.5	5.8	1.8
1	4.9	3.1	1.5	0.1	2	5.2	2.7	3.9	1.4	3	7.2	3.6	6.1	2.5
1	5.4	3.7	1.5	0.2	2	5.0	2.0	3.5	1.0	3	6.5	3.2	5.1	2.0
1	4.8	3.4	1.6	0.2	2	5.9	3.0	4.2	1.5	3	6.4	2.7	5.3	1.9
1	4.8	3.0	1.4	0.1	2	6.0	2.2	4.0	1.0	3	6.8	3.0	5.5	2.1
1	4.3	3.0	1.1	0.1	2	6.1	2.9	4.7	1.4	3	5.7	2.5	5.0	2.0
1	5.8	4.0	1.2	0.2	2	5.6	2.9	3.6	1.3	3	5.8	2.8	5.1	2.4
1	5.7	4.4	1.5	0.4	2	6.7	3.1	4.4	1.4	3	6.4	3.2	5.3	2.3
1	5.4	3.9	1.3	0.4	2	5.6	3.0	4.5	1.5	3	6.5	3.0	5.5	1.8
1	5.1	3.5	1.4	0.3	2	5.8	2.7	4.1	1.0	3	7.7	3.8	6.7	2.2
1	5.7	3.8	1.7	0.3	2	6.2	2.2	4.5	1.5	3	7.7	2.6	6.9	2.3
1	5.1	3.8	1.5	0.3	2	5.6	2.5	3.9	1.1	3	6.0	2.2	5.0	1.5
1	5.4	3.4	1.7	0.2	2	5.9	3.2	4.8	1.8	3	6.9	3.2	5.7	2.3
1	5.1	3.7	1.5	0.4	2	6.1	2.8	4.0	1.3	3	5.6	2.8	4.9	2.0
1	4.6	3.6	1.0	0.2	2	6.3	2.5	4.9	1.5	3	7.7	2.8	6.7	2.0
1	5.1	3.3	1.7	0.5	2	6.1	2.8	4.7	1.2	3	6.3	2.7	4.9	1.8

1	4.8	3.4	1.9	0.2	2	6.4	2.9	4.3	1.3	3	6.7	3.3	5.7	2.1
1	5.0	3.0	1.6	0.2	2	6.6	3.0	4.4	1.4	3	7.2	3.2	6.0	1.8
1	5.0	3.4	1.6	0.4	2	6.8	2.8	4.8	1.4	3	6.2	2.8	4.8	1.8
1	5.2	3.5	1.5	0.2	2	6.7	3.0	5.0	1.7	3	6.1	3.0	4.9	1.8
1	5.2	3.4	1.4	0.2	2	6.0	2.9	4.5	1.5	3	6.4	2.8	5.6	2.1
1	4.7	3.2	1.6	0.2	2	5.7	2.6	3.5	1.0	3	7.2	3.0	5.8	1.6
1	4.8	3.1	1.6	0.2	2	5.5	2.4	3.8	1.1	3	7.4	2.8	6.1	1.9
1	5.4	3.4	1.5	0.4	2	5.5	2.4	3.7	1.0	3	7.9	3.8	6.4	2.0
1	5.2	4.1	1.5	0.1	2	5.8	2.7	3.9	1.2	3	6.4	2.8	5.6	2.2
1	5.5	4.2	1.4	0.2	2	6.0	2.7	5.1	1.6	3	6.3	2.8	5.1	1.5
1	4.9	3.1	1.5	0.2	2	5.4	3.0	4.5	1.5	3	6.1	2.6	5.6	1.4
1	5.0	3.2	1.2	0.2	2	6.0	3.4	4.5	1.6	3	7.7	3.0	6.1	2.3
1	5.5	3.5	1.3	0.2	2	6.7	3.1	4.7	1.5	3	6.3	3.4	5.6	2.4
1	4.9	3.6	1.4	0.1	2	6.3	2.3	4.4	1.3	3	6.4	3.1	5.5	1.8
1	4.4	3.0	1.3	0.2	2	5.6	3.0	4.1	1.3	3	6.0	3.0	4.8	1.8
1	5.1	3.4	1.5	0.2	2	5.5	2.5	4.0	1.3	3	6.9	3.1	5.4	2.1
1	5.0	3.5	1.3	0.3	2	5.5	2.6	4.4	1.2	3	6.7	3.1	5.6	2.4
1	4.5	2.3	1.3	0.3	2	6.1	3.0	4.6	1.4	3	6.9	3.1	5.1	2.3
1	4.4	3.2	1.3	0.2	2	5.8	2.6	4.0	1.2	3	5.8	2.7	5.1	1.9
1	5.0	3.5	1.6	0.6	2	5.0	2.3	3.3	1.0	3	6.8	3.2	5.9	2.3
1	5.1	3.8	1.9	0.4	2	5.6	2.7	4.2	1.3	3	6.7	3.3	5.7	2.5
1	4.8	3.0	1.4	0.3	2	5.7	3.0	4.2	1.2	3	6.7	3.0	5.2	2.3
1	5.1	3.8	1.6	0.2	2	5.7	2.9	4.2	1.3	3	6.3	2.5	5.0	1.9
1	4.6	3.2	1.4	0.2	2	6.2	2.9	4.3	1.3	3	6.5	3.0	5.2	2.0
1	5.3	3.7	1.5	0.2	2	5.1	2.5	3.0	1.1	3	6.2	3.4	5.4	2.3
1	5.0	3.3	1.4	0.2	2	5.7	2.8	4.1	1.3	3	5.9	3.0	5.1	1.8

1) 각 변수별 정규성 검정을 하여라.

2) 다음 4가지 변수에 대하여 유의한 변수를 찾아내어라.(전진선택법, 후진소거법, 단계별 변수증감법을 다 사용하여 비교하여라.)

3) 세 품종의 공분산행렬이 동일한지를 검정하여라.

4) 1)에서 선택된 변수를 이용하여 2)의 결과에 의해 판별분석을 하여라. 또 2)와 다른 판별분석(2의 결과가 선형으로 나오면 이차를 또는 그 반대)을 하여라.

5) 다음과 같이 새로운 변수의 값을 얻었을 때 각 품종에 대한 분류를 하여라.

6.7	3.0	5.7	0.5
5.8	3.3	2.4	0.2

【2】 다음 자료는 앤드류와 헤르츠버그(Andrew & Herzberg, 1985)의 자료로 44명의 소변에서 결정체 포함 유무이다. 판별변수로는 다음과 같은 의료용어로 6개가 있다. 다음 물음에 답하라.

변수정의

종속변수	yes	no				
포함유무	결정체 포함	결정체 불포함				
독립변수	sg	ph	mosm	mnho	urea	calcium
변수	X1	X2	X3	X4	X5	X6

no	1.021	4.91	725	.	443	2.45	yes	1.021	5.94	774	27.9	325	6.96
no	1.017	5.74	577	20	296	4.49	yes	1.024	5.77	698	19.5	354	13.00
no	1.008	7.2	321	14.9	101	2.36	yes	1.024	5.60	866	29.5	360	5.54
no	1.011	5.51	408	12.6	224	2.15	yes	1.021	5.53	775	31.2	302	6.19
no	1.005	6.52	187	7.5	91	1.16	yes	1.024	5.36	853	27.6	364	7.31
no	1.020	5.27	668	25.3	252	3.34	yes	1.026	5.16	822	26.0	301	14.34
no	1.012	5.62	461	17.4	195	1.40	yes	1.013	5.86	531	21.4	197	4.74
no	1.029	5.67	1107	35.9	550	8.48	yes	1.010	6.27	371	11.2	188	2.50
no	1.015	5.41	543	21.9	170	1.16	yes	1.011	7.01	443	21.4	124	1.27
no	1.021	6.13	779	25.7	382	2.21	yes	1.022	6.21	.	20.6	398	4.18
no	1.011	6.19	345	11.5	152	1.93	yes	1.011	6.13	364	10.9	159	3.10
no	1.025	5.53	907	28.4	448	1.27	yes	1.031	5.73	874	17.4	516	3.01
no	1.006	7.12	242	11.3	64	1.03	yes	1.020	7.94	567	19.7	212	6.81
no	1.007	5.35	283	9.9	147	1.47	yes	1.040	6.28	838	14.3	486	8.28
no	1.011	5.21	450	17.9	161	1.53	yes	1.021	5.56	658	23.6	224	2.33
no	1.018	4.90	684	26.1	284	5.09	yes	1.025	5.71	854	27.0	385	7.18
no	1.007	6.63	253	8.4	133	1.05	yes	1.026	6.19	956	27.6	473	5.67
no	1.025	6.81	947	32.6	395	2.03	yes	1.034	5.24	1236	27.3	620	12.68
no	1.008	6.88	395	26.1	95	7.68	yes	1.033	5.58	1032	29.1	430	8.94
no	1.014	6.14	565	23.6	214	1.45	yes	1.015	5.98	487	14.8	198	3.16
no	1.024	6.30	874	29.9	380	5.16	yes	1.013	5.58	516	20.8	184	3.30
no	1.019	5.47	760	33.8	199	0.81	yes	1.014	5.90	456	17.8	164	6.99
no	1.014	7.38	577	30.1	87	1.32	yes	1.012	6.75	251	5.11	41	.65
no	1.020	5.96	631	11.2	422	1.55	yes	1.025	6.90	945	33.6	396	4.18

no	1.023	5.68	749	29.0	239	1.52							
no	1.017	6.76	455	8.8	270	0.77							
no	1.017	7.61	527	25.8	75	2.17							
no	1.010	6.61	225	9.8	72	0.17							
no	1.008	5.87	241	5.1	159	0.83							
no	1.020	5.44	781	29.0	349	3.04	yes	1.026	6.29	833	22.2	457	4.45
no	1.017	7.92	680	25.3	282	1.06	yes	1.028	4.76	312	12.4	10	.27
no	1.019	5.98	579	15.5	297	3.93	yes	1.027	5.40	840	24.5	395	7.64
no	1.017	6.56	559	15.8	317	5.38	yes	1.018	5.14	703	29.0	272	6.63
no	1.008	5.94	256	8.11	30	3.53	yes	1.022	5.09	736	19.8	418	8.53
no	1.023	5.85	970	38.0	362	4.54	yes	1.025	7.90	721	23.6	301	9.04
no	1.020	5.66	702	23.6	330	3.98	yes	1.017	4.81	410	13.3	195	0.58
no	1.008	6.40	341	14.6	125	1.02	yes	1.024	5.40	803	21.8	394	7.82
no	1.020	6.35	704	24.5	260	3.46	yes	1.016	6.81	594	21.4	255	12.20
no	1.009	6.37	325	12.2	97	1.19	yes	1.015	6.03	416	12.8	178	9.39
no	1.018	6.18	694	23.3	311	5.64							
no	1.021	5.33	815	26.0	385	2.66							
no	1.009	5.64	386	17.7	104	1.22							
no	1.015	6.79	541	20.9	187	2.64							
no	1.010	5.97	343	13.4	126	2.31							
no	1.020	5.68	876	35.8	308	4.49							

1) 각 변수별 정규성 검정을 하여라.
2) 다음 4가지 변수에 대하여 유의한 변수를 찾아내어라.(전진선택법, 후진소거법, 단계별 변수증감법을 다 사용하여 비교하여라)
3) 두 수정체 포함 여부집단의 공분산행렬이 동일한지를 검정하여라.
4) 1)에서 선택된 변수를 이용하여 2)의 결과에 의해 판별분석을 하여라. 또 2)와 다른 판별분석(2의 결과가 선형으로 나오면 이차를 또는 그 반대)을 하여라.
5) 다음과 같이 새로운 변수의 값을 얻었을 때 각 수정체 포함여부에 대한 분류를 하여라.

1.025	6.14	565	23.6	214	1.45
1.014	7.90	721	13.6	301	9.04

【SAS 프로그램 예제】

【SAS 예 9.1】 다음은 미국의 경영대학원에서는 MBA 과정에 지원하는 학생들에 대한 학부 전 학년 평균평점(X1 : GPA)과 경영대학원 수능시험(X2 : GMAT) 자료이다. 이 점수에 근거하여 합격(1), 불합격(2), 예비(3) 등의 결정을 하게 된다.

X1	X2	합격	X1	X2	합격	X1	X2	합격	X1	X2	합격	X1	X2	합격	X1	X2	합격
2.96	596	1	3.14	473	1	3.22	482	1	3.29	527	1	3.69	505	1	3.46	693	1
3.03	626	1	3.19	663	1	3.63	447	1	3.59	588	1	3.30	563	1	3.40	553	1
3.50	572	1	3.78	591	1	3.44	692	1	3.48	528	1	3.47	552	1	3.35	520	1
3.39	543	1	3.28	523	1	3.21	530	1	3.58	564	1	3.33	565	1	3.40	431	1
3.38	605	1	3.26	664	1	3.60	609	1	3.37	559	1	3.80	521	1	3.76	646	1
3.24	467	1															

X1	X2	불합격	X1	X2	불합격	X1	X2	불합격	X1	X2	불합격	X1	X2	불합격	X1	X2	불합격
2.54	446	2	2.43	425	2	2.20	474	2	2.36	531	2	2.57	542	2	2.35	406	2
2.51	412	2	2.51	458	2	2.36	399	2	2.36	482	2	2.66	420	2	2.68	414	2
2.48	533	2	2.46	509	2	2.63	504	2	2.44	336	2	2.13	408	2	2.41	469	2
2.55	538	2	2.31	505	2	2.41	489	2	2.19	411	2	2.35	321	2	2.60	394	2
2.55	528	2	2.72	399	2	2.85	381	2	2.90	384	2						

X1	X2	예비	X1	X2	예비	X1	X2	예비	X1	X2	예비	X1	X2	예비	X1	X2	예비
2.86	494	3	2.85	496	3	3.14	419	3	3.28	371	3	2.89	447	3	3.15	313	3
3.50	402	3	2.89	485	3	2.80	444	3	3.13	416	3	3.01	471	3	2.79	490	3
2.89	431	3	2.91	446	3	2.75	546	3	2.73	467	3	3.12	463	3	3.08	440	3
3.03	419	3	3.00	509	3	3.03	438	3	3.05	399	3	2.85	483	3	3.01	453	3
3.03	414	3	3.04	446	3												

1) 두 변수를 프로크 스텝디스크(proc stepdisc)를 이용하여 선택하고 선택된 변수를 이용하여 입학사정 선형분류모형을 추정하고 그 결과를 해석하여라.
2) 세 집단의 공분산행렬이 동일한지 검정하여라.

3) 이차분류모형을 추정하고 그 결과를 선형판별모형과 비교하여라.

독립변수 X1과 X2가 정규성을 위반하는지에 대해 알아보자. 【미니탭의 정규확률도】 이용하였다.

X1에 대한 정규확률도	X2에 대한 정규확률도
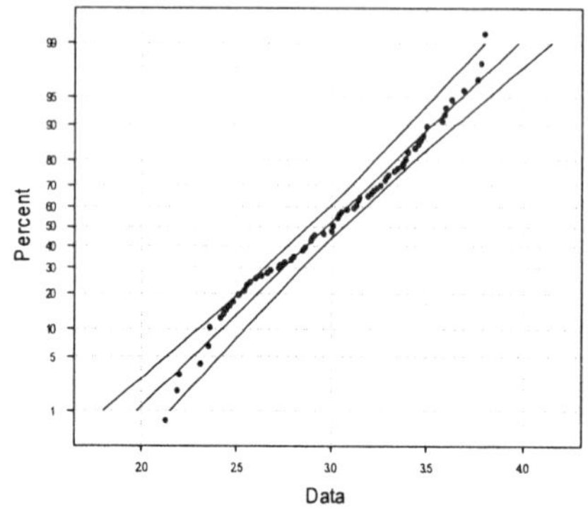	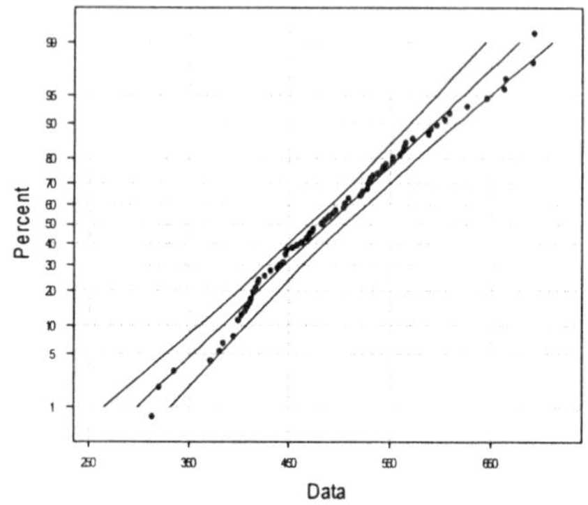
두 독립변수 모두 정규성을 크게 위반하고 있지 않은 것으로 판단된다.	

〈 SAS 프로그램 〉

```
data dis;
input x1 x2 g @@;
cards;
2.96 596 1 3.14 473 1 3.22 482 1 3.29 527 1
3.63 447 1 3.59 588 1 3.30 563 1 3.40 553 1
3.47 552 1 3.35 520 1 3.39 543 1 3.28 523 1
3.38 605 1 3.26 664 1 3.60 609 1 3.37 559 1
2.43 425 2 2.20 474 2 2.36 531 2 2.57 542 2
2.36 482 2 2.66 420 2 2.68 414 2 2.48 533 2
2.41 469 2 2.55 538 2 2.31 505 2 2.41 489 2
2.72 399 2 2.85 381 2 2.90 384 2 2.86 494 3
3.15 313 3 3.50 402 3 2.89 485 3 2.80 444 3
2.91 446 3 2.75 546 3 2.73 467 3 3.12 463 3
3.05 399 3 2.85 483 3 3.01 453 3 3.03 414 3
3.69 505 1 3.46 693 1 3.03 626 1 3.19 663 1
3.50 572 1 3.78 591 1 3.44 692 1 3.48 528 1
3.21 530 1 3.58 564 1 3.33 565 1 3.40 431 1
3.80 521 1 3.76 646 1 3.24 467 1 2.54 446 2
2.35 406 2 2.51 412 2 2.51 458 2 2.36 399 2
2.46 509 2 2.63 504 2 2.44 336 2 2.13 408 2
2.19 411 2 2.35 321 2 2.60 394 2 2.55 528 2
2.85 496 3 3.14 419 3 3.28 371 3 2.89 447 3
3.13 416 3 3.01 471 3 2.79 490 3 2.89 431 3
3.08 440 3 3.03 419 3 3.00 509 3 3.03 438 3
3.04 446 3
;
proc stepdisc;
var x1 x2;
class g;
```

```
proc discrim listerr;
var x1 x2;
class g;

proc discrim pool=test;
var x1 x2;
class g;

proc catmod;
direct x1 x2;
model g=x1 x2 / ml nogls pred=prob nodesign epsilon=1e-7;

run;
```

1) 두 변수를 프로크 스텝디스크를 이용하여 선택하고 선택된 변수를 이용하여 입학사정 선형분류모형을 추정하고 그 결과를 해석하여라.(Stepwise selection을 사용하여 선택)

< stepwise selection 결과 중 요약 결과 >

```
                    Stepwise Discriminant Analysis

          85 Observations          2 Variable(s) in the Analysis
           3 Class Levels          0 Variable(s) will be included

          The Method for Selecting Variables will be: STEPWISE

          Significance Level to Enter =  0.1500
          Significance Level to Stay  =  0.1500

                      Class Level Information

                 G     Frequency        Weight      Proportion

                 1            31       31.0000        0.364706
                 2            28       28.0000        0.329412
                 3            26       26.0000        0.305882
```

S tepwise Selection: Summary

Step	Variable Entered	Variable Removed	Number In	Partial R**2	F Statistic	Prob > F	Wilks' Lambda	Prob < Lambda
1	X1		1	0.8087	173.305	0.0001	0.19131579	0.0001
2	X2		2	0.3394	20.811	0.0001	0.12637661	0.0001

Stepwise Selection: Summary

Step	Variable Entered	Variable Removed	Number In	Average Squared Canonical Correlation	Prob > ASCC
1	X1		1	0.40434210	0.0001
2	X2		2	0.50481501	0.0001

위 결과물은 단계적 분류분석에 변수선택을 하기 위한 'F-검정 & 윅 람다 λ'를 이용한 검정결과가 요약된 표이다. 디폴트(default) 유의수준 0.15에서 제외된 독립변수는 없다. 따라서 고려된 두 개의 변수, GPA와 GMAT는 합격, 불합격, 예비집단으로 판별하는 데 유의한 영향을 끼친다고 판단할 수 있다.

Discriminant Analysis **Linear Discriminant** Function

	1	2	3
CONSTANT	-240.37168	-133.89892	-177.31575
X1	106.24991	78.08637	92.66953
X2	0.21218	0.16541	0.17323

세 집단의 공분산행렬이 같다고 가정하고 추정된 **표본선형분류함수** $\widehat{L}_i(x)$의 계수이다.

$$\text{합격 집단} \Leftrightarrow \widehat{L}_1(x) = -240.37168 + 106.24991X_1 + 0.21218X_2$$

$$\text{불합격 집단} \Leftrightarrow \widehat{L}_2(x) = -133.89892 + 78.08637X_1 + 0.16541X_2$$

$$\text{예비 집단} \Leftrightarrow \widehat{L}_3(x) = -177.31575 + 92.66953X_1 + 0.17323X_2$$

```
   Discriminant Analysis   Classification Results for Calibration Data: WORK.SSH

         Resubstitution Results using Linear Discriminant Function

Generalized Squared Distance Function:  Posterior Probability① of Membership in each G:

  2      _    -1  _                      2         2
 D (X) = (X-X )' COV (X-X )            Pr(j|X) = exp(-.5 D (X)) / SUM exp(-.5 D (X))
  j      j        j                          j   k         k
```

관측치 x가 주어졌을 때 각 집단에 속할 사후확률에 대한 계산식이다.(①) 사후확률에 의한 관측치의 분류는 사후확률이 큰 집단으로 분류하게 된다.

Posterior Probability of Membership in G:

Obs	From G	Classified into G	1	2	3
2	1	3 *	0.1202	0.0020	0.8778
3	1	3 *	0.3654	0.0004	0.6342
24	1	3 *	0.4766	0.0000	0.5234
31	1	3 *	0.2964	0.0004	0.7032
58	2	3 *	0.0001	0.2450	0.7550
59	2	3 *	0.0001	0.1326	0.8673
66	3	1 *	0.5336	0.0000	0.4664

* Misclassified observation

표본선형분류함수에 의하여 잘못 분류된 관측치들이다. 합격집단에 속하는 2, 3, 24, 31번째 관측치들은 예비집단에 속할 사후확률이 매우 높다. 불합격집단에 속하는 58, 59번째 관측치들은 예비집단에 속할 사후확률이 매우 높다. 예비집단에 속하는 66번째 관측치는 작은 차이로 합격집단으로 분류되었다.

다음의 결과는 세 개의 표본분류함수 $\hat{L}_i(x)$ 함수에 의하여 구한 각 집단 사후확률에 의하여 자료를 분류한 행렬이다.

```
Discriminant Analysis      Classification Summary for Calibration Data: WORK.SSH

          Resubstitution Summary using Linear Discriminant Function

              Number of Observations and Percent Classified into G:

     From G            1              2              3            Total

        1             27              0              4              31
                      87.10           0.00          12.90          100.00

        2              0             26              2              28
                       0.00          92.86           7.14          100.00

        3              1              0             25              26
                       3.85           0.00          96.15          100.00

      Total           28             26             31              85
     Percent          32.94          30.59          36.47          100.00

     Priors            0.3333         0.3333         0.3333
```

표본선형분류함수에 의한 분류행렬을 살펴보면 합격집단(1)에 속하는 31개 중 27개가 옳게 분류되었고, 4개가 예비집단(3)으로 잘못 분류되었다. 불합격집단(2)에 속하는 28개 중 26개가 옳게 분류되었고, 2개가 예비집단(3)으로 잘못 분류되었다. 예비집단(3)에 속하는 26개 중 25개가 옳게 분류되었고, 1개가 합격집단(1)로 잘못 분류되었다.

```
                    Error Count Estimates for G:

                   1              2              3          Total
     Rate        0.1290         0.0714         0.0385       0.0796

     Priors      0.3333         0.3333         0.3333
```

합격집단(1)에 속하는 관측치 중 12.9%가 잘못 분류되었고, 불합격집단(2)에 속하는 관측치 중 7.14%가 잘못 분류되었으며, 예비집단(3)에 속하는 관측치 중 3.85%가 잘못 분류되었다. 전체 자료에 대한 표본선형분류함수의 단순오분류율 APER은 $\frac{7}{85} = 0.082352\cdots \fallingdotseq 0.082$ 로서, 8.2%이다. 또한 사전확률이 동일하다면 오분류율은 $0.3333 \times (0.1290 + 0.0714 + 0.0385) \fallingdotseq 0.0796$ 로서 7.9%가 된다.

2) 세 집단의 공분산행렬이 동일한지 검정하여라.

```
    Discriminant Analysis     Test of Homogeneity of Within Covariance Matrices
         Notation: K    = Number of Groups
                   P    = Number of Variables
                   N    = Total Number of Observations - Number of Groups
                   N(i) = Number of Observations in the i'th Group - 1
                                                N(i)/2
                          ++  |Within SS Matrix(i)|
                   V    = ------------------------------
                                                  N/2
                          |Pooled SS Matrix|
                          |-              -|   2
                                1       1       2P + 3P - 1
                   RHO  = 1.0 - | SUM  -----  -  ---   | -------------
                          |_      N(i)       N   _|  6(P+1)(K-1)

                   DF   = .5(K-1)P(P+1)
                                              |-  PN/2          -|
                                                 N        V
    Under null hypothesis:  -2 RHO ln |  ---------------------- |
                                              |_  ++  N(i)^(PN(i)/2)  _|

    is distributed approximately as chi-square(DF)
```

세 개 집단의 공분산행렬이 동일한지 여부를 검정하면 검정통계은 $v=6$ 인 카이자승분포에 근사하게 된다.

```
Test Chi-Square Value =  16.074476  with   6 DF   Prob > Chi-Sq = 0.0134

Since the chi-square value is significant at the 0.1 level,
the within covariance matrices will be used in the discriminant function.
Reference: Morrison, D.F. (1976)  Multivariate Statistical Methods p252.
```

가설 설정은 다음과 같다.

$$H_0 : \Sigma_1 = \Sigma_2 = \Sigma_3 \quad v.s. \quad H_1 : \sim H_0$$

검정통계량은 $M^* = 16.074476$ 이다. p-값이 0.0134이므로 유의수준 0.05보다 작으므로 귀무가설을 기각한다.

3) 이차분류모형을 추정하고 그 결과를 선형판별모형과 비교하여라.

```
Discriminant Analysis      Classification Summary for Calibration Data: WORK.SSH

          Resubstitution Summary using Quadratic Discriminant Function

               Number of Observations and Percent Classified into G:

   From G              1              2              3            Total

        1             30              0              1              31
                   96.77           0.00           3.23          100.00

        2              0             27              1              28
                    0.00          96.43           3.57          100.00

        3              1              0             25              26
                    3.85           0.00          96.15          100.00

    Total             31             27             27              85
  Percent          36.47          31.76          31.76          100.00

   Priors         0.3333         0.3333         0.3333
```

표본이차분류함수에 의한 분류행렬을 살펴보면 합격집단(1)에 속하는 31개 중 30개가 옳게 분류되었고, 1개가 예비집단(3)으로 잘못 분류되었다. 불합격집단(2)에 속하는 28개 중 27개가 옳게 분류되었고, 1개가 예비집단(3)으로 잘못 분류되었다. 예비집단(3)에 속하는 26개 중 25개가 옳게 분류되었고, 1개가 합격집단(1)로 잘못 분류되었다.

```
                      Error Count Estimates for G:

                        1            2            3          Total
       Rate        0.0323       0.0357       0.0385         0.0355
       Priors      0.3333       0.3333       0.3333
```

합격집단(1)에 속하는 관측치 중 3.23%가 잘못 분류되었고, 불합격집단(2)에 속하는 관측치 중 3.57%가 잘못 분류되었으며, 예비집단(3)에 속하는 관측치 중 3.85%가 잘못 분류되었다. 전체 자료에 대한 표본이차분류함수의 단순오분류율 APER은 $\frac{3}{85} = 0.035294\cdots \fallingdotseq 0.0352$ 로서, 3.52%이다. 또한 사전확률이 동일하다면 오분류율은 $0.3333 \times (0.0323 + 0.0357 + 0.0385) \fallingdotseq 0.0355$ 로서 3.55%가 된다.

비교

표본선형분류함수		표본이차분류함수	
APER	8.2%	APER	3.52%
사전확률동일시 오분류율	7.9%	사전확률동일시 오분류율	3.55%

표본이차분류함수가 표본선형함수보다 판별력이 큰 것으로 나타났다.

위의 자료에 대한 분류에 대해서는 '공분산행렬의 동질성에 대한 검정'의 결과(이차분류방법 이용)와 오분류율이 작은 방법을 택할 때의 결과가 일치한다. 그러나, 분류 혹은 판별분석을 할 때 분류방법의 선택은 공분산행렬의 동질성에 대한 검정보다는 오분류율이 작은 방법을 선택하는 것이 바람직하다.

제10장

군집분석

10.1 서론

p차원에서 n개의 관찰치를 측정한 $n \times p$행렬이 있을 때 이 p차원 공간에서 n개의 점들이 전 공간에 임의로 흩어졌는지 아니면 어떤 의미의 조밀성을 가지고 집락을 이루고 있는지에 관한 정보를 분석한다는 것은 매우 의미가 있다. 이처럼 각 표본이 사전에 정의되지 않은 어떤 그룹의 구성원이 됨을 식별하여 그 자료의 구조를 파악하고 군집의 형성과정과 특성, 식별된 그룹간의 관계 등을 연구, 분석하는 과정을 군집분석(cluster analysis)이라 한다.

판별분석은 이미 알려진 그룹정보가 각 표본에 주어져 있고 그룹 식별이 안 된 표본을 미리 정의된 그룹에 분류 혹은 그 소속을 예측하는 데 목적이 있는 반면 군집분석은 그룹에 관한 사전정보가 없는 상황에서 표본단위의 분류체계를 찾으려는 데 목적이 있다. 즉, 서로 혼합되어 있는 이질적인 개체를 원칙에 의해 몇 개의 비슷한 군집(cluster)으로 분류하는 분석방법이다.

10.2 기본개념

10.2.1 그림

군집분석을 하기 전에 우선 자료를 그려보는 것이 중요하다. 이는 사전에 개괄적인 정보를 얻고 특이치를 확인하는데 필요하다. 예를 들어 아래의 점도표 그림에서 점 1, 2를 하나의 군집으로, 점 3, 4를 두 번째 군집으로, 점 5를 세 번째 군집으로 묶을 수도 있을 것이고 또는 점 1, 2를 하나의 군집으로, 점 3, 4, 5를 또 다른 군집으로도 볼 수도 있다. 그러나 변수가 3개를 넘을 때는 점도표를 그리기가 불가능하여진다. 따라서 앞서 3.3절에서 배운 다중 이차원 산점도, 병행 일변량 그림, 꺾은선 그래프, 폴리곤, 프로파일, 앤드류스 플롯(Andrews plot), 체르노프 페이스(Chernoff faces) 등의 그림을 통해 사전 작업이 필요하다.

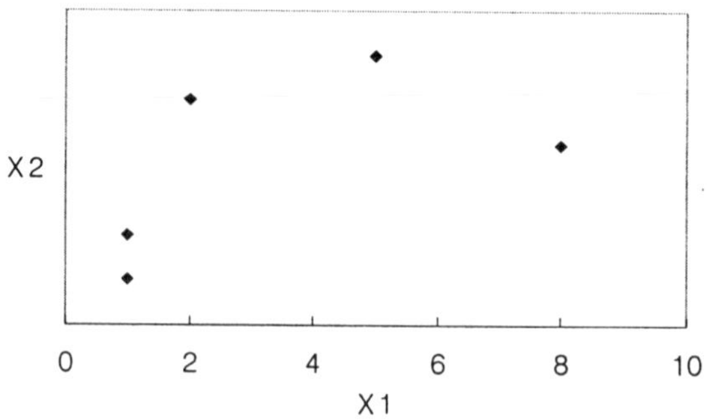

또한 이와 같은 군집을 정의하는 데는 다음과 같은 거리의 개념이 쓰인다.

10.2.2 거리척도

군집분석을 하기 위해서는 무엇보다도 군집이 되는 각 표본들 간의 유사성(similarity)의 정도들 측정하는 기준 척도가 필요하다. 거리 중에서 가장 많이 사용하는 것은 유클리드 거리인데 2차원에서 (x_{11}, x_{21})과 (x_{12}, x_{22})의 점이 있을 때 유클리드 거리(ED)는 다음과 같이 정의한다.

$$\mathrm{E.D} = \sqrt{(x_{11} - x_{12})^2 + (x_{21} - x_{22})^2}$$

p차원에서 유클리드 거리는 다음과 같다.

$$\begin{aligned}\mathrm{E.D} &= \sqrt{(x_1 - y_1)^2 + \cdots + (x_p - y_p)^2} \\ &= \sqrt{(\mathbf{x} - \mathbf{y})'(\mathbf{x} - \mathbf{y})}\end{aligned}$$

$$\mathbf{x} = (x_1, \cdots, x_p),\ \mathbf{y} = (y_1, \cdots, y_p)$$

다음은 5개체의 거리를 행렬로 나타낸 예이다.

	1	2	3	4	5
1	0.00	1.00	5.39	7.21	8.06
2		0.00	4.47	6.40	7.62
3			0.00	2.24	5.10
4	symmetric			0.00	3.61
5					0.00

거리는 다음과 같은 성질을 가지고 있다.

1) $d(P,Q) = d(Q,P)$
2) $d(P,Q) > 0 \quad \text{if} \quad P \neq Q$
3) $d(P,Q) = 0 \quad \text{if} \quad P = Q$
4) $d(P,Q) \leq d(P,R) + d(R,Q)$

유사성의 개념을 간단히 알아보기 위해 개체의 특성이 되는 변수가 어떤 성질을 가지고 있는가 없는가 판단하기 위하여 이항변수을 생각해 본다. 어떤 특성을 가지면 1, 갖지 않으면 0이라는 변수를 가정하고 5변수를 갖는 2개의 관찰치 i, j가 다음과 같다고 생각하자.

	1	2	3	4	5
개체 i	1	0	0	1	1
개체 k	1	1	0	1	0

따라서

$$(x_{ij} - x_{kj})^2 = 0 \ , \text{ if } \quad x_{ij} = x_{kj} = 1 \text{ or } \quad x_{ij} = x_{kj} = 0$$
$$= 1, \text{ if } \quad x_{ij} \neq x_{kj}$$

유클리드 거리 $\sum_{j=0}^{p}(x_{ij} - x_{kj})^2$는 서로 개체간에 다른 수의 합이 된다. 따라서 유클리드 거리가 클수록 두 개체가 유사하지 않은 것이다. 위의 예에서 개체 i와 개체 k에 대한 유사와 비유사의 빈도를 그리면 다음과 같다.

	개체 j 1	0	합
1	2	1	3
개체 i 0	1	1	2
합	3	2	5

여기서의 유사계수는 $\frac{(2+1)}{5}=\frac{3}{5}$ 이다. 이를 일반화하면 다음과 같다.

	개체 j 1	0	합
1	a	b	a+b
개체 i 0	c	d	c+d
합	a+c	b+d	p=a+b+c+d

유사 계수는 $\frac{(a+d)}{p}$ 와 같이 구한다.

【예제 10.1】 다음과 같은 신체의 특성을 가진 5사람의 경우를 생각해보자.

	키	몸무게	눈색깔	머리색깔	손잡이	성별
사람1	68 in	140 lb	녹색	금발	오른손	여자
사람2	73 in	185 lb	갈색	갈색	오른손	남자
사람3	67 in	165 lb	파랑	금발	오른손	여자
사람4	64 in	120 lb	갈색	갈색	오른손	남자
사람5	76 in	210 lb	갈색	갈색	왼손	남자

6개의 이항변수를 다음과 같이 정의하자.

x1 = 1 키 ≥ 72 in = 0 키 < 72 in	x2 = 1 몸무게 ≥ 150 lb = 0 몸무게 < 150 lb
x3 = 1 갈색 눈 = 0 아닐 경우	x4 = 1 금발 = 0 갈색
x5 = 1 오른손 = 0 왼손	x6 = 1 여자 = 0 남자

그리고 각 사람의 각 쌍의 이항변수의 점수와 그 빈도는 다음과 같은 방법으로 구한다.

	x1	x2	x3	x4	x5	x6
사람 1	0	0	0	1	1	1
사람 2	1	1	1	0	1	0

	사람2		
	1	0	
사람1 1	1	2	3
0	3	0	3
	4	2	6

이 경우의 유사계수는 $(a+d)/p=(1+0)/6=1/6$

	x1	x2	x3	x4	x5	x6
사람 1	0	0	0	1	1	1
사람 3	0	1	0	1	1	0

	사람3		
	1	0	
사람1 1	2	1	3
0	1	2	3
	3	3	6

이 경우의 유사계수는 $(a+d)/p=4/6$이다.

이와 같이 각 사람의 짝의 유사계수를 구하면 다음과 같은 5×5대칭행렬을 구할 수 있다.

	1	2	3	4	5
1	1				
2	1/6	1			
3	4/6	3/6	1		
4	4/6	3/6	2/6	1	
5	0	5/6	2/6	2/6	1

여기서 사람 2와 사람 5가 가장 유사하고 사람 1과 사람 5가 가장 비유사함을 알 수 있다.

10.3 자료의 구조

일반적으로 다변량 분석에 동일한 다음과 같은 자료구조를 갖는다.

개체 \ 변수	X_1	X_2	$\cdots$	X_p
1				
2		(n × p) 양적자료		
⋮				
n				

10.4 계보적 군집

이 군집분석의 방법은 병합적(agglomerative) 방법과 분해적(divisive) 방법으로 세분되는데 우선 병합적 방법은 N개의 각 표본점들을 각각 하나의 군집(cluster)으로 시작하여 각 단계에 군집간의 거리를 측정하여 가장 가까운 두 집단을 하나의 군집으로 묶어 나가서 마지막 단계에서 모든 표본점들이 하나의 군집을 형성하게 되는 방법이며 분해적 방법은 모든 점들을 묶어서 하나의 군집으로 시작해서 가장 비유사한 것들을 하나씩 쪼개나가는 방법이다. 이 두 방법의 결과는 모두 2차원상의 '나무구조그림'이라는 형태로 표현될 수 있는데 이는 각 단계에서 군집들이 응집 또는 분해되는 과정을 나타내준다.

10.4.1 최단연결법(Nearest Neighbor Method 혹은 Single Linkage Method)

우선 표본점들의 각 쌍의 거리에서 가장 가까운 거리에 있는 두 점을 찾아 하나의 군집으로 병합하고 또 이 군집과 다른 모든 군집들간의 거리를 생각해서 가장 거리가 가까운 군집과 다시 병합해 나가는 방법이다.

【예제 10.2】 최단연결법과 다음에 언급하는 최장연결법서 각 군집방법을 설명하기 위한 예제의 자료로서 개체가 5이고(n = 5) 변수가 2인(p = 2) 경우의 다음 예를 사용하자.

개체 \ 변수	x_1	x_2
1	2	3
2	1	2
3	5	1
4	5	2
5	1	1

여기서 각 개체간의 거리 중 몇 개의 예를 들면 다음과 같이 계산될 수 있다.

$$d^2(1,2) = (2-1)^2 + (3-2)^2 = 1+1 = 2$$

$$d^2(2,4) = (1-5)^2 + (2-2)^2 = 16+0 = 16$$

$$d^2(4,5) = (5-1)^2 + (2-1)^2 = 16+1 = 17$$

이를 모두 계산하면 다음과 같은 거리행렬이 된다.

	1	2	3	4	5
1	0	2	13	10	5
2		0	17	16	①
3			0	①	16
4				0	17
5					0

먼저 최단연결법을 하기 위해서는 초기군집으로 가장 가까운 개체를 묶어서 시작한다. 따라서 여기서 가장 거리가 가까운 군집은 군집 (3,4) 또는 군집 (2,5) 이다. 여기서는 군집 (3.4)를 초기군집으로 하자. 따라서 군집 (3,4)와 나머지 개체 1, 2, 5와의 최단거리를 구하면 다음과 같이 계산된다.

$$d^2(1,(3,4)) = \min(d^2(1,3), d^2(1,4)) = \min(13,10) = 10$$
$$d^2(2,(3,4)) = \min(d^2(2,3), d^2(2,4)) = \min(17,16) = 16$$
$$d^2(5,(3,4)) = \min(d^2(3,5), d^2(4,5)) = \min(16,17) = 16$$

정리된 이들의 거리행렬을 다시 쓰면 다음과 같다.

	1	2	(3, 4)	5
1	0	2	10	5
2		0	16	①
(3,4)			0	16
5				0

여기서는 군집 (2,5)가 가장 가까운 거리이므로 새로운 군집 (2,5)가 생성이 된다. 따라서 군집 (2,5)와 군집 (3,4), 개체 1의 최단거리는 다음과 같으며 이에 대한 거리행렬은 다음과 같다.

$$d^2((2,5),1) = \min(d^2(2,1), d^2(5,1)) = \min(2,5) = 2$$
$$d^2((2,5),(3,4)) = \min(d^2(2,(3,4)), d^2(5,(3,4))) = \min(16,16) = 16$$

	1	(2,5)	(3,4)
1	0	②	10
(2,5)		0	16
(3,4)			0

여기서는 개체 1과 군집 (2,5)가 가장 거리가 가까우므로 새로운 하나의 군집 (1, (2,5))이 생성된다. 따라서 마지막으로 군집 (3,4)와 군집 (1,(2,5))간의 거리가 계산된다.

$$d^2((3,4),(1,(2,5))) = \min(d^2((3,4),1), d^2((3,4),(2,5))) = \min(10,16) = 10$$

	(1,(2,5))	(3,4)
(1,(2,5))	0	10
(3,4)		0

이를 나무구조그림으로 그리면 다음과 같다,

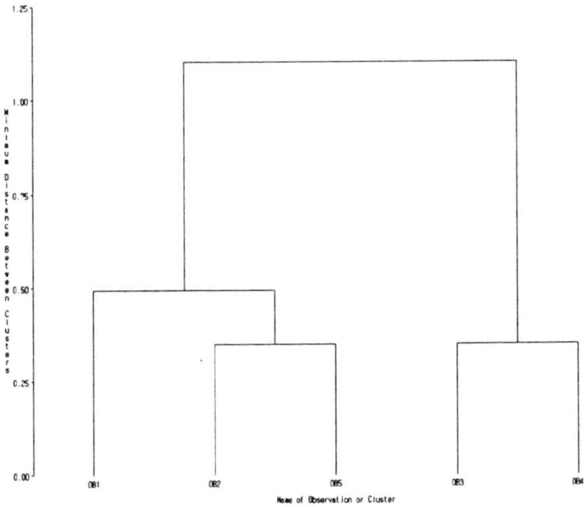

[그림 10.1] 최단연결법으로 그린 나무구조그림

10.4.2 최장연결법(Furthest Neighbor Method 혹은 Complete Linkage Method)

이 방법은 시작은 최단거리법에서와 마찬가지로 가장 가까운 두 개체를 병합함으로부터 시작되지만 두 군집간의 거리는 최단이 아닌 최장으로 정의한다.

【예제 10.3】 앞의 예를 가지고 생각해보면 거리행렬에서 이번에는 개체 중에 가장 가까운 2와 5가 병합으로 시작하여 초기군집을 (2,5)로 하자.

	1	2	3	4	5
1	0	2	13	10	5
2		0	17	16	①
3			0	①	16
4				0	17
5					0

따라서 (2,5)와 나머지 1, 3, 4간의 최장거리를 구하면 다음과 같다.

$$d^2(1,(2,5)) = \max(d^2(1,2), d^2(1,5)) = \max(2,5) = 5$$
$$d^2(3,(2,5)) = \max(d^2(3,2), d^2(3,5)) = \max(17,16) = 17$$
$$d^2(4,(2,5)) = \max(d^2(4,2), d^2(4,5)) = \max(16,17) = 17$$

이를 근거로 거리행렬을 구하면 다음과 같다.

	1	(2,5)	3	4
1	0	5	13	10
(2,5)		0	17	17
3			0	①
4				0

여기서는 군집 (3,4)가 최단거리로 생성되므로 군집 (2,4)와 개체 1, 군집 (2,5) 간의 거리가 필요하다.

$$d^2(1,(3,4)) = \max(d^2(1,3), d^2(1,4)) = \max(13,10) = 13$$

$$d^2((2,5),(3,4)) = \max(d^2(3,(2,5)), d^2(4,(2,5))) = \max(17,17) = 17$$

이로 인한 새로운 거리행렬은 다음과 같다.

	1	(2,5)	(3,4)
1	0	⑤	13
(2,5)		0	17
(3,4)			0

여기서는 개체 1과 군집 (2,5)가 병합해 새로운 군집 (1,(2,5))가 생성된다. 마지막으로 군집 (3,4)와 군집 (1,(2,5))간의 최장거리가 계산된다.

$$d^2((3,4),(1,(2,5)) = \max(d^2((3,4),1), d^2((3,4),(2,5))) = \max(13,17) = 17$$

	(1,(2,5))	(3,4)
(1,(2,5))	0	17
(3,4)		0

이를 나무구조그림으로 그리면 다음과 같다.

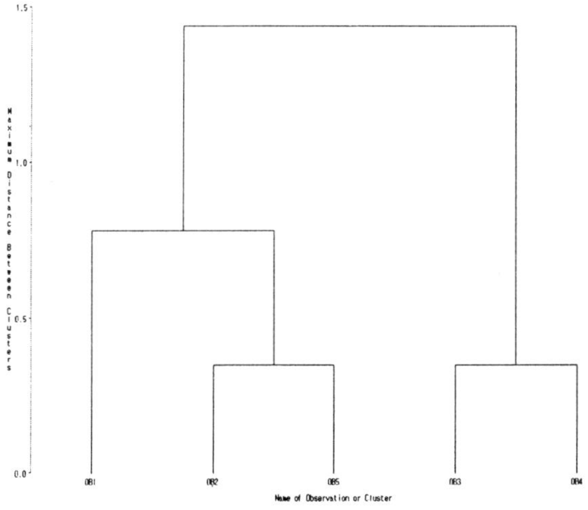

[그림 10.2] 최장연결법으로 그린 나무구조그림

10.4.3 중심연결법(Centroid Linkage Method)

이 방법의 거리는 군집 중심간의 유클리드 거리로 정의되는데 이때도 마찬가지로 최소의 거리를 가진 군집들이 먼저 병합된다.

【예제 10.4】 위의 예와 다른 예를 들어 다음과 같은 5개의 개체에 2개의 변수에 의한 다음과 같은 자료행렬을 생각하자.

개체 \ 변수	x_1	x_2
1	1	1
2	1	2
3	6	3
4	8	2
5	8	0

이 자료행렬에서 각 개체간의 거리를 생각하면 다음과 같은 거리행렬이 나온다.

	1	2	3	4	5
1	0	①	29	50	50
2		0	26	49	53
3			0	5	13
4				0	4
5					0

여기서 가장 거리가 가까운 개체 1과 개체 2를 병합하여 평균을 구하면 다음과 같이 새로운 자료행렬이 나온다.

개체 \ 변수	x_1	x_2
1,2	1	1.5
3	6	3
4	8	2
5	8	0

이것의 거리를 구하면 다음과 같은 거리행렬이 나온다.

	(1,2)	3	4	5
(1,2)	0	27.25	49.25	51.25
3		0	5	13
4			0	4
5				0

여기서 다시 가장 가까운 거리를 갖는 군집 (4,5)을 병합하고 평균을 내어 거리를 구하면 다음과 같다.

개체 \ 변수	x_1	x_2
(1,2)	1.0	1.5
3	6	3
(4,5)	8	1

	(1,2)	3	(4,5)
(1,2)	0	27.25	49.25
3		0	8
(4,5)			0

따라서 군집 (4,5)와 개체 3이 병합되어 하나의 군집을 이룬다. 이 경우의 나무구조그림은 다음과 같다.

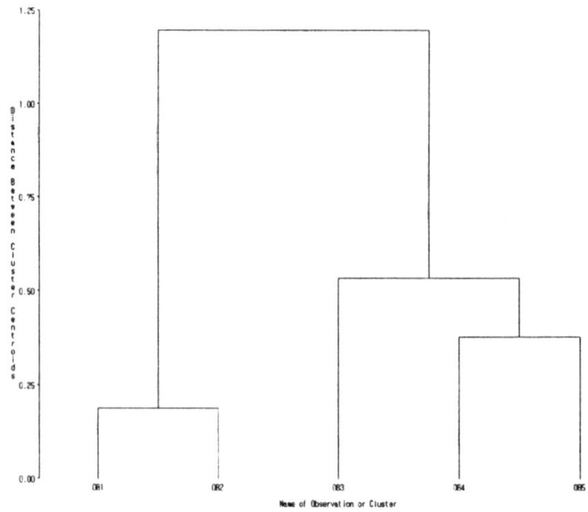

[그림 10.3] 중심연결법으로 그린 나무그조그림

10.4.4 평균연결법(Average Linkage Method)

이 방법은 다른 병합적 알고리즘과 크게 다를 것이 없다. 다만 두 군집간의 거리를 각 군집에서 한 표본을 뽑아 그들간의 거리를 모든 가능한 쌍에 대해 거리의 평균을 취한 값으로 정의한다. 즉, 두 군집간의 거리는 다음과 같은 식으로 구한다.

$$D = \frac{1}{N_i N_j} \sum_i \sum_j d_{ij}$$

여기서 d_{ij} 는 첫 번째 군집의 i번째 개체와 두 번째 군집의 j번째 개체간의 거리를 나타내며 N_i와 N_j는 두 군집의 개체의 개수를 말한다.

【예제 10.5】 다음과 같은 거리행렬을 생각해보자.

	1	2	3	4	5
1	0	9	3	6	11
2		0	7	5	10
3			0	9	②
4				0	8
5					0

우선 3과 5를 병합하고 다음에 거리를 생각하면

$$d^2((35),1) = (d^2(3,1) + d^2(5,1))/(2*1) = (3+11)/2 = 7$$
$$d^2((35),2) = (d^2(3,2) + d^2(5,2))/(2*1) = (7+10)/2 = 17/2$$
$$d^2((35),4) = (d^2(3,4) + d^2(5,4))/(2*1) = (9+8)/2 = 17/2$$

와 같이 되어 다시 거리를 구하면

	(3,5)	1	2	4
(3,5)	0	7	8.5	8.5
1		0	9	6
2			0	5
4				0

여기서 다시 개체 2와 개체 4가 병합되고 군집 (3,5), (1), (2,4)의 거리는

$$d^2((3,5)(2,4)) = (d^2(3,2) + d^2(3.4) + d^2(5,2) + d^2(5,4))/(2*2)$$
$$= (7+9+10+8)/4 = 8.5$$
$$d^2((2,4),1) = (d^2(2,1) + d^2(4,1))/(2*1) = (9+6)/2 = 7.5$$

와 같이 되어 거리행렬는

	(3,5)	(2,4)	1
(3,5)	0	8.5	7
(2,4)		0	7.5
1			0

와 같이 되어 군집 (3,5)와 개체 1이 병합되고 다시 (2,4)와 병합되어 이것의 나

무구조그림은 다음과 같다.

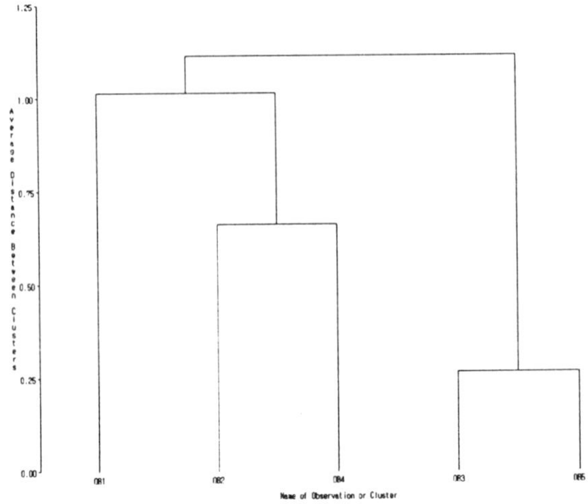

[그림 10.4] 평균연결법으로 그린 나무구조그림

10.4.5 워드법(Ward's Error Sum of Square Method)

실용적으로 가장 많이 쓰이는 방법으로 n_i개의 개체들로 구성된 군집 C_i의 대표점을 군집의 평균값으로 사용하였을 때 평균값과 실제 개체들의 값의 편차들의 제곱합은

$$E = \sum_{i=1}^{g}\sum_{j=1}^{p}\sum_{k=1}^{n_i}\left(X_{ijk} - \overline{X}_{ij}\right)^2$$

이다. 처음에는 N개의 개체들 각각이 군집을 이루므로$E = 0$가 된다. 단계별로 군집을 만들어 가는 과정에서 모든 가능한 병합 중 두 군집의 병합으로 인한 E의 증분이 최소가 되도록 군집을 병합하는 방법이다. 크기가 N_1과 N_2인 두 군집 C_1과C_2를 묶을 때 생기는 E의 증분은

$$E(C_1, C_2) = \frac{n_1 n_2}{n_1 + n_2} d^2(\overline{\mathbf{X}}_1, \overline{\mathbf{X}}_2)$$

과 같다. 워드(Ward)의 방법은 $E(C_1, C_2)$를 두 군집 C_1과 C_2의 거리로 정한다.

【예제 10.6】 계산을 쉽게 하기 위해 일변량 자료를 생각해 보자.

개체 \ 변수	x_1
C1	1
C2	2
C3	7
C4	9
C5	12

여기서 먼저 $E(C_1, C_2) = \frac{n_1 n_2}{n_1 + n_2} d^2(\overline{X}_1, \overline{X}_2)$를 이용하여 개체 1과 개체 2의 거리를 다음과 같이 구할 수 있다.

$$E(C_1, C_2) = \frac{1 \cdot 1}{1+1} d^2(1, 2) = \frac{1}{2}(1) = 0.5$$

이를 종합하여 거리행렬을 만들면 다음과 같다.

	C1	C2	C3	C4	C5
C1	0	0.5	18	32	60.5
C2		0	12.5	24.5	50
C3			0	2	12.5
C4				0	4.5
C5					0

위의 결과에 따라 우선 C1와 C2를 병합하고 다음에 각 군집들간의 $E(C_i, C_j)$는 ((C1,C2),C3))=20.17 ((C1,C2),C4)=37.5 ((C1,C1),C5)=73.5 (C3,C4)=2 (C3,C5)=12.5 (C4,C5)=4.5와 같이 되어 C1와 C2가 병합되고 다시 각 군집들의 $E(C_i, C_j)$는 ((C1,C2),C5))=73.5 ((C3,C4),C5)=10.67와 같이 되어 (C1,C2,C3,C4,

C5)=73.64가 병합되어 하나의 군집으로 된다.

여기서 하나를 더 (((C1,C2),C3))=20.17)을 계산해보면

$$E((C_1, C_2)(C_3))= \frac{1 \cdot 1}{2+1} d^2 (\frac{1+2}{2}, 7) = \frac{2}{3}(30.25) = 20.17$$

이 된다.

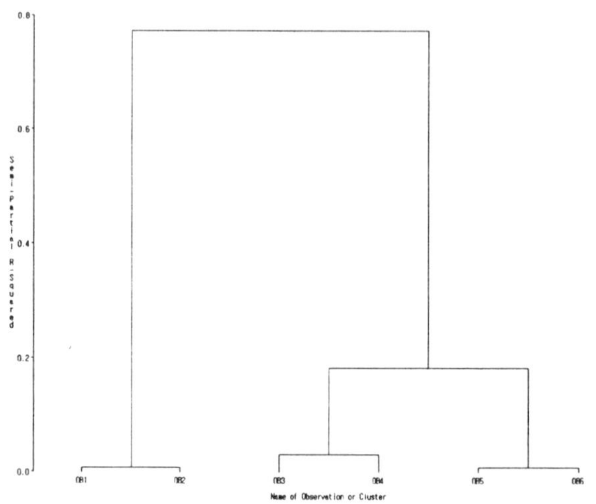

[그림 10.5] 워드 방법으로 그린 나무구조그림

10.5 비계보적 군집

10.5.1 k-menas 군집방법

k-means 군집방법은 각 관찰치를 할당시킬 때, 즉 특정 관찰치를 모든 군집에 할당시켰을 때의 다음에서 정의되는 부분 오차를 전부 계산하여 오차가 가장 많이 감소시키는 군집에 특정 관찰치 할당하는 것이다. 위와 같은 절차를 더 이상의 오차의 감소가 일어나지 않을 때까지 계속한다.

개체가의 개수가 n개이고 변수가 p개인 경우를 생각해보자. 다음은 용어 설

명이다.

k : 군집 개수
$A(i,j)$: i번째 개체의 j번째 변수의 값 ($1<i<n$, $1<j<p$)
$B(1,j)$: 1번째 군집에서 j번째 변수의 평균
$p(n,K)$: n개의 개체를 총 k개의 군집으로 나눈 결과
$n(1)$: 1번째 군집의 개체의 개수
$D(i,1)$: i번째 개체와 1번째 군집까지의 거리(distance)
$1(i)$: i번째 개체을 포함하고 있는 군집 1

여기서 $D(i,1)$을 구체적으로 표현하면 다음과 같다.

$$D(i,1)=\left\{\sum_{j=1}^{p}[A(i,j)-B(1,j)]^2\right\}^{\frac{1}{2}}$$

또 $E[p(n,k)]$는 n개의 개체를 특정한 방법으로 k개의 군집에 할당했을 때의 오차로서 다음과 같이 쓸 수 있다.

$$E[p(n,k)]=\sum D[i,1(i)]^2$$

그 단계를 보면 다음과 같이 진행된다.

[단계1] 먼저 초기군집의 형성해야 한다. 즉, 먼저 몇 개의 군집을 만들 것이지를 결정하여야 한다. 그리고 다음 식의 정부부분에 따라 각 개체를 k개의 군집에 할당한다.

$$\frac{K^*\{SUM(i)-MIN[SUM(i)]\}}{MAX[SUM(i)]-MIN[SUM(i)]}+1$$

[단계 2] 할당이 끝난 각 군집에서 각 변수의 평균 $B(1,i)$을 계산한다. 또한 부분오차를 계산한다.

$$E[p(n,k)]=\sum D[i,1(i)]^2$$

즉i와 i를 포함하는 군집 1(i)의 평균과의 거리를 계산한 것이다. 모든 개체 i에 대해서 계산한 거리의 합을 오차라 한다.

[단계 3] 어떤 특정한 개체 i를 다른 군집 k로 각각 이동시켰을 때의 오차의 변화를 계산한다.

$$R[1(i),i] = \frac{n(1)*D(i,1)^2}{n(1)+1} - \frac{n[1(i)]*D[i,1(i)]^2}{n(1)+1}$$

즉, 특정한 개체 i에 대해서 모든 군집의 경우를 계산하여 값이 음수를 갖는 것 중 제일 작은 군집 1에 개체 i를 이동시키고 초기 부분오차보다 더 작은 값을 얻는다. 계산을 위하여 이동이 있었으면 단계 2]로 가고 그렇지 않으면 다음 개체에 대해서 단계 3]과정을 반복한다.

[단계4] 개체들 중의 1개라도 다를 군집으로의 이동이 없으면 (즉, R1(i), i의 값이 음수를 갖는 것이 없다면) 중단하고 그렇지 않으면 단계2로 간다.

【예제 10.7】 다음은 4개의 개체에 대해 두 개의 가상 변수값이다. 이 경우에 k-means 군집방법을 실행해보기로 한다.

개체	변수	
	x_1	x_2
A	5	3
B	-1	1
C	1	-2
D	-3	-2

먼저 이 예에서는 두 군집으로 나눈다고 가정하면 4개체 중 임의 두 군집을 (AB), (CD)로 나누어 보자. 이 두 군집의 중심(평균)을 구해보면 다음과 같은 결과를 얻는다.

군집	평균	
	$\overline{x_1}$	$\overline{x_2}$
(AB)	2	2
(CD)	-1	-2

그 다음에 각 개체와 각 군집간의 유클리드 거리를 계산하여 가장 가까운 군

집에 할당을 한다. 먼저 A와 군집 (AB), A와 군집 (CD)의 거리를 계산하면 다음과 같다.

$$d^2(A,(AB)) = (5-2)^2 + (3-2)^2 = 10$$
$$d^2(A,(CD)) = (5+1)^2 + (3+2)^2 = 61$$

따라서 계산 결과에 따르면 A는 군집 (CD)보다 군집 (AB)에 더 가까우므로 이 개체는 변함없이 군집 (AB)에 남게 된다. 다음으로 B에 대해 계산하면 다음과 같다.

$$d^2(B,(AB)) = (-1-2)^2 + (1-2)^2 = 10$$
$$d^2(B,(CD)) = (-1+1)^2 + (1+2)^2 = 9$$

로서 개체 B는 가까운 군집 (CD)에 할당이 된다. 또 다시 A와 군집 (BCD)를 나누어 평균을 계산하면 다음과 같다.

군집	평균	
	$\overline{x_1}$	$\overline{x_2}$
(A)	5	3
(BCD)	-1	-1

이 경우에 유클리드 거리를 계산하면 다음과 같은 최종 결론을 얻는다.

군집	개체			
	A	B	C	D
A	0	40	41	89
BCD	52	4	5	5

따라서 결론적으로 두 군집을 나눌 경우에는 A와 (BCD)로 나뉘게 된다.

【예제 10.8】 이번에는 좀더 복잡한 k-means 군집 분석의 예로 하티건(Hartigan, 1975)의 자료를 이용하고자 한다. 여기서 먼저 3개의 군집을 고려해 보자.

관찰치	물고기	x1 열량	x2 지방	x3 칼슘	총합
1	고등어(mc)	5	9	20	34
2	담수어(pr)	6	11	2	19
3	연어(sl)	4	5	20	29
4	정어리(sd)	6	9	46	61
5	참치(tn)	5	7	1	13
6	새우(sh)	3	1	12	16

[단계 1] 초기 군집으로 3개를 만든다. $\dfrac{K^*\{SUM(i)-MIN[SUM(i)]\}}{MAX[SUM(i)]-MIN[SUM(i)]}+1$ 의 계산에 따라 군집을 3개로 나누면 다음과 같이 된다.

군집 1	(pr, tn, sh)
군집 2	(mc, sl)
군집 3	(sd)

[단계 2] 여기서는 각 군집의 변수별 평균은 다음과 같다.

군집	열량	지방	칼슘
1	14/3	19/3	5
2	9/2	7	20
3	6	9	46

초기 군집 3개에 대한 오차를 다음과 같이 계산할 수 있다.

$$
\begin{aligned}
E\{p(3,6)\} &= \sum D(i,1(i))^2 = D(1,2)^2 + D(2,1)^2 + D(3,2)^2 + \cdots \\
&= (5-9/2)^2 + (9-7)^2 + (20-20)^2 + \cdots \\
&= 137.805
\end{aligned}
$$

[단계 3] 군집 2에 있는 관찰치들이 다른 군집으로 옮길 때의 오차의 변화를 계산한다.

(1) 먼저 개체 1과 각 군집간의 거리를 계산

$$D(1,1)^2 = (5-14/3)^2 + (9-19/3)^2 + (20-5)^2 = 232.22$$

$$D(1,2) = 4.5$$

$$D(1,3)^2 = 677.00$$

(2) 오차의 변화를 계산

$$R[2(1),2] = \frac{3}{4}(232.22) - 2(4.25) > 0$$

$$R[2(1),3] = \frac{677.0}{2} - 2(4.25) > 0$$

관찰치 1을 다른 군집에 옮겨도 부분오차에 변화가 없으므로 다음 관찰치 2, 3, 4, 5, 6에 대해서 계속 계산한다. 6번째 관찰치에서는 다음과 같이 계산된다.

$$R[1(6),2] = \frac{2}{3}(102.25) - \frac{3}{2}(80.21) = -52.15$$

$$R[1(6),3] = \frac{1}{2}(1229) - \frac{3}{2}(80.21) > 0$$

즉, 1번째 군집에 있는 6번째 관찰치를 군집 2로 옮기면 부분가 52.15만큼 감소한다. 따라서 6번째 관찰치를 옮기고 난 부분오차는 137.805 - 52.15 = 85.655 이고 이때의 부분은 다음과 같다.

군집 1	(pr) (tn)
군집 2	(mc) (sl) (sh)
군집 3	(sd)

다시 개체 1부터 계산을 해도 변화가 없으므로 위의 결과가 최적임을 알 수 있다.

10.6 군집의 개수 결정

군집의 개수를 결정하는 문제는 일반적으로 요인분석에서 요인의 개수를 결정하는 것보다 더 어려울 뿐 아니라 어떤 군집분석도 만족할 만한 해결책을 제공하지 못하고 있다.(Everitt) 어떤 군집에 관한 판정기준의 최적화를 통해 수행되는 기법에서는 군집의 수에 대응되는 판정기준의 값을 그려서, 판정기준의 값에서 급격한 증가(혹은 최소화되는 기준을 사용할 경우에는 감소)가 발생하는 곳에서 대응되는 군집의 수를 찾는 기법이 일반적으로 많이 사용되고 있다.

이와 같은 방법은 많은 연구자(Feidman & Rubin)들에 의해 제안되었으나 실제로 만족할 만한 결과를 제공하지 못하는 것으로 알려지고 있다.

SAS에서 군집분석에 관계된 처리절차로서 CLUSTER와 FASTCLUS와 가 있다. 이들은 군집의 수에 관한 판정기준으로서 CCC(Cubic Clustering Criterion)가 있다. 이와 같은 가정하에서 유도된 CCC라는 판정기준은 2 내지 (n/10) 정도의 군집수를 CCC의 값에 대해 그림을 그렸을 때 적절한 군집의 수와 자료의 구조에 관해 유익한 정보를 제공한다.

연습문제

【1】 다음과 같은 거리행렬에서 최단연결법과 최장연결법을 구하라.

	1	2	3	4	5
1	0				
2	9	0			
3	3	7	0		
4	6	5	9	0	
5	11	10	2	8	0

【2】 다음과 같이 '85, '90, '95년도 화재 발생 장소에 따른 화재 원인의 유형들을변수로 선택하여 13개의 장소의 자료를 발췌하였다. 연도별로 화재의 장소에 대한 군집분석(최단, 최단, 평균, 중심연결법 중 두 개를 비교)을 하고 또 연도에 따라 차이가 있는지를 SAS로 실행하여라. 또 $k=3$일 경우 K-평균 군집분석을 연도별로 하여라.

연도	원인 / 장소	전기 (X1)	유류및가스 (X2)	난로 · 아궁이 (X3)	담배 · 성냥 (X4)	불장난 (X5)	방화 (X6)
1985년	주택	847	276	265	254	248	242
	사업장	74	20	40	38	8	11
	점포	299	158	87	79	20	28
	학교	28	6	13	7	9	5
	공장	365	92	73	76	8	7
	창고	32	4	8	24	16	0
	병원	11	3	5	10	0	0
	선박	17	5	10	7	1	0
	시장	15	4	1	9	2	0
	차량	314	49	7	103	37	54
	아파트	71	55	8	39	65	13
	여관	35	16	4	26	6	6
	음식점	160	140	49	39	7	32
1990년	주택	1529	521	243	257	322	445
	사업장	185	56	56	80	12	51

	점포	400	112	69	101	27	65
	학교	38	7	12	20	9	6
	공장	537	73	61	94	19	23
	창고	90	3	8	44	55	13
	병원	30	6	1	3	1	5
	선박	25	6	5	5	5	3
	시장	13	0	3	3	0	0
	차량	681	87	2	242	125	427
	아파트	134	75	13	23	72	32
	여관	94	15	4	48	5	12
	음식점	372	168	40	66	3	47
1995년	주택	2597	641	366	502	442	443
	사업장	303	55	48	121	26	37
	점포	807	112	85	227	34	132
	학교	47	6	7	18	10	5
	공장	946	71	113	162	23	36
	창고	196	9	16	122	89	19
	병원	27	3	1	7	0	6
	선박	36	8	3	16	1	6
	시장	25	1	1	2	0	1
	차량	1155	95	8	459	161	1013
	아파트	299	142	12	120	147	70
	여관	114	10	1	63	2	26
	음식점	684	233	33	94	14	83

[3] 주성분 분석 문제에서 언급한 1984년도 LA 올림픽에서 각 종목별 각 나라별 여자 육상기록이다. 다음 문제에 답하여라.

X1	X2	X3	X4	X5	X6	X7	국가
11.61	22.94	54.50	2.15	4.43	9.79	178.52	Argentina
11.20	22.35	51.08	1.98	4.13	9.08	152.37	Australia
11.43	23.09	50.62	1.99	4.22	9.34	159.37	Austria
11.41	23.04	52.00	2.00	4.14	8.88	157.85	Belgium
11.46	23.05	53.30	2.16	4.58	9.81	169.98	Bermuda
11.31	23.17	52.80	2.10	4.49	9.77	168.75	Brazil
12.14	24.47	55.00	2.18	4.45	9.51	191.02	Burma
11.00	22.25	50.06	2.00	4.06	8.81	149.45	Canada
12.00	24.52	54.90	2.05	4.23	9.37	171.38	Chile
11.95	24.41	54.97	2.08	4.33	9.31	168.48	China
11.60	24.00	53.26	2.11	4.35	9.46	165.42	Columbia
12.90	27.10	60.40	2.30	4.84	11.10	233.22	Cookis
11.96	24.60	58.25	2.21	4.68	10.43	171.80	Costa
11.09	21.97	47.99	1.89	4.14	8.92	158.85	Czech
11.42	23.52	53.60	2.03	4.18	8.71	151.75	Denmark
11.79	24.05	56.05	2.24	4.74	9.89	203.88	Dominican
11.13	22.39	50.14	2.03	4.10	8.92	154.23	Finland

11.15	22.59	51.73	2.00	4.14	8.98	155.27	France
10.81	21.71	48.16	1.93	3.96	8.75	157.68	GDR
11.01	22.39	49.75	1.95	4.03	8.59	148.53	FRG
11.00	22.13	50.46	1.98	4.03	8.62	149.72	GB&NI
11.79	24.08	54.93	2.07	4.35	9.87	182.20	Greece
11.84	24.54	56.09	2.28	4.86	10.54	215.08	Guatemal
11.45	23.06	51.50	2.01	4.14	8.98	156.37	Hungary
11.95	24.28	53.60	2.10	4.32	9.98	188.03	India
11.85	24.24	55.34	2.22	4.61	10.02	201.28	Indonesia
11.43	23.51	53.24	2.05	4.11	8.89	149.38	Ireland
11.45	23.57	54.90	2.10	4.25	9.37	160.48	Israel
11.29	23.00	52.01	1.96	3.98	8.63	151.82	Italy
11.73	24.00	53.73	2.09	4.35	9.20	150.50	Japan
11.73	23.88	52.70	2.00	4.15	9.20	181.05	Kenya
11.96	24.49	55.70	2.15	4.42	9.62	164.65	Korea
12.25	25.78	51.20	1.97	4.25	9.35	179.17	DPRKorea
12.03	24.96	56.10	2.07	4.38	9.64	174.68	Luxembou
12.23	24.21	55.09	2.19	4.69	10.46	182.17	Malasiya
11.76	25.08	58.10	2.27	4.79	10.90	261.13	Mauritius
11.89	23.62	53.76	2.04	4.25	9.59	158.53	Mexico
11.25	22.81	52.38	1.99	4.06	9.01	152.48	Netherlands
11.55	23.13	51.60	2.02	4.18	8.76	145.48	NZealand
11.58	23.31	53.12	2.03	4.01	8.53	145.48	Norway
12.25	25.07	56.96	2.24	4.84	10.69	233.00	Guinea
11.76	23.54	54.60	2.19	4.60	10.16	200.37	Philippi
11.13	22.21	49.29	1.95	3.99	8.97	160.82	Poland
11.81	24.22	54.30	2.09	4.16	8.84	151.20	Portugal
11.44	23.46	51.20	1.92	3.96	8.53	165.45	Rumania
12.30	25.00	55.08	2.12	4.52	9.94	182.77	Singapore
11.80	23.98	53.59	2.05	4.14	9.02	162.60	Spain
11.16	22.82	51.79	2.02	4.12	8.84	154.48	Sweden
11.45	23.31	53.11	2.02	4.07	8.77	153.42	Switzerl
11.22	22.62	52.50	2.10	4.38	9.63	177.87	Taipei
11.75	24.46	55.80	2.20	4.72	10.28	168.45	Thailand
11.98	24.44	56.45	2.15	4.37	9.38	201.08	Turkey
10.79	21.83	50.62	1.96	3.95	8.50	142.72	USA
11.06	22.19	49.19	1.89	3.87	8.45	151.22	USSR
12.74	25.85	58.73	2.33	5.81	13.04	306.00	WSamoa

1) 최단, 최단, 평균, 중심연결법으로 군집분석을 실행하여라.

2) k가 3, 4, 5일경우의 K-평균 군집분석을 하여라.

【SAS 프로그램 예제】

【SAS 예 10.1】 다음은 인자분석에서 사용한 자료로 1955년도 14개 국가에 대한 10개 변수에 대한 자료이다. 다음 물음에 답하라

X1 = 국민 일인당 GNP ($)

X2 = 교역량 (백만 $)

X3 = 국민일인당 전력생산순위 (오름차순)

X8 = 국방비 (백만 $)

X9 = GNP 대비 국방비 (%)

X10 = 국제법 인정 여부 (1=안정, 0=불안정)

X4 = 국가안정도 (폭동, 쿠데타, 잦은 파업 등 고려, 1=안정, 0=불안정)

X5 = 반대집단에 대한 자유도 (0=정치적 반대집단 불허, 1=제한적 반대집단 허용, 2=반대집단 허용)

X6 = 국외마찰 (1=심각한 마찰, 0=마찰없음)

X7 = U.N.에서 미국과의 협력 정도 (미국측 찬성 % - 미국측 반대 %)

국 가	X1	X2	X3	X4	X5	X6	X7	X8	X9	X10
Brazil	91	2729	7	0	2	0	69.1	148	2.8	0
Burma	51	407	4	0	1	0	-9.5	74	6.9	0
China	58	349	11	0	0	1	-41.7	3054	8.7	0
Cuba	359	1169	3	0	1	0	64.3	53	2.4	0
Egypt	134	923	5	1	1	1	-15.4	158	6	1
India	70	2689	10	0	2	0	-28.6	410	1.9	1
Indonesia	127	1601	8	0	1	0	-21.4	267	6.7	0
Israel	515	415	2	1	2	1	42.9	33	2.7	1
Jordan	70	83	1	0	1	1	8.3	29	25.7	0
Netherland	707	5395	6	1	2	0	52.3	468	6.1	1
Poland	468	1892	9	0	0	1	-41.7	220	1.5	0
U.S.S.R	749	6530	13	1	0	1	-41.7	34000	20.4	0
U.K	998	18677	12	1	2	1	69	3934	7.8	0
U.S.A	2334	26836	14	1	2	1	100	40614	12.2	1

1) 계보적군집 방법 중 중심연결법에 의하여 분석하고 이를 나무구조그림으로 표시하여라.

2) k=3와 4인 경우에 k-평균 군집분석을 실시하고, 각 군집에 속하는 국가를 작성하여 비교하여라.

3) 인자분석에서 구한 인자점수에 의하여 k-평균 군집분석을 실시하여라.

♡ 군집분석시 유의사항 ♡

> 군집분석은 이상치에 대하여 상당히 민감한 결과를 보인다. 따라서 군집분석을 시행하기 전에 자료에 대하여 이상치 존재 여부를 살펴야 한다고 판단된다.

다음은 '미니탭 EDA의 박스 플롯(Box-plot)을 이용'하여 얻은 결과이다.

X1

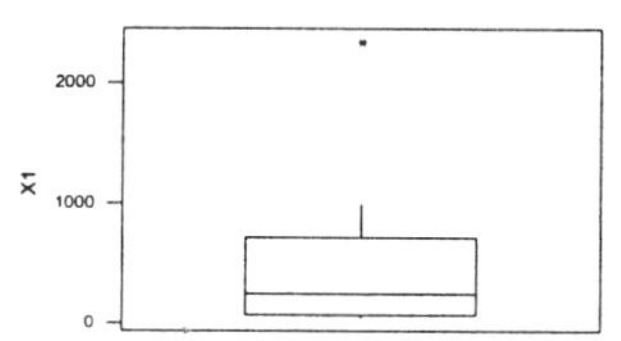

U.S.A가 이상값으로 판단

X2

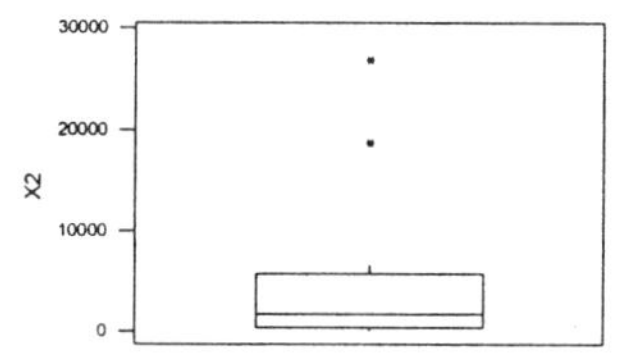

U.K & U.S.A 가 이상값으로 판단

X3

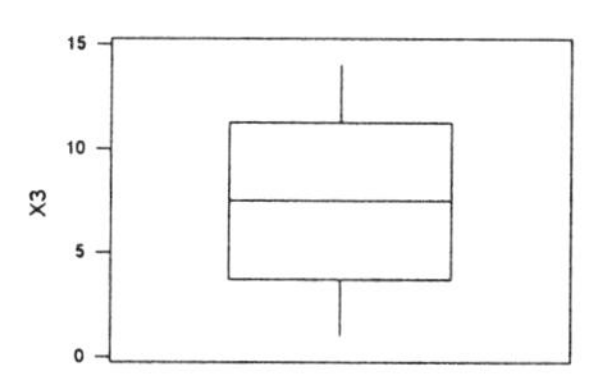

이상값으로 판단되는 것 없음

X5

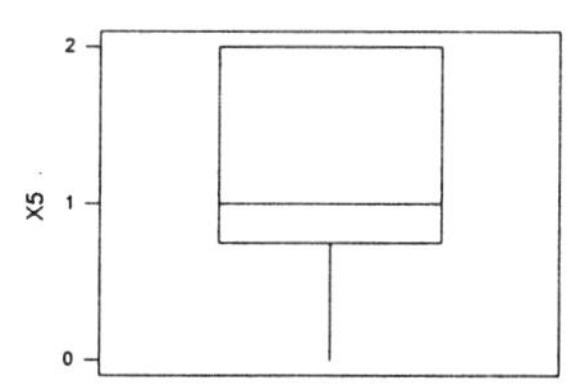

이상값으로 판단되는 것 없음

X7	X8
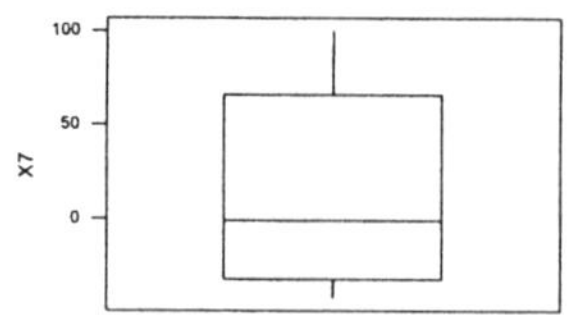	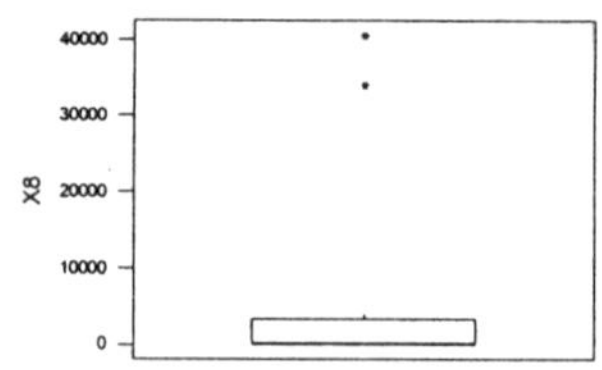
이상값으로 판단되는 것 없음	U.S.S.R & U.S.A 가 이상값으로 판단

X9	
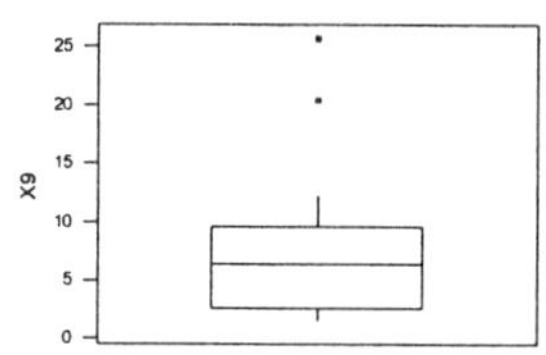	X4, X6, X10은 이진 자료이기 때문에 고려하지 않았다. X1 & X2 & X8 & X9에 이상값이 존재하므로, 분석할 때 주의하도록 한다. 정보손실을 막기 위해, 이상값 있는 자료를 제외시키지 않고 분석한다.
Jordan & U.S.S.R가 이상값으로 판단	

군집분석을 위한 SAS 프로그램 내에서 표준화한 후 결과를 얻게 된다.

〈 SAS 프로그램 〉

```
data clu;
input nation $ x1-x10 @@;
cards;
Brazil        91   2729  7  0 2 0   69.1    148   2.8  0
Burma         51    407  4  0 1 0   -9.5     74   6.9  0
China         58    349 11  0 0 1  -41.7   3054   8.7  0
Cuba         359   1169  3  0 1 0   64.3     53   2.4  0
Egypt        134    923  5  1 1 1  -15.4    158   6    1
India         70   2689 10  0 2 0  -28.6    410   1.9  1
Indonesia    129   1601  8  0 1 0  -21.4    267   6.7  0
Israel       515    415  2  1 2 1   42.9     33   2.7  1
Jordan        70     83  1  0 1 1    8.3     29  25.7  0
Netherland   707   5395  6  1 2 0   52.3    468   6.1  1
Poland       468   1892  9  0 0 1  -41.7    220   1.5  0
U.S.S.R      749   6530 13  1 0 1  -41.7  34000  20.4  0
U.K          998  18677 12  1 2 1   69.0   3934   7.8  0
U.S.A       2334  26836 14  1 2 1  100    40614  12.2  1
;
proc cluster std method=centroid tree=two;
id nation;
var x1-x10;

proc tree data=two;
run;
```

〈 SAS 결과 〉

```
          The data have been standardized to mean 0 and variance 1
          Root-Mean-Square Total-Sample Standard Deviation =        1
          Root-Mean-Square Distance Between Observations   = 4.472136

                              Cluster History
                                                       Norm    T
                                                       Cent    i
          NCL   --Clusters Joined---        FREQ       Dist    e
           13   OB2          OB7               2     0.2249
           12   OB3          OB11              2     0.2977
           11   OB1          OB4               2     0.3681
           10   CL11         CL13              4     0.4235
            9   OB5          OB8               2     0.4498
            8   CL9          OB10              3     0.545
            7   CL10         OB6               5     0.6109
            6   CL7          CL8               8     0.6614
            5   CL6          CL12             10     0.7001
            4   CL5          OB9              11     0.808
            3   CL4          OB13             12     0.8533
            2   CL3          OB12             13     0.9932
            1   CL2          OB14             14     1.3959
```

⇔ 군집 14 : 14개 나라가 14개 개별 군집이라고 가정한다.
⇔ 군집 13 : observation 2, 7 → Burma와 Indonesia가 병합하여 군집(OB2 OB7)을 형성한다.
⇔ 군집 12 : observation 3, 11 → China와 Poland가 병합하여 군집(OB3 OB11)을 형성한다.
⇔ 군집 11 : observation 1, 4 → Braxil와 Cuba가 병합하여 군집(OB1 OB4)을 형성한다.
⇔ 군집 10 : Cluster 11, 13 → 군집(OB1 OB2 OB4 OB7)을 형성한다.
⇔ 군집 9 : observation 5, 8 → Egypt와 Israel이 병합하여 군집(OB5 OB8)을 형성한다.
⇔ 군집 8 : Cluster 9, observation 10 → 군집(OB5 OB8 OB10)을 형성한다.
⇔ 군집 7 : Cluster 10, observation 6 → 군집(OB1 OB2 OB4 OB6 OB7)을 형성한다.
⇔ 군집 6 : Cluster 7, 8 → 군집(OB1 OB2 OB4 OB5 OB6 OB7 OB8 OB10)을 형성한다.
⇔ 군집 5 : Cluster 6, 12 → 군집(OB1 OB2 OB3 OB4 OB5 OB6 OB7 OB8 OB10 OB11)
⇔ 군집 4 : Cluster 5 observation 9 → 군집(OB1 OB2 OB3 OB4 OB5 OB6 OB7 OB8 OB9 OB10 OB11)
⇔ 군집 3 : Cluster 4 observation 13 → 군집(OB1 OB2 OB3 OB4 OB5 OB6 OB7 OB8 OB9 OB10 OB11 OB13)
⇔ 군집 2 : Cluster 3 observation 12 → 군집(OB1 OB2 OB3 OB4 OB5 OB6 OB7 OB8 OB9 OB10 OB11 OB12 OB13)
⇔ 군집 1 : Cluster 2 observation 14 → 군집(OB1 OB2 OB3 OB4 OB5 OB6 OB7 OB8 OB9 OB10 OB11 OB12 OB13 OB14)

다음은 SAS에 의한 나무구조그림이다.

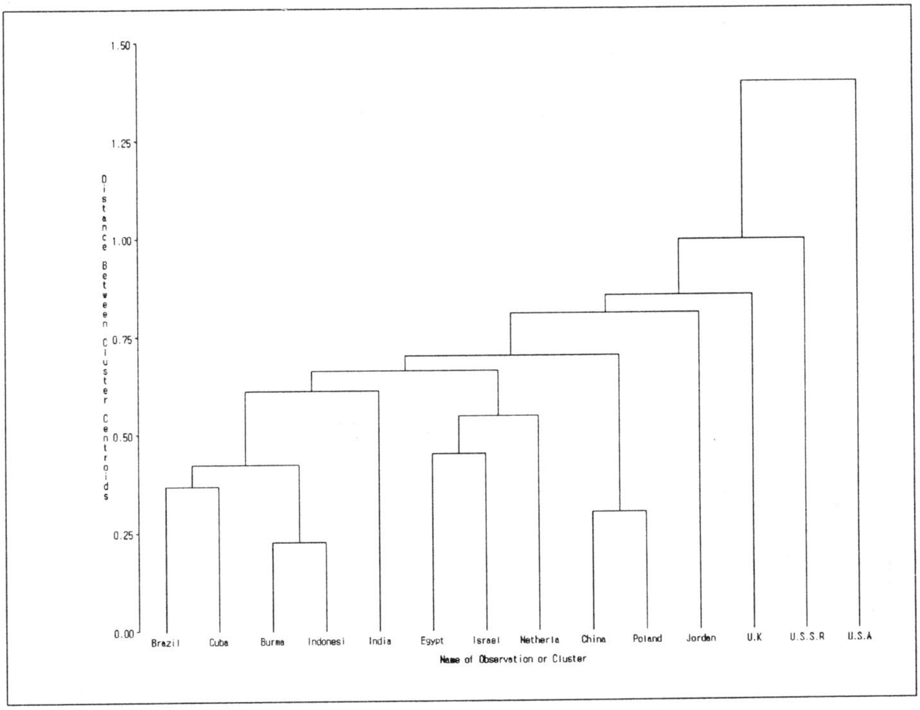

2) k=3과 4인 경우에 k-평균 군집분석을 실시하고, 각 군집에 속하는 국가를 작성하여 비교하여라.

< k=3인 경우의 SAS 프로그램 >

```
data clu;
input nation $ x1-x10 @@;
cards;
Brazil        91   2729   7  0 2 0   69.1    148   2.8  0
Burma         51    407   4  0 1 0   -9.5     74   6.9  0
China         58    349  11  0 0 1  -41.7   3054   8.7  0
Cuba         359   1169   3  0 1 0   64.3     53   2.4  0
Egypt        134    923   5  1 1 1  -15.4    158   6    1
India         70   2689  10  0 2 0  -28.6    410   1.9  1
Indonesia    129   1601   8  0 1 0  -21.4    267   6.7  0
Israel       515    415   2  1 2 1   42.9     33   2.7  1
Jordan        70     83   1  0 1 1    8.3     29  25.7  0
Netherland   707   5395   6  1 2 0   52.3    468   6.1  1
Poland       468   1892   9  0 0 1  -41.7    220   1.5  0
U.S.S.R      749   6530  13  1 0 1  -41.7  34000  20.4  0
U.K          998  18677  12  1 2 1   69.0   3934   7.8  0
U.S.A       2334  26836  14  1 2 1  100    40614  12.2  1
;
proc standard mean=0 std=1 out=two;
proc fastclus data=two list maxiter=10 maxclusters=3 out=three; id
nation;
var x1-x10;
run;
```

<k=3인 경우의 SAS 결과>

```
Replace=FULL  Radius=0  Maxclusters=3 Maxiter=10  Converge=0.02

                              Initial Seeds
Cluster            x1              x2              x3              x4              x5
---------------------------------------------------------------------------------------
   1      3.006659827     2.756688738     1.553797192     1.112697281     0.979957887
   2      0.366807168     0.052564725    -0.358568583     1.112697281     0.979957887
   3      0.434953333     0.195710135     1.314751470     1.112697281    -1.514480371

Cluster            x6              x7              x8              x9             x10
---------------------------------------------------------------------------------------
   1      0.834522960     1.716273814     2.586545426     0.590707637     1.292837411
   2     -1.112697281     0.756448294    -0.410054147    -0.264316638     1.292837411
   3      0.834522960    -1.135031765     2.092859640     1.740084531    -0.718243006
```

초기 3개 군집 시드(seed)로 사용된 자료를 나타낸다.

```
                        Relative Change in Cluster Seeds
Iteration   Criterion        1          2          3
------------------------------------------------------
        1      0.9919        0     0.3558     0.5219
        2      0.7033        0     0          0
```

군집 시드를 반복 계산한 결과 1회만에 최적해를 구했다는 것을 나타내고 있다.

Cluster Listing

Obs	nation	Cluster	Distance from Seed
1	Brazil	2	1.8328
2	Burma	2	1.9293
3	China	3	1.3418
4	Cuba	2	1.9857
5	Egypt	2	2.3680
6	India	2	2.2412
7	Indonesi	2	1.9321
8	Israel	2	2.4430
9	Jordan	3	2.8794
10	Netherla	2	1.9726
11	Poland	3	2.0070
12	U.S.S.R	3	2.8937
13	U.K	2	3.3911
14	U.S.A	1	0

Cluster	Count	Nation
Cluster 1	1	U.S.A
Cluster 2	9	Brazil & Buram & Cuba & Egypt & India & Indonesia & Israel & Netherlands & U.K
Cluster 3	4	China & Jordan & Poland & U.S.S.R

Cluster Summary

Cluster	Frequency	RMS Std Deviation	Maximum Distance from Seed to Observation	Radius Exceeded	Nearest Cluster	Distance Between Cluster Centroids
1	1	.	0		2	6.2434
2	9	0.7644	3.3911		3	2.9788
3	4	0.8659	2.8937		2	2.9788

군집분석의 요약통계치 살펴보면 각 군집별 도수(Frequency), 군집 내 거리들의 표준편차 제곱근 (RMS Std Deviation), 군집 시드와 개체 사이의 최대거리(Maximum Distance), 가까운 군집(Nearest cluster)과 중심거리(Centroid Distance) 등을 나타낸다.

Statistics for Variables

Variable	Total STD	Within STD	R-Square	RSQ/(1-RSQ)
x1	1.00000	0.54477	0.748881	2.982181
x2	1.00000	0.65423	0.637827	1.761115
x3	1.00000	0.93697	0.257143	0.346154
x4	1.00000	1.01218	0.133102	0.153538
x5	1.00000	0.64832	0.644349	1.811749
x6	1.00000	0.83030	0.416667	0.714286
x7	1.00000	0.77254	0.495004	0.980215
x8	1.00000	0.64841	0.644250	1.810959
x9	1.00000	0.85040	0.388076	0.634189
x10	1.00000	0.90391	0.308642	0.446429
OVER-ALL	1.00000	0.79337	0.467394	0.877561

Pseudo F Statistic = 4.83

Approximate Expected Over-All R-Squared = .

Cubic Clustering Criterion = .

WARNING: The two values above are invalid for correlated variables.

변수별 통계량을 살펴보면 각 **변수별 설명력은** 'R-Squared' **값으로 표시**되는데, 설명력의 크기는 'X1,X8, X5, X2, X7, X6, X10, X3, X4'순으로 나타났다. 마지막 열은 **군집 내 분산에 대한 군집간 분산의 비율** 'RSQ/(1-RSQ)'을 **표시**하고 있다.

Cluster Means

Cluster	x1	x2	x3	x4	x5
1	3.006659827	2.756688738	1.553797192	1.112697281	0.979957887
2	-0.229742204	-0.151328151	-0.278886676	0.030908258	0.425638274
3	-0.234744998	-0.348683844	0.239045722	-0.347717900	-1.202675589

Cluster	x6	x7	x8	x9	x10
1	0.834522960	1.716273814	2.586545426	0.590707637	1.292837411
2	-0.463623867	0.201971870	-0.398998757	-0.444977504	0.175570513
3	0.834522960	-0.883505161	0.251110847	0.853522476	-0.718243006

각 군집별 변수들의 평균을 나타내고 있다.

```
                              Cluster Standard Deviations

Cluster             x1                x2                x3                x4                x5
------------------------------------------------------------------------------------------------
   1                 .                 .                 .                 .                 .
   2       0.545424597       0.731671144       0.783763813       1.026275178       0.657342198
   3       0.543028109       0.376608695       1.257359289       0.973610120       0.623609564
Cluster             x6                x7                x8                x9               x10
------------------------------------------------------------------------------------------------
   1                 .                 .                 .                 .                 .
   2       0.973610120       0.851891821       0.093581461       0.323939879       1.059932446
   3       0.000000000       0.503053207       1.232165591       1.540078011       0.000000000
```

각 군집별 변수들의 표준편차를 나타내고 있다.

< k=4인 경우의 SAS 프로그램 >

```
data clu;
input nation $ x1-x10 @@;
cards;
Brazil         91   2729   7  0 2 0   69.1    148   2.8  0
Burma          51    407   4  0 1 0   -9.5     74   6.9  0
China          58    349  11  0 0 1  -41.7   3054   8.7  0
Cuba          359   1169   3  0 1 0   64.3     53   2.4  0
Egypt         134    923   5  1 1 1  -15.4    158   6    1
India          70   2689  10  0 2 0  -28.6    410   1.9  1
Indonesia     129   1601   8  0 1 0  -21.4    267   6.7  0
Israel        515    415   2  1 2 1   42.9     33   2.7  1
Jordan         70     83   1  0 1 1    8.3     29  25.7  0
Netherland    707   5395   6  1 2 0   52.3    468   6.1  1
Poland        468   1892   9  0 0 1  -41.7    220   1.5  0
U.S.S.R       749   6530  13  1 0 1  -41.7  34000  20.4  0
U.K           998  18677  12  1 2 1   69.0   3934   7.8  0
U.S.A        2334  26836  14  1 2 1  100    40614  12.2  1
;

proc standard mean=0 std=1 out=two;
proc fastclus data=two list maxiter=10 maxclusters=4 out=three;
id nation;
var x1-x10;
proc freq data=three;
table cluster*nation;
run;
```

<k=4인 경우의 SAS 결과>

The FASTCLUS Procedure : Replace=FULL Radius=0 Maxclusters=4 Maxiter=10 Converge=0.02

Initial Seeds

Cluster	x1	x2	x3	x4	x5
1	-0.666743013	-0.617381022	-1.553797192	-0.834522960	-0.267261242
2	0.434953333	0.195710135	1.314751470	1.112697281	-1.514480371
3	3.006659827	2.756688738	1.553797192	1.112697281	0.979957887
4	0.838962745	1.727681330	1.075705748	1.112697281	0.979957887

Cluster	x6	x7	x8	x9	x10
1	0.834522960	-0.128925351	-0.442822224	2.482974475	-0.718243006
2	0.834522960	-1.135031765	2.092859640	1.740084531	-0.718243006
3	0.834522960	1.716273814	2.586545426	0.590707637	1.292837411
4	0.834522960	1.092487837	-0.151343090	-0.026031184	-0.718243006

조기 4개 군집 시드로 사용된 자료를 나타낸다.

Iteration	Criterion	Relative Change in Cluster Seeds 1	2	3	4
1	1.0647	0.6714	0.4360	0	0.6828
2	0.6523	0.1202	0	0	0.0999
3	0.6389	0	0	0	0

군집 시드를 반복 계산한 결과 2회만에 최적해를 구했다는 것을 나타내고 있다.

Cluster Listing

Obs	nation	Cluster	Distance from Seed
1	Brazil	4	2.3417
2	Burma	1	0.9484
3	China	2	1.8648
4	Cuba	1	1.8415
5	Egypt	4	2.1356
6	India	4	2.3792
7	Indonesi	1	1.2114
8	Israel	4	1.9475
9	Jordan	1	2.8561
10	Netherla	4	1.5364
11	Poland	1	2.2716
12	U.S.S.R	2	1.8648
13	U.K	4	3.0437
14	U.S.A	3	0

Cluster	Count	Nation
Cluster 1	5	Brazil & Buram & Cuba & Indonesia & Poland
Cluster 2	2	China & U.S.S.R
Cluster 3	1	U.S.A
Cluster 4	6	Egypt & India & Israel & Netherlands & U.K

Cluster Summary

Cluster	Frequency	RMS Std Deviation	Maximum Distance from Seed to Observation	Radius Exceeded	Nearest Cluster	Distance Between Cluster Centroids
1	5	0.6906	2.8561		4	2.5539
2	2	0.8340	1.8648		1	3.0936
3	1	.	0		4	5.8014
4	6	0.7889	3.0437		1	2.5539

군집분석의 요약통계치를 살펴보면 각 군집별 도수(Frequency), 군집 내 거리들의 표준편차 제곱근(RWS Std Deviation), 군집 시드와 개체 사이의 최대거리(Maximum Distance), 가까운 군집(Nearest Cluster)과 중심거리(Centroid Distance) 등을 나타내고 있다.

Statistics for Variables

Variable	Total STD	Within STD	R-Square	RSQ/(1-RSQ)
x1	1.00000	0.54223	0.773837	3.421593
x2	1.00000	0.63902	0.685891	2.183613
x3	1.00000	0.80000	0.507692	1.031250
x4	1.00000	0.83375	0.465278	0.870130
x5	1.00000	0.50406	0.804558	4.116618
x6	1.00000	1.01181	0.212500	0.269841
x7	1.00000	0.79691	0.511482	1.047008
x8	1.00000	0.52269	0.789841	3.758312
x9	1.00000	0.97593	0.267359	0.364924
x10	1.00000	0.73434	0.585185	1.410714
OVER-ALL	1.00000	0.75600	0.560362	1.274601

Pseudo F Statistic = 4.25
Approximate Expected Over-All R-Squared = .
Cubic Clustering Criterion = .
WARNING: The two values above are invalid for correlated variables.

변수별 통계량을 살펴보면 각 **변수별 설명력은** 'R-Squared'의 **값으로 표시**되는데, 설명력의 크기는 'X5, X8, X1, X2, X10, X7, X3, X4, X9, X6'순으로 나타났다. 마지막 열은 **군집내 분산에 대한 군집간 분산의 비율** 'RSQ/(1-RSQ)'을 표시하고 있다.

Cluster Means

Cluster	x1	x2	x3	x4	x5
1	-0.430827477	-0.497895593	-0.597614305	-0.834522960	-0.516705068
2	-0.125630006	-0.194061576	1.075705748	0.139087160	-1.514480371
3	3.006659827	2.756688738	1.553797192	1.112697281	0.979957887
4	-0.100210405	0.020152063	-0.119522861	0.463623867	0.772088032

Cluster	x6	x7	x8	x9	x10
1	-0.333809184	-0.295939015	-0.435387827	0.091709864	-0.718243006
2	0.834522960	-1.135031765	0.937915556	0.920102235	-0.718243006
3	0.834522960	1.716273814	2.586545426	0.590707637	1.292837411
4	-0.139087160	0.338914132	-0.380906234	-0.481576904	0.622477272

각 군집별 변수들의 평균을 나타내고 있다.

Cluster Standard Deviations

Cluster	x1	x2	x3	x4	x5
1	0.303613488	0.097147548	0.810643483	0.000000000	0.557773351
2	0.792784562	0.551220440	0.338061702	1.376892637	0.000000000
3	.	.	.	.	.
4	0.623359383	0.865079894	0.855235974	1.005540209	0.509175077

Cluster	x6	x7	x8	x9	x10
1	1.066536450	0.810554695	0.008015407	1.380052593	0.000000000
2	0.000000000	0.000000000	1.633337588	1.159630084	0.000000000
3	.	.	.	.	.
4	1.066536450	0.862871727	0.113148365	0.335086343	1.038517462

각 군집별 변수들의 표준편차를 나타내고 있다.

♧ 계보적 방법 ♧

어떤 개체가 일단 특정 군집에 할당되면 다시는 다른 군집으로 포함되지 못하는 성질을 가지고 있기 때문에 때때로 잘못된 군집 결과를 초래할 수 있다. 또한 이상치가 있는 경우, 계보적 방법 중에는 중심연결법이 이상치에 영향을 크게 받지 않은 것으로 알려져 있다.

최단 연결법

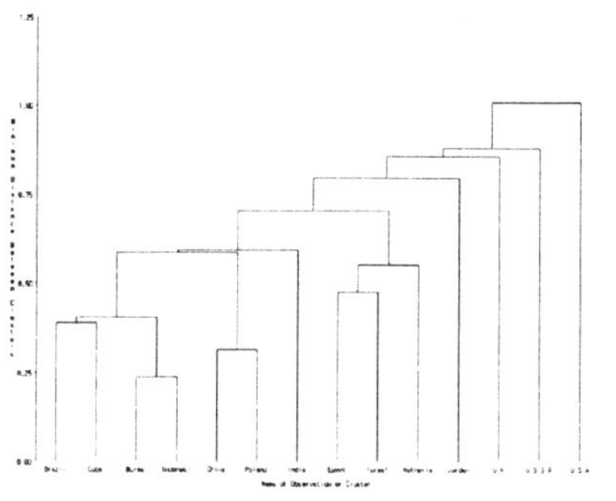

최장 연결법

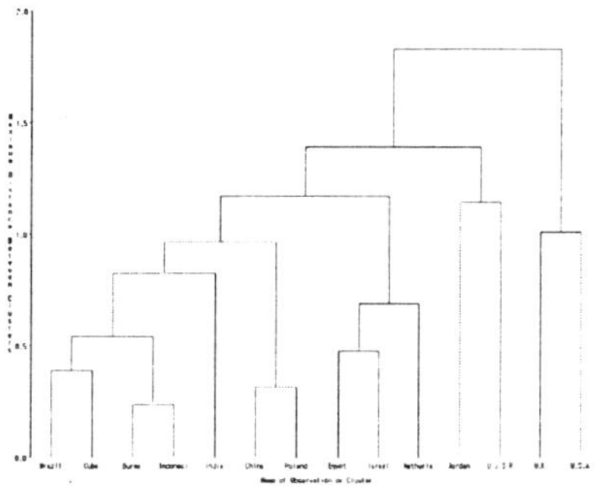

평균연결법

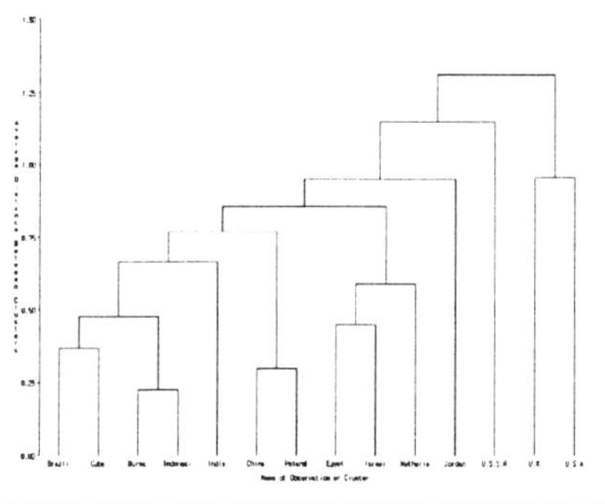

중심연결법

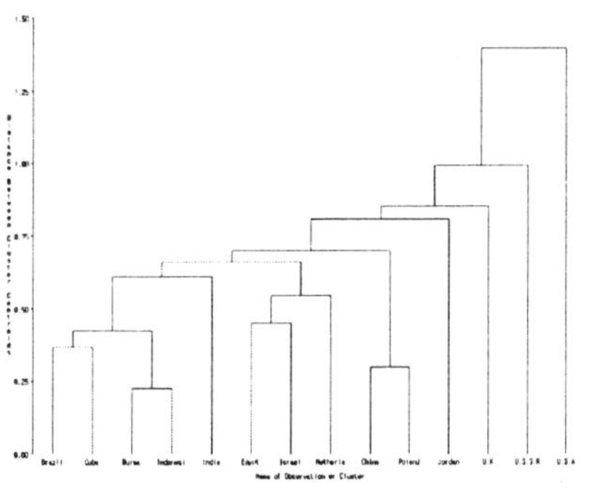

3) [SAS 예제 7.1]에서 구한 인자점수에 의하여 k-평균 군집분석을 실시하여라. (k=3, 4를 고려)

① k=3인 경우 <SAS 프로그램>

```
data clu;
input nation $ x1-x10 @@;
cards;
Brazil        91   2729   7  0 2 0   69.1    148   2.8  0
Burma         51    407   4  0 1 0   -9.5     74   6.9  0
China         58    349  11  0 0 1  -41.7   3054   8.7  0
Cuba         359   1169   3  0 1 0   64.3     53   2.4  0
Egypt        134    923   5  1 1 1  -15.4    158   6    1
India         70   2689  10  0 2 0  -28.6    410   1.9  1
Indonesia    129   1601   8  0 1 0  -21.4    267   6.7  0
Israel       515    415   2  1 2 1   42.9     33   2.7  1
Jordan        70     83   1  0 1 1    8.3     29  25.7  0
Netherland   707   5395   6  1 2 0   52.3    468   6.1  1
Poland       468   1892   9  0 0 1  -41.7    220   1.5  0
U.S.S.R      749   6530  13  1 0 1  -41.7  34000  20.4  0
U.K          998  18677  12  1 2 1   69.0   3934   7.8  0
U.S.A       2334  26836  14  1 2 1  100    40614  12.2  1
;
proc factor nfact=10 out=clu1;
var x1-x10;

proc print;
id nation;
var factor1-factor10;

proc fastclus data=clu1 list maxiter=10 maxclusters=3 out=clu3;
var factor1-factor10;
id nation;
run;
```

<SAS 결과물>

nation	Factor1	Factor2	Factor3	Factor4	Factor5	Factor6	Factor7	Factor8	Factor9	Factor10
Brazil	-0.44429	0.97598	-1.22847	0.65022	-0.20948	0.33654	-0.37296	2.23565	0.41725	0.04104
Burma	-0.91681	0.11331	-0.50811	0.37930	0.56370	-0.57865	-0.26784	-0.83159	-1.67404	-1.13101
China	-0.63163	-1.31960	-0.20639	-0.75721	-0.66612	0.45172	0.52537	0.55270	1.86913	0.10726
Cuba	-0.65491	0.68904	-0.82876	0.85267	-0.47440	-1.96084	0.05931	-0.01210	0.79741	-0.77153
Egypt	-0.11320	0.12018	1.90196	-0.92842	-0.22393	-0.09792	-0.34445	-0.13679	0.53544	-2.29682
India	-0.41420	0.82505	-0.38357	-1.57405	1.50672	1.51533	1.02414	0.34457	-0.33834	-0.18026
Indonesi	-0.75215	-0.09893	-0.91638	-0.20170	0.63058	0.19422	-0.46428	-0.83024	-0.69830	0.58367
Israel	0.15506	1.08696	1.86751	-0.09887	-0.82014	-0.50806	0.19060	1.24161	-1.32825	1.30191
Jordan	-0.62761	-0.81487	1.12180	2.50267	0.55431	1.07692	1.18390	-0.41951	0.21551	0.26622
Netherla	0.36074	1.30818	0.52063	-0.14675	0.90834	-0.31246	-1.14821	-1.45307	1.59616	1.44948
Poland	-0.60201	-0.94404	-0.31736	-1.10361	-1.55738	-0.66883	1.01240	-0.89282	-0.54154	1.07720
U.S.S.R	0.74144	-2.15301	0.19465	-0.15919	1.20326	-0.64670	-1.65895	1.02717	-0.43378	0.34711
U.K	1.13718	0.16770	-0.57652	0.44010	-1.84166	1.83627	-1.37933	-0.69202	-0.40652	-0.41574
U.S.A	2.76237	0.04403	-0.64100	0.14485	0.42620	-0.63755	1.64030	-0.13356	-0.01014	-0.37854

10개 변수에 대한 인자점수이다.

Replace=FULL Radius=0 Maxclusters=3 Maxiter=10 Converge=0.02

Initial Seeds

Cluster	Factor1	Factor2	Factor3	Factor4	Factor5
1	0.741437675	-2.153007490	0.194652448	-0.159193438	1.203262117
2	1.137184198	0.167697432	-0.576516205	0.440097069	-1.841661347
3	-0.627606681	-0.814869809	1.121795510	2.502670390	0.554313020

Cluster	Factor6	Factor7	Factor8	Factor9	Factor10
1	-0.646698217	-1.658948249	1.027173687	-0.433776257	0.347110333
2	1.836266854	-1.379332451	-0.692020604	-0.406517433	-0.415737653
3	1.076923764	1.183904213	-0.419513385	0.215512528	0.266217450

초기 3개 군집 시드로 사용된 자료를 나타내고 있다.

		Relative Change in Cluster Seeds		
Iteration	Criterion	1	2	3
1	1.2750	0.5667	0.5655	0.5439
2	0.9058	0.1125	0.1766	0.1506
3	0.8765	0	0	0

군집 시드를 반복 계산한 결과 2회만에 최적해를 구했다는 것을 나타내고 있다.

Cluster Listing

Obs	nation	Cluster	Distance from Seed
1	Brazil	3	2.2599
2	Burma	1	2.4117
3	China	2	2.5492
4	Cuba	3	2.6533
5	Egypt	2	2.7095
6	India	3	2.9377
7	Indonesi	1	1.8646
8	Israel	1	3.0877
9	Jordan	3	3.0943
10	Netherla	2	2.9927
11	Poland	1	2.6324
12	U.S.S.R	1	3.0497
13	U.K	2	2.9510
14	U.S.A	1	3.2630

Cluster	Count	Nation
Cluster 1	6	Burma & Indonesia & Israel & Poland & U.S.S.R & U.S.A
Cluster 2	4	China & Egypt & Netherlands & U.K
Cluster 3	4	Brazil & Cuba & India & Jordan

Cluster Summary

Cluster	Frequency	RMS Std Deviation	Maximum Distance from Seed to Observation	Radius Exceeded	Nearest Cluster	Distance Between Cluster Centroids
1	6	0.9561	3.2630		3	2.0650
2	4	1.0248	2.9927		3	2.2957
3	4	1.0058	3.0943		1	2.0650

군집분석의 요약통계치를 살펴보면 각 군집별 도수(Frequency), 군집 내 거리들의 표준편차 제곱근(RMS Std Deviation), 군집 시드와 개체 사이의 최대거리(Maximum Distance), 가까운 군집(Nearest Cluster)과 중심거리(centroid Distance) 등을 나타내고 있다.

Statistics for Variables

Variable	Total STD	Within STD	R-Square	RSQ/(1-RSQ)
Factor1	1.00000	1.01763	0.123755	0.141233
Factor2	1.00000	1.02888	0.104271	0.116409
Factor3	1.00000	1.03905	0.086479	0.094665
Factor4	1.00000	0.99349	0.164821	0.197348
Factor5	1.00000	1.02963	0.102961	0.114779
Factor6	1.00000	0.97863	0.189626	0.233998
Factor7	1.00000	0.98590	0.177533	0.215854
Factor8	1.00000	1.00313	0.148537	0.174449
Factor9	1.00000	0.72692	0.552881	1.236539
Factor10	1.00000	1.04542	0.075234	0.081354
OVER-ALL	1.00000	0.98885	0.172610	0.208619

Pseudo F Statistic = 1.15
Approximate Expected Over-All R-Squared = .
Cubic Clustering Criterion = .
WARNING: The two values above are invalid for correlated variables.

변수별 통계량을 살펴보면 각 **변수별 설명력은** 'R-Squared' **값으로 표시**되는데, 설명력의 크기는 'X9, X6, X7, X4, X8, X1, X2, X5, X3, X10'순으로 나타났다. 마지막 열은 **군집 내 분산에 대한 군집간 분산의 비율** 『RSQ/(1-RSQ)』을 **표시**하고 있다.

(여기서 말해지는 변수들은 인자분석 결과 얻은 인자점수들이다.)

X9의 설명력이 다른 변수들의 설명력에 비해 월등하다.

Cluster Means

Cluster	Factor1	Factor2	Factor3	Factor4	Factor5
1	0.2313183217	-.3252777749	-.0534469233	-.1732037817	0.0743714556
2	0.1882739925	0.0691152785	0.4099212703	-.3480717380	-.4558438363
3	-.5352514750	0.4188013838	-.3297508853	0.6078774106	0.3442866529

Cluster	Factor6	Factor7	Factor8	Factor9	Factor10
1	-.4742614124	0.0753734762	-.0699055508	-.7810072607	0.3000574880
2	0.4694024072	-.5866569521	-.4322954483	0.8985530369	-.2889527348
3	0.2419897115	0.4735967378	0.5371537745	0.2729578541	-.1611334973

각 군집별 변수들의 평균을 나타내고 있다.

Cluster Standard Deviations

Cluster	Factor1	Factor2	Factor3	Factor4	Factor5
1	1.389396250	1.104342923	1.011716297	0.505690230	1.040168378
2	0.751288026	1.076437044	1.094125984	0.623414933	1.137171658
3	0.123524979	0.830755389	1.027390197	1.674592049	0.889246179

Cluster Standard Deviations

Cluster	Factor6	Factor7	Factor8	Factor9	Factor10
1	0.332612670	1.162514569	0.976029624	0.612530183	0.916381229
2	0.966401788	0.863896054	0.849896776	1.043031086	1.552067791
3	1.547030804	0.751869280	1.174575446	0.473583532	0.445887207

각 군집별 변수들의 표준편차를 나타내고 있다.

② k=4인 경우 <SAS 프로그램>

```
data clu;
input nation $ x1-x10 @@;
cards;
Brazil        91   2729   7  0 2 0   69.1     148   2.8  0
Burma         51    407   4  0 1 0   -9.5      74   6.9  0
China         58    349  11  0 0 1  -41.7    3054   8.7  0
Cuba         359   1169   3  0 1 0   64.3      53   2.4  0
Egypt        134    923   5  1 1 1  -15.4     158   6    1
India         70   2689  10  0 2 0  -28.6     410   1.9  1
Indonesia    129   1601   8  0 1 0  -21.4     267   6.7  0
Israel       515    415   2  1 2 1   42.9      33   2.7  1
Jordan        70     83   1  0 1 1    8.3      29  25.7  0
Netherland   707   5395   6  1 2 0   52.3     468   6.1  1
Poland       468   1892   9  0 0 1  -41.7     220   1.5  0
U.S.S.R      749   6530  13  1 0 1  -41.7   34000  20.4  0
U.K          998  18677  12  1 2 1   69.0    3934   7.8  0
U.S.A       2334  26836  14  1 2 1  100     40614  12.2  1
;
proc factor nfact=10 out=clu1;
var x1-x10;

proc print;
id nation;
var factor1-factor10;

proc fastclus data=ssh1 list maxiter=10 maxclusters=4 out=clu3;
var factor1-factor10;
id nation;
run;
```

< SAS 결과 >

The FASTCLUS Procedure : Replace=FULL Radius=0 Maxclusters=4 Maxiter=10 Converge=0.02

Initial Seeds

Cluster	Factor1	Factor2	Factor3	Factor4	Factor5
1	-0.627606681	-0.814869809	1.121795510	2.502670390	0.554313020
2	1.137184198	0.167697432	-0.576516205	0.440097069	-1.841661347
3	0.741437675	-2.153007490	0.194652448	-0.159193438	1.203262117
4	0.360741801	1.308184207	0.520625051	-0.146754048	0.908336915

Cluster	Factor6	Factor7	Factor8	Factor9	Factor10
1	1.076923764	1.183904213	-0.419513385	0.215512528	0.266217450
2	1.836266854	-1.379332451	-0.692020604	-0.406517433	-0.415737653
3	-0.646698217	-1.658948249	1.027173687	-0.433776257	0.347110333
4	-0.312462896	-1.148214583	-1.453071249	1.596159079	1.449482974

초기 4개 군집 시드로 사용된 자료를 나타낸다.

Iteration	Criterion	Relative Change in Cluster Seeds 1	2	3	4
1	1.1838	0	0.5465	0.5446	0.5655
2	0.8494	0	0.1109	0.2979	0.0945
3	0.8196	0	0	0	0

군집 시드를 반복 계산한 결과 2회만에 최적해를 구했다는 것을 나타내고 있다.

Cluster Listing

Obs	nation	Cluster	Distance from Seed
1	Brazil	2	2.9189
2	Burma	4	2.3035
3	China	2	2.1616
4	Cuba	4	2.7290
5	Egypt	2	3.0456
6	India	4	2.9110
7	Indonesi	4	1.5951
8	Israel	4	3.2021
9	Jordan	1	0
10	Netherla	4	3.0197
11	Poland	2	2.8538
12	U.S.S.R	3	2.4106
13	U.K	2	2.9455
14	U.S.A	3	2.4106

Cluster	Count	Nation
Cluster 1	1	Jordan
Cluster 2	5	Brazil & China & Egypt & Poland & U.K
Cluster 3	2	U.S.S.R & U.S.A
Cluster 4	6	Burma & Cuba & India & Indonesia & Israel & Netherlands

Cluster Summary

Cluster	Frequency	RMS Std Deviation	Maximum Distance from Seed to Observation	Radius Exceeded	Nearest Cluster	Distance Between Cluster Centroids
1	1	.	0		4	3.7806
2	5	0.9911	3.0456		4	1.9496
3	2	1.0781	2.4106		4	2.8890
4	6	0.9289	3.2021		2	1.9496

군집분석의 요약통계치를 살펴보면 각 군집별 도수(Frequency), 군집 내 거리들의 표준변차 제곱근(RMS Std Deviation), 군집 시드와 개체 사이의 최대거리(Maximum Distance), 가까운 군집(Nearest Cluster)과 중심거리(Centroid Distance) 등을 나타내고 있다.

Statistics for Variables

Variable	Total STD	Within STD	R-Square	RSQ/(1-RSQ)
Factor1	1.00000	0.74560	0.572372	1.338483
Factor2	1.00000	0.85711	0.434894	0.769581
Factor3	1.00000	1.07681	0.108059	0.121151
Factor4	1.00000	0.77817	0.534199	1.146841
Factor5	1.00000	0.80154	0.505794	1.023447
Factor6	1.00000	0.99355	0.240668	0.316946
Factor7	1.00000	1.07119	0.117351	0.132953
Factor8	1.00000	1.08635	0.092195	0.101558
Factor9	1.00000	1.08174	0.099875	0.110957
Factor10	1.00000	1.10567	0.059615	0.063395
OVER-ALL	1.00000	0.96982	0.276502	0.382174

```
                          Pseudo F Statistic =     1.27
         Approximate Expected Over-All R-Squared =        .
                     Cubic Clustering Criterion =        .
WARNING: The two values above are invalid for correlated variables.
```

변수별 통계량을 살펴보면 각 **변수별 설명력은** 'R-Squared' **값으로 표시되는**데, 설명력의 크기는 'X1, X4, X5, X2, X6, X7, X3, X9, X10, X7'순으로 나타났다. 마지막 열은 **군집 내 분산에 대한 군집간 분산의** 비율 'RSQ/(1-RSQ)'을 **표**시하고 있다.

(여기서 말하는 변수들은 인자분석결과 얻은 인자점수들이다.)

Cluster Means

Cluster	Factor1	Factor2	Factor3	Factor4	Factor5
1	-0.627606681	-0.814869809	1.121795510	2.502670390	0.554313020
2	-0.130787527	-0.199955294	-0.085353149	-0.339785086	-0.899714516
3	1.751905376	-1.054489622	-0.223174504	-0.007170189	0.814733539
4	-0.370377740	0.653937587	-0.041446793	-0.131567431	0.385798747

Cluster	Factor6	Factor7	Factor8	Factor9	Factor10
1	1.076923764	1.183904213	-0.419513385	0.215512528	0.266217450
2	0.371556130	-0.111793801	0.213344484	0.374753054	-0.297411585
3	-0.642122222	-0.009322240	0.446807030	-0.221959260	-0.015717192
4	-0.275076661	-0.101048455	-0.256803850	-0.274226546	0.208712477

각 군집별 변수들의 평균을 나타내고 있다.

Cluster Standard Deviations

Cluster	Factor1	Factor2	Factor3	Factor4	Factor5
1	.	.	.	.	.
2	0.738110555	0.925708528	1.179603209	0.820440873	0.759515409
3	1.429017127	1.553538867	0.590896542	0.214993341	0.549462384
4	0.517270014	0.548661195	1.065853146	0.814456088	0.873534999

Cluster	Factor6	Factor7	Factor8	Factor9	Factor10
1	.	.	.	.	.
2	0.929495071	0.921789702	1.262019955	0.963167607	1.242929414
3	0.006471433	2.332923475	0.820762397	0.299554469	0.513115606
4	1.132734238	0.725689470	0.975401297	1.257069755	1.075380753

각 군집별 변수들의 표준편차를 나타내고 있다.

제11장

다차원 척도법

11.1 서론

11.2 비유사성의 측정

11.3 스트레스 개념

11.4 다차원 척도법

11.1 서론

다변량 자료의 분석에서 숫자 그대로 원자료를 바로 이해하는 것은 그 차체가 거의 힘들기 때문에 주어진 자료의 구조가 기하학적으로 볼 수 있다면, 즉 3차원 이하의 공간에 표현 가능하다면 다변량 자료의 보이지 않는 구조를 분석하는 데 많은 도움이 된다.

최근에 이러한 목적으로 여러 통계적 분석방법 중에서 도형적 기법(Graphical Method)이 많이 개발되어 자료에 대한 이해를 돕는데 탐색적 도구로서 매우 유용하게 적용되고 있다. 그 방법 중 하나가 다차원 척도법(Multidimensional Scaling)이다.

다차원 척도법은 1차원의 개념으로 측정할 수 없는 개념을 측정할 때 쓰이는 기법으로 대상들간의 비유사성을 평가하게 하여 평가자가 대상을 평가하는 데 내재하고 있는 평가기준을 발견하고, 각 기준에 따라 평가대상들이 갖는 측정치를 찾는 데 목적이 있다. 따라서 둘씩 짝지은 개체간의 비유사성 자료를 토대로 p차원 공간상에 이들 n개의 개체를 상대적으로 좌표화하여 기하학적으로 형상화하는 기법이다. 즉, 다차원 척도법이란 복잡한 다변량 데이터를 분석하여 이를 종합적으로 일목요연하게 볼 수 있도록 저차원 공간에 축소, 재생시키는 기법으로서 데이터의 이면에 잠재하고 있는 구조적 요인을 찾는 방법이다.

다차원 척도법은 우리나라 연구자들에 의해 많이 사용되는 방법으로 이 기법의 적용 분야는 다음과 같다.

1) 경영학 : 마케팅에서 주로 이용하는데 소비자들이 중요하게 생각하는 제품의 특징 파악, 광고 효과 측정 등을 분석한다.
2) 정치학 : 각 지역에 따라 정치에 대한 전망 또는 정치적 평가 등을 분석한다.
3) 기업 : 회사의 이미지를 측정하기 위해 사용한다.
4) 기타 : 사회학, 심리학, 지질학, 교육학, 인류학 등에서 데이터 이면에 잠재하고 있는 구조적 요인을 찾는데 사용한다.

11.2 비유사성 측정

다차원 척도법에서 사용되는 자료행렬은 $n \times n$인 비유사성 행렬이므로 다변량 자료를 비유사성 행렬로 만들어야만 한다. 다차원 척도법은 비유사성 행렬이 어떤 척도를 사용하였는가에 따라 고전적척도(Classical Scaling)와 순차적척도(Ordinal Scaling)의 두 가지로 분류되는데 고전적 척도는 토거슨(Torgerson)과 가워(Gower)에 의해 제안된 것으로 비유사성행렬이 유클리드 거리에서와 같이 두 개체간의 '거리의 크기'가 의미가 있다는 가정하에서 전개되고, 순서적 척도는 셰퍼드(R.N. Shepard)와 크루스컬(J.B. Kruskal)에 의해 제안되었는데 이것은 비유사성 행렬의 각 요소의 비유사성은 크기보다는 이들의 '크기의 순서'에 의존하는 기법이다.

비유사성 측정의 몇 가지 예를 들어보면 다음과 같다. 앞의 3.10절에서 다변량정규분포의 성질에서 언급하였던 것을 다시 한 번 언급하고자 한다.

11.2.1 민코브스키 거리(Minkowski Metric)

민코브스키 거리는 가장 일반적인 거리로 여기서 유클리드 거리, 시티블록 등이 나온다.

$$d_{ij} = [\sum_{k=1}^{p} | X_{ki} - X_{kj} |^{m}]^{\frac{1}{m}} \quad \text{for } m \geq 1$$

11.2.1.1 유클리드 거리(Euclidean Distance)

$$d_{ij} = [\sum_{k=1}^{p} | X_{kj} - X_{kj} |^{2}]^{\frac{1}{2}}$$

이것은 민코브스키 거리척도의 특수한 경우($m = 2$)이다. 그러나 이 경우 변수들이 서로 다른 측정단위로 관찰되거나 또는 분산이 다른 경우, 그리고 변수 사이에 상관관계가 존재하는 경우에는 부적절하게 여겨진다.

11.2.1.2 **시티블록 거리**(City-block metric)

이것은 민코브스키의 거리에서 $m=1$인 경우로서 다음과 같이 정의된다.

$$d_{ij} = \sum_{k=1}^{p} | X_{ki} - X_{kj} |$$

11.2.2 마할라노비스 거리(Mahalanobis Distance)

마할라노비스 거리는 다변량의 경우에 변수간의 공분산행렬을 고려한 경우이다.

$$d_{ij} = (\mathbf{X}_i - \mathbf{X}_j)' S^{-1} (\mathbf{X}_i - \mathbf{X}_j)$$

여기서 $\mathbf{X}_i$는 $n \times p$인 행렬에서 i번째 행벡터이다. 또 S는 변수의 공분산행렬이다. 마할라노비스 거리는 민코브스키 거리의 단점을 보완한 것으로서 단위를 표준화하여 비유사도를 표현하기 때문에 측정단위에 영향을 받지 않는다.

11.2.3 이항자료인 경우

즉 자료가 0과 1로만 구성된 경우에는 다음을 사용한다.

	1	0
1	a	b
0	c	d

11.2.3.1 **해밍 거리**(Haming Distance)

$$s = (a+d)/(a+b+c+d)$$

11.2.3.2 **자카드 계수**(Jaccard's Coefficient)

$$s = a/(a+b+c)$$

한편, 자딘(Jardine)과 십손(Sibson, 1971)은 다음의 조건을 만족하는 비유사계수(Dissimilarity Cofficients: DC's)라 불리는 비유사성 함수를 정의하였다.

(i) $d_{ij} \geq 0$, 모든 i, j에 대해

(ii) $d_{ii} = 0$, 모든 i에 대해

(iii) $d_{ij} = d_{ji}$, 모든 i, j에 대해

이때 (i)과 (ii)는 항상 만족되지만 (iii)의 경우에 만족되지 않는 경우가 있으므로 이때는 $d^{*}_{ij} = (d_{ij} + d_{ji})/2$를 사용한다.

(iv) $d_{ik} + d_{kj} > d_{ij}$ 모든 i, j, k에 대해

여기에서 (i)-(iv)의 모든 조건을 만족시켰을 경우 이를 비유사성라고 부르기 보다는 거리(metric 또는 distance)라고 부른다.

따라서 다차원척도법은 개체간의 거리 d_{ij}와 차원 축소된 공간점 사이의 비유사성 δ_{ij} 사이의 관계가 일치하도록 하는 것이다. 이들 거리 d_{ij}와 차원 축소된 공간점 사이의 비유사성 δ_{ij}과의 관계는 d_{ij}가 어떤 척도로 측정되었냐에 따라 계산방법이 달라진다. 따라서 측정 척도에 따라 다음과 같은 모형으로 d_{ij}와 δ_{ij}와의 관계를 고려하였다.

(1) 절대척도인 경우 : $d_{ij} = \delta_{ij} + \epsilon_{ij}$

(2) 구간척도인 경우 : $d_{ij} = a + b\delta_{ij} + \epsilon_{ij} \quad (a \neq 0, b > 0)$

(3) 비율척도인 경우 : $d_{ij} = b\delta_{ij} + \epsilon_{ij} \quad (b > 0)$

(4) 서열척도인 경우 : $d_{ij} = f(\delta_{ij}) + \epsilon_{ij}$

여기서 절대척도인 경우 측정값을 그대로 사용하는 모형을 가정하고 구간척도인 경우는 절편과 기울기를 포함하고 있는 함수 모양을, 비율척도인 경우 원점을 지나는 직선 형태의 함수 모양을 가정한다. 서열척도인 경우 단조증가함수의 형태를 가정한다. 위의 모형에서 d_{ij}와 δ_{ij} 사이의 함수관계추정은 절대척도를 제외한 정량적인 척도인 경우에는 최소자승회귀방법이 사용되고 비정량적인 경우에는 단조증가회귀방법이 사용된다. 또한 위의 모형에서 d_{ij}와 δ_{ij} 사

이의 관계는 일반적으로 $d_{ij} = f(\delta_{ij}) + \epsilon_{ij}$로 나타낼 수 있다. 따라서 d_{ij}와 δ_{ij} 사이의 관계를 최적화시킬 $f(\cdot)$를 찾는 일이다.

11.3 스트레스 개념

11.3.1 스트레스 개념

입력 자료에 의해 얻은 결과와 실제 거리와는 차이가 있는 것이 보통이다.

이때 상대적 거리의 정확도를 높이기 위해서는 더 이상의 개선이 어려워질 때까지 다차원 공간에의 적합이 반복된다. 이때 이 적합의 정도를 나타내는 값을 스트레스 값이라고 한다. 즉, 스트레스 값은 실제의 거리와 적합된 상대거리 간의 오차의 정도를 나타내주는 것으로서 스트레스 값이 줄어드는 방향으로 매번 반복(iteration)하면 평가대상들의 좌표가 변화된다.

이처럼 평가 대상들의 상대적인 거리에 의해서 다차원 공간이 형성되기 때문에 평가대상의 수가 일정 수 이상이어야 한다. 보통 시뮬레이션을 통해 적어도 8개 이상의 평가대상이 존재해야 한다고 밝혀져 있으며, 평가대상의 수가 다차원 공간을 형성하고 있는 축(차원)의 3배는 되어야 한다고 했다. 한편, 크루스컬은 다음과 같은 식을 다음 두 가지의 스트레스를 정의했다.

$$\text{Stress}(1) = \left[\frac{\sum\sum_{i<j} (d_{ij} - f(\delta_{ij}))^2}{\sum\sum_{i<k} (d_{ik}{}^2)} \right]^{1/2}, \quad \text{Stress}(2) = \left[\frac{\sum\sum_{i<j} (d_{ij} - f(d_{ij}))^2}{\sum\sum_{i<k} (d_{ik} - \bar{d})^2} \right]^{1/2}$$

또한, 영과 루위키(Young & Lewyckyi)는 다른 스트레스 척도법을 제안했다.

$$\text{SStress}(1) = \left[\frac{\sum\sum_{i<j} (d_{ij}^2 - f(\delta_{ij})^2)^2}{\sum\sum_{i<k} (d_{ik}{}^2)^2} \right]^{1/2},$$

$$\text{SStress}(2) = \left[\frac{\sum\sum_{i<j} (d_{ij}^2 - f(d_{ij})^2)^2}{\sum\sum_{i<k} (d_{ik}^2 - \overline{d^2})^2} \right]^{1/2}$$

여기서 $\bar{d}$는 모든 거리들의 산술평균이다.

11.3.2 다차원척도 그림의 차원의 결정

다차원 척도그림의 차원을 결정하는 문제는 각 개체들을 p차원의 점들로 표시할 때 스트레스 값을 가능한 작게 하는 것이 좋다. 즉, 추정된 거리가 실제와 일치하면 스트레스 값은 0이 되어 완벽한 추정이 된 것을 의미한다. 따라서 추정이 어느 정도 잘 되었는지의 여부는 스트레스로 판단할 수 있는데 이것은 경험적으로 크루스컬에 의하면 다음과 같이 나타났다.

스트레스 값	적합도 평가	스트레스 값	적합도 평가	스트레스 값	적합도 평가
0.2 이상	아주 나쁘다	0.1	보통이다	0.025	매우 좋은 편이다
0.2	나쁘다	0.05	좋은 편이다	0	완벽하다

한편, 차원의 수를 결정함에 있어 고려해야 할 요소는 스트레스 값이 일정 수준에 도달하였을 때에는 차원의 수가 가능한 적을수록 좋다는 것이다. 예를 들면 실제로 10개의 대상에 대해서는 9차원으로 적합되었을 때 가장 정확한 결과를 가져오는 것은 자명한 일이지만, 결과에 대한 해석이 3차원을 넘을 경우 현실적으로 시각적 분석이 거의 불가능하다. 따라서 차원은 가능한 낮은 차원을 선택하여야 하며 통상적으로 다음 그림에서와 같이 스트레스 값의 감소폭이 현저히 줄어드는 팔꿈치(elbow) 모양에서 차원의 수를 정한다. 이 경우에는 2차원을 최적차원으로 결정하게 된다.

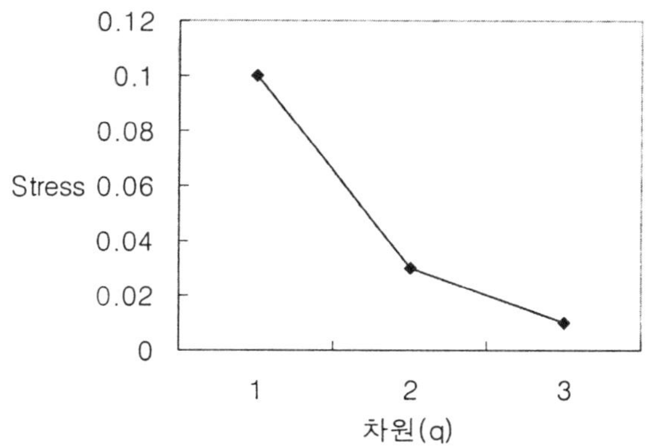

[그림 11.1] 스트레스와 차원과의 관계

11.4 다차원 척도법

11.4.1 계량형 다차원 척도법

계량형 척도법이란 측정치가 양적인 자료, 즉 절대척도, 구간척도이나 비율척도로 측정되었을 경우, 유도된 공간에서의 거리와 원래 자료의 거리가 같은 비율이 되도록 하는 다차원 척도법이다. 이 방법은 1952년 토거슨에 의해 제안되고 1966년 가워에 의해 발전되었으며 고전적 척도(Classical Scaling)이라고도 부른다.

〈토거슨 알고리즘〉

1) 비유사성행렬 D로부터 행렬 $A = (a_{ij} = -d_{ij}^2/2)$를 계산한다.

2) 행렬 A로부터 이중-중심화 행렬 $B = (b_{ij}) = HAH'$를 계산한다.

여기서 $H = I - \frac{J}{n}$이고 $b_{ij} = a_{ij} - \bar{a}_{i\cdot} - \bar{a}_{\cdot j} + \bar{a}_{\cdot\cdot}$ 이다.

3) 행렬 b의 분광분해는 다음과 같이 한다.

$$b = VD_\lambda V^t$$

D_λ는 고유근 $\lambda_1 \geqq \cdots \geqq \lambda_p > 0$를 대각원소로 하는 대각행렬, V는 고유벡터 $v_1, \cdots, v_p$를 열로 하는 직교행렬이다.

4) 3)으로부터 $k(\leqq p)$개의 고유값과 이에 대응하는 고유벡터를 가지고 크기가 $n \times k$인 행렬을 $X = (\lambda_1^{\frac{1}{2}} v_1, \cdots, \lambda_k^{\frac{1}{2}} v_k)$를 계산, 이는 k-차원의 형상공간 좌표를 얻을 수 있다.

다차원 척도에도 회전이 있을 수 있다. 그러나 다차원척도에 의해 만들어진 그림은 형상만이 의미가 있고 방향에는 의미가 없으므로 해석이 용이하도록 적절히 회전할 수 있다. 또 회전의 방법에는 수학적 알고리즘을 이용한 Objective-Rotation과 눈으로 보아 직접 회전시키는 Hand-Rotation이 있다. 또한 의미 있는 해석이 되도록 연구자 스스로 판단하여야 한다.

11.4.2 비계량형 다차원척도법

비계량형 다차원척도법이란 측정치가 질적인 자료, 즉 순서척도로 얻은 자료의 경우에 분석하는 것으로, 유도된 공간에서의 거리는 원래 자료의 거리와 같은 순위서열을 갖도록 하는 다차원 척도방법이며 이를 위해 최소제곱단조회귀 계산방법을 적용한다.

이 방법은 1962년 셰퍼드(Shepard)에 의해 제안되고, 1964년 크루스컬에 의해 발전되었으며 이를 순서적 척도(Ordinal Scaling)이라고도 부른다.

〈크루스컬-셰퍼드 알고리즘〉

1) 크기가 $n \times n$인 비유사성행렬 $D = (d_{ij})$로부터 $m = \frac{n(n-1)}{2}$개의 비대각원소를 그 크기에 따라 순서화한다.

$$d_{i_1 j_1} \leqq d_{i_2 j_2} \leqq \cdots \leqq d_{i_m j_m}$$

2) X^*를 k-차원의 형상공간의 좌표행렬이라 하고 이에 대응하는 비유사성행렬을 D^*라 한다면 $\delta^*_{i_1j_1}, \delta^*_{i_2j_2}, \cdots, \delta^*_{i_mj_m}$는 당연히 $d_{i_1j_1}, d_{i_2j_2}, \cdots, d_{i_mj_m}$에 대응되는 값이다.

3) $\delta^*_{i_1j_1}, \delta^*_{i_2j_2}, \cdots, \delta^*_{i_mj_m}$와 거의 일치하면 $d_{i_1j_1}, d_{i_2j_2}, \cdots, d_{i_mj_m}$에 단조관계를 갖는 순위상(rank image)인 $\widehat{d_{i_1j_1}} \leqq \widehat{d_{i_2j_2}} \leqq \cdots \leqq \widehat{d_{i_mj_m}}$을 계산한다.

4) 크루스컬의 스트레스 공식, 즉 $[\sum\sum_{i<j} (\delta_{ij}{}^* - \widehat{d_{ij}})^2 / \sum\sum_{i<j} (d_{ij}{}^*)^2]^{\frac{1}{2}}$을 최소화하는 형상공간 좌표행렬 X^*를 찾는다.

연습문제

【1】 다음은 다른 우리나라 도시간 고속도로 거리다.(경부, 호남, 영동, 남해, 88올림픽고속도로)

도시								
서 울	0							
대 전	152	0						
전 주	225	85	0					
광 주	317	177	92	0				
대 구	305	153	238	208	0			
부 산	428	276	361	258	123	0		
원 주	119	211	284	376	364	598	0	
강 릉	230	322	395	487	475	709	111	0

다차원 척도법으로 이차원상에 그림(지도)을 그려라

【2】 다음은 미국 도시간 거리(마일)을 나타낸다. 다차원 척도법으로 이차원상에 그림을 그려라.

Obs	atlanta	chicago	denver	houston	losangeles	miami	newyork	sanfran	seattle	washdc	city
1	0	.	.	.	.	.	.	.	.	.	Atlanta
2	587	0	.	.	.	.	.	.	.	.	Chicago
3	1212	920	0	.	.	.	.	.	.	.	Denver
4	701	940	879	0	.	.	.	.	.	.	houston
5	1936	1745	831	1374	0	.	.	.	.	.	LosAngeles
6	604	1188	1726	968	2339	0	.	.	.	.	Miami
7	748	713	1631	1420	2451	1092	0	.	.	.	New york
8	2139	1858	949	1645	347	2594	2571	.	.	.	Francisco
9	2182	1737	1021	1891	959	2734	2408	678	0	.	Seattle
10	543	597	1494	1220	2300	923	205	2442	2329	0	WashingtonDC

【3】 다음은 가상 자료로 기존 여자 연예인들에 대해 학생들에 선호도를 물어 보았을 때 다음과 같은 결과가 나왔다. 여기서 물어 본 질문은 각 여자 연예인

에 대하여 선호도였다. 선호하면 0을 선호하지 않으면 1이다.

	엄정화	신은경	심은하	최진실	김희선	전도연	김혜수	이상아	김현주	이승연	고소영	최지우
1	0	1	1	0	0	0	0	0	0	0	0	0
2	1	0	0	1	0	0	0	0	1	0	0	0
3	0	0	1	1	0	1	1	1	0	1	1	0
4	1	1	0	0	0	1	0	0	0	0	0	1
5	1	0	1	0	0	1	0	1	1	1	1	1
6	0	1	0	0	1	0	0	0	1	1	0	1
7	1	0	1	1	1	1	1	0	1	0	0	1
8	0	0	1	1	0	0	0	0	1	0	0	1
9	1	0	0	0	0	0	0	0	1	1	0	0
10	0	0	0	0	1	0	1	1	0	1	0	0
11	1	0	0	0	0	1	1	1	0	1	0	1
12	1	1	0	1	0	1	0	1	1	1	0	0
13	1	1	0	0	0	0	1	1	1	1	0	1
14	0	1	0	1	0	0	0	0	1	1	0	0
15	1	1	0	0	1	1	1	1	0	1	1	1

이를 유사성척도로 바꾸면 다음과 같은 표가 얻어진다. 여기서 유사성 척도는 동일한 결과를 얻은 개수의 값이다. 이 경우에 다차원 척도법으로 이차원상에 그림을 그려라.(이는 비유사성척도가 아니라 유사성척도임을 유의하라)

	엄정화	신은경	심은하	최진실	김희선	전도연	김혜수	이상아	김현주	이승연	고소영	최지우
엄정화	0	7	5	6	6	11	8	9	9	8	8	10
신은경	7	0	5	6	8	7	6	7	7	8	7	8
심은하	5	5	0	10	8	8	8	7	7	4	11	8
최진실	6	6	10	0	7	8	8	6	10	5	8	5
김희선	6	8	8	7	0	8	11	8	6	7	10	9
전도연	11	7	8	8	8	0	10	11	5	8	11	10
김혜수	8	6	8	8	11	10	0	11	5	8	8	10
이상아	9	7	7	6	8	11	11	0	5	12	11	7
김현주	9	7	7	10	6	5	5	5	0	8	5	8
이승연	8	8	4	5	7	8	8	12	8	0	8	8
고소영	8	7	11	8	10	11	8	11	5	8	0	8
최지우	10	8	8	5	9	10	10	7	8	8	8	0

【SAS 프로그램 예제】

【SAS 11.1】 다음은 국내 9개 도시에 대한 항공거리이다. 다차원 척도법으로 이차원상에 그림을 그려라.

< 9개 도시간의 거리 >

	서 울	인 천	부 산	대 구	대 전	청 주	춘 천	광 주	충 주
서 울	0								
인 천	28	0							
부 산	306	315	0						
대 구	213	224	94	0					
대 전	128	130	187	104	0				
청 주	100	107	208	118	31	0			
춘 천	91	119	295	202	158	128	0		
광 주	240	232	177	154	126	156	284	0	
충 주	173	169	178	118	57	87	215	69	0

〈 SAS 프로그램 〉

```
data mds;
input (seoul inchon pusan taegu daejun chong chun kwang chung)(4.) @36;
cards;
  0
  28   0
 306 315   0
 213 224  94   0
 128 130 187 104   0
 100 107 208 118  31   0
  91 119 295 202 158 128   0
 240 232 177 154 126 156 284  0
 173 169 178 118  57  87 215 69  0
;

proc mds data=mds level=absolute dimension=2 pfit pconfig maxiter=30 out=mds1;

proc plot data=mds1;
plot dim1*dim2='*' $_name_/vpos=25 hpos=45 href=0 vref=0 box;
where _type_='CONFIG';

run;
```

♡ 적합도 측정 ♡

개체들의 거리 d_{ij}와 가정된 모형에 의하여 추정된 거리 $\hat{d}_{ij}$ 사이의 적합도를 측정하는 방법은 스트레스 척도가 있다. 만일 '두 거리가 동일하다'면 '스트레스 값은 0'이 되고, d_{ij}는 완벽하게 추정된다는 것을 의미한다.

스트레스 값	적합도 평가	스트레스 값	적합도 평가	스트레스 값	적합도 평가
0.2 이상	아주 나쁘다	0.1	보통이다	0.025	매우 좋은 편이다
0.2	나쁘다	0.05	좋은 편이다	0	완벽하다

〈 SAS 결과 〉

```
                     Multidimensional Scaling:  Data=WORK.SSH
Shape=TRIANGLE Condition=MATRIX Level=ABSOLUTE Coef=IDENTITY Dimension=2 Formula=1 Fit=1

                   Gconverge=0.01 Maxiter=30 Over=1 Ridge=0.0001

                              Badness-of-Fit     Change in    Convergence
     Iteration    Type         ①  Criterion      Criterion        Measure
     ---------------------------------------------------------------------
             0    Initial           0.001263             .       0.554877
             1    Lev-Mar           0.001051      0.000212       0.001358

                     Convergence criterion is satisfied.
```

결과물 ①은 각 도시간 항공거리와 모형에 의하여 추정된 거리와의 적합도를 표시하는 스트레스이다. 스트레스는 가우스-뉴튼 방법에 의하여 2번 반복적인 추정결과 0.001051로서 적합도는 거의 완벽하다. 즉, 각 도시간 항공거리 비교에 대한 상대적 거리를 2차원으로 압축하여도 좋다는 의미가 된다.

위의 경우는 차원 수를 미리 2개(default)로 정해두고 스트레스의 마지막 값을 이용하여, 몇 차원이 적합한지를 보았지만, 이번엔 '**스트레스 차원수 그림**'을 고려하여 보자.

```
data mds;
input (seoul inchon pusan taegu daejun chong chun Kwang
chung)(4.) @36;
cards;
   0
  28   0
 306 315   0
 213 224  94   0
 128 130 187 104   0
 100 107 208 118  31   0
  91 119 295 202 158 128   0
 240 232 177 154 126 156 284  0
 173 169 178 118  57  87 215  69   0
;
proc mds data=ssh level=ordinal nophist dim=1 to 4 ocrit
out=graph;

data stress;
     set graph;
     dim=_DIMENS_;
     stress=DIM1;

proc plot data=stress;
     plot stress*dim='*' / hpos=15 vpos=20;
run;
```

Plot of STRESS*DIM. Symbol used is '*'.

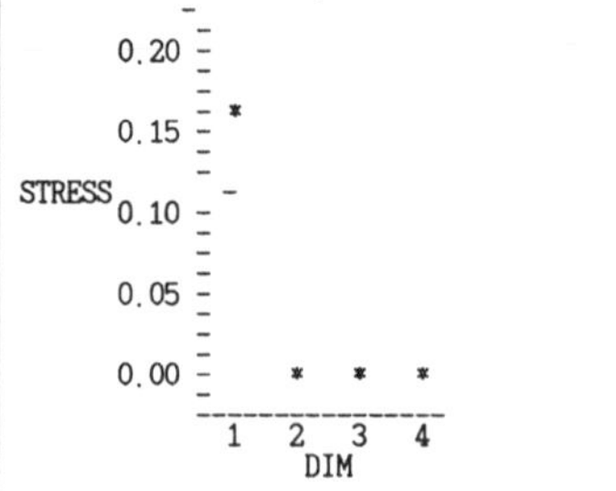

♡ 1차원에서 2차원까지 크게 꺾 이고 있음을 확인할 수 있다 ♡

② Configuration

	DIM1	DIM2
SEOUL	124.23	-8.81
INCHON	124.92	-36.80
PUSAN	-171.97	67.71
TAEGU	-78.11	58.20
DAEJUN	-3.27	-13.63
CHONG	24.57	-0.03
CHUN	122.59	82.19
KWANG	-99.97	-94.11
CHUNG	-42.99	-54.71

②는 9개 도시의 항공거리에 대한 이차원 좌표축의 좌표점들이다.

③은 ②의 좌표점을 이차원 공간상에 그려보았을 때의 지각도이다.

③ Plot of DIM1*DIM2$_NAME_. Symbol used is '*'.

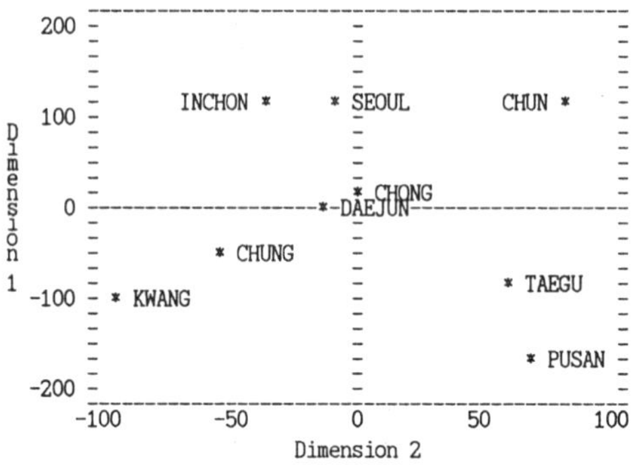

우리나라 9개 도시에 대한 항공거리의 상대적거리를 2차원 다차원척도 그림을 그린 결과 도시들은 지도상의 위치하고 있는 것과 같은 모습임을 확인할 수 있다.

그러므로 2차원으로 상의 좌표축에 대해 다음과 같은 설명을 할 수 있다.

제1축(Dimension 1)은 남북으로 도시들을 분할하고 있다.

제2축(Dimension 2)은 동서로 도시들을 분할하고 있다.

제12장

대응분석

12.1 서론

대응분석(correspondence analysis)이란 탐색적 자료 분석으로 분할표로 이루어진 자료를 2, 3차원 공간 위에 나타내어 이들의 연관성을 알아보는 자료분석 기법이다. 즉, 대응분석은 분할표 차원의 축소를 통해 지각도(perceptual map)를 사용하는 상호종속적인 방법이다. 대응 분석은 분할표의 행과 열의 주성분분석의 특별한 경우로 볼 수도 있다. 이원분할표 자료에 적용되는 단순대응분석(simple correspondence analysis)과 다원분할표 자료에 적용되는 중대응분석(multiple correspondence analysis)이 있으나 여기에서는 단순대응분석만을 다루도록 한다.

12.2 자료구조

이 대응분석을 하기 위해서는 이원분할표가 필요하다. 다음은 1992년도 대통령선거에서 15개 선거구역과 7명의 대통령후보의 개표 결과에 대한 자료이다.

(단위: 천 명)

	김영삼	김대중	정주영	박찬종	이병호	김옥선	백기완
서울	2167	2247	1071	381	5	13	68
부산	1551	265	134	139	1	3	22
대구	690	91	225	136	1	3	13
인천	397	339	229	84	1	4	12
광주	15	652	8	3	0.1	1	2
대전	202	165	134	65	1	2	6
경기	1254	1103	798	239	6	14	36
강원	340	127	280	56	3	4	10
충북	282	192	176	69	5	5	9
충남	352	272	240	64	4	10	10

전북	63	991	36	9	1	7	4
전남	53	1170	27	7	1	8	3
경북	991	147	241	125	3	6	18
경남	1514	193	241	115	2	5	23
제주	104	86	42	23	1	1	4

이 분할표를 대응분석이라는 차원의 축소를 통해 이차원공간상에 지각도를 그리면 다음과 같은 결과가 나온다.

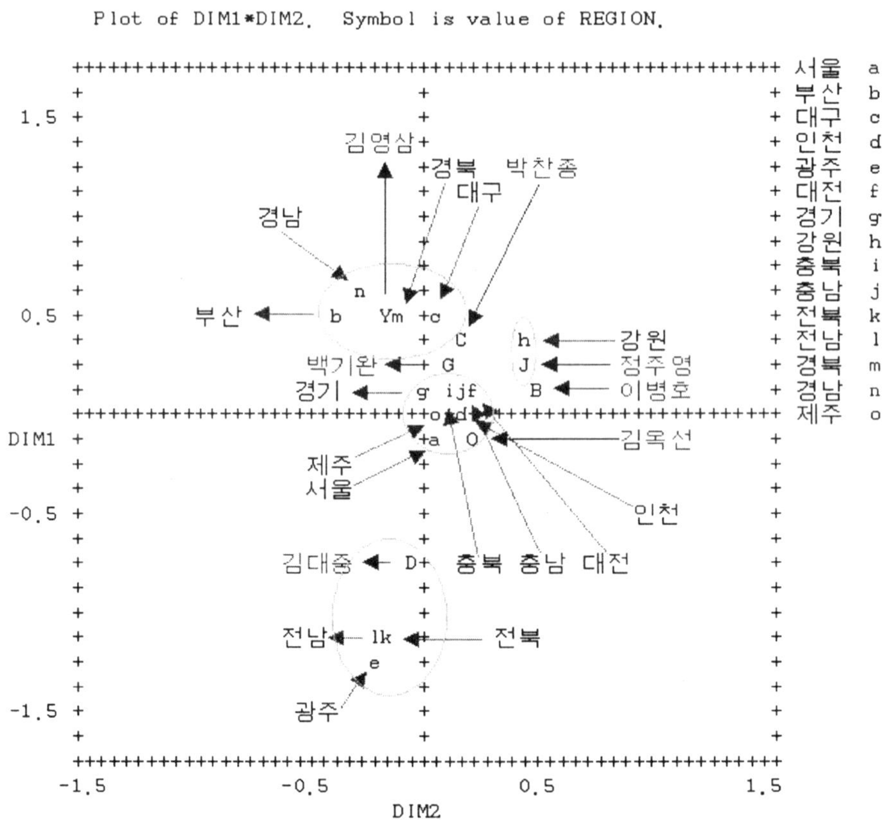

간단히 설명을 하면 14대 대통령선거에서의 당선자 김영삼은 대구, 부산, 경북, 경남지역에서, 김대중은 전북, 전남, 광주지역에서, 정주영은 강원지역에서

많은 득표를 한 것으로 자료에서 나타났고, 그림에서도 나타났다. 특히, 우리나라 선거지역 중 가장 많은 인구와 유권자가 있는 수도권은 이른바 빅2라고 할 수 있는 김영삼, 김대중에게 고른 득표를 주었고, 뚜렷한 지역적인 차이를 보이고 있다. 그러나 그림에서는 백기완이 충북, 대전지역과 김옥선이 서울, 경기, 인천, 충남, 제주와 결부되는 결과를 보이나 그 중 선전한 지역과 결부되는 것인 뿐 많은 득표를 한 것이라고는 설명할 수 없다.

12.3 대응분석이론

분할표의 행렬($N=\{n_{ij}\})i=1,...,I$; $j=1,...,J$에서 행과 열의 수가 I과 J이고 각 분할표에 속해 있는 원소를 $n_{ij} \geq 1$, $i=1,...,I; j=1,...,J$ 라고 하자. 주변합은 다음과 같이 표시할 수 있다.

$$n_{i+} = \sum_j n_{ij},\ n_{+j} = \sum_i n_{ij},\ i=1,...,I;\ \ j=1,\cdots,J$$

$$N = \begin{pmatrix} n_{11}\ n_{12} \cdots n_{1J} \\ n_{21}\ n_{22} \cdots n_{2J} \\ \vdots \quad \vdots \quad \vdots \quad \vdots \\ n_{I1}\ n_{I2} \cdots n_{IJ} \end{pmatrix}$$

총합은 다음과 같다.

$$n = n_{++} = \sum_i \sum_j n_{ij}$$

대응행렬(correspondence matrix)은 다음과 같이 정의하는데 이는 상대도수(relative frequencies)로 이루어져 있다.

$$F = (f_{ij}), f_{ij} = n_{ij} / n_{++} = n_{ij}/n$$

$$F = \begin{pmatrix} n_{11}/n & n_{12} & \cdots & n_{1J}/n \\ n_{21}/n & n_{22}/n & \cdots & n_{2J}/n \\ \vdots & \vdots & \vdots & \vdots \\ n_{I1}/n & n_{I2}/n & \cdots & n_{IJ}/n \end{pmatrix} = \begin{pmatrix} f_{11}\ f_{12} \cdots f_{1J} \\ f_{21}\ f_{22} \cdots f_{2J} \\ \vdots \quad \vdots \quad \vdots \quad \vdots \\ f_{I1}\ f_{I2} \cdots f_{IJ} \end{pmatrix}$$

또 여기서 행과 열의 총빈도는 다음과 같다.

$$f_{i+} = \frac{n_{i+}}{n}, \; f_{+j} = \frac{n_{+j}}{n}$$

대응분석은 행에 대한 I개의 점 $f_{1+}, f_{2+}, \cdots, f_{I+}$ 또는 열에 대한 J개의 점 $f_{+1}, f_{+2}, \cdots, f_{+J}$에 대한 일종의 주성분 분석이다. 주성분 분석과 다른 이유는 행프로파일에 가중치로 행의 상대적인 빈도 $n_{i+}/n, \quad i = 1, 2, \cdots, I$를 고려한다는 것이고 다른 하나는 주성분 분석에서는 유클리드 거리를 생각하지만 대응분석에서는 χ^2거리를 정의한다는 것이다.

행프로파일(row profile)과 열프로파일(column profile)

조건벡터가 되는 각 i번째 행프로파일, 그리고 j번째 열프로파일은 다음과 같다.

$$r_i = (f_{i1}/f_{i+} \quad f_{i2}/f_{i+} \cdots\cdots \quad f_{ip}/f_{i+})', \quad f_{i+} = f_{i1} + \cdots + f_{ip}$$

$$c_j = (f_{1j}/f_{+j} \quad f_{2j}/f_{+j} \quad \cdots\cdots \; f_{nj}/f_{+j})', \quad f_{+j} = f_{1j} + \cdots + f_{nj}$$

따라서 행과 열의 프로파일의 행렬은 다음과 같다.

$$R = D_r^{-1}F \; , \; C = D_c^{-1}F$$

여기서 D_r, D_c는 행과 열의 총빈도의 대각행렬이다.

$$D_r = diag(f_{1+}, \cdots, f_{n+}), D_c = diag(f_{+1,} \cdots, f_{+p})$$

이를 표로 표현하면 각각 다음과 같다.

행	열		합
	1	2 J	
1	n_{11}/n_{1+}	n_{12}/n_{1+} ·············· n_{1j}/n_{1+}	1
2	n_{21}/n_{2+}	n_{22}/n_{2+} ·············· n_{2j}/n_{2+}	1
	.	··············	
I	n_{I1}/n_{I+}	n_{I2}/n_{2+} ·············· n_{Ij}/n_{I+}	1
합	n_{+1}/n_{++}	n_{+2}/n_{++} ·············· n_{+j}/n_{++}	1

행	열		합
	1	2 J	
1	n_{11}/n_{+1}	n_{12}/n_{+2} ·············· n_{1j}/n_{+j}	n_{+1}/n_{++}
2	n_{21}/n_{+1}	n_{22}/n_{+2} ·············· n_{2j}/n_{+j}	n_{+2}/n_{++}
	.	··············	
I	n_{I1}/n_{+1}	n_{I2}/n_{+2} ·············· n_{Ij}/n_{+j}	n_{+I}/n_{++}
합	1	1 ·················· 1	1

각 대응행렬 F의 관측비율을 문제점을 피하려면 대응행렬을 표준화시켜 중심화 대응행렬(centered correspondence matrix)을 이용하여야 한다. 이는 다음과 같이 표현할 수 있다.

$$\widetilde{F} = F - rc'$$

여기에 기대비율의 제곱근을 나누어 척도행렬을 다음과 같이 쓸 수 있다.

$$F^* = D_r^{-1/2}\widetilde{F}D_c^{-1/2}$$

위의 식에 나온 r 과 c 는 열과 행의 프로파일의 중심(centriod) 역할을 한다. 분광분해는 대칭행렬에 적용하였던 반면 비정칙값 분해는 분광분해를 일반화시킨 것으로 사각행렬에서 적용할 수 있는 방법이다. 따라서 모든 척도행렬 F^*에 대해서 비정칙값 분해를 하면 다음과 같이 된다.

$$F^{*} = A\Lambda_{\lambda}B' = \sum_{j=1}^{J-1}\lambda_j \boldsymbol{a}_j \boldsymbol{b}_j$$

이다. 여기서 Λ_{λ}는 비정칙값이 크기순으로 이루어진 대각행렬이다 ($\lambda_1 > \lambda_2 > \cdots > \lambda_k$), $k = \min(I-1, J-1)$. 또 여기서 $A'A = B'B = I$이다. 따라서 저차원 그래프에 나타내기 위한 좌표점은, 즉 행과 열 프로파일에 대한 좌표점 계산은 다음과 같이 얻을 수 있다.

$$D_r^{-1/2}A, \quad D_c^{-1/2}B$$

그리고 행과 열 범주사이의 연관성을 측정하기 위한 χ^2 통계량은 다음과 같다.

$$\chi^2 = \sum_i \sum_j \frac{(n_{ij} - nr_i c_j)^2}{nr_i c_j} = n\sum_i \sum_j \frac{(f_{ij} - r_i c_j)^2}{r_i c_j}$$

12.4 이너시아

이너시아(inertia)는 역학에서 사용되는 용어인 관성의 모멘트에서 나온 용어이다. 중력의 중앙을 나타내는 말이기도 하다. i번째 행 프로파일에 대한 이너시아를 다음과 같이 정의한다.

$$i\text{번째 행 이너시아} = m_i \sum_j \frac{(r_{ij} - \overline{r_j})^2}{\overline{r_j}}$$

여기서 m_i는 i번째 행의 총빈도의 합으로 모든 i에 대해 합하면 1이다. 또 $\overline{r_j} = n_{+j}/n$이다. 열 프로파일에 대한 이너시아도 마찬가지로 정의할 수 있다.

분할표 전체의 이너시아는 다음과 같이 정의한다.

$$\text{총이너시아} = \sum_i \sum_j \frac{(f_{ij} - r_i c_j)^2}{r_i c_j} = \frac{\chi^2}{n} = \sum_i \lambda_i^2$$

이것은 χ^2통계량에 n을 나눈 것과 같다. 여기서 λ_i는 비정칙값이며 이들의 제곱은 주이너시아(principal inertia)라 부른다. 이 주이너시아는 전체 이너시아에 대한 설명 비율을 나타낸다.

연습문제

【1】 경기통계연보에서 다음과 같은 자료를 얻었다. 대응분석을 하여 각 도시별 변수별 좌표를 그리고 해석하여라.

변수설명
X1 : 도로율 (단위 : %)
X2 : 운송 (단위 : 100인당 자동차수)
X3 : 의료 (단위 : 100인당 병상수)
X4 : 교육 (단위 : 100인당 고등학교 이상 학생수)

	도로율(x1)	운송(x2)	의료(x3)	교육(x4)
부천	9.9	16.3	0.27	5.1
광명	5.7	14.7	0.23	2.0
시흥	3.7	20.3	0.14	5.8
수원	7.0	18.6	0.50	9.7
평택	3.9	17.4	0.34	6.4
오산	4.0	18.4	0.59	17.6
의정부	2.9	16.5	0.41	6.3
동두천	1.2	15.9	0.49	6.3
구리	4.6	16.5	0.33	2.6
남양주	1.2	17.1	0.24	3.1
고양	2.7	18.5	0.19	2.7
안양	7.8	17.2	0.32	6.0
의왕	2.6	18.4	1.14	4.4
과천	4.7	20.2	0.01	6.8
군포	5.0	17.5	0.08	1.5
성남	4.9	16.1	0.23	8.3
하남	2.5	15.4	0.37	2.1
안산	7.8	19.6	0.22	3.6

【2】 다음은 다양한 직업 활동에 대한 장점들을 값들로 표시한 결과이다. 대응분석을 하여 각 직업별 특징별 좌표를 그리고 해석하여라.

직업 활동의 종류	직업의 다양성	자유도	인간관계	스케줄	급 여	직업안정성	가족생활	흥 미	자택과 근접성	좋은 분위기	사회적 기여도	직장상사의 정도	직업을 좋아한 정도	그 외	아무것도 아님	외근 정도	무대답
농-어업	4	189	0	3	2	2	9	3	12	2	1	4	11	15	12	8	1
농업식품산업	1	13	3	10	17	12	4	1	8	3	5	1	9	5	11	0	0
자원 공급	1	9	1	0	4	13	0	2	2	0	2	1	4	3	6	1	0
철강	5	5	2	9	18	5	3	2	6	5	5	0	2	3	22	0	0
화학, 유리, 석유	2	7	1	4	15	5	2	1	6	1	2	2	3	0	5	0	1
목재-펄프	2	5	0	4	1	0	3	0	2	1	1	1	1	0	3	0	2
운송업	2	3	1	8	16	17	1	8	7	2	4	3	6	1	24	0	1
직물, 가죽, 구두 세공	3	18	0	6	16	5	4	4	13	4	2	3	6	2	26	0	2
제약산업	3	7	3	6	6	0	0	2	6	3	3	0	2	1	8	0	0
제조공업	0	18	1	12	31	7	0	8	19	11	3	2	10	4	26	0	6
건설업	7	63	2	9	31	9	4	6	9	10	3	4	14	8	35	2	2
식료품점	2	43	16	7	6	4	7	1	8	2	0	1	6	1	7	0	3
소기업	8	95	23	15	15	2	13	7	9	5	2	3	13	4	18	1	3
잡무	5	32	9	9	17	4	5	4	7	4	3	0	8	3	18	0	3
행정서비스	8	26	10	24	24	80	10	17	11	3	8	2	6	9	16	3	4
전기통신	1	7	2	11	3	14	2	6	3	1	1	2	1	3	5	0	2
사회서비스	4	10	10	8	2	1	6	4	2	3	1	0	3	2	1	0	1
건강서비스	3	31	16	15	11	19	5	19	10	2	3	7	24	1	5	0	5
교육- 연구	2	33	27	31	9	18	27	24	3	4	43	8	18	3	11	1	3
운송업	2	19	2	12	12	21	0	1	4	5	5	1	3	3	13	0	1
보험-금융	8	12	4	8	13	21	2	10	4	2	5	6	3	1	10	0	3
가정부	0	8	0	4	5	2	7	1	5	7	2	1	2	2	11	1	1
그 외 서비스	8	35	14	13	16	10	6	25	6	4	10	9	11	4	14	0	1
인쇄 출판	2	13	2	14	5	8	0	10	0	8	3	2	5	4	11	0	2
비서	3	26	9	3	12	5	8	8	4	4	2	3	10	3	8	0	2
무응답	0	14	15	3	4	4	3	4	1	1	2	1	5	1	3	0	3

【SAS 프로그램 예제】

【SAS 예 12.1】 대한통계협회에서 발행한 ≪**한국의 경제 지표, 1996**≫ 중 1995년도 화재 발생 장소 13곳과 화재 원인 유형 6개에 대해 선택한 자료이다. 대응분석을 하여 각 장소별 원인별 좌표를 그려라.

장소 \ 원인	전 기	유류및가스	난로・아궁이	담배・성냥	불 장 난	방 화
주 택	2597	641	366	502	442	443
사업장	303	55	48	121	26	37
점 포	807	112	85	227	34	132
학 교	47	6	7	18	10	5
공 장	946	71	113	162	23	36
창 고	196	9	16	122	89	19
병 원	27	3	1	7	0	6
선 박	6	8	3	16	1	6
시 장	25	1	1	2	0	1
차 량	1155	95	8	459	161	1013
아파트	299	142	12	120	147	70
여 관	114	10	1	63	2	26

〈 SAS 프로그램 〉

```
data corr;
input place $ elect gas stove tobacco fire setting @@;
cards;
house   2597 641 366 502 442  443 company 303  55  48 121  26 37 store 807 112 85 227 34 132
school    47   6   7  18  10    5 factory 946  71 113 162  23 36 ware  196   9 16 122 89  19
hospital 27    3   1   7   0    6 ship     36   8   3  16   1  6 market 25   1  1   2 0   1
car     1155  95   8 459 161 1013 a.p.t.  299 142  12 120 147 70 inn   114  10  1  63 2  26
rest     684 233  33  94  14   83
;
proc corresp outc=C;
var elect gas stove tobacco fire setting;
id place;
run;
```

〈 SAS 결과 〉

```
                The Correspondence Analysis Procedure

                 Inertia and Chi-Square Decomposition
   ①          ②          ③         ④
Singular   Principal  Chi-
Values     Inertias   Squares  Percents   12    24    36    48    60
                                      ----+-----+-----+-----+-----+---
0.35702    0.12746    1791.46  60.51% *************************
0.20846    0.04346     610.79  20.63% *********
0.16333    0.02668     374.93  12.66% *****
0.10131    0.01026     144.25   4.87% **
0.05273    0.00278      39.08   1.32% *
           -------    -------
           0.21064    2960.51 (Degrees of Freedom = 60)
```

① **비정칙값**(singular value)

② ①의 제곱인 **고유값**(eigenvalue)

③ 일반적으로 범주형 자료의 행과 열의 독립성 관계를 보여주는 **카이제곱 통계량**(chi-square statistic)과 자유도((행의수-1)(열의수-1))가 주어져 있다.

④ 전체 고유값에서 이들이 **차지하는 비율**(percent)이 나와 있다.

처음 두 개의 주이너시아 0.12746과 0.04346이며, 이들 주이너시아는 전체 주이너시아의 60.51%와 20.63%를 각각 차지한다. 이들의 합은 81.14%에 이르러 2개의 **좌표축으로도 행과 열의 대응관계를 충분히 보여 줄 수 있음**을 알 수 있다.

카이제곱통계량 2960.51은 **화재 발생 장소 & 원인 사이에 관련성이 없다는 귀무가설을 기각**하기에 충분히 큰 값이다.

Row Coordinates

	Dim1	Dim2
house	-.183478	0.080770
company	-.177659	-.072134
store	-.099857	-.187904
school	-.167485	0.120563
factory	-.323620	-.312685
ware	-.046033	0.457959
hospital	0.050713	-.286966
ship	-.078919	-.131986
market	-.284725	-.444925
car	0.684729	-.041933
a.p.t.	-.085109	0.568901
inn	0.140399	-.188320
rest	-.260474	-.127683

행에 대한 1축과 2축의 좌표점(수량화값)

Column Coordinates

	Dim1	Dim2
ELECT	-.131333	-.115926
GAS	-.343653	0.180701
STOVE	-.513042	-.111099
TOBACCO	0.131240	0.041861
FIRE	-.023733	0.691439
SETTING	0.827991	-.037701

열에 대한 1축과 2축의 좌표점(수량화값)

위의 좌표점을 이용하여 화재장소와 발생원인에 대한 대응분석 그림을 그려보자.

▷ 앞의 <SAS 프로그램>에 다음이 추가된다. (단, 변수명을 **장소는** a~m, **원인은** A~F라고 줌)

```
proc plot data=C;
plot dim1*dim2=place / box vaxis=-1.0 to 1.0 haxis=-1.0 to 1.0 vpos=27 hpos=55 vref=0.0
href=0.0;
```

화재 발생 장소와 원인의 대응분석 그림

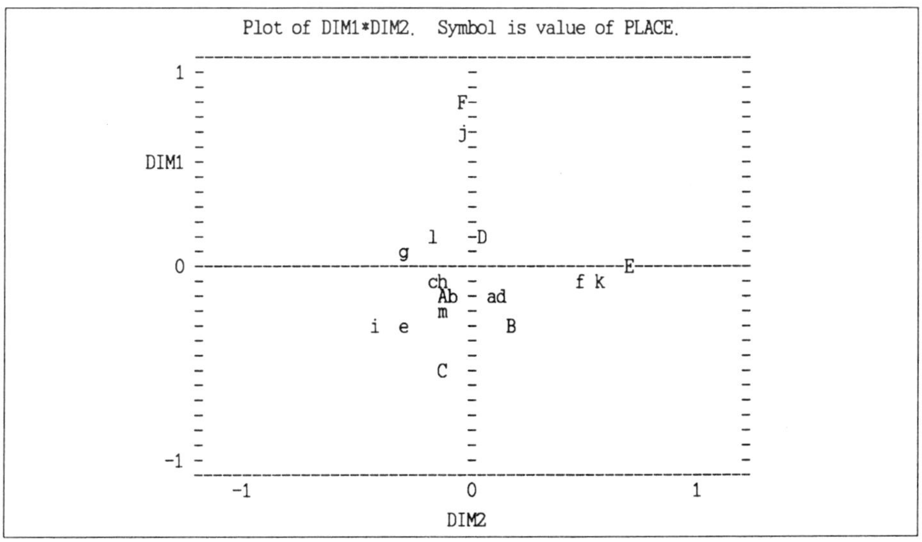

▷ 행 (장소) : a(시장), b(공장), c(병원), d(여관), e(점포), f(선박), g(음식점), h(사업장), I(차량), j(주택), k(학교), l(창고), m(아파트)

▷ 열 (원인) : A(난로 · 아궁이), B(전기), C(방화), D(담배 · 성냥), E(유류 · 가스), F(불장난)

열범주 A(난로 · 아궁이)는 행범주 b, c, h, m(공장, 병원, 사업장, 아파트) 방향으로 한 군집을 이루면서 위치하고 있고, 열범주 B(전기)는 행범주 a, d(시장, 여관) 방향을 한 군집을 이루면서 위치하고 있으며, 열범주 E(유류 · 가스)는 행범주 f, k(선박, 학교)와 한 군집을 이루면서 위치하고 있고, 마지막으로, 열범주 F(불장난)는 행범주 j(주택) 방향으로 한 군집을 이루고 있다.

즉, 공장과 병원, 사업장, 아파트와 같이 많은 사람들이 공동으로 작업하거나 있는 곳의 공동체 생활을 하는 장소에서는 '**난로나 아궁이**'에 의한 화재발생이 많이 일어난다. 또한, 아이들이 많이 사는 주택가에서는 '**불장난**'으로 인한 화재발생이 많이 일어난다.

▷ 각각의 축이 설명하는 것이 무엇인지에 대해, 1축과 2축에 대해 행렬을 재구성하여 알아보고, 행과 열의 각각에 대한 플롯을 고려하자.

♡ 제1축에 대한 행렬의 재구성 ♡

장소 \ 원인		stove 난로& 아궁이	gas 유류& 가스	elect 전기	fire 불장난	tobacco 담배& 성냥	setting 방화	수량화 값
factory	공 장	113	71	946	23	162	23	-0.32362
market	시 장	1	1	25	0	2	1	-0.284725
restaurant	음식점	33	233	684	14	94	83	-0.260474
house	주 택	366	641	2597	442	502	443	-0.183478
company	사업장	48	55	303	26	121	37	-0.177659
school	학 교	7	6	47	10	18	5	-0.167485
store	점 포	85	112	807	34	227	132	-0.099857
a.p.t	아파트	12	142	299	147	120	70	-0.085109

ship	선 박	3	8	36	1	16	6	-0.078919
warehouse	창 고	16	9	196	89	122	19	-0.046033
hospital	병 원	1	3	27	0	7	6	0.050713
inn	여 관	1	10	114	2	63	26	0.140399
car	차 량	8	95	1155	161	459	1013	0.684729
수량화 값		-0.513042	-0.343653	-0.131333	-0.023733	0.13124	0.827991	

1) 행수량화에 의한 해석

차량(0.684729) 화재는 '고의성(&부주의)'이 강한 화재이다. 즉, 방화의 경우는 일부러 불을 질러 피해를 주는 것이므로 고의성이 강하며, 불장난이나 담배&성냥으로 불이 나는 경우는 부주의로 인해, 담배나 성냥을 함부로 버려 화재가 발생하였거나, 불장난 역시 불을 가지고 놀다가 주의가 부족하여 일어난 화재이지만, 차량 화재에 대해서는 고의성이 강한 것으로 판단된다.

공장(-0.32362), 시장(-0.284725), 음식점(-0.260474)의 화재는 '우연성'이 강한 화재이다. 즉, 공장(용광로), 시장, 음식점 같은 곳에서 화재는 전기의 경우 누전이나 합선으로 인해 예고된 것이 아닌 우연하게 화재가 발생한다. 또한 이런 장소에서는 불을 직접 사용하기 때문에, 난로나 아궁이를 이용하여 화재가 나는 경우 역시, 일부러 내는 것이 아닌 우연성이 강하다.

2) 열수량화에 의한 해석

화재발생이 고의적으로 일어난 원인은 '방화(0.827991)'이다.

화재발생이 우연적으로 일어난 원인은 '난로와 아궁이(-0.513042), 유류&가스(-0.343653), 전기(-0.131333)'이다.

♡ 제2축에 대한 행렬의 재구성 ♡

원인 / 장소		stove 난로& 아궁이	elect 전기	setting 방화	tobacco 담배& 성냥	gas 유류& 가스	fire 불장난	수량화 값
market	시 장	1	25	1	2	1	0	-0.444925

factory	공 장	113	946	36	162	71	23	-0.312685
hospital	병 원	1	27	6	7	3	0	-0.286966
inn	여 관	1	114	26	63	10	2	-0.18832
store	점 포	85	807	132	227	112	34	-0.187904
ship	선 박	3	36	6	16	8	1	-0.131986
restaurant	음식점	33	684	83	94	233	14	-0.127683
company	사업장	48	303	37	121	55	26	-0.072134
car	차 량	8	1155	1013	459	95	161	-0.041933
house	주 택	366	2597	443	502	641	442	0.08077
school	학 교	7	47	5	18	6	10	0.120563
warehouse	창 고	16	196	19	122	9	89	0.457959
a.p.t.	아파트	12	299	70	120	142	147	0.568901
수량화 값		-0.115926	-0.111099	-0.037701	0.041861	0.180701	0.691439	

1) **행수량화에 의한 해석**

아파트(0.568901), 창고(0.457959)가 큰 양수값을 취하고 있고, 시장(-0.444925), 공장(-0.312685)이 큰 음수값을 취하고 있다.

2) **열수량화에 의한 해석**

불장난(0.691439)이 제2축의 양방향을 결정하고 있고, 난로&아궁이(-0.115926), 전기(-0.111099)가 제2축의 음방향을 결정하고 있다.

행과 열의 수량화 결과를 동시에 고려하면, 화재 발생이 **아파트나 창고에서 일어날 때는 불장난에 의한 화재발생**이 많으며, **시장이나 공장에서 일어나는 화재는 난로와 아궁이, 전기에 의한 화재**가 많다.

▶ 제1축과 제2축은 관련이 없으며, **제2축의 (X2 , Y2) 상관관계는** 0.20846으로서 **제 1축의 (X1 , Y1)의 상관관계** 0.35702보다 떨어진다. 즉, 제2축의 화재발생 장소와 원인의 관계에 대한 시사성은 제1축보다는 떨어진다.

< 행의 플롯에 관한 프로그램 >

```
data corr;
input place $ x1 x2;
cards;
house    -.183478 0.080770
company  -.177659 -.072134
store    -.099857 -.187904
school   -.167485 0.120563
factory  -.323620 -.312685
ware     -.046033 0.457959
hospital 0.050713 -.286966
ship     -.078919 -.131986
market   -.284725 -.444925
car      0.684729 -.041933
a.p.t.   -.085109 0.568901
inn      0.140399 -.188320
rest     -.260474 -.127683
;
proc plot;
plot x2*x1=place / vref=0 href=0;
run;
```

< 행의 수량화 플롯 >

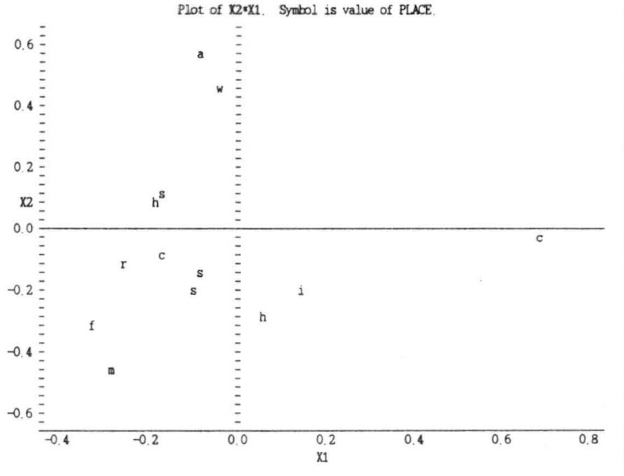

제1축에 대한 X1을 중심으로 보았을 때, 양의 값으로는 차량에 의한 화재발생이 크게 나타나고 있으며, 음의 값으로는 시장, 공장, 음식점이 큰 값을 가지면서 가까이 몰려 있다.

제2축에 대한 X2을 중심으로 보았을 때, 양의 값으로는 아파트, 창고가 큰 값을 가지면서 가까이 있고, 음의 값으로는 시장, 공장, 병원이 큰 값을 가지면서 가까이 몰려 있다.

< 열의 플롯에 관한 프로그램 >

```
data corr;
input cause $ y1 y2;
cards;
ELECT    -.131333  -.115926
GAS      -.343653  0.180701
STOVE    -.513042  -.111099
TOBACCO  0.131240  0.041861
FIRE     -.023733  0.691439
SETTING  0.827991  -.037701
;
proc plot;
plot y2*y1=cause / vref=0 href=0;
run;
```

< 열의 수량화 플롯 >

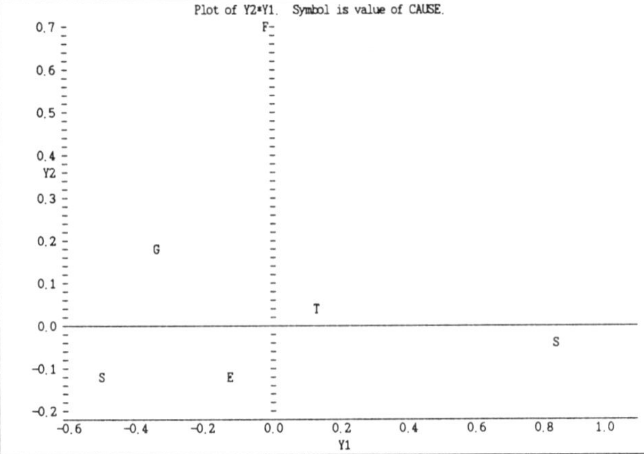

⇒ 제1축에 대한 Y1을 중심으로 보았을 때, 양의 값으로는 방화에 의한 화재발생이 크게 나타나고 있으며, 음의 값으로는 난로와 아궁이, 유류와 가스, 전기에 의한 화재발생이 큰 값을 가지면서 몰려 있다.

⇒ 제2축에 대한 Y2을 중심으로 보았을 때, 양의 값으로는 불장난에 의한 화재발생이 크게 나타나고 있고, 음의 값으로는 난로와 아궁이, 전기에 의한 화재발생이 큰 값을 가지면서 가까이 있다.

♡ 결론 ♡

제1축에 대한 화재발생의 장소와 원인 관계는 0.35702이며, 제1축은 '화재에 대한 고의적 발생 v.s. 우연적 발생'으로 고려할 수 있다. 제2축은 '장소의 특징에 의한 화재의 발생'으로 고려할 수 있다.

부 록

표 1. 표준정규분포표

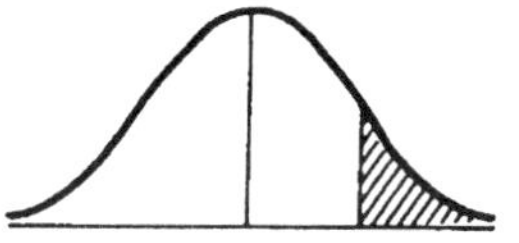

z	.00	.01	.02	.03	.04	.05	.06	.07	.08	.09
0.0	.5000	.4960	.4920	.4880	.4840	.4801	.4761	.4721	.4681	.4641
0.1	.4602	.4562	.4522	.4483	.4443	.4404	.4364	.4325	.4286	.4247
0.2	.4207	.4168	.4129	.4090	.4052	.4013	.3974	.3936	.3897	.3859
0.3	.3821	.3783	.3745	.3707	.3669	.3632	.3594	.3557	.3520	.3483
0.4	.3446	.3409	.3372	.3336	.3300	.3264	.3228	.3192	.3156	.3121
0.5	.3085	.3050	.3015	.2981	.2946	.2912	.2877	.2843	.2810	.2776
0.6	.2743	.2709	.2676	.2643	.2611	.2578	.2546	.2514	.2483	.2451
0.7	.2420	.2389	.2358	.2327	.2296	.2266	.2236	.2206	.2177	.2148
0.8	.2119	.2090	.2061	.2033	.2005	.1977	.1949	.1922	.1894	.1867
0.9	.1841	.1814	.1788	.1762	.1736	.1711	.1685	.1660	.1635	.1611
1.0	.1587	.1562	.1539	.1515	.1492	.1469	.1446	.1423	.1401	.1379
1.1	.1357	.1335	.1314	.1292	.1271	.1251	.1230	.1210	.1190	.1170
1.2	.1151	.1131	.1112	.1093	.1075	.1056	.1038	.1020	.1003	.0935
1.3	.0968	.0951	.0934	.0918	.0901	.0885	.0869	.0853	.0838	.0823
1.4	.0808	.0793	.0778	.0764	.0749	.0735	.0721	.0708	.0694	.0681
1.5	.0668	.0655	.0643	.0630	.0618	.0606	.0594	.0582	.0571	.0559
1.6	.0548	.0537	.0526	.0516	.0505	.0495	.0485	.0475	.0465	.0435
1.7	.0446	.0436	.0427	.0418	.0409	.0401	.0392	.0384	.0375	.0367
1.8	.0359	.0351	.0344	.0336	.0329	.0322	.0314	.0307	.0301	.0294
1.9	.0287	.0281	.0274	.0268	.0262	.0256	.0250	.0244	.0239	.0233
2.0	.0228	.0222	.0217	.0212	.0207	.0202	.0197	.0192	.0188	.0183
2.1	.0179	.0174	.0170	.0166	.0162	.0158	.0154	.0150	.0146	.0143
2.2	.0139	.0136	.0132	.0129	.0125	.0122	.0199	.0116	.0113	.0110
2.3	.0107	.0104	.0102	.0099	.0096	.0094	.0091	.0089	.0087	.0084
2.4	.0082	.0080	.0078	.0075	.0073	.0071	.0069	.0068	.0066	.0064
2.5	.0062	.0060	.0059	.0057	.0055	.0054	.0052	.0051	.0049	.0048
2.6	.0047	.0045	.0044	.0043	.0041	.0040	.0039	.0038	.0037	.0036
2.7	.0035	.0034	.0033	.0032	.0031	.0030	.0029	.0028	.0027	.0026
2.8	.0026	.0025	.0024	.0023	.0023	.0022	.0021	.0021	.0020	.0019
2.9	.0019	.0018	.0018	.0017	.0016	.0016	.0015	.0015	.0014	.0014
3.0	.0013	.0013	.0013	.0012	.0012	.0011	.0011	.0011	.0010	.0010
3.1	.0010	.0009	.0009	.0009	.0008	.0008	.0008	.0008	.0007	.0007
3.2	.0007	.0007	.0006	.0006	.0006	.0006	.0006	.0005	.0005	.0005
3.3	.0005	.0005	.0005	.0004	.0004	.0004	.0004	.0004	.0004	.0003
3.4	.0003	.0003	.0003	.0003	.0003	.0003	.0003	.0003	.0003	.0002

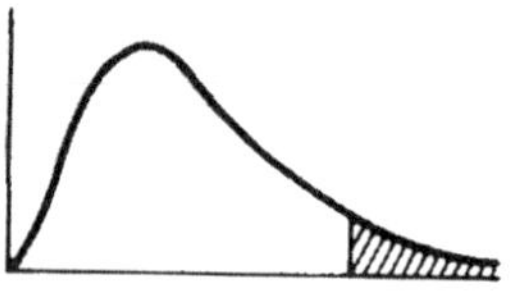

표 2. F 분포표

Denominator df	α	Numerator df 1	2	3	4	5	6	7	8	9	10
	.100	39.86	49.50	53.59	55.83	57.24	58.20	58.91	59.44	59.86	60.19
	.050	161.45	199.50	215.71	224.58	230.10	233.99	236.77	238.88	240.54	241.88
1	.025	647.79	799.50	864.16	899.58	921.85	937.11	948.22	956.66	963.28	968.63
	.010	4052.2	4999.5	5403.4	5624.6	5763.6	5859.0	5928.4	5981.1	6022.5	6055.8
	.001	405284	500000	540379	562500	576405	585937	592873	598144	602284	605621
	.100	8.53	9.00	9.16	9.24	9.29	9.33	9.35	9.37	9.38	9.39
	.050	18.51	19.00	19.16	19.25	19.30	19.33	19.35	19.37	19.38	19.40
2	.025	38.51	39.00	39.17	39.25	39.30	39.33	39.36	39.37	39.39	39.40
	.010	98.50	99.00	99.17	99.25	99.30	99.33	99.36	99.37	99.39	99.40
	.001	998.50	999.00	999.17	999.25	999.30	999.33	999.36	999.37	999.39	999.40
	.100	5.54	5.46	5.39	5.34	5.31	5.28	5.27	5.25	5.24	5.23
	.050	10.13	9.55	9.28	9.12	9.01	8.94	8.89	8.85	8.81	8.79
3	.025	17.44	16.04	15.44	15.10	14.88	14.73	14.62	14.54	14.47	14.42
	.010	34.12	30.82	29.46	28.71	28.24	27.91	27.57	27.49	27.35	27.23
	.001	167.03	148.50	141.11	137.10	134.58	132.85	131.58	130.62	129.86	129.25
	.100	4.54	4.32	4.19	4.11	4.05	4.01	3.98	3.95	3.94	3.92
	.050	7.71	6.94	6.59	6.39	6.26	6.16	6.09	6.04	6.00	5.96
4	.025	12.22	10.65	9.98	9.60	9.36	9.20	9.07	8.98	8.90	8.84
	.010	21.20	18.00	16.69	15.98	15.52	15.21	14.98	14.80	14.66	14.55
	.001	74.14	61.25	56.18	53.44	51.71	50.53	49.66	49.00	48.47	48.05
	.100	4.06	3.78	3.62	3.52	3.45	3.40	3.37	3.34	3.32	3.30
	.050	6.61	5.79	5.41	5.19	5.05	4.95	4.88	4.82	4.77	4.74
5	.025	10.01	8.43	7.76	7.39	7.15	6.98	6.85	6.76	6.68	6.62
	.010	16.26	13.27	12.06	11.39	10.97	10.67	10.46	10.29	10.16	10.05
	.001	47.18	37.12	33.20	31.09	29.75	28.83	28.16	27.65	27.24	26.92
	.100	3.78	3.46	3.29	3.18	3.11	3.05	3.01	2.98	2.96	2.94
	.050	5.99	5.14	4.76	4.53	4.39	4.28	4.21	4.15	4.10	4.06
6	.025	8.81	7.26	6.60	6.23	5.99	5.82	5.70	5.60	5.52	5.46
	.010	13.75	10.92	9.78	9.15	8.75	8.47	8.26	8.10	7.98	7.87
	.001	35.51	27.00	23.70	21.92	20.80	20.03	19.46	19.03	18.69	18.41

표 2. (계속)

Denominator df	α	12	15	20	25	30	40	50	60	120	1,000
	.100	60.71	61.22	61.74	62.05	62.26	62.53	62.69	62.79	63.06	63.30
	.050	243.91	245.95	248.01	249.26	250.10	251.14	251.77	252.20	253.25	254.11
1	.025	976.71	984.87	993.10	998.08	1001.4	1005.6	1008.1	1009.8	1014.0	1017.7
	.010	6106.3	6157.3	6208.7	6239.8	6260.6	6286.8	6302.5	6313.0	6339.4	6362.7
	.001	610668	615764	620908	624017	626099	628712	630285	631337	633972	636301
	.100	9.41	9.42	9.44	9.45	9.46	9.47	9.47	9.47	9.48	9.49
	.050	19.41	19.43	19.45	19.46	19.46	19.47	19.48	19.48	19.49	19.49
2	.025	39.41	39.43	39.45	39.46	39.46	39.47	39.48	39.48	39.49	39.50
	.010	99.42	99.43	99.45	99.46	99.47	99.47	99.48	99.48	99.49	99.50
	.001	999.42	999.43	999.45	999.46	999.47	999.47	999.48	999.48	999.49	999.50
	.100	5.22	5.20	5.18	5.17	5.17	5.16	5.15	5.15	5.14	5.13
	.050	8.74	8.70	8.66	8.63	8.62	8.59	8.58	8.57	8.55	8.53
3	.025	14.34	14.25	14.17	14.12	14.08	14.04	14.01	13.99	13.95	13.91
	.010	27.05	26.87	26.69	26.58	26.50	26.41	26.35	26.32	26.22	26.14
	.001	128.32	127.37	126.42	125.84	125.45	124.96	124.66	124.47	123.97	123.53
	.100	3.90	3.87	3.84	3.83	3.82	3.80	3.80	3.79	3.78	3.76
	.050	5.91	5.86	5.80	5.77	5.75	5.72	5.70	5.69	5.66	5.63
4	.025	8.75	8.66	8.56	8.50	8.46	8.41	8.38	8.36	8.31	8.26
	.010	14.37	14.20	14.02	13.91	13.84	13.75	13.69	13.65	13.56	13.47
	.001	47.41	46.76	46.10	45.70	45.43	45.09	44.88	44.75	44.40	44.09
	.100	3.27	3.24	3.21	3.19	3.17	3.16	3.15	3.14	3.12	3.11
	.050	4.68	4.62	4.56	4.52	4.50	4.46	4.44	4.43	4.40	4.37
5	.025	6.52	6.43	6.33	6.27	6.23	6.18	6.14	6.12	6.07	6.02
	.010	9.89	9.72	9.55	9.45	9.38	9.29	9.24	9.20	9.11	9.03
	.001	26.42	25.91	25.39	25.08	24.87	24.60	24.44	24.33	24.06	23.82
	.100	2.90	2.87	2.84	2.81	2.80	2.78	2.77	2.76	2.74	2.72
	.050	4.00	3.94	3.87	3.83	3.81	3.77	3.75	3.74	3.70	3.67
6	.025	5.37	5.27	5.17	5.11	5.07	5.01	4.98	4.96	4.90	4.86
	.010	7.72	7.56	7.40	7.30	7.23	7.14	7.09	7.06	6.97	6.89
	.001	17.99	17.56	17.12	16.85	16.67	16.44	16.31	16.21	15.98	15.77

표 2. (계속)

Denominator df	α	1	2	3	4	5	6	7	8	9	10
		Numerator df									
	.100	3.59	3.26	3.07	2.96	2.88	2.83	2.78	2.75	2.72	2.70
	.050	5.59	4.74	4.35	4.12	3.97	3.87	3.79	3.73	3.68	3.64
7	.025	8.07	6.54	5.89	5.52	5.29	5.12	4.99	4.90	4.82	4.76
	.010	12.25	9.55	8.45	7.85	7.46	7.19	6.99	6.84	6.72	6.62
	.001	29.25	21.69	18.77	17.20	16.21	15.52	15.02	14.63	14.33	14.08
	.100	3.46	3.11	2.92	2.81	2.73	2.67	2.62	2.59	2.56	2.54
	.050	5.32	4.46	4.07	3.84	3.69	3.58	3.50	3.44	3.39	3.35
8	.025	7.57	6.06	5.42	5.05	4.82	4.65	4.53	4.43	4.36	4.30
	.010	11.26	8.65	7.59	7.01	6.63	6.37	6.18	6.03	5.91	5.81
	.001	25.41	18.49	15.83	14.39	13.48	12.86	12.40	12.05	11.77	11.54
	.100	3.36	3.01	2.81	2.69	2.61	2.55	2.51	2.47	2.44	2.42
	.050	5.12	4.26	3.86	3.63	3.48	3.37	3.29	3.23	3.18	3.14
9	.025	7.21	5.71	5.08	4.72	4.48	4.32	4.20	4.10	4.03	3.96
	.010	10.56	8.02	6.99	6.42	6.06	5.80	5.61	5.47	5.35	5.26
	.001	22.86	16.39	13.90	12.56	11.71	11.13	10.70	10.37	10.11	9.89
	.100	3.29	2.92	2.73	2.61	2.52	2.46	2.41	2.38	2.35	2.32
	.050	4.96	4.10	3.71	3.48	3.33	3.22	3.14	3.07	3.02	2.98
10	.025	6.94	5.46	4.83	4.47	4.24	4.07	3.95	3.85	3.78	3.72
	.010	10.04	7.56	6.55	5.99	5.64	5.39	5.20	5.06	4.94	4.85
	.001	21.04	14.91	12.55	11.28	10.48	9.93	9.52	9.20	8.96	8.75
	.100	3.23	2.86	2.66	2.54	2.45	2.39	2.34	2.30	2.27	2.25
	.050	4.84	3.98	3.59	3.36	3.20	3.09	3.01	2.95	2.90	2.85
11	.025	6.72	5.26	4.63	4.28	4.04	3.88	3.76	3.66	3.59	3.53
	.010	9.65	7.21	6.22	5.67	5.32	5.07	4.89	4.74	4.63	4.54
	.001	19.69	13.81	11.56	10.35	9.58	9.05	8.66	8.35	8.12	7.92
	.100	3.18	2.81	2.61	2.48	2.39	2.33	2.28	2.24	2.21	2.19
	.050	4.75	3.89	3.49	3.26	3.11	3.00	2.91	2.85	2.80	2.75
12	.025	6.55	5.10	4.47	4.12	3.89	3.73	3.61	3.51	3.44	3.37
	.010	9.33	6.93	5.95	5.41	5.06	4.82	4.64	4.50	4.39	4.30
	.001	18.64	12.97	10.80	9.63	8.89	8.38	8.00	7.71	7.48	7.29
	.100	3.14	2.76	2.56	2.43	2.35	2.28	2.23	2.20	2.16	2.14
	.050	4.67	3.81	3.41	3.18	3.03	2.92	2.83	2.77	2.71	2.67
13	.025	6.41	4.97	4.35	4.00	3.77	3.60	3.48	3.39	3.31	3.25
	.010	9.07	6.70	5.74	5.21	4.86	4.62	4.44	4.30	4.19	4.10
	.001	17.82	12.31	10.21	9.07	8.35	7.86	7.49	7.21	6.98	6.80

표 2. (계속)

Denominator df	α	12	15	20	25	30	40	50	60	120	1,000
	.100	2.67	2.63	2.59	2.57	2.56	2.54	2.52	2.51	2.49	2.47
	.050	3.57	3.51	3.44	3.40	3.38	3.34	3.32	3.30	3.27	3.23
7	.025	4.67	4.57	4.47	4.40	4.36	4.31	4.28	4.25	4.20	4.15
	.010	6.47	6.31	6.16	6.06	5.99	5.91	5.86	5.82	5.74	5.66
	.001	13.71	13.32	12.93	12.69	12.53	12.33	12.20	12.12	11.91	11.72
	.100	2.50	2.46	2.42	2.40	2.38	2.36	2.35	2.34	2.32	2.30
	.050	3.28	3.22	3.15	3.11	3.08	3.04	3.02	3.01	2.97	2.93
8	.025	4.20	4.10	4.00	3.94	3.89	3.84	3.81	3.78	3.73	3.68
	.010	5.67	5.52	5.36	5.26	5.20	5.12	5.07	5.03	4.95	4.87
	.001	11.19	10.84	10.48	10.26	10.11	9.92	9.80	9.73	9.53	9.36
	.100	2.38	2.34	2.30	2.27	2.25	2.23	2.22	2.21	2.18	2.16
	.050	3.07	3.01	2.94	2.89	2.86	2.83	2.80	2.79	2.75	2.71
9	.025	3.87	3.77	3.67	3.60	3.56	3.51	3.47	3.45	3.39	3.34
	.010	5.11	4.96	4.81	4.71	4.65	4.57	4.52	4.48	4.40	4.32
	.001	9.57	9.24	8.90	8.69	8.55	8.37	8.26	8.19	8.00	7.84
	.100	2.28	2.24	2.20	2.17	2.16	2.13	2.12	2.11	2.08	2.06
	.050	2.91	2.85	2.77	2.73	2.70	2.66	2.64	2.62	2.58	2.54
10	.025	3.62	3.52	3.42	3.35	3.31	3.26	3.22	3.20	3.14	3.09
	.010	4.71	4.56	4.41	4.31	4.25	4.17	4.12	4.08	4.00	3.92
	.001	8.45	8.13	7.80	7.60	7.47	7.30	7.19	7.12	6.94	6.78
	.100	2.21	2.17	2.12	2.10	2.08	2.05	2.04	2.03	2.00	1.98
	.050	2.79	2.72	2.65	2.60	2.57	2.53	2.51	2.49	2.45	2.41
11	.025	3.43	3.33	3.23	3.16	3.12	3.06	3.03	3.00	2.94	2.89
	.010	4.40	4.25	4.10	4.01	3.94	3.86	3.81	3.78	3.69	3.61
	.001	7.63	7.32	7.01	6.81	6.68	6.52	6.42	6.35	6.18	6.02
	.100	2.15	2.10	2.06	2.03	2.01	1.99	1.97	1.96	1.93	1.91
	.050	2.69	2.62	2.54	2.50	2.47	2.43	2.40	2.38	2.34	2.30
12	.025	3.28	3.18	3.07	3.01	2.96	2.91	2.87	2.85	2.79	2.73
	.010	4.16	4.01	3.86	3.76	3.70	3.62	3.57	3.54	3.45	3.37
	.001	7.00	6.71	6.40	6.22	6.09	5.93	5.83	5.76	5.59	5.44
	.100	2.10	2.05	2.01	1.98	1.96	1.93	1.92	1.90	1.88	1.85
	.050	2.60	2.53	2.46	2.41	2.38	2.34	2.31	2.30	2.25	2.21
13	.025	3.15	3.05	2.95	2.88	2.84	2.78	2.74	2.72	2.66	2.60
	.010	3.96	3.82	3.66	3.57	3.51	3.43	3.38	3.34	3.25	3.18
	.001	6.52	6.23	5.93	5.75	5.63	5.47	5.37	5.30	5.14	4.99

(Numerator df: 12 – 1,000)

표 2. (계속)

Denominator df	α	Numerator df 1	2	3	4	5	6	7	8	9	10
	.100	3.10	2.73	2.52	2.39	2.31	2.24	2.19	2.15	2.12	2.10
	.050	4.60	3.74	3.34	3.11	2.96	2.85	2.76	2.70	2.65	2.60
14	.025	6.30	4.86	4.24	3.89	3.66	3.50	3.38	3.29	3.21	3.15
	.010	8.86	6.51	5.56	5.04	4.69	4.46	4.28	4.14	4.03	3.94
	.001	17.14	11.78	9.73	8.62	7.92	7.44	7.08	6.80	6.58	6.40
	.100	3.07	2.70	2.49	2.36	2.27	2.21	2.16	2.12	2.09	2.06
	.050	4.54	3.68	3.29	3.06	2.90	2.79	2.71	2.64	2.59	2.54
15	.025	6.20	4.77	4.15	3.80	3.58	3.41	3.29	3.20	3.12	3.06
	.010	8.68	6.36	5.42	4.89	4.56	4.32	4.14	4.00	3.89	3.80
	.001	16.59	11.34	9.34	8.25	7.57	7.09	6.74	6.47	6.26	6.08
	.100	3.05	2.67	2.46	2.33	2.24	2.18	2.13	2.09	2.06	2.03
	.050	4.49	3.63	3.24	3.01	2.85	2.74	2.66	2.59	2.54	2.49
16	.025	6.12	4.69	4.08	3.73	3.50	3.34	3.22	3.12	3.05	2.99
	.010	8.53	6.23	5.29	4.77	4.44	4.20	4.03	3.89	3.78	3.69
	.001	16.12	10.97	9.01	7.94	7.27	6.80	6.46	6.19	5.98	5.81
	.100	3.03	2.64	2.44	2.31	2.22	2.15	2.10	2.06	2.03	2.00
	.050	4.45	3.59	3.20	2.96	2.81	2.70	2.61	2.55	2.49	2.45
17	.025	6.04	4.62	4.01	3.66	3.44	3.28	3.16	3.06	2.98	2.92
	.010	8.40	6.11	5.19	4.67	4.34	4.10	3.93	3.79	3.68	3.59
	.001	15.72	10.66	8.73	7.68	7.02	6.56	6.22	5.96	5.75	5.58
	.100	3.01	2.62	2.42	2.29	2.20	2.13	2.08	2.01	2.00	1.98
	.050	4.41	3.55	3.16	2.93	2.77	2.66	2.58	2.51	2.46	2.41
18	.025	5.98	4.56	3.95	3.61	3.38	3.22	3.10	3.01	2.93	2.87
	.010	8.29	6.01	5.09	4.58	4.25	4.01	3.84	3.71	3.60	3.51
	.001	15.38	10.39	8.49	3.46	6.81	6.35	6.02	5.76	5.56	5.39
	.100	2.99	2.61	2.40	2.27	2.18	2.11	2.06	2.02	1.98	1.96
	.050	4.38	3.52	3.13	2.90	2.74	2.63	2.54	2.48	2.42	2.38
19	.025	5.92	4.51	3.90	3.56	3.33	3.17	3.05	2.96	2.88	2.82
	.010	8.18	5.93	5.01	4.50	4.17	3.94	3.77	3.63	3.52	3.43
	.001	15.08	10.16	8.28	7.27	6.62	6.18	5.85	5.59	5.39	5.22
	.100	2.97	2.59	2.38	2.25	2.16	2.09	2.04	2.00	1.96	1.94
	.050	4.35	3.49	3.10	2.87	2.71	2.60	2.51	2.45	2.39	2.35
20	.025	5.87	4.46	3.86	3.51	3.29	3.13	3.01	2.91	2.84	2.77
	.010	8.10	5.85	4.94	4.43	4.10	3.87	3.70	3.56	3.46	3.37
	.001	14.82	9.95	8.10	7.10	6.46	6.02	5.69	5.44	5.24	5.08

표 2. (계속)

Denominator df	α	12	15	20	25	30	40	50	60	120	1,000
	.100	2.05	2.01	1.96	1.93	1.91	1.89	1.87	1.86	1.83	1.80
	.050	2.53	2.46	2.39	2.34	2.31	2.27	2.24	2.22	2.18	2.14
14	.025	3.05	2.95	2.84	2.78	2.73	2.67	2.64	2.61	2.55	2.50
	.010	3.80	3.66	3.51	3.41	3.35	3.27	3.22	3.18	3.09	3.02
	.001	6.13	5.85	5.56	5.38	5.25	5.10	5.00	4.94	4.77	4.62
	.100	2.02	1.97	1.92	1.89	1.87	1.85	1.83	1.82	1.79	1.76
	.050	2.48	2.40	2.33	2.28	2.25	2.20	2.18	2.16	2.11	2.07
15	.025	2.96	2.86	2.76	2.69	2.64	2.59	2.55	2.52	2.46	2.40
	.010	3.67	3.52	3.37	3.28	3.21	3.13	3.08	3.05	2.96	2.88
	.001	5.81	5.54	5.25	5.07	4.95	4.80	4.70	4.64	4.47	4.33
	.100	1.99	1.94	1.89	1.86	1.84	1.81	1.79	1.78	1.75	1.72
	.050	2.42	2.35	2.28	2.23	2.19	2.15	2.12	2.11	2.06	2.02
16	.025	2.89	2.79	2.68	2.61	2.57	2.51	2.47	2.45	2.38	2.32
	.010	3.55	3.41	3.26	3.16	3.10	3.02	2.97	2.93	2.84	2.76
	.001	5.55	5.27	4.99	4.82	4.70	4.54	4.45	4.39	4.23	4.08
	.100	1.96	1.91	1.86	1.83	1.81	1.78	1.76	1.75	1.72	1.69
	.050	2.38	2.31	2.23	2.18	2.15	2.10	2.08	2.06	2.01	1.97
17	.025	2.82	2.72	2.62	2.55	2.50	2.44	2.41	2.38	2.32	2.26
	.010	3.46	3.31	3.16	3.07	3.00	2.92	2.87	2.83	2.75	2.66
	.001	5.32	5.05	4.78	4.60	4.48	4.33	4.24	4.18	4.02	3.87
	.100	1.93	1.89	1.84	1.80	1.78	1.75	1.74	1.72	1.69	1.66
	.050	2.34	2.27	2.19	2.14	2.11	2.06	2.04	2.02	1.97	1.92
18	.025	2.77	2.67	2.56	2.49	2.44	2.38	2.35	2.32	2.26	2.20
	.010	3.37	3.23	3.08	2.98	2.92	2.84	2.78	2.75	2.66	2.58
	.001	5.13	4.87	4.59	4.42	4.30	4.15	4.06	4.00	3.84	3.69
	.100	1.91	1.86	1.81	1.78	1.76	1.73	1.71	1.70	1.67	1.64
	.050	2.31	2.23	2.16	2.11	2.07	2.03	2.00	1.98	1.93	1.88
19	.025	2.72	2.62	2.51	2.44	2.39	2.33	2.30	2.27	2.20	2.14
	.010	3.30	3.15	3.00	2.91	2.84	2.76	2.71	2.67	2.58	2.50
	.001	4.97	4.70	4.43	4.26	4.14	3.99	3.90	3.84	3.68	3.53
	.100	1.89	1.84	1.79	1.76	1.74	1.71	1.69	1.68	1.64	1.61
	.050	2.28	2.20	2.12	2.07	2.04	1.99	1.97	1.95	1.90	1.85
20	.025	2.68	2.57	2.46	2.40	2.35	2.29	2.25	2.22	2.16	2.09
	.010	3.23	3.09	2.94	2.84	2.78	2.69	2.64	2.61	2.52	2.43
	.001	4.82	4.56	4.29	4.12	4.00	3.86	3.77	3.70	3.54	3.40

표 2. (계속)

Denominator df	α	Numerator df 1	2	3	4	5	6	7	8	9	10
	.100	2.96	2.57	2.36	2.23	2.14	2.08	2.02	1.98	1.95	1.92
	.050	4.32	3.47	3.07	2.84	2.68	2.57	2.49	2.42	2.37	2.32
21	.025	5.83	4.42	3.82	3.48	3.25	3.09	2.97	2.87	2.80	2.73
	.010	8.02	5.78	4.87	4.37	4.04	3.81	3.64	3.51	3.40	3.31
	.001	14.59	9.77	7.94	6.95	6.32	5.88	5.56	5.31	5.11	4.95
	.100	2.95	2.56	2.35	2.22	2.13	2.06	2.01	1.97	1.93	1.90
	.050	4.30	3.44	3.05	2.82	2.66	2.55	2.46	2.40	2.34	2.30
22	.025	5.79	4.38	3.78	3.44	3.22	3.05	2.93	2.84	2.76	2.70
	.010	7.95	5.72	4.82	4.31	3.99	3.76	3.59	3.45	3.35	3.26
	.001	14.38	9.61	7.80	6.81	6.19	5.76	5.44	5.19	4.99	4.83
	.100	2.94	2.55	2.34	2.21	2.11	2.05	1.99	1.95	1.92	1.89
	.050	4.28	3.42	3.03	2.80	2.64	2.53	2.44	2.37	2.32	2.27
23	.025	5.75	4.35	3.75	3.41	3.18	3.02	2.90	2.81	2.73	2.67
	.010	7.88	5.66	4.76	4.26	3.94	3.71	3.54	3.41	3.30	3.21
	.001	14.20	8.47	7.67	6.70	6.08	5.65	5.33	5.09	4.89	4.73
	.100	2.93	2.54	2.33	2.19	2.10	2.04	1.98	1.94	1.91	1.88
	.050	4.26	3.40	3.01	2.78	2.62	2.51	2.42	2.36	2.30	2.25
24	.025	5.72	4.32	3.72	3.38	3.15	2.99	2.87	2.78	2.70	2.64
	.010	3.82	5.61	4.72	4.22	3.90	3.67	3.50	3.36	3.26	3.17
	.001	14.03	9.34	3.55	6.59	5.98	5.55	5.23	4.99	4.80	4.64
	.100	2.92	2.53	2.32	2.18	2.09	2.02	1.97	1.93	1.89	1.87
	.050	4.24	3.39	2.99	2.76	2.60	2.49	2.40	2.34	2.28	2.24
25	.025	5.69	4.29	3.69	3.35	3.13	2.97	2.85	2.75	2.68	2.61
	.010	7.77	5.57	4.68	4.18	3.85	3.63	3.46	3.32	3.22	3.13
	.001	13.88	9.22	7.45	6.49	5.89	5.46	5.15	4.91	4.71	4.56
	.100	2.91	2.52	2.31	2.17	2.08	2.01	1.96	1.92	1.88	1.86
	.050	4.23	3.37	2.98	2.74	2.59	2.47	2.39	2.32	2.27	2.22
26	.025	5.66	4.27	3.67	3.33	3.10	2.94	2.82	2.73	2.65	2.59
	.010	7.72	5.53	4.64	4.14	3.82	3.59	3.42	3.29	3.18	3.09
	.001	13.74	9.12	7.36	6.41	5.80	5.38	5.07	4.83	4.64	4.48
	.100	2.90	2.51	2.30	2.17	2.07	2.00	1.95	1.91	1.87	1.85
	.050	4.21	3.35	2.96	2.73	2.57	2.46	2.37	2.31	2.25	2.20
27	.025	5.63	4.24	3.65	3.31	3.08	2.92	2.80	2.71	2.63	2.57
	.010	7.68	5.49	4.60	4.11	3.78	3.56	3.39	3.26	3.15	3.06
	.001	13.61	9.02	7.27	6.33	5.73	5.31	5.00	4.76	4.57	4.41

표 2. (계속)

Denominator df	α	Numerator df 12	15	20	25	30	40	50	60	120	1,000
	.100	1.87	1.83	1.78	1.74	1.72	1.69	1.67	1.66	1.62	1.59
	.050	2.25	2.18	2.10	2.05	2.01	1.96	1.94	1.92	1.87	1.82
21	.025	2.64	2.53	2.42	2.36	2.31	2.25	2.21	2.18	2.11	2.05
	.010	3.17	3.03	2.88	2.79	2.72	2.64	2.58	2.55	2.46	2.37
	.001	4.70	4.44	4.17	4.00	3.88	3.74	3.64	3.58	3.42	3.28
	.100	1.86	1.81	1.76	1.73	1.70	1.67	1.65	1.64	1.60	1.57
	.050	2.23	2.15	2.07	2.02	1.98	1.94	1.91	1.89	1.84	1.79
22	.025	2.60	2.50	2.39	2.32	2.27	2.21	2.17	2.14	2.08	2.01
	.010	3.12	2.98	2.83	2.73	2.67	2.58	2.53	2.50	2.40	2.32
	.001	4.58	4.33	4.06	3.89	3.78	3.63	3.54	3.48	3.32	3.17
	.100	1.84	1.80	1.74	1.71	1.69	1.66	1.64	1.62	1.59	1.55
	.050	2.20	2.13	2.05	2.00	1.96	1.91	1.88	1.86	1.81	1.76
23	.025	2.57	2.47	2.36	2.29	2.24	2.18	2.14	2.11	2.04	1.98
	.010	3.07	2.93	2.78	2.69	2.62	2.54	2.48	2.45	2.35	2.27
	.001	4.48	4.23	3.96	3.79	3.68	3.53	3.44	3.38	3.22	3.08
	.100	1.83	1.78	1.73	1.70	1.67	1.64	1.62	1.61	1.57	1.54
	.050	2.18	2.11	2.03	1.97	1.94	1.89	1.86	1.84	1.79	1.74
24	.025	2.54	2.44	2.33	2.26	2.21	2.15	2.11	2.08	2.01	1.94
	.010	3.03	2.89	2.74	2.64	2.58	2.49	2.44	2.40	2.31	2.22
	.001	4.39	4.14	3.87	3.71	3.59	3.45	3.36	3.29	3.14	2.99
	.100	1.82	1.77	1.72	1.68	1.66	1.63	1.61	1.59	1.56	1.52
	.050	2.16	2.09	2.01	1.96	1.92	1.87	1.84	1.82	1.77	1.72
25	.025	2.51	2.41	2.30	2.23	2.18	2.12	2.08	2.05	1.98	1.91
	.010	2.99	2.85	2.70	2.60	2.54	2.45	2.40	2.36	2.27	2.18
	.001	4.31	4.06	3.79	3.63	3.52	3.37	3.28	3.22	3.06	2.91
	.100	1.81	1.76	1.71	1.67	1.65	1.61	1.59	1.58	1.54	1.51
	.050	2.15	2.07	1.99	1.94	1.90	1.85	1.82	1.80	1.75	1.70
26	.025	2.49	2.39	2.28	2.21	2.16	2.09	2.05	2.03	1.95	1.89
	.010	2.96	2.81	2.66	2.57	2.50	2.42	2.36	2.33	2.23	2.14
	.001	4.24	3.99	3.72	3.56	3.44	3.30	3.21	3.15	2.99	2.84
	.100	1.80	1.75	1.70	1.66	1.64	1.60	1.58	1.57	1.53	1.50
	.050	2.13	2.06	1.97	1.92	1.88	1.84	1.81	1.79	1.73	1.68
27	.025	2.47	2.36	2.25	2.18	2.13	2.07	2.03	2.00	1.93	1.86
	.010	2.93	2.78	2.63	2.54	2.47	2.38	2.33	2.29	2.20	2.11
	.001	4.17	3.92	3.66	3.49	3.38	3.23	3.14	3.08	2.92	2.78

표 2. (계속)

Denominator df	α	1	2	3	4	5	6	7	8	9	10
		Numerator df									
	.100	2.89	2.50	2.29	2.16	2.06	2.00	1.94	1.90	1.84	1.84
	.050	4.20	3.34	2.95	2.71	2.56	2.45	2.36	2.29	2.24	2.19
28	.025	5.61	4.22	3.63	3.29	3.06	2.90	2.78	2.69	2.61	2.55
	.010	3.64	5.45	4.57	4.07	3.75	3.53	3.36	3.23	3.12	3.03
	.001	13.50	8.93	7.19	6.25	5.66	5.24	4.93	4.69	4.50	4.35
	.100	2.89	2.50	2.28	2.15	2.06	1.99	1.93	1.89	1.86	1.83
	.050	4.18	3.33	2.93	2.70	2.55	2.43	2.35	2.28	2.22	2.18
29	.025	5.59	4.20	3.61	3.27	3.04	2.88	2.76	2.67	2.59	2.53
	.010	3.60	5.42	4.54	4.04	3.73	3.50	3.33	3.20	3.09	3.00
	.001	13.39	8.85	7.12	6.19	5.59	5.18	4.87	4.64	4.45	4.29
	.100	2.88	2.49	2.28	2.14	2.05	1.98	1.93	1.88	1.85	1.82
	.050	4.17	3.32	2.92	2.69	2.53	2.42	2.33	2.27	2.21	2.16
30	.025	5.57	4.18	3.59	3.25	3.03	2.87	2.75	2.63	2.57	2.51
	.010	7.56	5.39	4.51	4.02	3.70	3.47	3.30	3.17	3.07	2.98
	.001	13.29	8.77	7.05	6.12	5.53	5.12	4.82	4.58	4.39	4.24
	.100	2.84	2.44	2.23	2.09	2.00	1.93	1.87	1.83	1.79	1.76
	.050	4.08	3.23	2.84	2.61	2.45	2.34	2.25	2.18	2.12	2.08
40	.025	5.42	4.05	3.46	3.13	2.90	2.74	2.62	2.53	2.45	2.39
	.010	7.31	5.18	4.31	3.83	3.51	3.29	3.12	2.99	2.89	2.80
	.001	12.61	8.25	6.59	5.70	5.13	4.73	4.44	4.21	4.02	3.87
	.100	2.81	2.41	2.20	2.06	1.97	1.90	1.84	1.80	1.76	1.73
	.050	4.03	3.18	2.79	2.56	2.40	2.29	2.20	2.13	2.07	2.03
50	.025	5.34	3.97	3.39	3.05	2.83	2.67	2.55	2.46	2.38	2.32
	.010	7.17	5.06	4.20	3.72	3.41	3.19	3.02	2.89	2.78	2.70
	.001	12.22	7.96	6.34	5.46	4.90	4.51	4.22	4.00	3.82	3.67
	.100	2.79	2.39	2.18	2.04	1.95	1.87	1.82	1.77	1.74	1.71
	.050	4.00	3.15	2.76	2.53	2.37	2.25	2.17	2.10	2.04	1.99
60	.025	5.29	3.93	3.34	3.01	2.79	2.63	2.51	2.41	2.33	2.27
	.010	3.08	4.98	4.13	3.65	3.34	3.12	2.95	2.82	2.72	2.63
	.001	11.97	7.77	6.17	5.31	4.76	4.37	4.09	3.86	3.69	3.54
	.100	2.76	2.36	2.14	2.00	1.91	1.83	1.78	1.73	1.69	1.66
	.050	3.94	3.09	2.70	2.46	2.31	2.19	2.10	2.03	1.97	1.93
100	.025	5.18	3.83	3.25	2.92	2.70	2.54	2.42	2.32	2.24	2.18
	.010	6.90	4.82	3.98	3.51	3.21	2.99	2.82	2.69	2.59	2.50
	.001	11.50	7.41	5.86	5.02	4.48	4.11	3.83	3.61	3.44	3.30

표 2. (계속)

Denominator df	α	12	15	20	25	30	40	50	60	120	1,000
		Numerator df									
	.100	1.79	1.74	1.69	1.65	1.63	1.59	1.57	1.56	1.52	1.48
	.050	2.12	2.04	1.96	1.91	1.87	1.82	1.79	1.77	1.71	1.66
28	.025	2.45	2.34	2.23	2.16	2.11	2.05	2.01	1.98	1.91	1.84
	.010	2.90	2.75	2.60	2.51	2.44	2.35	2.30	2.26	2.17	2.08
	.001	4.11	3.86	3.60	3.43	3.32	3.18	3.09	3.02	2.86	2.72
	.100	1.78	1.73	1.68	1.64	1.62	1.58	1.56	1.55	1.51	1.47
	.050	2.10	2.03	1.94	1.89	1.85	1.81	1.77	1.75	1.70	1.65
29	.025	2.43	2.32	2.21	2.14	2.09	2.03	1.99	1.96	1.89	1.82
	.010	2.87	2.73	2.57	2.48	2.41	2.33	2.27	2.23	2.14	2.05
	.001	4.05	3.80	3.54	3.38	3.27	3.12	3.03	2.97	2.81	2.66
	.100	1.77	1.72	1.67	1.63	1.61	1.57	1.55	1.54	1.50	1.46
	.050	2.09	2.01	1.93	1.88	1.84	1.79	1.76	1.74	1.68	1.63
30	.025	2.41	2.31	2.20	2.12	2.07	2.01	1.97	1.94	1.87	1.80
	.010	2.84	2.70	2.55	2.45	2.39	2.30	2.25	2.21	2.11	2.02
	.001	4.00	3.75	3.49	3.33	3.22	3.07	2.98	2.92	2.76	2.61
	.100	1.71	1.66	1.61	1.57	1.54	1.51	1.48	1.47	1.42	1.38
	.050	2.00	1.92	1.84	1.78	1.74	1.69	1.66	1.64	1.58	1.52
40	.025	2.29	2.18	2.07	1.99	1.94	1.88	1.83	1.80	1.72	1.65
	.010	2.66	2.52	2.37	2.27	2.20	2.11	2.06	2.02	1.92	1.82
	.001	3.64	3.40	3.14	2.98	2.87	2.73	2.64	2.57	2.41	2.25
	.100	1.68	1.63	1.57	1.53	1.50	1.46	1.44	1.42	1.38	1.33
	.050	1.95	1.87	1.78	1.73	1.69	1.63	1.60	1.58	1.51	1.45
50	.025	2.22	2.11	1.99	1.92	1.87	1.80	1.75	1.72	1.64	1.56
	.010	2.56	2.42	2.27	2.17	2.10	2.01	1.95	1.91	1.80	1.70
	.001	3.44	3.20	2.95	2.79	2.68	2.53	2.44	2.38	2.21	2.05
	.100	1.66	1.60	1.54	1.50	1.48	1.44	1.41	1.40	1.35	1.30
	.050	1.92	1.84	1.75	1.69	1.65	1.59	1.56	1.53	1.47	1.40
60	.025	2.17	2.06	1.94	1.87	1.82	1.74	1.70	1.67	1.58	1.49
	.010	2.50	2.35	2.20	2.10	2.03	1.94	1.88	1.84	1.73	1.62
	.001	3.32	3.08	2.83	2.67	2.55	2.41	2.32	2.25	2.08	1.92
	.100	1.61	1.56	1.49	1.45	1.42	1.38	1.35	1.34	1.28	1.22
	.050	1.85	1.77	1.68	1.62	1.57	1.52	1.48	1.45	1.38	1.30
100	.025	2.08	1.97	1.85	1.77	1.71	1.64	1.59	1.56	1.46	1.36
	.010	2.37	2.22	2.07	1.97	1.89	1.80	1.74	1.69	1.57	1.45
	.001	3.07	2.84	2.59	2.43	2.32	2.17	2.08	2.01	1.83	1.64

참고문헌

권계화(1999), 《손에 잡히는 다변량 통계학》, 청음사

김기영,전명식(1994), 《다변량 통계자료분석》, 자유아카데미

김병천(1992), 《행렬대수학》, 자유아카데미

김종덕(1998), 《통계학을 위한 행렬대수》, 자유아카데미

김주성 외 4인(1993), 《선형대수학》, 청문각

박재수(1996), 《다변량 분석》, 동아대학교 출판부

성웅현(2002) 《응용다변량 분석》, 탐진

최용석,정광모(2003), 《응용 다변량 분석》, 교우사

허명회(2002), 《다변량 자료분석》, 자유아카데미

Hartigen, J. A(1975), *Cluster Algorithms*, Jphn Wiley & Sons.

Johnson R.A. & Wichern D.W.(1982), *Applied Multivariate Statistic Analysis*, Prentice Hall.

Kendal M.(1980), *Multivariate Analysis*, Charles Griffin & Co. Ltd.

Paul E. Green(1976), *Mathmatical Tools For Applied Multivariate Analysis*, Academic Press.

Ravindra Khattre & Dayanand N. Nail(1995), *Applied Multivariate Statistics with SAS Software*, SAS.

Srivastava, M. S(2002), *Methods of Multivariate Statistics.*, Wiley Inter-Science.

찾아보기

다변량 기초와 자료분석

지은이 김호일
펴낸이 박문규
펴낸곳 KM 경문사
펴낸날 2010년 3월 5일
등 록 1979년 11월 9일 제9-9호
주 소 121-818, 서울특별시 마포구 동교동 184-17
전 화 (02)332-2004 팩스 (02)336-5193
이메일 kms2004@kyungmoon.com

값 23,000원

ISBN 89-7282-902-1

★ 경문사 홈페이지에 오시면 즐거운 일이 생깁니다.
http://www.kyungmoon.com